KB125984

미디어 경영론

이 도서의 국립중앙도서관 출판시도서목록(CIP)은 서지정보유통지원시스템 홈페이지
(http://seoji.nl.go.kr)와 국가자료공동목록시스템(http://www.nl.go.kr/kolisnet)에서 이
용하실 수 있습니다.
CIP제어번호: CIP2015029314(양장), CIP2015029315(학생판)

한국미디어경영학회 미디어경영총서 2

미디어 경영론

김성철 · 곽규태 · 김영규 · 류민호 · 박주연 · 안정민 · 이문행 ·
이상우 · 장병희 · 정윤혁 · 최세정 · 홍성철 지음

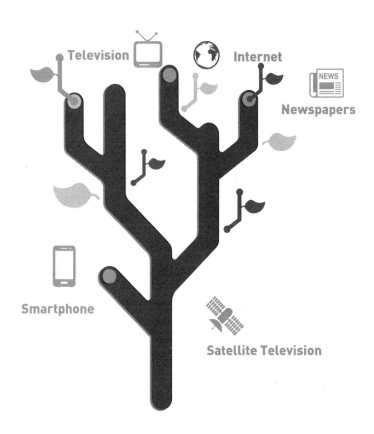

한울
아카데미

차례

제3부 미디어 기업의 경영관리

표 차례

그림 차례

머리말

    미디어는 올드미디어에서 스마트 미디어로 빠르게 진화하면서 사람들이 일하고 놀고 소비하는 삶의 질에 결정적인 영향을 미치고 있다. 스마트폰이 없는 일상을 생각할 수 없기에 2015년 2월 28일 자 영국 주간지 ≪이코노미스트≫에서는 이제 세상은 스마트폰 없이 살기 어려운 '포노 사피엔스Phono Sapiens' 시대가 되었다는 평가를 내리기도 했다.

    미디어는 표현의 자유나 여론의 다양성 등 사회적·문화적인 가치를 제공하는 공적인 역할을 수행하기 때문에 우리 사회에 매우 중요하다. 산업 자체의 매력도도 높아 미디어 산업은 이른바 고성장, 고수익을 실현할 수 있는 창조경제의 주축으로 기대를 모으고 있다. 문제는 전통적인 미디어 시장의 경계가 무너지면서 새로운 전략과 비즈니스 모델을 근거로 한 글로벌 미디어 생태계 간의 경쟁이 격화되고 있어 한국 미디어 기업의 생존과 성장이 쉽지 않다는 것이다. 예를 들면, 과거에는 미디어 영역 밖에 있었던 GAFA, 즉 구글Google, 애플Apple, 페이스북Facebook, 아마존Amazon 등의 미국 기업들이 콘텐츠, 단말기, 플랫폼 그리고 네트워크에 이르기까지 미디어 산업의 전 영역에 걸쳐 패권을 행사하고 있다. BAT라고 불리는 중국의 바이두Baidu, 알리바바Alibaba, 텐센트Tencent 등의 기업들도 중국 내수시장의 기반을 바탕으로 성장하여 이제는 세계 미디어 시장에서 머니 게임을 하면서 그 영역을 확장하고 있다.

그렇다면 마치 폭풍우 치는 바다와 같은 미디어 시장 환경 속에서 한국 미디어 기업들은 어떻게 난파되지 않고 생존하고 성장할 것인가? 한국미디어경영학회는 이 질문에 대한 답을 추구하려는 의도에서 국내 최초로, 어쩌면 세계 최초로 미디어 경영 교과서를 집필하기로 했다. 이 책은 한국미디어경영학회가 작년에 출간한 『스마트 생태계와 미디어 경영 2.0』의 후속작이자 두 번째 한국미디어경영학회 미디어경영총서로서 글로벌 미디어 환경 속에서 생존과 성장을 고민하는 미디어 기업의 경영자에게 필요한 새로운 미디어 경영 이론과 사례들을 체계적으로 제공하는 것을 목표로 한다.

경영은 이론과 실무가 마치 샴쌍둥이처럼 한 몸이 되어야 하는 실천적인 학문이다. 더군다나 미디어 산업과 같이 격변하는 환경에서의 경영이라면 더욱 그러하다. 따라서 이 책에서는 미디어 경영에 대한 기본적인 이론과 최신 사례들을 균형 있게 다룬다. 법학 교과서에서 강조하는 것이 법적인 사고legal mind, 의학 교과서에서 강조하는 것이 의학적인 사고medical mind, 경영학 교과서에서 강조하는 것이 경영학적 사고이듯이 미디어 경영학 교과서인 이 책에서는 경영학적 사고와 함께 미디어 환경 변화를 읽는 눈media mind을 강조한다.

이 책은 총 3부 12장으로 구성되어 있다. 제1부에서는 주로 미디어 기업의 경영 환경에 대한 이해를 시도한다. 연세대학교 이상우 교수가 미디어 산업과 미디어 경영에 대한 총론을 제시하고 네이버 류민호 박사가 미디어 시장의 융합과 경쟁을 논한다. 경기대학교 홍성철 교수는 미디어 상품과 서비스에 대한 기본적인 이해를 제공하며, 성균관대학교 장병희 교수가 미디어 경영의 경제학적 기초를 설명한다. 제2부에서는 미디어 기업의 경영 전략을 다룬다. 수원대학교 이문행 교수가 미디어 기업의 사업 전략을 사례를 중심으로 설명하며, 고려대학교 최세정 교수는 미디어 비즈니스 모델의 개념과 사례를 소개한다. 그리고 한국외국어대학교 박주연 교수는 미디어 기업의 인수·합병과 글로벌화를 분석한다. 제3부는 미디어 경영의 각론에 해당하는 미디어 기업의 경영관리를 소개한다. 고려대학교 김영규 교수가 미디어 기업의 조직 관리를 체계적으로 설명하고, 호남대학교 곽규태 교수는 미디어 기업의 인적자원 관리의 기초와 핵심 이슈를 소개한다. 고려대학교 김성철 교수가 미디어 재무관리의 개념과 주요 방법을 정리하며, 울산과학기술원 정윤혁 교수는 미디어 기업이 수행하는 마케팅 관리의 기초와 응용에 주목한다. 마지막으로 한림대학교 안정민 교수가 미디어 기업의 사회적 책임을 논하면서 이 책을 마무리한다.

이 책은 학문적인 배경은 상이하지만 미디어 산업과 미디어 기업 그리고 미디어 소비자에 대한 관심뿐만 아니라 다음 세대를 향한 애정을 갖고 있는 미디어 경영 전문가들이 합작한 집단지성의 산물이다. 12명의 저자는 모두 한국미디어경영학회의 전·현직 임원이며 미디어 경영 분야의 연구와 교육 그리고 산학협력을 주도하는 기라성 같은 학자들이다. 무더운 여름에 원고를 집필하느라 수고한 저자들께 감사하며 기획과 집필 그리고 편집 과정에서 보여준 그들의 열정에 경의를 표한다. 특히 부드러운 카리스마로 처음부터 끝까지 이 책의 준비 과정을 챙겨준 박주연 교수께 진심으로 감사한다. 또한 한국미디어경영학회 미디어경영총서 1권에 이어 2권이 출간될 수 있도록 변함없이 물심양면으로 후원해주신 SK텔레콤의 하성호 전무께 진심으로 감사의 말씀을 드린다. 격려와 행정적인 지원을 아끼지 않은 임형도 실장께도 감사한다. 어쨌든 올해 총서 2권으로 다시 만날 것이라는 약속을 지키게 되어 매우 기쁜 마음이다.

평범한 책은 지식을 단순하게 전달하고, 좋은 책은 친절한 설명을 더하며,

뛰어난 책은 실제적인 증거를 제시하기까지 하지만 위대한 책은 영감을 준다는 말이 있다. 이 책이 비록 미생인 부분이 있을지라도 미디어 기업 종사자나 미디어 경영 전공자뿐만 아니라 포노 사피엔스 시대를 살아가는 모든 이들에게 영감을 줄 수 있기를 바란다. 미생인 이 책을 완생으로 바꾸는 작업을 통해 다시 만날 것을 기약하면서 …….

2015년 11월 필자들을 대표하여
한국미디어 경영학회 9·10대 회장 김성철

제1부 미디어 기업의 경영 환경

01 미디어 산업과 미디어 경영의 이해

이상우

주파수라는 희소한 자원을 사용하는 대가로 미디어 기업은 공익에 기여해야 한다는 논거로 미디어 산업에는 다른 산업과 달리 시작부터 정부 규제가 정당화되었다. 공익에 기여하고 다양성을 확보해야만 하는 미디어 기업에 경제학과 경영학적 관점에서의 기업 전략은 부차적인 문제였다. 그러나 급격한 기술 진화로 인해 미디어 시장에 다양한 형태의 미디어 기업들이 등장하게 되면서 미디어 시장도 일반 시장과 비슷하게 치열한 경쟁 환경에 직면하게 되었다. 이제는 미디어 시장에서도 공익이나 다양성 확보 못지않게 기업 경영이 중요해진 것이다. 이 장에서는 미디어의 범위를 어디까지 포함시켜야 할지에 대해 논의해보고, 미디어 시장의 특성들을 살펴보며, 미디어 시장에 대한 규제 근거와 역사, 그리고 규제 논거의 적절성을 살펴볼 것이다. 이를 통해, 소위 스마트 미디어 환경하에서 미디어의 의미를 점검해보고, 미디어 기업의 경영 전략과 정책 당국의 규제 방향에 대해 논의해보고자 한다.

과거의 미디어는 신문, 라디오, TV 등과 같이 일반 대중을 상대로 정보를 전달하는 매스미디어적인 성격이 강했다. 매스미디어를 운영하려는 미디어 기업은 일정한 규모 이상의 자본을 확보해야만 했다. 신문사는 신문을 인쇄할 윤전기와 기사를 취재하고 작성할 기자들을 확보해야 했고, 지상파 TV나

라디오 서비스를 제공하려는 기업은 정부로부터 주파수를 할당받아야 했고, 주파수를 송출하기 위한 방송국과 안테나 등을 설치해야 했다. 지상파방송 서비스를 위한 주파수 할당은 무료로 이루어졌지만, 어느 정도 이상의 규모를 갖춘 사업자에게 방송주파수가 부여되었으므로 대체로 상당한 자본을 보유한 기업이어야만 지상파방송 사업자가 될 수 있었다. 케이블TV 서비스를 제공하기 위해서는 케이블TV 서비스 지역에 네트워크를 설치해야 했고, 위성방송 서비스를 제공하기 위해서는 위성을 소유하거나 임대해야 했다. 이렇듯 과거에는 미디어 서비스를 제공하기 위해 요구되는 고정비용fixed cost이 상대적으로 높았다.

그러나 기술의 발달은 미디어의 개념 자체를 바꾸어놓았다. 과거의 미디어가 대중을 상대로 일방적으로 뿌려주는 서비스였다면, 최근의 미디어는 소비자가 원하는 콘텐츠를 시간과 공간의 제약 없이 스스로 선택해서 이용할 수 있도록 해주고, 콘텐츠를 보면서 시청자들끼리 대화를 나눌 수도 있게 해주며, 누구나 콘텐츠를 제작해서 대중들과 쉽게 공유할 수도 있게 해준다. 넷플릭스Netflix를 이용하는 소비자들은 원하는 콘텐츠를 시간과 공간의 제약 없이 선택해서 시청할 수 있고, 유튜브YouTube는 누구나 콘텐츠 제작에 참여해서 사람들과 공유할 수 있는 환경을 마련해주었다. 카카오TV의 이용자들은 재미있는 콘텐츠를 지인들과 쉽게 공유할 수 있고, 함께 시청하는 사람들과 대화하면서 콘텐츠 시청의 즐거움을 높일 수도 있다. 페이스북, 트위터Twitter, 카카오톡KakaoTalk 등 소위 소셜 미디어social media라고 불리는 서비스들을 통해 사람들은 일상적인 대화를 하는 것은 물론, 미디어에서 제공되는 콘텐츠를 쉽게 공유하고 공감할 수 있게 되었다. 이렇듯 미디어는 일방적으로 뿌려주던 과거의 방식에서 누구나 콘텐츠를 제작하고 제작된 콘텐츠를 쉽게 공유하고 공감하는 방식으로 그 범위가 넓어지고 있는 것이다.

그렇다면 도대체 어디까지 미디어의 범위에 포함시켜야 하는가? 미디어의 범위를 어디까지 포함시켜야 할 것인가에 대한 논의가 중요한 이유는 미디어의 범주에 포함되는 경우 규제 대상이 되기 때문이다. 미디어를 규제해야 한다는 논리는 미디어 산업이 다른 산업과 차별화되는 특성들에 기인하므로 미디어 산업의 범주에 포함되는 산업은 일반 산업처럼 효율성이나 수익성만을 목표로 운영하기가 쉽지 않다. 이러한 이유로 미디어의 범위를 어디까지로 획정하는가에 대한 문제는 많은 이해 당사자들의 관심사일 수밖에 없다.

그렇다면 무엇이 미디어를 다른 산업과 구분 짓게 하는가? 미디어를 다른 산업과 차별화시키는 가장 큰 특성은 미디어의 사회적·문화적 영향력에서 기인한다. 과거 라디오 서비스가 도입되었을 때, 희소한 자원을 무료로 사용하는 대가로 라디오 사업자들에게 공공 수탁자로서의 의무를 부여했던 것도 방송이라는 매체가 가지고 있는 사회적·문화적 영향력 때문이다. 미디어가 가진 사회적·문화적 영향력은 미디어를 일반 산업과는 다른 차원에서 바라보아야 한다는 논리와 연결되고, 이는 곧 정부 규제의 근거가 되는 것이다. 한편 경제학에서 말하는 '외부성'이라는 특성이 잘 나타나는 산업 또한 미디어 산업이다. 미디어의 소비로 인해 발생하는 긍정적 외부성도 있겠지만, 미디어 소비로 인해 부정적 외부성도 나타나기 마련이다. 외부성이 있는 산업의 가장 큰 특성은 좋은 재화는 사회적으로 바람직한 수준에 비해 과소 생산되는 반면, 나쁜 재화는 사회적으로 바람직한 수준에 비해 과대 생산 된다는 것이다. 여기서 시장 실패가 나타나고 이를 치유하기 위한 정책 당국의 개입이 정당화된다.

미디어 기업의 입장에서도 미디어가 사회·문화에 미치는 영향을 고려해볼 때 일반 기업과는 분명 다른 차원에서의 경영 전략을 추구해야 한다는 부담을 갖게 될 것이고, 소비자들과 정책 당국은 사회적 책임, 공익성, 다양성 등의 이름으로 미디어 기업의 경영에 간섭하게 될 것이다. 미디어가 지닌 이러한 특성들 때문에 기업들은 미디어 기업으로 분류되는 것에 상당한 부담을 가지고 있다. 물론 미디어 기업으로 분류되는 것이 생각하기에 따라 좋을 수도 나쁠 수도 있다. 자신이 사는 사회에 커다란 영향력을 미칠 수 있다는 점에서 미디어 기업의 수장은 부러움의 대상이 될 수도 있지만 동시에 경계의 대상이 될 수도 있는 것이다.

타 산업과 다른 미디어 산업의 여러 특성들 때문에 미디어 기업은 늘 정부와 시민들의 눈치를 볼 수밖에 없었고, 이는 곧 미디어 산업에서 시장 논리가 제대로 작동되지 못하는 문제를 발생시켰다. 이는 국내에서 미디어 산업에 대한 경영학이니 경제학이니 하는 학문 분야가 아직까지도 소외되어왔던 이유와 무관하지 않다. 최근 들어서 미국을 중심으로 미디어 경영학이나 미디어 경제학이라는 학문 분야가 생겨났고, 국내에서도 이를 공부하는 학자들의 수가 조금씩 증가하고 있다는 사실은 그만큼 미디어 산업에서도 경영학이나 경제학적 관점이 중요해지고 있음을 의미한다.

그렇다면 미디어 산업에서의 사회적·문화적 영향력을 고려하고 시장 실패라는 문제를 치유하기 위한 정부 규제가 어디까지 허용되어야 할 것인가? 정부 규제가 정당화되는 범위는 어디까지이고 시장 논리가 허용되는 범위는 어디까지인가? 특히 다양한 기술을 바탕으로 시장 진입이 활발히 이루어지고 있는 요즘의 미디어 시장을 고려해본다면, 정책 당국의 개입이 과역 적절한가에 대한 의문마저 든다.

이 장에서는 미디어의 범위를 어디까지 포함시켜야 할지에 대해 논의해보고, 미디어 시장의 특성들을 정치적·사회적·문화적·기술적 관점에서 살펴보며, 미디어 시장에 대한 규제 근거와 역사 및 규제 논거의 적절성을 살펴볼 것이다. 이를 통해 소위 스마트 미디어 환경하에서 미디어의 의미를 점검해보고, 미디어 기업의 경영 전략과 정책 당국의 규제 방향이 어떻게 변화되어야 할 것인가에 대해 논의해보고자 한다.

미디어 산업의 범위

미디어 산업의 범위를 살펴보기 위해서는 미디어 산업의 정의에 대해 명확히 해둘 필요가 있다. 우선 미디어란 '메시지를 담아서 수용자들에게 보내는 용기message vehicle'라고 정의된다(차배근·김우룡·이기홍, 1993). 산업이란 '인간의 생활을 경제적으로 풍요롭게 하기 위해 재화나 서비스를 창출하는 생산적 기업이나 조직'으로 정의된다(국립국어연구원, 1999). 이를 종합해보면, 미디어 산업이란 인간의 생활을 경제적으로 풍요롭게 하기 위해 미디어 서비스를 창출하는 기업이나 조직이라고 할 수 있다(정용찬, 2013).

그렇다면 미디어 산업의 범위는 어디까지 포함되는가? 어느 유명한 미디어 경영학자의 분류 방식에 따르면 방송(라디오·TV), 인쇄(신문·잡지·출판), 그리고 영화와 음반 산업이 미디어 산업에 포함된다(Albarran, Chan-Olmsted, & Wirth, 2006). 각국 정부는 미디어 관련 기업의 매출 규모는 어느 정도인지, 종사자 수와 수출 규모는 얼마나 되는지 등과 같은 미디어 산업과 관련된 통계를 만들고 발표하고 있다. 한국의 국가통계를 총괄하는 통계청의 한국표준산업분류에 따르면* 미디어 산업은 출판업, 영상 및 오디오 기록물 제작·배급업, 방송업, 통신업, 광고업 등을 포괄한다(통계청, 2007). 통계청의 분류 기준은 UN의 국제표준산업분류의 큰 틀을 유지하면서 국내의 특수성을 반영한 것으로 평가된다. 주목할 점은 대분류 영역 J에 출판, 영상, 방송통신 및 정보 서비스라는 명목하에 출판, 영상 및 오디오 기록물 제작 및 배급, 방송, 통신, 컴퓨터 프로그래밍, 정보 서비스 등이 포함되어 미디어 산업의 융합 추세를 반영한 것이다(〈표 1-1〉 참고).

* 한국표준산업분류는 사업체가 주로 수행하는 산업 활동을 그 유사성에 따라 체계적으로 유형화한 것으로 산업 관련 통계자료를 정확하게 생산하고 서로 비교하기 위해 만들었다(정용찬, 2013).

〈표 1-1〉 한국표준산업분류 9차 개정안의 미디어 관련 산업

대분류	항목명	세부 분류	항목명
C	제조업	26	전자 부품, 컴퓨터, 영상, 음향 및 통신 장비 제조업
		264	통신 및 방송 장비 제조업
		265	영상 및 음향 기기 제조업
J	출판, 영상, 방송 통신 및 정보 서비스	58	출판업
		59	영상 및 오디오 기록물 제작 및 배급업
		60	방송업
		61	통신업
		62	컴퓨터 프로그래밍, 시스템 통합 및 관리업
		63	정보 서비스업
M	전문, 과학 및 기술 서비스업	71	전문 서비스업
		713	광고업

자료: 통계청(2007).

한편 정용찬(2013)은 통계를 생산하는 주체에 따라서 미디어 산업을 방송 산업, 광고 산업, 콘텐츠 산업, 정보통신 산업으로 구분했다. 방송 산업은 지상파방송, 유선방송, 위성방송, IPTV Internet Protocol TV: 인터넷 멀티미디어 방송, 방송 채널 사용 사업 등으로 구분된다. 방송통신위원회는 매년 방송 산업의 분야별 경영 현황을 파악할 수 있는 『방송산업 실태조사 보고서』와 방송 사업자의 재무제표를 종합한 『재산상황 공표집』을 발간하고 있다. 광고 산업은 미디어 산업에 중요한 재원 조달 역할을 담당하고 있는데, 한국방송광고진흥공사 Korea Broadcasting Advertising Corporation: KOBACO *에서는 광고주와 광고회사, 광고물 제작업체, 매체사 등 광고 산업을 구성하고 있는 사업 주체의 실태를 파

---

* KOBACO는 1981년 설립된 특수법인으로 지상파방송, 즉 전국의 TV와 라디오 방송 광고를 방송사를 대신하여 독점 판매하고 있다. KOBACO는 대기업 자본으로부터 방송의 제작과 편성을 보호하고, 과도한 시청률 경쟁으로 인한 방송의 상업성을 배제하며, 광고 요금의 적정 수준을 유지하기 위한 목적으로 출범했다.

악하기 위한 『광고산업통계』를 발간하고 있다. 제일기획도 매체별 광고 시장 규모를 산출해서 『광고연감』을 매년 발간하고 있다. 콘텐츠 산업은 출판, 만화, 음악, 게임, 영화, 애니메이션, 광고, 방송, 캐릭터, 지식 정보, 콘텐츠 솔루션, 공연 산업을 포괄하는 광의의 개념이다. 문화체육관광부는 『콘텐츠 산업통계』를 매년 발간함으로써 콘텐츠 산업의 현황을 한 눈에 보여주고 있다.• 한국정보통신진흥협회와 한국전자정보통신산업진흥회는 공동으로 『정보통신 산업통계』를 발표함으로서 전자적 네트워크를 통한 정보의 유통을 담당하는 산업의 현황이 어떻게 변화하고 있는지를 보여주고 있다. 비록 국내에서 아직까지 미디어의 범위에 포함시키지는 않고 있으나 SNS나 페이스북 등과 같은 소셜 미디어의 규모도 상당히 커졌기 때문에 새로운 미디어 분류 방식이 필요한 시점이다.

요약해보면 미디어 산업은 과거 신문, 잡지, 서적, 라디오, TV 등의 전통적인 미디어에서 DMBDigital Multimedia Broadcasting: 이동 멀티미디어 방송, 인터넷, IPTV, 스마트 미디어 등 기술의 발전으로 쉴 새 없이 나타나는 새로운 형태의 방송 서비스를 포괄하고 있다. 또한 기술의 발전으로 인한 융합화 현상이 일반화되면서 미디어 산업은 방송 산업뿐만 아니라 문화 산업과 정보통신 산업 등의 일부를 포괄하면서 그 영역을 확장해 나가고 있다.

변화하는 미디어 산업

앞서 살펴보았듯이, 미디어는 전통적으로 라디오, TV, 신문, 잡지, 영화 등

• 한국언론진흥재단은 『신문산업 실태조사』를 통해 종이 신문과 인터넷 신문의 현황에 대한 세부 정보를 제공하고 있고, 영화진흥위원회는 『영화산업 실태조사』를 통해 영화 산업의 현황을 자세히 소개하는 등 세부 콘텐츠 산업별로 특정 기관에 의해 좀 더 자세한 산업 현황이 발표되고 있다.

과 같은 매스미디어를 지칭하는 용어로 사용되었다. 그러다가 뉴미디어라는 용어가 등장하게 되었는데, 뉴미디어는 말 그대로 기존 미디어와는 다른 새로운 형태의 미디어를 지칭하는 데 사용되었다. 전통적 미디어의 가장 큰 특성은 정보를 제공하는 미디어 기업이 소비자를 대상으로 일방적으로 정보를 뿌려주는 것이었다. 반면 뉴미디어는 뉴스를 온라인으로 시청한다거나 영화나 TV 드라마를 시청자가 원하는 시간에 원하는 장소에서 시청하거나, 미디어 기업뿐만 아니라 누구나 자신들이 전달하고자 하는 정보를 사람들과 공유할 수 있게 해주는 특성을 가지고 있다. 결국 뉴미디어는 양방향 속성과 시청자 참여가 가능하다는 것이 가장 큰 특징인데, 인터넷이나 디지털 케이블TV, IPTV, 유튜브, 페이스북 등이 이에 해당된다고 하겠다.

최근 들어 소비자들이 스스로 만들어낸 콘텐츠나 공유하고 싶은 콘텐츠를 다른 소비자들에게 자유롭게 전달해줄 수 있는 특성을 갖춘 미디어를 뉴미디어와 차별화시켜 소셜 미디어로 분류하기도 한다. 한편 미국을 중심으로 폭발적으로 성장하고 있는 소위 OTT Over-the-Top 온라인 동영상 서비스는 2015년 현재 동영상 콘텐츠의 가장 첨단적인 소비 방식이다. OTT 서비스란 인터넷 망을 통해 소비자에게 스트리밍 streaming 방식으로 동영상 콘텐츠를 제공하는 서비스를 의미한다. 즉, 일반적인 유료 방송 서비스의 경우, 케이블 망이나 인터넷 망을 소유한 미디어 사업자가 자신이 소유한 망을 통해 시청자들에게 콘텐츠를 제공하지만, OTT 서비스는 범용 인터넷 망을 통해 시청자들에게 콘텐츠를 제공한다. OTT 서비스는 특정 망에 종속되지 않고 범용 인터넷 망을 사용하기 때문에 기존 미디어 사업자들처럼 스스로 망을 구축할 필요가 없다. 따라서 OTT 서비스 사업은 기존 미디어 사업에 비해 진입 장벽이 낮은 반면, 콘텐츠 확보, 서비스 이용의 편리성 및 소비자 관리 능력 등을 보유한 OTT 사업자만이 미디어 시장에서 경쟁력을 갖출 수 있다.

사실, 인터넷으로 동영상을 볼 수 있는 서비스는 예전부터 존재했다. 예를 들어 유튜브나 판도라TV Pandora TV 등이 이에 해당되는데, 이들은 UCC User Created Content 콘텐츠를 중점적으로 제공했음에 반해 현재의 OTT 서비스는 영화나 TV 프로그램 같은 프리미엄 콘텐츠를 제공한다는 점에서 차이가 있다. 또한 과거의 인터넷 동영상 서비스는 PC라는 하나의 단말기에 한정된 서비스를 제공해왔음에 반해 현재의 온라인 동영상 서비스는 스마트폰이나 태블릿PC, 그리고 스마트TV와 같은 여러 단말기에서 이용 가능한 서비스로 발전해 나가고 있다.

미디어 산업의 범위가 넓어지고 있는 것은 기술의 변화와 밀접한 관련이 있다. 과거 아날로그 기술에 의존하던 미디어 시장은 디지털 기술의 발달로 인해 급격한 변화를 경험하게 되었다. 라디오, TV, 출판, 영화에 이르기까지 디지털화는 거의 모든 미디어 분야에 혁신을 가져왔다. 사람들은 여전히 기존 라디오방송을 즐겨 듣지만, 아이튠즈 iTunes, 스포티파이 Spotify, 판도라 Pandora와 같은 스트리밍 라디오 서비스에도 강한 수요를 보여주고 있다. 전통적 TV 시청 방식도 여전히 선호되지만, 넷플릭스 Netflix, 훌루 Hulu와 같은 OTT 서비스는 전통적 TV 시청 방식의 변화를 이끌고 있다. 기존의 종이 책은 전자책에 의해 커다란 위기를 맞고 있다. 이 모든 것이 디지털 기술의 힘이다.

미디어 기술의 혁신과 융합이 이루어지면서 구글, 애플, 페이스북 등 기존 미디어 시장에 존재하지 않았던 기업들이 미디어 시장의 핵심 기업으로 등장하게 되었다는 점도 흥미롭다. 애플은 아이튠즈를 가지고 음악 시장에서, 스마트폰과 아이패드를 가지고 인쇄/비디오 시장에서 가장 영향력 있는 기업으로 성장했다. 구글은 온라인 검색의 힘으로 기존 미디어들을 제치고 광고 시장에서 가장 영향력 있는 기업으로 우뚝 섰다. 페이스북은 수십억 명의 소셜 네트워크 이용자들을 기반으로 광고와 콘텐츠 전송 플랫폼으로서의 위치를 다져가고 있다. 아마존, 넷플릭스, 구글의 유튜브는 기존 방송사들이 만들어 내는 콘텐츠에 견줄 만한 고품질의 콘텐츠를 제작해서 제공하고 있다.

소비자들의 미디어 이용 방식도 변화하고 있다. 최근에는 거실에 온 가족이 모여 TV를 시청하는 광경이 낯설게 느껴진다. 가족 구성원들은 각자 선호하는 기기나 플랫폼을 통해 자신들이 원하는 시간에 원하는 프로그램을 선택적으로 골라서 시청하고 있는 것이다. 또한 '제로 TV(zero TV)' 가구가 증가하면서 TV를 사용하지 않고 방송 프로그램을 시청하는 추세가 감지되고 있다. 이제는 방송 프로그램을 시청할 때 스마트폰, 태블릿PC, PC 등의 스마트 기기로 방송 프로그램을 시청하는 시대가 도래한 것이다. 한국의 경우에도 젊은 시청자들을 중심으로 다양한 스마트 기기를 이용해 방송 프로그램을 시청하는 현상이 두드러지고 있다. 언제 어디서나 원하는 콘텐츠를 이용할 수 있는 서비스에 대한 수요가 증가하면서 다양한 기기를 통한 동영상 콘텐츠 이용에 대한 수요가 높아지고 있는 것이다. 젊은 시청자들의 또 다른 특성은 TV를 시청하면서 여러 가지 일을 동시에 한다는 것이다. 실시간으로 TV를 시청을 하는 동시에 스마트폰으로 이메일을 확인하는가 하면, 페이스북이나 카카오톡 등의 소셜 미디어를 이용하기도 한다. 인터넷 검색, 온라인 쇼핑 등도 시청자들이 TV 시청 중에 자주 하는 활동들이다. 이는 TV가 더 이상 사람들의 주목을 독점하는 스크린이 아님을 의미한다. 요약해보면, 동영상 콘텐츠에 대한 소비자들의 이용 행태가 TV에서 다양한 스마트 기기로, 실시간에서 비실시간으로, TV로만 시청에서 미디어 다중 이용 방식으로 변화하고 있다.

미디어 산업의 특성

미디어 시장을 규제하는 가장 중요한 정책 논거는 공익 이념에 근거한다. 1924년 미국의 제3차 연례 무선통신회의Third Annual Radio conference에서 최초로 사용되고, 1927년 '라디오법Radio Act'에 "공공의 이익, 편의 및 필요성public

〈표 1-2〉 미디어 산업의 특성과 규제 논거

미디어 산업의 특성	규제 논거
주파수의 희소성	희소한 주파수를 사용하는 대가로 공공의 이익에 기여해야 함
사회적 영향력/공론장 이론	소수 사업자에 의해 제공되는 미디어는 사회적 영향력이 막강함/ 미디어는 사회 구성원 모두의 공론장 역할을 수행해야 함
자연독점성	미디어 산업은 자연독점적 특성이 있으므로 시장 실패의 위험이 있음
공공재	수요 공급의 시장 원리가 작동하지 않아 시장 실패의 위험이 있음

interest, convenience and necessity"이라는 표현이 기재되면서 방송 시장에서 공공의 이익(공익)이라는 개념이 도입되었다(이상우·배선영, 2011). 방송 사업자들은 희소한 주파수를 무료로 사용할 권한을 부여받았기 때문에 공공의 이익에 기여할 의무가 발생하게 되는데, 공익의 의무는 질 높은 콘텐츠를 제작하고 방영하는 것으로 이행되는 것이다. 흥미로운 점은 방송 사업자가 제공하는 방송 프로그램은 사회적으로 막대한 영향력을 발휘할 수 있기 때문에 방송 사업자가 제공하는 방송 내용에 대해 정책 당국의 규제가 정당화될 수 있다는 논거가 등장하게 되었다는 것이다. 결국 방송 사업자는 특정한 사익에 지배되지 않고 공공의 이익에 기여하는 방송 프로그램을 제공해야 하고, 방송 사업자가 공공의 이익에 제대로 기여하고 있는지를 정책 당국이 규제할 수 있다는 것이다. 여기에 미디어 산업 특유의 자연독점성과 공공재적 특성이 정책 당국의 규제 논거를 강화시켜주었다(〈표 1-2〉 참고).

주파수의 희소성

방송 시장에서 규제 논거로 삼고 있는 공익 이념은 주파수의 희소성에 근거한다. 주파수는 희소한 공공 자원인데, 방송사는 희소한 자원을 무료로 사용할 수 있는 권리를 부여받은 대가로 공공 수탁자public trustee로서의 의무가 부과되는 것이다. 공공 수탁자로 선정되기 위해서는 엄격하고 높은 수준의 공익 기준을 충족시켜야 하는데, 정책 당국이 공익 기준의 충족 정도를 판단하게 된다. 희소한 자원인 주파수를 배분하는 방식은 경매를 비롯한 여러 가지 방식이 고려될 수 있었겠지만, 정책 당국은 방송 사업자에게 무료로 주파수를 제공해주는 대가로 공익적 프로그램을 제공하도록 강제하는 방식을 택한 것이다(이상우·배선영, 2011).

방송사가 시청률이 보장되지 않는 공익적 프로그램을 자유롭게 제작할 수 있으려면 경쟁에서 보호받아야 했는데, 이를 위해 정책 당국은 방송 시장에 일정 수 이상의 사업자가 진입할 수 없도록 했다. 즉, 방송 사업자는 정부에 의해 구축된 강력한 진입 장벽하에 경제적 지대와 독점이윤을 확보할 수 있었고, 바로 이러한 경제적 지대는 방송사가 공익적 프로그램을 제공할 수 있도록 지원해주는 보조금의 역할을 담당하게 되었다. 이윤 창출이 있어야 하는 사기업으로서 방송 기업이 공익 기준을 충족시키기 위해서는 초과이윤의 안정적 확보가 보장되어야 하는데, 방송 시장의 경쟁이 치열해지면 방송사들이 초과이윤을 달성하기 어려워지므로 방송 시장에서 경쟁을 제한하고 초과이윤을 달성할 수 있도록 방송 사업자들의 수를 제한해야 한다는 논거가 지지되었던 것이다. 이러한 이유로 정책 당국은 방송 사업자들의 진입을 일일이 규제할 수 있게 되었고, 한국에서도 지상파방송, 케이블TV, IPTV, 위성방송 등 모든 방송 사업자들에 대한 진입 규제가 적용되고 있다. 방송 사업자들은 진입이 이루어진 이후에도 일정 기간에 걸쳐서 공익에 기여했는지를 평가받고 있다.

결국 '공공의 이익, 편의, 필요성'이라는 모호한 기준으로 방송사가 제공하는 프로그램에 대한 정책 당국의 내용 규제가 정당화되어온 것이다. 그러나 방송 프로그램의 내용에 대한 규제는 표현의 자유라는 인간의 기본적 권리와 자주 충돌했고, 지상파방송 이후 케이블TV, 위성방송, IPTV 등 다양한 매체의 등장으로 방송 시장에서의 주파수 희소성 논거는 점차 그 정당성을 잃어가고 있다. 다매체, 다채널 시대가 도래하면서 특정 방송 사업자들은 더 이상 과거와 같이 강력한 영향력을 발휘하지 못하게 되면서 주파수의 희소성에 근거한 방송 규제 논거는 점차 그 정당성을 잃어가고 있다.

사회적 영향력/공론장 이론

주파수의 희소성 논거는 방송 서비스의 사회적 영향력이나 공론장 이론과 연결되어 방송 산업에 대한 규제 논거를 강화시켜주었다. 과거부터 희소한 자원인 주파수를 할당받아 서비스를 제공하는 방송 사업자의 수는 제한적이었고, 소수의 사업자들만이 제공하는 방송 서비스의 영향력은 높을 수밖에 없었다. 아직 책을 읽지도 못하는 어린이들도 집에서 TV만 켜면 무방비로 방송 서비스에 노출되기 때문에 방송 서비스의 영향력과 침투성은 타 매체에 비해 높다고 할 수 있다. 또한 방송은 가장 기초적이면서도 중요한 사회적 커뮤니케이션 채널이기 때문에 방송의 사회적·정치적 영향력을 바람직한 방향으로 유도해야 하는데, 이를 위해 방송 서비스를 공론장, 참여 민주주의의 장으로 유도해야 한다(윤석민, 2005). 특히 방송은 다른 매체에 비해 누구나 즉각적인 접근과 이용이 가능하기 때문에 방송 매체가 공론장으로서의 역할을 담당해야 한다는 논리는 더욱 설득력을 얻을 수 있다.

그러나 방송 매체가 다양화되면서 방송의 사회적 영향력이나 공론장으로서의 역할론은 그 정당성을 잃어가고 있다. 방송의 디지털화 및 광대역화, 신규 미디어 기술의 등장으로 다양한 방송 서비스 제공이 가능해지면서 공론장이나 참여 민주주의 등의 기능은 특정 방송 사업자만 제공할 수 있는 것이 아니라 수많은 대안 매체들을 통해 제공이 가능해지고 있는 것이다.

자연독점성

　방송 산업은 자연독점적 성격이 강하기 때문에 여러 사업자가 경쟁적으로 서비스를 제공하기보다는 하나의 사업자가 독점적으로 서비스를 제공하고 독점 사업자에 대한 정책 당국의 규제가 적절하다는 이론도 과거부터 방송 규제를 정당화해온 중요한 논거였다. 일반적으로 자연독점적 산업은 생산량이 증가하면서 규모의 경제가 발생하기 때문에 재화의 가격이 낮아진다. 따라서 해당 재화의 생산 효율성 측면에서 가장 우월한 사업자에 의해 자연스럽게 독점화가 일어나게 된다. 문제는 독점적 지위를 보유한 기업이 지위를 남용하고 사회적 비용을 증가시킬 수 있기 때문에 독점화에 따른 생산의 효율성을 확보함과 동시에 독점적 지위의 남용을 방지하기 위해 정책 당국에 의한 강력한 규제가 요구된다.

　실제로 방송 산업은 시청자당 소요되는 평균 비용이 시청자의 수가 증가함에 따라 지속적으로 감소하는 규모의 경제 특성이 있고, 주파수가 희소하다는 이유로 소수의 사업자들에게만 진입을 허용하여, 소수의 독점 사업자들에 대한 강력한 규제가 정당화되었다. 그러나 1990년대 이후 선진국들을 중심으로 민영화, 탈규제화가 진행되면서 방송 산업이 자연독점이라는 논거도 점차 그 정당성을 잃고 있다(윤석민, 2005). 즉, 규모의 경제를 바탕으로 한 자연독점적 산업으로 인식되어온 방송 산업에 기술이 진보하고 시장 수요가 증가하면서 자유로운 시장 기능에 의한 공급이 효율적이라는 인식이 높아져 방송 산업에 대한 민영화 및 규제 완화가 추진되고 있다. 기술의 발전에 따라 방송 서비스의 제작 및 신호 전송에서 규모의 경제성이 약화되고 전송수단의 희소성이 감소하고 있고, 이를 반영하듯 방송 서비스 제공 사업자들이 경쟁적으로 서비스를 제공하고 있다. 이러한 상황에서 자연독점성에 근거한 방송 규제 논거는 점차 약화되고 있다.

공공재

방송 서비스는 비배제적이고 비경합적 성격을 가지고 있는 공공재public goods적 특성을 가지고 있다. 따라서 수요와 공급의 시장 원리가 제대로 작동하지 못해 재화의 생산과 공급이 공적 주체에 의해 이루어지는 것이 효율적이라는 논거가 등장한다. 만일 공공재가 시장 원리에 의해 거래되면 과다 공급 또는 과소 공급과 같은 시장 실패가 나타나게 되고 이를 해결하기 위해 정책 당국에 의한 시장 개입이 필요해진다.

그러나 최근 들어 방송 서비스에 양방향적 특성이 가미되고 요금을 지불하지 않은 사람들을 시청에서 배제시키는 방식이 일반화되면서 방송 서비스도 일반적 재화의 특성이 강화되고 있다(윤석민·송종현, 1997). 즉, 기술 발전에 따라 방송 재화가 공공재에서 일반적인 사유재로 변화하고 있다. 이는 과거 방송 재화가 공공재적 성격이 강하기 때문에 공익 차원의 규제가 불가피하다는 주장의 논거가 약해지고 있음을 의미한다.

미디어 산업과 규제의 역사

미디어 시장의 여러 특성들로 인해 미디어 산업은 과거부터 정부에 의한 엄격한 규제와 간섭이 정당화되어 왔다. 특히, 규모의 경제, 자연독점성, 공익성 보장 등의 논거는 방송 규제의 중요한 정책 목표로 간주되었고, 이러한 목표를 달성하기 위한 여러 정책들이 수립되어왔다. 예를 들어, 국내 유료 방송 시장은 규모의 경제가 작용하는 자연독점적 산업으로 간주되어 정부에 의한 진입 규제와 가격 규제가 정당화되었다. 케이블TV 산업의 경우, 네트워크 등을 구축하는 데 많은 고정비용이 소요되기 때문에 어느 특정한 개별 사업자에게 지역적으로 의미 있는 크기의 시장권역에 대해 독점적으로 서비스를 제공할 권리를 주고 규모의 경제를 추구할 수 있도록 하는 것이 가장 효율적이라고 판단했던 것이다. 문제는 독점 사업권을 부여하는 방식이다. 만일 유료 방송 사업에 대한 독점 사업자를 경매에 의해 선정하게 되면, 유료 방송 서비스를 가장 효율적으로 제공할 수 있는 사업자에게 독점 사업권이 부여될 것이다. 이때의 서비스 가격은 마치 경쟁 시장에서 기업의 평균 비용과 일치하는 가격이 될 것이므로 정부는 유료 방송 사업자에 대한 가격 규제를 할 필요가 없고, 다만 독점 사업권을 가진 사업자가 처음에 약속한 서비스의 질과 가격을 공급하는가를 감시하기만 하면 된다. 유료 방송 사업자의 입장에서도 정부에 의해 진입 규제가 이루어지기 때문에 안심하고 투자를 하고, 약속한 서비스를 제공하면 문제가 없을 것이다. 그러나 독점 사업권을 한 사업자에게 영구적으로 부여할 경우, 다른 잠재적 사업자의 시장 진입을 원천적으로 봉쇄하는 것이기 때문에 독점 사업권을 부여할 때에는 일정한 기간을 정하는 것이 일반적이다.

그러나 한국에서는 경매제를 택하지 않고, 정책 당국이 정해 놓은 심사제도를 통해 선정된 사업자에게 독점적 서비스를 제공하도록 하는 방안을 선택했다. 위성방송과 IPTV의 경우에도 정부에 의한 진입 제한 규제를 통해 소수의 사업자들만이 서비스를 제공할 수 있도록 했다. 그 이유는 무엇인가?

첫째, 유료 방송 산업은 네트워크 설치와 같은 매몰 비용이 높아 자연독점적 산업의 특성을 띠기 때문에 애초부터 정부에 의해 소수 사업자들에게만 사업권을 부여하는 것이 적절하다는 것이다. 자연독점적 산업이란 해당 산업의 비용과 수요 구조로 인해 하나의 사업자가 가장 낮은 가격으로 전 시장을 서비스할 수 있고, 타 사업자의 진입 유인을 상쇄시킬 만큼 매몰 비용*이 높은 경우에 해당한다. 둘째, 시장에 진입한 유료 방송 사업자를 경쟁에서 보호

---

* 매몰 비용이란 기업이 시장 퇴출을 결정하는 경우에도 쉽게 회수할 수 없는 비용이다.

해줌으로써 유료 방송 사업자가 직면하게 되는 위험비용을 줄여주고, 이렇게 줄어든 비용은 가격 규제를 통해 소비자의 이익에 기여할 수 있다는 것이다. 셋째, 경쟁에서 보호를 받는 사업자들은 공익성 있는 프로그램을 제공함으로써 공익에 기여할 수 있다는 것이다. 공익성 높은 프로그램은 광고주로부터 외면당할 가능성이 높으므로 시장에서 제공되기 어려우나, 정부에 의한 진입 규제로 소수의 사업자들만이 서비스를 제공하게 되면 소수의 사업자들은 서로 경쟁할 필요가 없게 된다. 결국 사업자들은 초과이윤을 달성할 가능성이 높아지고, 이렇게 달성된 초과이윤은 공익적 프로그램 제공으로 이어지게 될 것이다. 이러한 이유로 인해 국내 유료 방송 시장은 정책 당국에 의해 철저히 진입이 통제되어왔던 것이다.

정책 당국에 의해 진입이 허가된 사업자들도 공익성과 다양성 보장을 위해 추가적인 규제를 받았다. 소유 규제와 내용 규제가 대표적이다. 소유 규제는 대기업 및 외국인들의 미디어 시장 진입을 제한하거나, 미디어 기업 간의 교차 소유를 금지하거나, 한 사업자가 전체 시장에서 차지하는 점유율을 규제하거나, 1인이 소유할 수 있는 미디어 기업의 지분을 제한하는 규제 등을 의미한다. 이 규제들 중에서 한 사업자가 전체 시장에서 차지하는 점유율을 제한하는 규제를 살펴보자.

케이블TV 시장에서는 독립 종합유선방송 사업자System Operator: SO들을 매입해서 복수 종합유선방송 사업자Multiple System Operator: MSO를 형성하려는 유인이 높은데, 이는 케이블TV 산업이 가진 규모의 경제라는 본질적인 특성 때문이다. MSO를 형성하게 되면 설비의 통합 관리를 통한 비용 절감이 가능하고, 규모 증대에 따른 노동 등 자원의 전문화와 효율성 증대를 도모할 수 있으며, 판매 및 영업 조직의 통합·공동 활용을 통해 영업비를 감소시킬 수 있다. 또한 시장 규모가 확대함에 따라 다양한 서비스를 제공하는 것도 가능하다.

정책 당국에 의해 허가된 방송 사업자들은 허가의 대가로 공익에 기여하겠다는 약속을 하게 되고, 이를 어길 경우 제재를 받거나 심할 경우에는 재허가 심사에서 탈락할 수 있다. 공익이라는 개념도 모호하고 기여하는 방법도 모호하기 때문에 공익에 기여했는지를 판단하는 것 또한 쉽지 않다. 방송 사업자가 제공하는 프로그램의 내용을 심의하는 것은 그야말로 자의적 판단이 들어가지 않을 수 없다. 그러나 방송 사업자가 제공하는 프로그램의 내용을 정책 당국이 심의할 수 있다는 사실만으로도 방송 사업자는 사업의 자율권이 위축될 수밖에 없다. 국내 제작물 쿼터, 오락 프로그램의 비율 제한, 외주 제작물 제도 등과 같이 방송 사업자가 제공하는 프로그램의 자율성을 기계적으로 제한하는 규제도 내용 규제에 해당된다.

그러나 전 세계적인 규제 완화 추세 속에서 한국에서도 미디어 산업에 대한 소유 규제가 점차 완화되어왔다. 특히 2009년 방송 사업의 소유 제한 완화 이후, 신문과 대기업의 방송 사업 진입에 따른 여론 독과점 우려를 해소하고, 방송의 여론 다양성 보장을 위해 미디어다양성위원회 제도를 도입했다. 2010년부터 신문 구독율의 시청 점유율 환산 작업을 시행하고 있고, 2012년에는 매체 간 합산 영향력 지수를 개발하여 미디어 산업에 다양성을 보장하려는 노력을 기울이고 있다.

문제는 다양성을 어떻게 보장할 것인가에 대한 논의는 많았으나 정작 다양성이 무엇인가에 대한 논의는 상대적으로 부족한 편이다. 미디어다양성위원회를 통한 여론의 독과점을 방지하는 규제 프레임워크를 마련했으나 이는 미디어 다양성의 여러 측면들 중 극히 제한적인 부분에 치중하고 있다는 비판에 직면할 수 있다. 더욱이 국내에 미디어 다양성 개념에 대한 합의가 이루어지지 않은 상황에서 단지 신문 사업자의 시장 지배력을 방송 시장 지배력으로 환산해서 그 허가 여부를 결정하는 방식에 초점을 맞추는 것은 미디어 다양성에 대한 근본적 개념 정립이나 합리적 측정 방법은 뒤로 하고, 종편 사업자의 선정이라는 목적에만 부합하게 되는 것이다. 따라서 미디어 다양성이 무엇인가에 대한 더욱 체계적 연구가 필요한 실정이다.

디지털 기술과 인터넷 기술의 혁신으로 다양한 형태의 미디어 서비스가 제공되면서 신규 기술을 이용해 서비스를 제공하는 사업자들에 대해 기존 방송 규제를 적용하자는 주장도 제기되고 있다. 넷플릭스, 훌루 등의 OTT 서비스를 포함하여 스마트TV에서 제공되는 다양한 온라인 동영상 서비스들도 모두 미디어의 범위에 포함시켜 기존 방송 사업자들과 동등한 규제를 적용하자는 주장이다.

그러나 스마트 미디어 환경 속에서 미디어 사업자에 대한 정책 당국의 간섭과 규제는 국내 미디어 산업의 성장을 지체시킬 수 있다. 미디어 산업에 대한 강력한 소유 규제를 통해서 여론의 다양성을 확보할 수 있고, 적절한 진입 및 소유 규제를 통해 미디어 시장의 성과도 높일 수 있다는 시각도 일견 타당할 수 있다. 그러나 글로벌 미디어 사업자들의 국내시장 진입이 자유로워지고 있고, 인터넷을 통한 미디어 시청 행위가 일반화되고 있는 실정에서 방송 사업자에 대한 정책 당국의 개입은 분명 국내 방송 사업자들의 혁신에 걸림돌로 작용할 수 있다. 이제는 방송 산업을 관장하는 정책 당국의 업무가 줄어들더라도 방송 산업 자체의 경쟁력을 높이는 데에 초점을 맞출 때이다. 정부의 눈치를 보기보다는 다양한 소비자들의 수요에 대응하는 프로그램을 제작할 수 있도록 정책 당국의 방송 개입은 최소로 하고, 다양한 사업자들이 자유롭게 방송 서비스를 제공할 수 있는 환경을 마련해주자는 주장이 설득력을 얻고 있다.

미디어 기업 경영의 고려 사항들

미디어 기업은 일반적 기업과는 달리 수익성 추구라는 기업 본연의 목적보다는 공공의 이익이라는 더 높은 이상에 의해 지배되어왔다. 사람들도 미디

〈표 1-3〉 미디어 기업 경영의 중요 고려 사항들

미디어 기업 경영의 고려 사항	기업 경영의 방향
창의성	단기적 성과보다는 창의적 기업 환경 보장
규모의 경제	자국 시장에서 벗어나 아시아 시장으로 확대
유통 창구의 중요성	다양한 유통 창구의 개발
공익성과 수익성의 조화	공익성을 유지하면서 효율성에 기반을 둔 기업 혁신 장려
기술 변화에 대응한 소비자 수요 파악	기술 변화를 이해하고, 소비자 수요를 예측하고, 새로운 소비자 수요를 창출

어 기업은 일반 기업과 달라야 한다고 생각했고, 미디어 기업도 스스로를 일반 기업과는 다르다고 생각해왔던 게 사실이다. 정책 당국도 미디어 시장에 대한 보호를 통해 안정적 수익을 보장해주었기 때문에 미디어 기업은 경쟁에서 살아남기 위해 무엇을 해야 할 것인가를 고민하기보다는 정책 당국과 좋은 관계를 유지하면서 사회 권력으로서의 위상을 높여갈 수 있도록 정책 방안을 제시해 나갔다.

그러나 미디어 환경은 급속히 변화하고 있다. 기술의 발전으로 인터넷을 기반으로 하는 신규 미디어 기업들이 자유롭게 진입하고 있고, 글로벌 미디어 기업들의 진입도 더 이상 막을 수 없는 환경에 처한 것이다. 소위 스마트 미디어 서비스를 제공하는 신규 미디어 기업들의 진입을 전통적 잣대로 규제하기에는 논리도 부족하고, 기술적으로 막는 것도 불가능하게 된 것이다. 결국 미디어 기업들도 생존경쟁에서 살아남기 위해 시장 논리를 이해해야 하고, 기업의 생산성을 높이기 위해 뼈를 깎는 노력을 해야 하는 시기에 직면한 것이다. 이를 위해 미디어 기업들은 창의성, 규모의 경제, 유통 창구의 중요성을 이해해야 하고, 공익성과 수익성을 어떻게 조화시킬 것인가에 대해 고민해보아야 할 것이며, 급격히 변화하는 기술 환경에서 소비자들의 수요를 파악할 수 있어야 할 것이다(〈표 1-3〉 참고).

창의성, 규모의 경제, 유통 창구의 중요성

미디어는 창조 산업에 해당한다. '끼'가 있는 스타와 창의적 재능과 감각을 겸비한 제작자, 예측할 수 없는 소비자들의 기호를 이해할 수 있는 미디어 사업자가 콘텐츠의 성공 여부에 지대한 영향을 미친다. 스타를 존중하고 창의성을 발휘할 수 있는 환경은 기업의 자유분방한 문화에서 비롯될 수밖에 없다. 미디어 기업의 경쟁력은 창의적 콘텐츠를 보유했느냐에 달려 있기 때문에, 단기간의 수익성을 높이기 위해 쥐어 짜내는 경영 방식보다는 장기적 성과를 높이기 위해 단기간의 손해를 감수하고서라도 창의적 기업 환경을 보장해줄 수 있는 너그러운 기업 문화가 필요하다.

문제는 콘텐츠 산업이 규모의 경제가 존재하는 특성이 있기 때문에 시장 규모가 어느 정도 확보되어야 콘텐츠 제작에 대한 유인이 발생한다는 것이다. 그러나 한국의 경우 국내시장의 규모가 협소하기 때문에 국내시장만을 대상으로 한 콘텐츠에 대규모 투자를 하기에는 위험한 측면이 있다. 거대한 국내시장을 확보하고 있을 뿐만 아니라 전 세계시장을 대상으로 콘텐츠를 제작하는 미국은 콘텐츠 제작에 막대한 돈을 투자할 유인이 충분하다. 특히 미국은 자국 내에 콘텐츠를 유통할 수 있는 창구가 일찍부터 발달해 있었고, 각 창구에서 거두어들이는 수입도 다른 국가들에 비해 상당히 높았기에 콘텐츠에 대한 투자 유인이 높을 수밖에 없었다. 거대한 국내시장과 해외시장을 목표로 제작된 질 높은 콘텐츠는 국내시장은 물론 해외시장에서 경쟁력을 갖추게 되었고, 이는 다시 막대한 자금을 콘텐츠 제작에 투자할 수 있는 유인을 제공했다. 그러나 한국은 협소한 국내시장 규모와 불법 유통 콘텐츠 시장에 대한 정책 당국의 감시가 소홀했기 때문에 콘텐츠 제작에 큰돈을 투자할 유인이 상대적으로 적을 수밖에 없었다. 이러한 문제로 인해 소비자들은 국내 콘텐츠를 저질로 인식하게 되었고, 국내 소비자들의 콘텐츠에 대한 지불 의사 역시 낮을 수밖에 없었다.

그러나 최근 들어 국내 콘텐츠의 경쟁력은 몰라볼 정도로 높아졌다. 우리나라 콘텐츠에 대한 수요는 자국 시장은 물론 아시아 시장으로 확대되고 있다. 영화, 드라마, 예능, 음악 등 다양한 콘텐츠 장르에 걸쳐서 국내 콘텐츠는 아시아 시장에서 단연 손꼽힐 정도로 성장했다. 한때 일부 아시아 국가에서 반한 감정이 일어나 주춤거리기도 했지만, 최근 들어 한국 콘텐츠에 대한 아시아 시장의 수요는 꾸준히 높아지고 있는 것이 사실이다. 미국이 자국 시장은 물론 전 세계시장을 대상으로 콘텐츠를 판매하듯이, 한국도 자국 시장을 포함해서 아시아 국가 시장에서 콘텐츠 수요가 높아지게 된다면 콘텐츠에 대한 투자 유인은 지금보다 훨씬 증가할 것이고, 이는 지금보다 경쟁력 높은 콘텐츠에 대한 제작으로 이어질 것이다.

이러한 점들을 고려해볼 때, 미디어 기업이 고려해야 할 것은 콘텐츠 제작에 꾸준한 투자가 지속되어야 한다는 것이다. 단기적 성과는 높지 않더라도 콘텐츠에 대한 꾸준한 투자는 장기적으로 미디어 기업에 엄청난 수익을 가져다줄 것이다. 과거에 전혀 콘텐츠 제작 경험이 없었던 통신사들이 야심차게 콘텐츠 제작에 뛰어들었다가 단기적 손실을 감수하지 못하고 성급히 물러섰던 사례를 더 이상 반복하지 말아야 한다. 콘텐츠 산업은 통신 산업과 같이 단기적 성과가 가시적으로 보이는 산업이 아니다. 인내심을 가지고 꾸준한 투자가 지속된다면, 장기적으로 콘텐츠 시장이 가져올 수익성은 일반 산업에 비해 엄청나게 높을 것이다. 콘텐츠 하나를 제대로 만들어놓기만 한다면 추가 비용 없이 다양한 창구들에서 거두어들이는 수익은 막대할 것이다. 이를 위해 국내에 콘텐츠 유통 창구를 개발해야 함은 물론 해외에서도 콘텐츠 수익을 극대화할 수 있는 유통 창구 개발에 힘쓰는 것이 중요하다.

공익성과 수익성의 조화

치열한 경쟁 환경하에서 미디어 기업의 목표들 중 하나는 수익성을 높이는 것이다. 그러나 수익성 창출을 위한 미디어 기업들 간의 경쟁은 미디어 시장이 전통적으로 추구해왔던 가치, 즉 공익성 확보라는 가치를 훼손시킬 수 있다는 지적이 제기되고 있다. 그러나 미디어 기업이 수익성을 추구하는 것이 반드시 공익성 훼손과 직결되는 것은 아니다. 미디어 기업은 합리적 기업 경영을 추구하면서 시장이 미디어 기업에 기대하는 가치도 충족시킬 수 있는 방법을 찾아야 한다. 미디어 경영의 핵심 과제는 효율적인 기업 경영과 미디어 산업의 특수성을 적절히 조화시키는 방법을 찾는 것이다.

그러나 한국에서 미디어 기업의 경영과 관련한 논의는 최근 들어서야 주목을 받기 시작했다. 그만큼 미디어 시장에서는 공익성이라는 가치가 무엇보다 중요했던 것이다. 문화적 특수성이 지나치게 강조되어왔던 미디어 기업에 일반 경영학적 이론과 방법론을 적용해 미디어 기업의 경영 방향을 제시하는 것이 쉽지 않았기 때문에 미디어 경영 이론이나 미디어 경영 방법론을 연구하기 어렵게 느껴졌던 것이다. 그러나 기술의 발전으로 다양한 형태의 미디어 기업들의 등장이 가시화되면서 미디어 기업에 과거의 공익적 가치만 강요하는 것은 적절하지 않게 되었다. 더구나 글로벌 미디어 유통이 일반화되고 있는 시장 환경에서 공익적 가치의 강조는 자칫 국내 미디어 기업에 대한 역차별로 작용할 수 있다. 따라서 미디어 기업은 미디어 시장이 추구해야 할 최소한의 가치는 유지하면서 치열한 글로벌 환경에 대응할 수 있는 미디어 기업에 특화된 경영 방식을 발전시켜 나아가야 한다.

공익성과 효율성을 동시에 추구해 나갈 수 있는 시장 환경을 조성하기 위해서는 정책 당국의 역할이 그 어느 때보다 중요해졌다고 볼 수 있다. 한국은 전 세계 어느 국가들보다 미디어 시장에 대한 규제가 강하다. 군사정권 시절부터 답습해온 공익에 기초한 규제 논리가 여전히 시장을 지배하고 있다. 공익이라는 모호한 논리는 미디어 시장을 정책 당국의 입맛에 맞게 요리할 수 있는 더없이 좋은 논거가 되어왔다. 그러나 정책 당국이 미디어에 대한 전문성이 없는 다양한 이해 집단들의 주장에 이리 저리 휘둘리게 된다면 기업이 아무리 혁신하고 노력한다 해도 미디어 시장의 발전은 지체될 수밖에 없을 것이다. 미디어 시장을 관할하는 정책 당국의 전문성이 과거 어느 때보다 중요해진 시점에 미디어 시장을 이해하고 글로벌 미디어 기업으로 도약할 수 있도록 규제 환경의 과감한 개선이 필요할 것이다. 우스갯소리로 공무원들만 없으면 한국의 미디어 시장은 발전할 것이라는 말은 이미 오래전부터 회자되고 있었다. 미디어 시장에 대한 이해도 부족하면서 미디어 시장에 대한 규제 권한을 놓지 않으려는 정부의 비전문적 정책/규제 방안들을 비꼬는 말이다. 미디어 시장에 대한 정부의 간섭은 최소화하되 기업의 혁신은 장려해주는 정책 당국의 성숙한 모습이 필요한 시점이다.

기술 변화와 소비자 이해

인터넷과 디지털 기술의 혁신은 미디어 기업의 경영 방식에 커다란 변화를 가져왔다. 과거 아날로그 전송 방식하에서 미디어 플랫폼의 수는 극히 제한될 수밖에 없었다. 지상파방송과 케이블TV를 통하지 않고서는 동영상 콘텐츠를 전송하기가 어려웠던 것이 불과 20여 년 전 한국의 모습이었으나, 이제는 다양한 플랫폼을 통해 동영상 콘텐츠를 소비자들에게 전달할 수 있다. 위성방송과 IPTV와 같은 실시간 동영상 콘텐츠 전송 플랫폼 이외에도 넷플릭스, 훌루, 카카오TV, 유튜브 등과 같은 인터넷을 기반으로 하는 플랫폼들의 등장은 모두 인터넷과 디지털 기술의 혁명에 기인한다. 인터넷과 디지털 기술의 혁명이 비단 동영상 콘텐츠 시장에만 영향을 미친 것은 아니다. 과거 음반이 시장을 지배했던 음악 시장은 온라인 스트리밍과 음원 다운로드에 자리를 내주었다. 과거 극장 수입에 전적으로 의존했던 영화 배급사는 IPTV의 VOD 시장과 같은 인터넷을 통한 영화 배급 창구의 수입이 증가하면서 영화의 배급 순서를 어떻게 구성할 것인가를 고민하게 되었다. 이 또한 디지털 기술과 인터넷의 발전으로 인해 발생한 일이다.

기술의 변화는 소비자들의 콘텐츠 수요를 미리 예측할 수 있게 해주었다는 점에서도 긍정적 측면이 있다. 변덕스러운 소비자들의 기호는 미디어 상품에 대한 성공 가능성 예측을 어렵게 한다. 소위 '경험재'적 특성이 있는 콘텐츠는 성공 가능성에 대한 예측이 쉽지 않기 때문에 투자 대비 리스크가 상당히 높다. 많은 제작비, 스타 배우와 스타 감독, 액션 및 오락 장르 등은 영화의 성공을 예측할 수 있는 중요한 요소라고 알려져 있으나, 그렇지 않은 사례들이 자주 나타난다. 이는 개별 콘텐츠들이 각각의 독특한 특성을 가지고 있어 어떤 콘텐츠들도 서로 동일하지 않기 때문이다. 높은 제작비가 투자된 영화가 모두 성공하지 못하는 이유는 그 영화들이 개별적으로 다른 특성을 띠고, 소비자들도 저마다 서로 다른 선호를 가지고 있기 때문이다. 따라서 어떤 콘텐츠가 성공할지 미리 예측하기가 생각보다 쉽지 않다.

그러나 미디어 기업으로서 성공하기 위해서는 콘텐츠 투자에 대한 위험은 감수해야 할 부분이다. 따라서 미디어 기업들은 과거의 경험과 연구에 기초해서 콘텐츠 성공의 예측 변인들로 밝혀진 요인들을 가능한 많이 반영해서 콘텐츠를 제작해왔다. 특히 페이스북, 트위터, 카카오스토리 등의 다양한 소셜 미디어를 통해 소비자들의 수요를 미리 예측하고 대비할 수 있는 환경이 예전보다 훨씬 잘 마련되어 있기 때문에 과거에 비해 콘텐츠의 성공 가능성을 예측하기는 상대적으로 쉬워진 측면이 있다. 넷플릭스의 사례는 콘텐츠의 성공 가능성을 높이기 위해 방대한 기존 자료들을 사용해서 성공한 대표적 사례로 꼽힌다. 넷플릭스는 빅데이터 분석을 통해 많은 데이터를 수집하고 분석해서 가입자의 인적 상황, 시청 패턴, 각각의 인구집단이 어떤 콘텐츠를 소비하는지를 알아냈다. 또한 시청률 조사업체인 닐슨Nielsen, 기타 시장조사 업체들이 제공하는 메타데이터, SNS인 페이스북, 트위터에서 수집한 소셜 데이터에 이르기까지 모두 수집·분석해 시청자 성향 파악에 활용했다. 그 결과 데이비드 핀처David Fincher의 영화들, 케빈 스페이시Kevin Spacey 출연작, 영국에서 방영된 〈하우스 오브 카드House of Cards〉의 원작 등이 시청자들에게 큰 매력으로 다가갈 것임을 예측했고 〈하우스 오브 카드〉 제작에 엄청난 금액을 투자한 것이다. 물론 빅데이터 분석만으로 〈하우스 오브 카드〉를 제작한 것은 아니지만 빅데이터를 이용한 분석 결과와 넷플릭스 실무자들의 판단이 중요한 역할을 했음은 널리 알려진 사실이다(Wu, 2015.1.27).

소셜 TV 역시 시청자들의 콘텐츠 시청 경험을 높여 줌으로써 콘텐츠의 성공 가능성을 높여줄 수 있다. 시청자들은 TV 프로그램을 보면서 해당 프로그램에 대해 대화하면서 TV 시청 경험의 만족도를 높여간다. TV를 시청하면서 페이스북, 트위터, 구글과 같은 소셜 미디어 플랫폼을 이용하는 행위가 증가하고 있는 이유이다. 어떤 프로그램을 시청하다가 해당 프로그램의 소셜 미디어 페이지를 방문하거나, 동일한 프로그램을 시청하는 친구들과 소셜 미디어를 통해 해당 프로그램에 대해 대화하는 사례가 많아지는 이유는 소비자들의 소셜 TV 만족도가 높기 때문이다. 소셜 미디어를 적극 활용하는 시청자들의 TV 시청 패턴은 광고주들이나 마케터들에게 새로운 수익원 창출 기회를 제공해줄 수도 있다. 광고주들의 입장에서는 사람들에게 많이 도달하는 프로그램도 중요하지만, 많은 사람들이 관심을 가지고 지켜보는 화제성 높은 콘텐츠에 자신들의 광고가 노출되기를 바랄 것이다. 따라서 TV 프로그램 제작자들은 시청자들이 TV를 보면서 세컨드 스크린second screen 경험을 즐길 수 있는 프로그램을 개발하려 노력하고 있다.

이렇듯 지속적으로 변화하는 기술 환경을 이해하고 이를 활용하는 전략은 소비자들에게 만족도를 높여줌은 물론, 콘텐츠 제작의 실패 위험을 감소시킬 수 있기 때문에 미디어 기업들은 꾸준히 기술 경향을 이해하고 이를 콘텐츠 제작 및 유통에 활용하는 방안을 강구해야 할 것이다.

스마트 미디어 환경에서 미디어 기업의 경영과 정부 규제

미디어 산업에서 디지털 혁신은 미디어 제공 방식 자체를 바꾸어놓고 있다. 과거 미디어 기업에 의해 일방적으로 뿌려지던 방식에서 소비자들이 원하는 콘텐츠를 적극적으로 선택하거나 심지어 스스로 콘텐츠를 제작하여 공유하는 형태로 바뀌어가고 있다. 방송국이 정해 놓은 시간에 맞추어 수동적으로 TV 시청을 하던 방식에서 소비자들은 자신이 원하는 시간에 원하는 프로그램을 선택해서 즐길 수 있는 시대로 변화하고 있다. 전통적 미디어 기업의 힘은 약화되고 있고, 기술의 변화를 이해하고 이를 소비자들의 기호에 맞춰줄 수 있는 새로운 미디어 기업들이 시장을 장악해가고 있는 것이다. 한국에서는 여전히 전통 미디어 기업들의 힘이 강하지만, 미디어 시장이 가장 발달한 미국에서는 이미 전통 미디어 사업자들의 힘이 약화되고 있고 새로운 기술을 바탕으로 새로운 서비스 제공 방식으로 시장에 진입한 소위 스마트 미디어 기업들의 경쟁력이 상당하다. 넷플릭스, 아마존, 애플 등은 과거에는 미디어 기업으로 분류되지 않는 기업들이었지만 현재 미국 미디어 시장을 지배하는 기업으로 성장했다. 소비자들의 미디어 이용 행위를 간파하고 소비자들의 관심을 끌 수 있는 미디어 유통 방식을 꾸준히 고민해온 결과이다.

이에 대응하기 위한 전통 미디어 사업자들의 움직임도 바빠지고 있다. 예를 들어, 미국의 전통적 유료 TV 사업자들은 스마트 미디어 환경에서 가입자 이탈을 방지하고 새로운 수요를 창출하기 위해 소위 'TV everywhere' 전략을 구사하고 있다. 'TV Everywhere' 전략이란 기존의 유료 방송 서비스의 가입자가 TV, 스마트폰, 태블릿PC 등 다양한 인터넷 연결 기기internet-connected device로 언제 어디서나 유료 방송 사업자가 제공하는 동영상 콘텐츠를 즐길 수 있는 환경을 마련해주는 것이다. 즉, 양질의 콘텐츠를 확보하고 있는 전통 미디어 사업자들은 자신들이 보유한 콘텐츠를 TV뿐만 아니라 PC나 모바일 기기에서도 이어서 볼 수 있도록 하는 서비스를 부가적으로 제공함으로써 치열한 경쟁 환경에 대응해가고 있는 것이다.

한편 기존 채널 사업자들도 기존의 플랫폼 사업자들을 통하지 않고 직접 가입자들에게 자신의 콘텐츠를 판매하는 비즈니스 모델을 도입하고 있다. 예를 들어 HBO채널은 기존의 케이블TV와 위성을 통해 가입자에게 전송하는 방식에서 벗어나 시청자들에게 직접 판매하는 방식인 HBO NOW라는 서비스를 도입했다(Rogowsky, 2014.9.11). HBO를 포함해서 실시간 채널 전송 방식으로 서비스를 진행해왔던 전통 채널 사업자들의 시청률은 지속적으로 하락해왔고, 따라서 이들의 광고 수익 역시 줄어들 수밖에 없었다. 비록 HBO는 직접 수신료 수익에 전적으로 의존하고 있지만 실시간 채널 시청률의 하락과 플랫폼 사업자들과의 수익 배분으로 인한 갈등을 극복하기 위해 소비자들에게 직접 콘텐츠를 판매하는 실험을 진행 중인 것으로 보인다. 만일 HBO가 기존의 플랫폼 사업자들을 통하지 않고도 직접 시청자들에게 스트리밍 방식으로 콘텐츠를 판매할 경우, 시청자들이 지불하는 콘텐츠 요금을 플랫폼 사업자들과 배분하지 않아도 되는 장점이 있다. 그러나 HBO는 이전에 경험해보지 않았던 가입자 모집 및 관리, 마케팅, 요금 징수 등 기존 플랫폼 사업자들이 담당해왔던 업무에 대한 전문성을 익혀야 한다. 그럼에도 HBO가 OTT 시장에 진출한 이유는 신규 스마트 미디어 서비스에 대한 소비자들의 수요가 높아지고 있음을 인식한 것으로 보인다. 미국의 지상파방송 사업자들 중 하나인 CBS도 2015년부터 월 5.99달러의 가격에 CBS All Access라는 이름으로 스트리밍 서비스를 제공하기 시작했다. 이 서비스는 다운로드 없이 스마트폰과 태블릿 등 인터넷 접속이 가능한 기기를 통해 CBS의 실시간 방송 서비스는 물론 CBS가 과거부터 축적해온 대부분의 콘텐츠를 스트리밍 방식으로 제공하는 것이다.

이제는 장소에 구애받지 않고 원하는 시간에 원하는 방식으로 서비스를 이용할 수 있는 스마트 미디어 환경을 누가 잘 구현하는가에 의해 미디어 기업의 성패가 좌우될 것이다. 최근 연구에 의하면, 국내의 미디어 이용자들은 스마트 미디어 서비스를 대체로 가정(집)에서 이용하고 있는 것으로 나타났다(박상진·신재권, 2014). 가정 외에는 직장과 교육 시설에서도 일부 이용하고 있었지만, 가정에서의 이용이 전체의 74.6~82.8%에 이를 정도로 대부분 가정에서 이루어지고 있었다. 스마트 미디어 서비스가 주로 가정에서 이용되고 있는 이유들 중의 하나는 국내 인터넷 네트워크 환경이 아직 이용자가 다양한 장소에서 스마트 미디어 서비스를 안정적으로 즐길 수 있을 만큼 마련되어 있지 않다는 점이다. 스마트 미디어 서비스를 이용하기 위해서는 소비자가 와이파이Wi-Fi를 안정적으로 사용할 수 있는 특정한 구역zone에 있어야 가능하다. 만일 와이파이에 접속한 이용자가 많을 경우에는 혼잡congestion으로 인해 원활한 동영상 시청이 쉽지 않을 수도 있다. 현재 국내에서 어디서나 원활한 스마트 미디어 서비스를 이용하기 위해서는 이동통신사의 무선 인터넷 서비스(2G, 3G, LTE, 와이브로)를 이용하는 방법이 있으나, 동영상 시청은 많은 데이터를 사용해야 하고 그에 따라 데이터 요금이 높아지기 때문에 부담 없이 동영상 서비스를 시청하기가 어렵다. 반면, 네트워크 용량의 확보에 강점을 보유하고 있는 통신 사업자들은 이용자들이 일정한 요금을 지불하면 스마트 미디어 서비스를 거의 무제한으로 이용할 수 있는 상품을 제공하고 있다. SK브로드밴드는 월 9,900원으로 하루 2GB까지 무료로 Btv 모바일 상품을 이용할 수 있고, KT는 월 5,000원으로 올레 tv 모바일 서비스를 월 6GB까지 무료로 이용할 수 있는 올레 tv 모바일 상품을 제공 중이다. 반면, 인기 있는 콘텐츠를 보유하고 있으나 네트워크를 보유하고 있지 못한 지상파방송 사업자나 케이블 채널 사업자들은 이용자들의 데이터 부담을 해결해줄 서비스를 출시하지 못하고 있는 실정이다.

요약해보면 스마트 미디어 서비스 제공 측면에서 콘텐츠에 강점이 있는 지상파방송사는 이용자들에게 인기 있는 콘텐츠인 방송 프로그램을 제공할 수 있다는 장점이 있으나, 이용자들이 언제 어디서나 서비스를 이용할 수 있는 충분한 네트워크 환경을 마련해주지는 못한다. 반면 통신 사업자의 스마트 미디어 서비스는 적절한 요금만 지불하면 데이터 사용량의 부담 없이 마음껏 콘텐츠를 즐길 수 있는 상품을 제공할 수 있다는 장점이 있으나, 정작 이용자들이 원하는 인기 콘텐츠를 충분히 확보해놓지 못한다는 문제가 있다.

이러한 문제점들을 해결하고 스마트 미디어 서비스의 활성화를 위해서는 정책 당국의 적절한 개입이 필요할 수 있다. 즉, 국내 스마트 미디어 서비스의 활성화를 위해서는 양질의 다양한 콘텐츠가 제공되고 이를 이용자가 네트워크에 대한 부담 없이 이용할 수 있는 시장 환경의 조성이 필요하다. 그리고 이를 위해서는 스마트 미디어 서비스에 제공되는 콘텐츠와 네트워크에 대한 공정한 경쟁 환경을 조성할 필요가 있다. 정책 당국은 지상파방송사나 채널 사업자들과 같이 매력적인 콘텐츠를 보유하고 있는 사업자들과 안정적인 네트워크 용량을 확보하고 있는 통신 사업자들 간의 협업을 중재함으로써 전체 스마트 미디어 서비스 시장의 활성화에 기여할 수 있다. 즉, 푹pooq이나 티빙tving과 같이 네트워크를 보유하지 못한 스마트 미디어 서비스 사업자들과 네트워크를 보유한 통신 사업자들의 협업 모델이 만들어진다면 국내 스마트 미디어 서비스 시장이 새로운 활로를 찾게 될 가능성이 있을 것이다. 정책 당국의 중재나 개입이 없다면 콘텐츠 사업자와 네트워크 사업자는 서로의 강점을 공유하기보다는 각자의 장점을 부각시키면서 경쟁 관계를 형성할 가능성이 높고 이는 스마트 미디어 서비스 시장의 발전을 지체시킬 수 있다. 또한 방송 사업자 또는 콘텐츠 사업자가 자기 또는 자기와 수직 결합되어 있는 스마트 미디어 사업자와 경쟁 관계에 있는 타 사업자에게 부당하게 콘텐츠를 차별적으로 제공하거나 콘텐츠 제공을 거부·제한하는 행위를 방지하기 위한 제도적 장치가 필요할 것이다. 또한 스마트 미디어 서비스를 전송하는 통신 사업자가 부당하게 스마트 미디어 서비스의 전송을 차단하거나 전송속도 등의 전송 품질을 부당하게 저하시키는 행위도 금지할 필요가 있다. 그밖에도 정부의 역할은 다양할 것이다. 다만 스마트 미디어 환경에서 정부의 역할은 과거 미디어를 규제의 대상으로 보는 관점에서 벗어나 혁신적 아이디어와 창의적 미디어 제작 환경을 마련하고 새로운 유통 창구의 도입을 장려하며 다양한 미디어 사업자들 간 공정한 경쟁의 틀을 마련해주는 데에 초점을 맞추어야 할 것이다.

SUMMARY

미디어 산업에서 디지털 혁신은 소비자들이 원하는 콘텐츠를 적극적으로 선택하거나 심지어 스스로 콘텐츠를 제작하여 공유하는 형태로 미디어 산업의 패러다임을 변화시켜가고 있다. 이를 반영하듯, 미디어 시장에서 전통적 미디어 기업의 힘은 약화되고 있고, 기술의 변화를 이해하고 소비자들의 미디어 이용 행위를 간파하고 소비자들에게 어필할 수 있는 미디어 유통 방식을 꾸준히 고민해온 새로운 미디어 기업들이 시장을 장악해 나아가고 있다. 이제는 장소에 구애받지 않고 소비자들이 원하는 시간에 원하는 방식으로 서비스를 이용할 수 있는 스마트 미디어 환경을 만들어내는 기업에 의해 미디어 시장이 지배될 것이다. 정책 당국은 양질의 다양한 콘텐츠가 제공되고 네트워크에 대한 부담 없이 소비자들이 이용할 수 있는 미디어 시장 환경의 조성에 힘써야 할 것이다.

생각해볼 문제

1. 미디어의 범위는 어떻게 변화하고 있는가?
2. 미디어 산업이 다른 산업과 구분되는 특성은 무엇인가?

3. 미디어 기업은 공익성과 수익성을 동시에 추구하는 것이 가능한가?

4. 미디어 기업은 변화하는 기술 환경에 어떻게 대응해가야 하는가?

5. 변화하는 미디어 환경에서 정부의 역할은 무엇인가?

참 고 문 헌

국립국어연구원. 1999. 『표준국어대사전』. 서울: 두산동아.

박상진·신재권. 2014. 「스마트미디어서비스 이용자의 이용행태 분석을 통한 서비스 활성화 방안 연구」. 제3회 스마트 미디어 논문대회 발표. 미래창조과학부.

윤석민. 2005. 『커뮤니케이션정책 연구』. 서울: 커뮤니케이션북스.

윤석민·송종현. 1997. 「다채널화의 진전에 따른 TV 서비스 제공방식의 변화」. ≪한국언론학보≫, 42권 2호, 261~298쪽.

이상우·배선영. 2011. 『미디어 다양성』. 서울: 커뮤니케이션북스.

정용찬. 2013. 『미디어산업통계』. 서울: 커뮤니케이션북스.

최성범. 2013. 『미디어 경영』. 서울: 커뮤니케이션북스.

통계청. 2007. 「한국표준산업분류 최종개정안」.

차배근·김우룡·이기홍. 1993. 『매스컴 대사전』. 서울: 한국언론연구원.

Albarran, A., S. Chan-Olmsted, & M. Wirth. 2006. *Handbook of Media Management and Economics*.

Rogowsky, M. 2014.9.11. "Cut the cord? HBO considers selling direct to better combat Netflix." *Forbes*. Online available from http://www.forbes.com/sites/markrogowsky/2014/09/11/capocalypse-now-hbo-edges-closer-to-blowing-up-the-cable-industry-as-we- know-it/

Wu, T. 2015.1.27. "Netflix's secret special algorithm is a human." *The New Yorker*. Online available from www.newyorker.com/business/currency/hollywoods-big-data- big-deal

02 미디어 시장의 융합과 경쟁

류민호

최근, 신문과 방송 사업자뿐만 아니라 통신사(IPTV), 인터넷 동영상 사업자(OTT), 인터넷 소셜 미디어 사업자(SNS) 등 새로운 시장 참여자가 등장하면서, 전통적인 미디어 산업의 가치 사슬이 융합되고 재배치되는 동적 변화를 겪고 있다. 이 장에서는 미디어 시장의 변화를 설명하고, 새로운 시장 참여자와 전통 미디어 참여자들 간의 협력과 경쟁 양상을 사례를 중심으로 설명한다.

미디어 시장 참여자의 변화

그동안 미디어 사업자로 여겨지지 않던 많은 기업들이 새로운 시장 참여자로 등장하고 있다. 독일의 유명 미디어연구소인 IfM Institute of Media and Communications Policy 에서 2015년도 기준 전 세계 50대 미디어 그룹의 순위를 발표했는데, 〈표 2-1〉에서 보듯 해당 순위에는 우리가 흔히 알고 있는 뉴스 그룹News corp, 월트 디즈니Walt Disney, BBC 등의 전통적인 미디어 그룹뿐 아니라, 컴캐스트Comcast와 같은 케이블 사업자에서부터 구글, 애플, 페이스북, 바이두 등

<표 2-1> 독일 IfM에서 발표한 톱 글로벌 미디어 그룹

(단위: 파운드)

순위	사업자(국적)	매출
1	컴캐스트(미국)	517억 6900만
2	구글(미국)	496억 8100만
3	월트 디즈니(미국)	353억 800만
...		-
8	소니 엔터테인먼트(일본)	201억 6900만
9	베텔스만(독일)	166억 7500만
10	애플(미국)	135억 9600만
...		-
15	텐센트(중국)	96억 4300만
...		-
17	페이스북(미국)	93억 4800만
...		-
28	BBC(영국)	59억 6500만
29	바이두(중국)	58억 7100만
...		-

자료: http://www.mediadb.eu/en.html

의 인터넷 기업들도 포함되어 있다.

미디어 시장에서의 이용자 역시 단순한 소비자에서 생산자로 그 역할이 변하고 있다. 이용자들의 프로슈밍prosuming 활동은 직접적인 생산 참여, 시장 환경 조성, 경험 및 정보 제공, 저작물 생산을 통해 이루어진다(공정수·이용호·김영욱, 2007). 이용자 역할 변화로 인해 전통적인 미디어 환경에서의 단선적인 가치 사슬이 붕괴되고, '가치 순환value circle' 형태로 변화하고 있다. 가치 순환의 개념은 제품과 서비스의 생산 과정에서 소비자의 참여와 능동성이 강화됨에 따라, 가치 사슬의 시작과 끝 지점에 소비자가 동시에 자리 잡고 있다는 것을 보여주는 개념이라고 할 수 있다.

한편 인터넷과 스마트 미디어가 확산되고 전통적인 미디어 기업과 통신 기업 그리고 인터넷 기업이 하나의 생태계 개념인 '가치 네트워크value network'를 이루면서 공진화를 이루고 있다. 오늘날의 미디어 시장 내 참여자들의 생존은 더 이상 개별적이지 않고, 상호 간의 영향에 의해 상호 의존적으로 변화하고 있다. 개별 기업들은 홀로 창조할 수 없는 가치를 함께 창조하기도 하고, 또 한편으로는 동일한 시장을 놓고 경쟁을 벌이기도 한다. 예를 들어, 지상파 방송 사업자들은 인터넷 포털 혹은 OTT 서비스를 위해 자신의 콘텐츠를 제공하는 등의 협력을 진행하고 있지만, 한편으로 푹 pooq 과 같은 독자적인 플랫폼을 구축하기 위한 치열한 경쟁을 하고 있다. 이 장에서는 미디어 산업에서 벌어지고 있는 코피티션 co-opetition: cooperation+competition 사례를 중심으로 살펴보고자 한다.

미디어 시장의 주 수익원

〈그림 2-1〉에서 보듯, 전통적 기업들은 이용자들에게 서비스와 재화를 제공해주고 그 대가를 받는 반면, 미디어 기업은 매체 특성에 따라 다소 차이가 있기는 하지만 보통 광고와 콘텐츠 직접 판매(예: 신문 구독료)를 주 수익원으로 한다.

인쇄 미디어 산업에서는 신문이나 잡지사가 플랫폼 제공자인 동시에 콘텐츠 공급자의 역할을 하면서, 독자나 광고주 모두로부터 수수료를 받는다. 전통적으로 신문사 수익의 80%가 광고, 나머지 20%가 구독료였다. 한편, 방송 시장에서는 콘텐츠를 자체 제작하는 경우와 외부에서 공급받는 경우가 혼재되어 있다. 지상파 TV는 뉴스 등의 핵심 콘텐츠를 자체 제작하면서도 드라마 등의 경우는 외부 제작사에서 공급받는 경우가 많다. 광고의 경우, 광고주가 방송국과 직접 계약을 맺기도 하지만 채널/프로그램 사업자를 통해서도 할 수 있다. 인터넷 기업 역시 대부분의 수익을 광고에서 얻고 있고(예: 네이버 2014년 매출 기준 70% 이상이 광고 수익) 일부를 외부 콘텐츠 유통에 따른 수수료 수익이 차지하고 있다.

이렇듯, 대부분의 미디어 사업자의 핵심 매출은 광고 수익에서 발생하고,

〈그림 2-1〉 전통 산업과 미디어 산업의 주요 비즈니스 모델

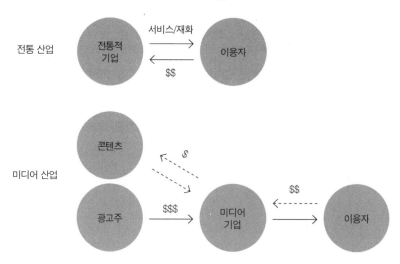

광고 시장은 미디어 시장을 움직이는 핵심 동력이다. 광고 산업의 활동 주체
는 크게 '광고주, 광고회사, 매체'로 나뉘는데, 각 시장 참여자의 역할은 다음
과 같이 요약할 수 있다(광고 시장에 대한 자세한 설명은 6장을 참고).

- 광고주: 광고를 하고자 하는 주체로서, 사실상 광고 활동의 중심이다. 자사
  브랜드를 강화하고 이를 통해 상품/서비스의 구매 효과를 얻기 위해 광고
  비를 지불하여 전체적인 광고 활동을 유발시키고 움직인다.
- 광고회사: 광고에 대한 전문인으로 구성되어 광고주 대신 광고 관련 제반
  업무를 수행하는 독립 기업이다. 오늘날은 광고 개념이 확장됨에 따라 단
  순한 광고 서비스를 제공하는 차원을 넘어 기업의 전반적인 마케팅 활동을
  대행하기도 한다.
- 매체: 특정 콘텐츠 또는 서비스를 제공하여 소비자 접점을 확보하고 광고
  주에게 소비자와 소통할 수 있는 시공간을 제공함으로써 광고를 소비자에

게 노출해준다.

최근 인터넷이 확산되면서 전체 미디어 광고 시장에서 인터넷이 차지하는 비중이 점차 늘어나, 2014년 현재 28%에 도달했고, 인터넷의 비중은 앞으로 점차 커질 것으로 예상된다(〈그림 2-2〉참고).

인터넷 미디어가 폭발적으로 성장할 수 있었던 배경에는 '검색 광고'가 있다. '검색 광고'란 인터넷 이용자가 특정 키워드로 검색했을 때 검색 결과의 하나로 해당 키워드와 관련이 있는 광고를 노출시키고, 이용자가 노출된 검색 광고를 클릭할 경우 링크를 통해 바로 광고주의 웹사이트로 연결해주는 방식의 광고를 의미한다. 검색 광고는 미국의 벤처 캐피털리스트인 빌 그로스Bill Gross가 처음 만들어낸 비즈니스 모델인데, 빌 그로스는 검색 광고를 도입하기 위해 1997년에 고투닷컴GoTo.com이라는 회사를 설립했고, 이후 이

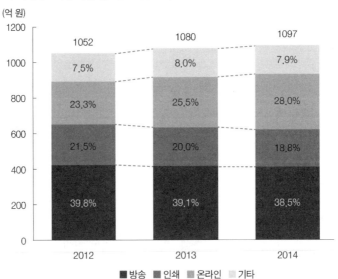

〈그림 2-2〉 국내 광고 시장 내 인터넷 광고 비중 변화

름을 오버추어Overture로 변경했다. 오버추어는 2003년 야후에 16억 3000만
달러에 매각된다. 오버추어를 인수한 야후뿐만 아니라 구글, 네이버, 바이두
등 전 세계 대부분의 포털들이 '검색 광고'를 주요 비즈니스 모델로 사용하고
있다.

　특히, 검색 광고의 장점은 방송 광고와 같은 기존 광고 시장에서의 비싼 광
고비를 충당할 여력이 없는 중소기업과 스타트업들에게 상대적으로 저렴한
비용으로 맞춤형 광고를 할 수 있는 새로운 기회를 제공했다는 데 있다. 네이
버의 경우, 전체 광고주가 연간 20만 명 수준에 달하고, 이 가운데 약 86%는
월 평균 50만 원 이하의 광고비를 지출하는 중소상공인들로 알려져 있다. 인
터넷 미디어는 바로 이 검색 광고를 기반으로 콘텐츠 플랫폼으로 진화하면서
기존의 신문, 방송과 같은 전통 미디어 기업들의 강력한 경쟁자로 부상해오
고 있다.

인터넷을 이용한 새로운 경쟁 매체 등장에 따른 미디어 가치 사슬의 변화

　2000년 초반까지는 전통 매체라 일컬어지는 4대 매체(TV, 신문, 라디오, 잡
지)가 중심이었다. 본격적인 산업 시대의 개막부터 이 시기까지는 대중매체
를 중심으로 대중문화가 형성되던 매스미디어 시대라고 할 수 있다. 그 후 매
체 환경은 기술 발달과 함께 케이블 TV, 인터넷 등 다양한 매체가 공존하는
멀티미디어 시대로 발전해왔다. 2000년대 이후 수많은 매체가 범람하는 멀
티미디어 시대가 열렸다. 인터넷이 새로운 미디어가 되었고 최근에는 소셜
미디어 혹은 모바일 메신저 미디어까지 새로운 미디어들이 부상하고 있다.

〈그림 2-3〉 미디어 산업의 주요 매체 진화 과정

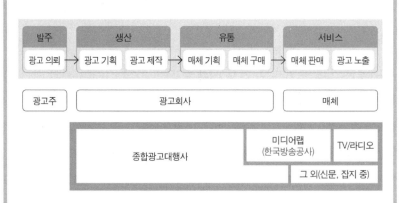

4대 매체(TV, 신문, 라디오, 잡지)가 광고 집행에 아주 효과적인 수단으로 인식됨에
따라 광고 산업이 급성장했다. 점차 대규모 자본력이 뒷받침 된 광고 전문가 집단인
종합 광고대행사가 출현했고, 이는 광고 산업 성장의 견인차가 되어왔다. 종합 광고
대행사는 광고 기획에서 매체 구매에 이르기까지 사실상 광고주가 효율적으로 수행
하기 어려운 광고 제작 및 광고 집행의 전반적인 서비스를 대행하면서 매체사로부터
광고비의 일정 비율을 수수료로 받아 사업을 운영했다.

신문 미디어 시장

2014년 기준으로 국내에서 포털 뉴스를 통해 뉴스를 소비하는 이용자의 비중은 약 40%(20~30대는 약 90%), 소셜 미디어를 통해 뉴스를 소비하는 비중은 9%(20~30대 약 35%)로 조사된 바 있다(PEW Research, 2015). 미국에서의 조사 결과도 한국과 크게 다르지 않은데, 2015년 기준으로 페이스북을 통해 뉴스를 소비하는 이용자가 63%에 이른다고 한다(김영주·정재민, 2014.4). 이렇듯, 이용자들이 뉴스를 개별 뉴스 브랜드(매체) 단위로 소비하기보다는 주로 검색엔진이나 포털, SNS를 통해 소비하는 경향을 보이면서, 언론사의 자생력이 낮아지고 포털 및 SNS를 통해 뉴스를 유통하지 않는 언론사의 트래픽과 수익성은 악화되고 있다.

종이 신문은 대부분의 국가에서 위기를 맞고 있다. 미국에서 주요 신문들이 파산 또는 온라인 신문으로의 전환을 선언했고, ≪뉴욕타임스(NYT)≫의 주가는 불과 5~6년 전에 비해 1/10 수준으로 폭락했다(〈그림 2-4〉 참고). 세계 최대의 신문 소비국인 일본도 주요 언론사들이 탈종이를 외치며 사업 다각화를 꾀하고 있다. 한국의 경우, 최근 경제 위기에 따른 환율 불안으로 신문 용지대와 잉크 값 등이 잇따라 상승해서 신문사의 경영 위기를 더욱 부추기고 있다.

전 세계 신문의 아이콘으로 여겨지는 ≪뉴욕타임스≫는 계속되는 실적 악화로 자금난에 몰리자, 2008년 12월 맨해튼에 있는 본사 건물을 담보로 잡히기도 했다.

경영 위기에 따른 자금 압박이 심각해지자, 신문사들은 먼저 구독료 인상을 추진한 바 있다. 미국의 경우 2008~2009년 사이 주요 신문들의 가판대 판매가격이 두 배 이상 올랐고, 공짜로 제공해오던 온라인 뉴스의 유료화를 강하게 추진했다. 그 결과 ≪뉴욕타임스≫ 등 일부 신문사의 경우 매출액에서

〈그림 2-4〉 ≪뉴욕타임스≫의 주가 변화

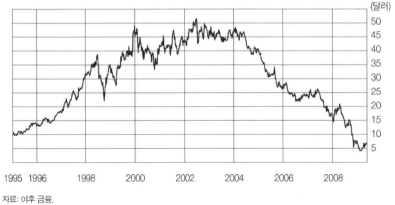

자료: 야후 금융.

〈그림 2-5〉 미국 ≪뉴욕타임스≫의 매출 비중 변화

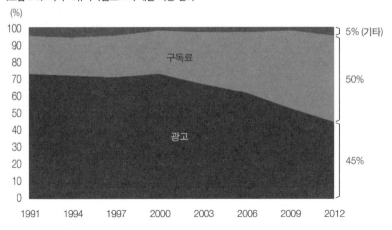

자료: 뉴욕타임스 IR 자료 재구성.

구독료가 차지하는 비중이 50%까지 치솟기도 했다(〈그림 2-5〉 참고).

한편, 미국의 주요 신문사들은 "더 이상 공짜는 없다"는 모토 아래 온라인 뉴스의 유료화를 주도해왔다. 미디어 황제 루퍼트 머독Rupert Murdoch은 "≪월 스트리트저널(WSJ)≫은 연간 구독료로 60~100 달러를 지불하는 100만 명 이상의 온라인 구독자를 보유하고 있다. 다른 신문들도 생존을 원한다면 온라인 콘텐츠 유료화를 시작할 필요가 있다"라고 주장하면서 온라인 뉴스의 유료화를 주도했다. 그 이후 ≪뉴욕타임스≫는 기사 이용량에 따른 과금 방식인 '미터 시스템meter system'과 회원 가입시 과금하는 '멤버십membership 시스템' 등 두 가지 유료화 방안을 적용 중이다.

신문사들은 전통적인 기사 작성의 틀을 벗어나 인터넷 기술을 이용한 인터렉티브 기사를 제공하기도 한다. 대표적인 예가 2012년 12월에 공개된 ≪뉴

〈표 2-2〉 신문 미디어의 새로운 경쟁자들

버즈피드 (BuzzFeed)	2006년, 조나 페레티(Jonah Peretti)가 설립한 버즈피드는 데이터를 활용해 기사를 널리 전파하면서 많은 독자층을 확보했다. 다양한 이야기 포맷을 발 빠르게 실험하는 것으로 유명한 버즈피드는 전통적인 뉴스 보도로 옮겨가기 위해 2015년 6월 현재 기자들을 채용하고 있다.
서카 (Circa)	서카는 다양한 뉴스 공급사로부터 기사를 수집해 스마트폰 환경에 맞춰 이야기로 재포장하여 독자들에게 전달하고 이후 이야기를 꾸준히 추적할 수 있게 해주는 모바일 뉴스 앱이다. 이용자들은 앱을 이용해 진행 중인 사건을 추적할 수 있고, 알림(alert) 서비스에 가입하면 업데이트된 기사를 바로 받아볼 수 있다.
ESPN	ESPN은 (생방송 및 주문형) 비디오와 오디오, (판타지 풋볼과 득점 상황 알림 기능 등의) 스포츠 관련 도구, 그리고 스타급 기자들이 이끄는 하위 브랜드들을 활용해 디지털 콘텐츠를 확대하고 있다.
퍼스트룩 미디어 (First Look Media)	퍼스트룩 미디어는 이베이의 공동 설립자인 피에르 오미디야르(Pierre Omidyar)로부터 2억 5000만 달러의 벤처 지원을 받아 설립된 새로운 디지털 언론사다. 글렌 그린왈드(Glenn Greenwald), 로라 포이트라스(Laura Poitras), 맷 타이비(Matt Taibbi) 같은 스타급 기자들을 영입해서 전통적인 뉴스를 공격적으로 보도하고 있다.
링크드인 (Linkedin)	링크드인은 전문가용 소셜 네트워크 사이트다. 2013년에 펄스(Pulse)를 인수하면서 본격적인 콘텐츠 생산을 시작했다. 오리지널 콘텐츠를 기고하는 인플루언서(Influencer: 영향력 있는 인물) 네트워크를 구축 중에 있다.
복스(Vox)	복스 미디어는 SB Nation(스포츠), The Verge(테크), Curbed(부동산), Polygon(게임), Racked(패션), Eater(음식) 등 자체 계열의 웹사이트들을 운영하고 있다. 최근에는 에즈라 클라인(Ezra Klein)을 영입해 일반 뉴스 사이트인 Vox를 만들었다.
야후 뉴스 (YAHOO News)	야후는 거물급 언론인들을 영입하면서 언론으로서의 역량을 강화하고 있다. 웹에서 돌아다니는 뉴스들을 수집해 하루에 두 번, 뉴스 여덟 꼭지를 스마트폰을 통해 제공하는 야후 뉴스 다이제스트를 선보였다.

자료: *New York Times*(2014.3.24).

욕타임스≫의 "스노우폴Snow Fall"이다. '스노우폴'은 미국 워싱턴 주 캐스케이드 산맥을 덮친 눈사태를 다룬 인터랙티브 기사로 1만 7000단어의 글과 66개의 모션 그래픽으로 구성되었다. 기존의 기사들이 텍스트에 영상, 그래픽 등의 멀티미디어 도구를 부가적으로 이용한 것과는 확연히 차별화 되는 형태의 기사이다.

인터넷의 등장 후 신문사들은 생존을 위한 치열한 혁신을 지속하고 있는데, 2014년 3월에 ≪뉴욕타임스≫가 발간한 「혁신 보고서Innovation」는 신문사들이 처한 현실과 혁신의 노력을 잘 보여주고 있다. 「혁신 보고서」는 신문사들이 그동안 미디어로서 누려오던 특권 의식을 버리고, 새로운 형태의 미디어들을 경쟁자로 받아들여야 한다고 권고한다. ≪뉴욕타임스≫는 〈표 2-2〉와 같이 새로운 경쟁자들을 명시하면서, 이들과의 경쟁에서 살아남기 위해 기존 뉴스에 대한 디지털 작업 후 새로운 기사와 접목 시키는 등의 생존 전략이 필요하다고 강조하고 있다.

방송 미디어 시장

최근의 국내외 방송 미디어 시장은 IPTV, 스마트TV, OTT 등 다양한 신규 매체가 속속 등장하면서 다양한 미디어를 동시에 섞어 사용하는 '미디어 스크램블' 현상이 일어나고 있다. 새로운 시장에서 주도권을 잡으려는 사업자 간의 경쟁은 그 어느 때보다 치열하다.

최근의 방송 미디어 시장의 사업자들은 출발origin 지점에 따라 크게 3가지로 구분해볼 수 있는데, 첫째는 방송 영역에서 출발한 NBC, CBS, BBC 등이 있고 다음은 통신 영역에서 출발한 비아콤Viacom, 컴캐스트Comcast 등이 있으며 마지막으로 인터넷 영역에서는 다양한 사업자들이 다양한 방식으로 출발했는데, 넷플릭스, 훌루, 유투브 등을 들 수 있다. 특히 넷플릭스와 같은 OTT

<그림 2-6> 방송 미디어 시장의 가치 사슬

제작	유통			출구(콘텐츠 소비)
제작 →	편성 →	서비스 제공 →	전송 →	단말 →

지상파방송	방송사 자회사	지상파방송사				TV
케이블방송	독립 제작사	방송채널 사업자 (PP)	종합유선방송 사업자(SO)	전송망 사업자(NO)	방송기기 사업자	TV
위성방송			위성방송 사업자			
DMB			DMB 방송 사업자			DMB 단말기 스마트폰
IPTV		IPTV 콘텐츠 사업자	IPTV 방송 사업자			TV, 스마트폰

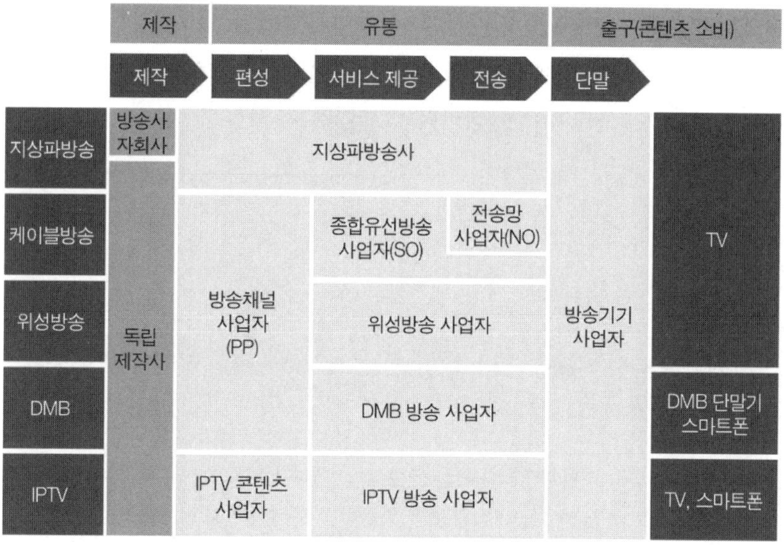

자료: KISDI(2011). 정책자료 재가공.

사업자의 등장은 방송 시장 전반에 큰 파장을 불러일으켰는데, 미국의 경우 기존 케이블 가입자들이 유료 방송 가입을 해지cord-cutting하거나 더 낮은 요금 제로 전환cord-shaving하는 추세가 강해지고 있다.

방송 미디어 시장의 가치 사슬은 통신/인터넷 콘텐츠 산업과의 융합을 거 치면서, 통신 부문의 콘텐츠·서비스 제공, 네트워크 단말 및 장비 전반과 방 송 부문의 콘텐츠 유통content Aggregator, 프로그램 편성, 서비스 제공 및 전송 그 리고 단말 및 장비까지 그 범위를 넓혀가고 있다(<그림 2-6> 참고).

지상파방송은 제작과 편성, 서비스 제공 및 전송에 이르는 전체 가치 사슬 이 모두 통합된 구조를 가지고 있다. 종합유선방송과 위성방송, 이동 멀티미 디어 방송DMB, 인터넷 멀티미디어 방송IPTV의 경우 직접 제작하거나 프로그 램 공급업자로부터 공급받은 텔레비전 방송 프로그램을 유선, 위성 및 기타 방법으로 송출하고 있다. 이때 제작 및 편성 단계에 위치한 방송 채널 사용 사업자PP와 인터넷 멀티미디어 방송 콘텐츠 사업자는 직접 제작하거나 구입한 텔레비전 방송 프로그램을 종합유선방송, 위성방송 및 기타 방송 사업체에 공급하는 역할을 한다(참고로 PP 사업을 사업자의 유형으로 분류하면, 홈쇼핑, 종합편성, 보도전문, 지상파 계열 PP, MSP Multiple System Program Operator, 일반 PP로 구분할 수 있다).

넷플릭스

■ 탄생과 성장

1997년에 설립된 넷플릭스는 우편을 통한 DVD 대여 사업으로 시작해 온라인 스트리밍 서비스로 사업 영역을 확장해왔다. 특히 이용자 개개인이 선호할 만한 영화를 추천해주는 시네매치 Cinematch라는 시스템을 통해 브랜드 가치를 높였으며, 2002년 나스닥에 상장했다. 넷플릭스는 한 달에 최소 7.99달러로 영화와 TV 프로그램과 같은 영상 콘텐츠를 온라인 스트리밍 방식으로 서비스한다.

■ 유통 채널 확장

넷플릭스의 CEO 리드 해스팅스 Reed Hastings는 일찌감치 유통 시스템이 온라인으로 재편될 것을 내다보고, 2007년부터 온라인 스트리밍 서비스를 시작했다. 이후, 2011년에는 DVD 우편 사업과 동영상 스트리밍 서비스 사업을 분리하고 유료 서비스를 강화해왔다. 현재 넷플릭스는 OTT Over The Top를 대표하는 서비스로 자리매김하고 있다. OTT 서비스는 별도의 셋톱박스 없이 인터넷을 통해 볼 수 있는 TV다. 최근 미국에서 OTT는 기존 콘텐츠 유통 구조를 바꾸고 있다는 평가를 받는다. 실제로 넷플릭스는 작년 4월, 미국의 중소 케이블 사업자인 아틀랜틱 브로드밴드 Atlantic Broadband, RCN 텔레콤 서비스 RCN Telecom Services, 그랑데 커뮤니케이션스 Grande Communications에도 프로그램을 제공하겠다고 밝히면서, 전통적인 유료 TV 시장 내에 치열한 경쟁을 예고하기도 했다. 최근에는 페이스북과 같은 소셜 미디어를 통해서도 넷플릭스 서비스를 이용할 수 있도록 콘텐츠 유통 플랫폼을 확장해가고 있다.

■ 자체 제작 콘텐츠 확보 노력

넷플릭스 성장의 핵심 요소로 자체 제작 콘텐츠 확보를 들 수 있다. 2013년 넷플릭스에서 최초로 방영된 〈하우스 오브 카드〉는 2013년 9월 개최된 에미상 시상식에서 최우수 감독상을 수상하고, 2014년 초 열린 골든 글로브 시상식에는 여우주연상을 수상하는 등 미디어 산업의 지형 변화를 여실히 보여주는 사례로 평가 받고 있다. 특히 〈하우스 오브 카드〉는 콘텐츠 제작 단계부터 화두였는데, 빅데이터를 활용해 이용자들의 구미에 가장 잘 맞는 콘텐츠를 제작한 것으로 알려져 있다. 2015년 현재 넷플릭스는 수십여 편의 자체 제작 콘텐츠를 확보하고 있고, 2016년부터는 심야 토크쇼까지 자체 제작 콘텐츠의 영역을 확대해 나갈 예정이다.

■ 넷플릭스의 성과

2014년 2분기 넷플릭스의 실적을 살펴보면, 매출 13억 4000만 달러, 순이익 7100만 달러, 주당 1.15 달러로 지난해 같은 기간 대비 2배 이상의 성과를 보이고 있다. 특히 지난 2분기 동안 스트리밍 서비스 가입자가 169만 명이 증가했으며, 이 중 글로벌 가입자 수가 110만 명에 이른다고 밝혔다. 현재 넷플릭스는 캐나다, 스페인을 비롯해 중남미, 영국, 아일랜드, 덴마크, 네덜란드 등 총 40개 국가에서 서비스를 제공하는 명실상부한 글로벌 미디어 사업자로 성장해가고 있다.

인터넷과 전통 미디어의 융합 서비스

최근 인터넷과 전통 미디어가 융합해 새로운 형태의 서비스들이 나타나고 있다. 융합 서비스의 대표적인 예로 웹드라마와 소셜 플랫폼을 이용한 뉴스 서비스를 들 수 있다. 이러한 새로운 서비스들이 등장하면서 전통 미디어와 새로운 미디어 간의 협력과 경쟁 구도가 빠르게 재편되고 있다.

웹드라마의 등장

2015년 6월 발표된 조사 자료에 따르면, 인터넷 이용자를 대상으로 진행된

설문조사에서 약 42%의 응답자가 '온라인을 통한 동영상 시청이 더욱 증가할 것'이라 대답했으며, 54%는 지금과 비슷한 수준을 유지할 것'이라 응답했다고 한다. 또한 50%에 가까운 응답자들이 스마트폰을 통해 더 많은 영상 콘텐츠를 시청할 것이라고 응답한 바 있는데, 이를 통해 온라인 동영상 시장의 성장 가능성을 엿볼 수 있다(DMC 미디어, 2015.6).

모바일이 급격히 성장함에 따라 콘텐츠의 유통 방식도 매우 다변화하고 있다. 특히 동영상 시장의 경우, TV에서 보던 드라마가 PC와 모바일을 통해 그대로 전송되는 것이 아니라, 웹드라마라는 새로운 장르로 재탄생한다. 웹드라마는 모바일로 간편한 시청이 가능하도록 재생 시간이 5~10분 내외로 짧고, 매일 1편씩 오픈하는 등 호흡도 짧다. 또한 기존 지상파 드라마에서 다루기 쉽지 않았던 일상적인 주제나 장르성 소재를 많이 다뤄 이용자들의 다양한 욕구를 충족시키고 있다.

웹드라마는 스낵 컬쳐snack culture*의 확산에 대응하고 차별화된 콘텐츠를 제공해줄 수 있다는 측면에서 각광을 받고 있는데, 최근 국내에서도 네이버와 다음 등 포털 업체들이 자체 동영상인 웹드라마의 제작과 유통을 본격화하면서 주목받고 있다(한국방송통신전파진흥원, 2015.9). 네이버의 경우 〈그림 2-7〉과 같이 네이버 TV캐스트의 PC와 모바일 페이지에 웹드라마 전용관을 마련해 이제까지 약 30여 편의 작품을 소개하고 있다. 특히 〈연애세포〉는 600만 재생 수를 넘기면서 큰 인기를 끌었다. 다음카카오 역시, 자사의 모바일 콘텐츠 플랫폼인 '스토리볼'과 동영상 서비스인 'TV팟'을 통한 웹드라마의 독점 유통에 적극적인데, 웹툰으로 인기를 끌었던 '미생'의 프리퀄을 비롯해 70여 편의 웹드라마를 제공하고 있다.

---

* 아무 때나 집어 먹을 수 있는 스낵처럼 이동하거나 잠깐 남는 시간에 콘텐츠를 소비하는 현상을 일컫는 용어.

〈그림 2-7〉 네이버 TV캐스트의 '웹드라마' 전용관 예

웹드라마

전체	APOLLO PICTURES	CJ E&M 웹드라마	JYP Pictures	LINE Corp.	LOEN DRAMA	MBC every1
PIXEF	SBS Plus	Samsung	Samsung_drama	WebDrama_KBS	iHQ	가딘미디어
기린 제작사	김건	더램퍼스 프로덕션	동성제작소	디지털에볼루션	루믹스미디어	리버픽쳐스
마틴카일	세븐포인트	소이믹스	히ent.&와이캡	아우라미디어	어나언컬쳐	에스박스미디어컴퍼니
오아시스컴퍼니	오즈	제노브크루	코스루드	컨버전스필름	판타지오 웹드라마	페이퍼필름
프로덕션 럼	플라스틱필름	한국경제TV	홍이			

인기 채널   최신 동영상

웹드라마 당신을 주문합니다   웹드라마 우리 헤어졌어요   웹드라마 요술병   웹드라마 우리 옆집에 EXO…   웹드라마 멈추지마(KEEP…   웹드라마 4가지

자료:http://tvcast.naver.com/p/webdrama

웹드라마는 TV에서 시청하던 드라마를 단순히 온라인 형태로 재구성한 것이 아니다. 기획 단계부터 웹 환경에 맞게 제작해 전통 방송 사업자들이 만들던 드라마와는 콘텐츠 속성과 구성 측면에서 다소 차이를 보인다. 웹드라마는 TV에서 활용하기 어려운 소재와 스토리를 풀어갈 수 있다는 점에서 업계의 주목을 받고 있으며, 기존의 드라마에 비해 상대적으로 쉽고 저렴하게 제작 가능하다는 점 역시 다양한 시도와 실행을 가능하게 하는 유인으로 작용하고 있다.

흥미로운 것은 웹드라마에 대한 소비가 웹을 기반으로 이루어짐과 동시에 거대 지상파방송사와의 협업을 바탕으로 전통 TV를 통해 소비되기도 했다는 점이다. 이는 기존의 유통 방식, 즉 콘텐츠 소비의 경계가 변화되고 있음을 의미한다. 가령 KBS의 드라마스페셜 〈간서치열전〉은 지상파 사업자가 시도한 최초의 웹드라마로, 70분짜리 드라마 한 편을 7부작으로 재구성해 본방송 시작 전 일주일 동안 매일 한 편씩 공개했다. 이 사례는 콘텐츠 소비에 대한

새로운 가능성을 제시하며 소비자들과 사업자들 모두에게 신선한 반향을 일으켰다. 이를 계기로 KBS는 웹드라마 전용관을 구성하기도 했다.

새로운 뉴스 플랫폼의 등장

인터넷이 확산되면서 신문사 스스로도 콘텐츠 및 비즈니스 모델 측면에서 자체적인 혁신들을 시도해왔다. 그러나 이러한 혁신의 노력에도 불구하고, 뉴스 소비의 파편화가 심화되면서 신문사들의 자생력은 점차 약해지고 있다. 뉴스 콘텐츠를 생산하는 신문사나 뉴스 콘텐츠가 필요한 인터넷 기업 모두에게 돌파구가 필요한 상황이다. 뉴스 콘텐츠를 통해 이용자 트래픽 및 체류 시간을 높이고 궁극적으로 직·간접적 수익을 취할 수 있다는 점에서 주요 플랫폼을 보유하고 있는 미국의 인터넷 사업자들은 과거부터 꾸준히 뉴스 서비스를 출시해왔으나 크게 성공한 사례는 없었다. 〈그림 2-8〉에서 2011년부터 2014년까지 구글, 애플, 야후, 페이스북 등이 출시한 뉴스 서비스는 모두 독자 애플리케이션 형태였는데, 뉴스 소비 경험이나 큐레이션 방식, 수익 모델 등의 측면에서 이용자나 신문사가 해당 앱을 사용해야 할 차별적 가치를 느끼지 못해 이렇다 할 성과를 거두지 못했다.

〈그림 2-8〉 2011~2015년 주요 IT 기업들의 뉴스 서비스 출시 사례

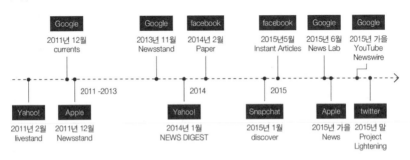

〈표 2-3〉 페이스북 인스턴트 아티클의 특징

기본 설명	• 페이스북 플랫폼 내에 호스팅 되는 뉴스 서비스. • 자체적인 콘텐츠 퍼블리싱 툴을 통해 고해상도 이미지, 동영상 자동 재생, 음성 캡션이 부가된 지도/사진, 줄 단위의 '좋아요'나 코멘트 기능 등 다양한 인터랙티브 요소를 제공하며, 모든 종류의 콘텐츠 임베드(트위터, 유튜브, web view 등)를 가능케 해 뉴스 소비 경험을 극대화함.
기사 제공 방식	• 어떤 콘텐츠를 송고할지는 언론사가 선택.
기술 플랫폼	• 줌인 가능한 고해상도 사진, 스크롤 시 자동으로 플레이되는 동영상, 스크롤 위치에 맞춰 자동으로 음성 캡션이 나오는 지도 및 사진, 콘텐츠 내에서 줄 단위로 '좋아요' 또는 코멘트할 수 있는 기능, 모든 종류의 콘텐츠 임베드embed 기능 등을 제공.
수익 모델	• 인스턴트 아티클 콘텐츠 내에서 언론사가 집행한 광고에 대해서는 언론사가 수익 100%를 취하며, 페이스북이 집행한 광고에 대해서는 7(언론사) : 3(페이스북)으로 수익을 배분함
제휴사 (2015년 5월 기준)	• 미국 사이트: *The Atlantic*, BuzzFeed, *National Geographic*, NBC, *The New York Times* • 영국 사이트: BBC News, *The Guardian* • 독일 사이트: *Bild*, *Spiegel*
기타	• 데이터 분석 지원: 언론사는 comScore, Google Analytics, Ominiture 등 다양한 분석 툴 및 언론사의 자체 분석 툴을 통해 관련 데이터를 트래킹할 수 있음. • 언론사 look & feel 유지: 언론사 웹사이트 기사의 HTML, RSS를 분석해서 해당 언론사 웹사이트와 거의 같은 느낌이 들도록 서체, 레이아웃, 포맷 등을 전환함.

자료: http://instantarticles.fb.com/

그러나 2015년에 접어들면서, 미국의 주요 기업들이 기존과는 차별화되는 새로운 서비스들을 쏟아내고 있어, 그 영향력에 귀추가 주목된다. 그 대표적인 예가 페이스북의 인스턴트 아티클Instant Articles 이다. 페이스북 인스턴트 아티클은 페이스북 플랫폼 내에 호스팅되는 뉴스 서비스이다. 기존 뉴스 콘텐츠는 이용자가 클릭 하면 링크된 신문사 사이트로 이동하면서 로딩에만 약 8초가량이 소요되어, 이용자들이 불편을 겪어왔다. 반면 인스턴트 아티클은 언론사가 보내온 뉴스를 페이스북이 직접 호스팅함에 따라, 로딩 속도를 획기적으로 개선할 수 있게 되었다. 신문사 페이지로 이용자를 직접 유입시키지 않는 대신, 인스턴트 아트클 내에서 언론사가 집행한 광고에 대해서는 신문사가 수익의 100%를 취할 수 있도록 했다. 신문사 대신 페이스북이 집행한 광고에 대해서는 7(언론사) : 3(페이스북)으로 수익을 배분한다. 현재 ≪애틀 랜틱The Atlantic≫, 버즈피드BuzzFeed, ≪내셔널 지오그래픽National Geographic≫, NBC, ≪뉴욕타임스≫, BBC News, ≪가디언The Guardian≫, ≪빌트Bild≫, ≪슈 피겔Spiegel≫ 등과 제휴 중이다(인스턴트 아티클에 대한 자세한 설명은 ⟨표 2-3⟩ 참고).

최근 이렇게 새로운 형태의 뉴스 서비스가 많이 등장한 것은 자생력이 약 해진 신문사와 이용자 트래픽이 절실한 플랫폼 간 이해관계가 잘 맞아 떨어 진 결과라고 볼 수 있다. 언론사는 엄청난 이용자 기반과 그에 따른 광고 수익 을, 플랫폼은 이용자 체류시간 증대 및 OS/단말 확산 등 각자가 노리는 이익 을 얻을 수 있어 상호 윈윈전략win-win strategy이라 할 수 있다. 즉, 언론사는 인 터넷 플랫폼 사업자에게 양질의 콘텐츠를, 그리고 플랫폼 사업자들은 이용자 기반과 광고 기반 플랫폼(데이터, 광고기술, 광고 영업력 등)을 제공하면서 협력 을 강화해 나갈 수 있다. 그러나 방송 산업 내 플랫폼 경쟁과 마찬가지로, 뉴

⟨그림 2-9⟩ 국내 동영상 서비스의 시간 점유율 변화 양상

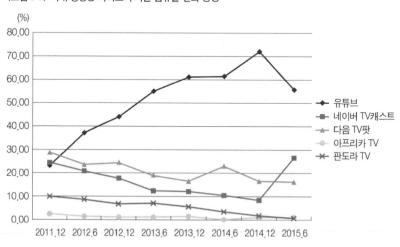

자료: 닐슨 코리안클릭 자료 재구성.

스 사업자 역시 독자적인 유통 플랫폼을 구축하려고 노력을 계속하는 한, 인터넷을 기반으로 한 플랫폼 사업자들과의 불편한 경쟁은 피할 수 없을 것이다. 지금의 협력이 일시적인 것인지 지속 가능한 것인지는 조금 더 지켜볼 필요가 있다.

글로벌 미디어 경쟁

미디어 시장 내 경쟁은 특정 국가에 국한되지 않고 점차 글로벌화 되어가고 있다. 넷플릭스는 2010년 캐나다를 시작으로 2011년 남미 43개국, 2012년 북유럽 지역으로 진출해 현재 50여 개 국가에서 서비스를 제공 중이다. 내년이면 넷플릭스가 한국에도 진출하게 될 것이라는 전망이 지배적이다.

국내 동영상 시장 역시 이미 글로벌 사업자들의 격전지가 된 지 오래다. 현재 국내에서 동영상 시청에 가장 널리 이용되는 서비스는 유튜브Youtube이다. 닐슨 코리안클릭 자료에 따르면, 2012년 이후 이용자들의 시간 점유율 측면에서 유튜브가 국내 온라인 동영상 시장의 선두에 서 있는 것을 확인할 수 있다. 최근 네이버와 다음과 같은 국내 포털 사업자들의 웹드라마 등 차별화된 콘텐츠로 반격에 나서고 있지만, 유튜브가 쌓아놓은 장벽을 넘지 못하고 여전히 고전하고 있다.

이제 국내 미디어 기업들은 글로벌 경쟁에서 살아남기 위해서 무엇을 해야 할지 진지한 고민이 필요할 때다. 세계화와 더불어 미디어 기업들은 자국의 성숙한 방송 산업과 방송 시장의 포화로 새로운 시장을 개척해야 하는 상황에 놓여 있다.

SUMMARY

대부분의 국가에서 종이 신문은 인터넷의 등장으로 위기를 맞으면서 생존을 위한 치열한 혁신을 지속하고 있다. 방송 미디어 시장 역시 IPTV, 스마트TV, OTT 등 다양한 신규 매체가 속속 등장하면서 이들과의 경쟁과 협력이 불가피해졌다. 이렇듯, 인터넷 미디어는 검색 광고를 기반으로 콘텐츠 플랫폼으로 진화하면서 기존의 신문, 방송과 같은 전통 미디어 기업들의 강력한 경쟁자로 부상했다. 최근에는 OTT 서비스, 웹드라마, 모바일 뉴스 큐레이팅 서비스 등 새로운 형태의 서비스들이 나타나면서, 인터넷과 전통 미디어 간 융합 현상이 가속화되고 있다.

생각해볼 문제

1. 미디어 시장의 특징을 시장 참여자의 변화 측면에서 설명한다면?
2. 넷플릭스의 성공 요인은 무엇인가?
3. 페이스북이 발표한 인스턴트 아티클은 국내 포털들이 제공하는 뉴스 서비스와 '플랫폼 제공'과 '수익 공유 방식' 측면에서 어떤 차이가 있는가? 국내 환경을 고려했을 때 바람직한 공생 방안은 무엇일까?
4. 인터넷이 새로운 미디어로 등장하면서 전통 미디어들이 어려움을 겪게 되는 이유는 무엇인가? 인터넷 (검색) 광고의 효과와 광고 비즈니스 모델의 충돌 측면에서 생각해보자.
5. 통합 매체 환경에서 광고주들의 바람직한 광고 전략은 무엇일까?

참고문헌

공정수·이용호·김영욱. 2007. 「디지털 생태계에서 인턴세 포털의 비즈니스 모델」. 『한국통신학회 종합 학술 발표회 논문집』(추계), 598~601쪽.

김영주·정재민. 2014.4. 『소셜 뉴스 유통 플랫폼: SNS와 뉴스 소비』. 한국언론재단. 커뮤니케이션북스

정보통신정책연구원(KISDI). 2011. 「KISDI정책자료 11-08, 컨버전스 미디어지형 동향 분석 (II): 동영상 플랫폼의 국가 간 비교 연구」.

한국방송통신전파진흥원 방송통신진흥본부 미디어산업진흥부. 2014.9. 「웹드라마, 한국형 동영상 콘텐츠로 부상」. ≪동향과 전망: 방송·통신·전파≫, Vol. 78, 71~82쪽.

DMC 미디어, 2015. 6 「온라인 동영상 시청 행태 및 광고효과」.

David Waterman and Sung Wook Ji. 2011. "Online vs. Offline in the U.S.: Are the Media Shrinking?" in Proceedings of *TPRC* 2011.

New York Times. 2014.3.24. *Innovation.* http://www.presscouncil.org.au/uploads/52321/ufiles/ The_New_York_Times_Innovation_Report_-_March_2014.pdf

Pew Research Center. 2015. "The Evolving Role of News on Twitter and Facebook." http://www.journalism.org/2015/07/14/the-evolving-role-of-news-on-twitter-and-facebook

03 미디어 상품과 서비스의 이해
이윤, 상품 주기, 혁신, 위험

홍성철

미디어 상품의 수익은 다양한 곳에서 나온다. 미디어 기업은 단순히 소비자에게 상품을 직접 판매할 뿐만 아니라 광고, 구독료와 수신료, 라이선스 등 다양한 방식으로 수익을 얻는다. 흔히 미디어 상품을 고위험 고수익(high risk, high return) 상품으로 분류한다. 이는 무엇보다 시장에서 인기를 끄는 히트작을 만들기가 매우 힘들기 때문이다. 하지만 일단 히트 상품을 만들면 추가 비용 없이 수익을 지속적으로 올릴 수 있다. 소비자들의 미디어 소비 행태는 단순히 콘텐츠의 질로만 예측할 수 없다. 미디어 상품은 사회적 환경 변화와 소비자의 트렌드에 민감하게 반응하는 등 불확실성의 요소가 많다.

미디어 상품의 특징

책, 신문, 잡지, 라디오, 텔레비전, 영화, 게임, 음악 등 우리가 알고 있는 미디어 상품은 크게 두 가지 개념이 혼합되어 있다. 첫째는 메시지 혹은 콘텐츠를 담아 소비자들에게 보내는 수단을 말한다. 이 같은 수단으로서 미디어 상품은 흔히 콘텐츠의 유통 채널 혹은 플랫폼이라고도 부른다. 두 번째는 전달 수단 속에 들어가 있는 메시지 혹은 콘텐츠 그 자체를 일컫는다. 이 두 개념이 혼재되어 사용되는 것은 분리할 수 있을 수도 있지만 분리가 되지 않을 수도 있기 때문이다. 책이나 신문, 잡지 등은 전달 수단과 내용물을 함께 판매하지만 라디오, 텔레비전, 게임 등은 전달 수단과 콘텐츠를 분리해서 판매한다.

매 4년마다 열리는 올림픽이나 월드컵 경기의 TV 생중계를 생각하면 전달 수단으로서 미디어와 내용물로서 콘텐츠가 분리되어 있는 구조를 쉽게 이해할 수 있다. 올림픽이나 월드컵이 벌어지는 기간 동안 직접 경기장을 찾아 게임을 보는 사람은 그리 많지 않고 대부분 집에서 TV로 중계되는 경기를 본다. 하지만 이 올림픽과 월드컵 경기의 콘텐츠에 대한 소유권은 방송국이 아니라 국제올림픽위원회IOC과 국제축구협회FIFA가 갖고 있다. 방송 채널을 갖고 있는 방송국들은 IOC와 FIFA에 막대한 돈을 지불하고 그 콘텐츠를 구입하여 시청자들에게 전달하는 것이다. 방송국은 스포츠 경기의 TV 방영권을 구입할 때에는 실시간 중계뿐만 아니라 녹화 중계의 권리, 또 웹페이지 및 모바일을 이용한 중계 권리 등까지 구입한다. IOC나 FIFA 등은 한 국가 내에 다른 방송국이 마음대로 해당 이미지를 사용하지 못하도록 배타적 독점권을 부여함으로써 해당 방송국으로 하여금 광고주에게서 콘텐츠 판매의 수익을 극대화하도록 측면 지원한다. 이렇듯 IOC나 FIFA 등은 스포츠 콘텐츠를 만들고, 방송국은 이를 전달하는 수단으로 공생한다.

콘텐츠 부분의 미디어 상품은 실제 서비스 상품을 구입하고, 사용한 뒤에야 그 상품의 품질을 알 수 있는 경험재experience goods로서의 특성을 갖고 있다. 그러다 보니 미디어 상품의 판매자들은 콘텐츠의 일부분을 보여주고, 소비자들로 하여금 구매를 유도하기도 한다. 가령 영화의 경우 '예고편movie trailer'을 통해서 영화 속에 가장 흥미진진하거나 스펙터클한 장면을 일부 보여주고 소비자들로 하여금 영화관으로 오라고 권유한다. 소비자들은 일부만을 경험해보고 영화 전체의 구매 여부를 판단하는 셈이다. 물론 구매에 앞서 신문과 잡지 등에 실린 비평가의 평가나 영화를 본 주변 사람들의 이야기 등을 참고하기도 한다. 이러한 경험재의 특성은 같은 상품이라도 개인들의 특성에 따라 서로 엇갈린 평가를 낳기도 한다.

미디어 상품의 또 다른 특징은 문화 상품이라는 것이다. 미디어 상품은 한 나라의 문화와 정서를 담고 있을 뿐만 아니라 국민들의 지식 및 여론 형성에도 영향력이 크다. 그렇기 때문에 각국 정부들은 문화 상품으로서 미디어 산업을 보호하려는 노력을 기울인다. 가령 2014년 개정된 방송법은 외국인이나 외국 기업은 지상파방송국의 지분을 구입하지 못하도록 금지하고 있다. 또 보도 채널과 종합 편성 채널의 경우에는 외국인 지분을 허용했으나 각각 10%, 20%로 제한을 두고 있다. 그뿐만 아니라 국내 신문사나 대기업의 지상파방송의 소유 지분을 10% 이내로 규제하고, 신문·대기업의 종합 편성 및 보도 채널에 대한 지분 소유를 30% 이내로 규제하고 있다. 영화의 경우도 자국 내 영화관에서 상영되는 해외 영화의 비율을 일정 수준으로 정하는 스크린 쿼터 제도를 사용하기도 한다. 이는 문화 상품으로서 미디어 상품이 국민들의 의식과 여론 형성에 미치는 영향력을 고려해, 특정인(외국인 포함) 혹은 특정 기업에 의해 좌지우지되는 것을 막기 위해서이다.

미디어 상품은 규모의 경제scale of economies가 적용된다는 특징도 갖고 있다. 경제적 의미로서 규모의 경제란 생산 규모가 커지면 장기적으로는 평균비용이 하락하는 것을 말한다. 이는 최초 상품 출시에 높은 고정비용이 투입되지만 그 복제를 위해서는 낮은 가변비용이 필요하다. 그렇기 때문에 상품이 많이 소비되면 한계비용marginal costs이 절감되면서 제작자의 경우 이익을 볼 확률이 높아진다. 최근의 커뮤니케이션 기술의 발달로 서적을 제외한 다른 미디어 상품의 경우, 초기 생산에는 막대한 자원이 투입되지만 이후 복제에는 비용이 거의 들지 않는 상황에까지 이르렀다. 그러다 보니 이들 미디어 상품에 대한 불법 복제piracy는 국제 문제로 비화되기도 한다.

미디어 상품과 서비스

미디어는 우리가 직접 경험할 수 없는 부분을 전달해주는 매체이다. 그렇기 때문에 어떠한 감각기관을 이용하여 메시지를 경험하는지에 따라 1차적으로 상품 구분이 가능하다. 예를 들어 인쇄 매체의 경우에는 우리의 눈, 시각을 이용한 매체라고 할 수 있다. 반면에 라디오의 경우는 우리의 청각에 호소하고 있다. 텔레비전, 영화, 비디오 등은 우리의 시각과 청각을 동시에 활용하도록 한다.

인쇄 매체는 더 많은 양의 정보를 담고 있고, 인간의 상상력을 자극하기도 한다. 반면 청각 및 시청각 매체들은 정보의 양은 한정되어 있지만 좀 더 효율적으로 우리를 집중하게 만든다. 같은 시청각을 이용하는 매체라고 하더라도 영화와 TV는 또 다르다. 무엇보다 영화관에서는 TV보다 넓은 화면을 통해 영상이 전달되면서 관객들로 하여금 더 몰입하게 만든다. 또한 TV의 발달에 맞서 영화관은 음향과 좌석에도 더 큰 비용을 투자해 경쟁력을 확보하고 있다.

인쇄 매체에도 차이는 존재한다. 대부분의 사람들은 책을 읽을 때 혼자서 집중해서 읽는다. 반면 잡지나 신문의 독자들은 조금은 느긋하게 콘텐츠를 소비한다. 바로 이러한 차이점은 미디어 소비자들로 하여금 다양한 미디어 상품 중에서 특정 상품을 이용하도록 이끄는 배경이기도 하다. 비록 새로운 미디어가 다른 미디어를 대체하는 것처럼 보이지만 실제로 100% 대체하지는 못한다. 텔레비전이 발달하더라도 라디오를 대체하지 못했으며 케이블 TV의 발전에도 불구하고 공중파 TV 역시 나름의 역할을 하는 것이 그 단적인 예라고 할 수 있다.

미디어 상품은 형식과 내용에서 매우 다양한 차이가 존재한다는 점에서 제품 차별화product differentiation가 크다고 할 수 있다. 먼저 각 미디어가 갖고 있는 장단점이 다르다. 인간은 자신에게 필요한 욕구에 따라 각기 다른 미디어를 선택해서 소비할 수 있다. 즉, 소비자들은 다양한 미디어 상품이 제공해주는 서비스의 특징을 이미 잘 알고 있으며 특징을 비교해서 구매하고 있다. 미디어의 효과 이론 중 하나인 이용과 충족 이론uses and gratifications의 기본 전제는 소비자들은 영화와 라디오, TV, 신문, 잡지 등 매체들의 효용성을 잘 알고 있고, 이를 활용해 능동적으로 자신에게 필요한 욕구를 충족시키는 방향으로 매체를 이용한다는 것이다.

미디어 상품은 1회 단발성 상품도 있지만 어떤 상품은 여러 차례 시리즈로 제작·판매되기도 한다. 책, 영화, 게임 등은 처음 제작할 당시부터 독립되고 완결된 구조를 갖고 있다. 그러다 보니 홍보 및 판매도 완결된 콘텐츠를 대상으로 한다. 반면에 신문이나 잡지, TV 연속극 등은 일관된 포맷 속에 조금씩 달라지는 에피소드를 담고 있다. 물론 그 자체로 완결된 구조를 갖고 있지만 하루하루 같은 포맷 속에 일부 변용된 콘텐츠들이 자리 잡고 있다. 그렇기 때문에 TV 연속극의 경우, 에피소드를 시청하지 않으면 연속극의 전개를 잘 알 수 없을 뿐만 아니라 재미를 느끼지 못하는 경우가 많다. 시트콤 같은 프로그램의 경우에는 비록 매번 같은 형식이지만 그 내용은 한번으로 완결되기 때문에 연속적인 시청을 하지 않더라도 재미가 반감되지 않는다.

이러한 차이는 미디어 기업들의 상품 전략에도 영향을 미친다. 즉, 단발성 상품의 콘텐츠를 주로 제작하는 경우에는 위험의 분산 등을 고려해야 한다. 늘 히트 상품을 만들 수 없기 때문에 시장에서 성공하지 못할 경우 손해를 최소화하는 방법을 선호하게 된다. 또한 히트 상품에서 나온 이득을 다른 실패 상품에서 발생하는 손해를 만회하는 데 사용하게 된다. 실패에 대한 두려움 때문에 모험을 삼가는 대신에 기존에 성공했던 작가, 배우, 감독 등을 고용하여 성공한 법칙을 따르게 된다. 반면에 연속 제작 콘텐츠에서는 새로운 작가, 배우, 감독 등이 발탁되는 경우가 많다. 방송사의 후원 아래 지속적으로 방송 출연의 기회를 얻게 되면서 차츰 지명도를 높여갈 수 있는 여지가 있는 것이다. 또한 방송 제작자의 경우에도 시청자들의 반응에 맞춰 작품의 완성도를 높여갈 수도 있다. 또한 영화나 서적 등에서 단발성 상품이 성공을 거두면 이를 바탕으로 시리즈로 제작되는 경우도 있다. 많은 경우 시리즈는 이미 인기를 얻은 히트 상품을 바탕으로 제작된다.

미디어 상품은 커뮤니케이션 수단의 발달에 따라 발전해왔다. 또한 각 미디어 상품마다 서로 구별되는 특징을 갖고 있었다. 예를 들어 종이 매체인 신문과 서적은 전자 매체인 라디오, 텔레비전 등과 확연히 구분되는 특징을 갖고 있었다. 하지만 최근의 기술 문명의 발달은 미디어 상품 간의 경계를 허물고 있다. 가령 라디오의 경우, 전통적인 방식은 라디오 수상기를 통해 음악과 뉴스 등을 전해 듣는 것이었으나 최근에는 라디오 수상기를 통해 듣는 사람들은 극히 적다. 대부분 차량에 설치된 라디오를 통해 듣거나 인터넷 라디오에 접속해 듣는다. 또한 보이는 라디오의 등장으로 이제는 TV와 라디오의 경계가 무너진 프로그램도 전송되고 있다.

디지털화는 상품에 대한 통제권을 바꾸어놓기도 한다. 예를 들어 책을 구입한다면 소비자는 그 책에 대한 통제권을 온전히 갖게 된다. 자신의 서재에 놓고 언제든지 그 책을 읽을 수 있었다. 하지만 라디오와 TV 프로그램은 소비자들이 선택하는 것이 아니라 방송국에서 정한 특정 시간에 청취 혹은 시청해야만 했다. 만약 저녁 9시에 약속이 있어서 커피숍에 있었다면 그날 방영된 9시 뉴스를 볼 수 있는 기회를 영영 놓치게 된다. 하지만 요즘에는 9시 뉴스를 실시간으로 시청하지 않더라도 인터넷에 접속해서 언제든지 9시 뉴스를 시청할 수 있다. 이는 프로그램의 통제권이 방송 사업자에게서 점차적으로 소비자에게 옮겨감을 의미한다. P2P 파일로 다운로드 받거나 VOD Video on demand 서비스를 이용할 경우, 소비자는 아무 때나 해당 프로그램을 볼 수 있으며 때에 따라서는 건너뛰기를 통해 중간 내용을 생략하고 원하는 부분만 볼 수 있기도 하다.

미디어 상품의 수익

  미디어 기업들은 상품을 이용자들에게 판매해서 수익을 얻고 있다. 하지만 상품으로서 미디어 콘텐츠는 이용자에게 직접 전달되어야만 이익이 발생하는 것은 아니다. 미디어 상품이 몇 명의 이용자에게 전달된다고 전제하고, 그 이용자들의 노출 시간을 광고주에게 판매하기도 한다. 소비자와 광고주 두 개의 시장이 존재하기에 미디어 상품은 이중 상품 시장dual product market 에서 유통된다고 말한다. 이중 상품 시장이 형성되면서 미디어 상품 생산자는 제조 단가의 일부분을 광고 수입에 의존할 수 있게 되면서 판매 가격을 낮출 수 있게 된다. 하지만 이용자 시장과 광고주 시장의 구성 비율은 미디어 상품에 따라 각기 다르다.

직접 판매 direct sales

  소비자가 직접 단품을 구입하는 경우는 소비자가 지불한 돈은 그대로 판매업자의 수입이 된다. 가령 책이나 CD를 서점에서 구입할 경우, 서점은 수수료를 제외한 상품 값을 출판사나 음반업자에게 보내게 된다. 그와 동시에 서점은 재주문을 통해 이미 팔린 책이나 CD를 공급받아 판매한다. 비록 미디어 상품은 이중 상품 시장을 기본으로 하고 있지만 책의 경우에는 거의 광고 수익이 발생하지 않는다. 즉, 출판사의 수익은 거의 전적으로 독자들에게 책을 판매하면서 발생한다. 물론 서점에서 팔리는 잡지는 같은 종이 인쇄물이지만 광고 수익에 상당부분 의존한다. 심지어 일부 잡지는 수익의 100%를 광고에 의존하기도 한다.

대여 rentals

  대여는 제작업자 혹은 대여 사업자가 직접 물건을 소비자에게 빌려주면서 이익을 남기는 방식이다. 만화와 영화 DVD의 경우가 가장 대표적인 대여 상품이다. 이는 미디어 상품이 경험재라는 속성을 잘 활용한 것이다. 소비자는 구입해서 소유하기보다는 저렴한 가격으로 미디어 상품을 빌려서 그 내용을 경험하게 되고, 반면 대여 사업자는 여러 번 대여를 통해 이익을 창출해낼 수 있다. 한 때 유행했던 비디오방은 비디오를 볼 수 있는 장소와 함께 영화 비디오를 동시에 대여하는 방식이었다.

구독료 subscriptions

구독은 단품의 제품이 아니라 이어지는 제품에 대한 지속적인 소비 방식을 말한다. 이 경우 미디어 상품 제작회사는 단품으로 구입하는 것보다는 가격을 할인해주면서 소비를 이끌어낸다. 케이블TV, 신문, 잡지, 게임 등도 이러한 방식으로 요금을 징수한다. 가령, 신문사의 경우 가정 및 사무실 독자들을 상대로 집이나 사무실까지 배달해주고 월마다 해당 요금을 징수한다. 물론 독자들은 지하철역이나 기차역 등의 신문 가판대에서 직접 구매할 수 있다. 하지만 신문을 정기 구독하면 매일 가판대에서 해당 신문을 구매하는 것보다 저렴하다.

사용료 usage fees 혹은 면허 요금 license fees

영화관에서 최신 영화를 보는 경우, 우리는 영화라는 콘텐츠를 사용하고 이에 대한 대가를 지불하게 된다. 노래방에 들려서 노래를 부를 경우, 해당 음원을 사용할 때마다 사용 요금usage fees 을 지불하게 된다. 장거리전화, 로밍전화 역시 전화망을 빌려서 사용하는 방식이다. 이 과정에서 소비자는 자신이 사용한 만큼의 금액만 지불하게 된다.

기본 콘텐츠를 만든 원제작자에게 일부를 빌려 사용하고 해당하는 금액을 지불하기도 한다. 소설을 영화로 혹은 연속극으로 만들 때 제작업자는 원작자에게 돈을 내고 저작권을 구매한다. 또한 라디오에서 음악을 틀 때마다 음악저작권 협회 등에 사용료_license fees_를 낸다. 그러면 원작자는 저작권 협회로부터 수수료를 제외한 금액을 로열티피_royalty fees_로 받게 된다.

신디케이트 syndicate

일부 신문사들은 다른 지역의 신문사와 전재 수수료라고 할 수 있는 신디케이트_syndicate_ 계약을 맺고 자신들이 생산한 뉴스 기사와 칼럼, 만평 등을 판매하기도 한다. 지역의 작은 신문사 입장에서는 최소한의 인력으로 지역 뉴스를 중심으로 뉴스 면을 제작하고 정치나 국제, 경제 등의 이슈는 신디케이트 계약을 통해 보강하면 지역 독자들을 위한 양질의 지면을 만들 수 있는 장점이 있다. 중앙의 규모가 큰 신문사 역시 보도되는 모든 내용을 직접 취재하는 데에 물리적·경제적 한계가 있다. 그래서 통신사_news agency_와의 계약을 통해 지면을 제작한다. 국내에는 연합뉴스를 비롯하여, 뉴시스, 포커스뉴스 등이 뉴스 통신사로 등록하고 영업하고 있다. 해외에서는 영국의 로이터, 미국의 AP, 프랑스의 AFP, 중국의 신화, 일본의 교토통신 등이 유명하다. 국내 신문들은 대체로 정치, 경제, 사회 뉴스는 자체 취재망을 활용해서 기사를 생산하지만 외신과 사진, 지역 뉴스 등은 이들 국내외 통신사에 상당 부분 의존하고 있다.

정부 보조금 subsidies

정부가 미디어 콘텐츠의 활성화를 위해 기금을 조성해 출판사나 방송국 등에 일정 금액을 지급하기도 한다. 가령 우수 방송 콘텐츠를 발굴하기 위해 방송 발전 기금 등의 지원을 하는 것이다. 미국의 공영방송인 PBS도 연방 정부와 주 정부로부터 지원을 받는다.

광고 수익 advertising

인쇄 매체인 일간신문의 경우에는 광고비가 전체 매출액에서 차지하는 비중이 약 60~70%를 차지한다. 국내 일간신문들이 가장 많이 사용하는 판형은 대판broadsheet인데 대개 15단으로 구성되어 있다. 각 신문사들은 기사로 상위 10단을 채우고, 아래 5단은 광고를 게재하는 데 사용한다. 즉, 상위 10단의 뉴스 기사들은 신문의 독자들을 위한 내용이라면, 하위 5단은 이들 독자들을 광고주에 판매하는 역할을 하고 있다. 물론 지하철역 등에서 배포되는 무료 신문의 경우 광고가 수익의 100%를 차지하고 있다.

신문사의 수익이 대부분 광고에서 나온다면 그 광고비는 어떻게 책정할까? 광고 단가는 대개 구독자 수와 구독자들이 갖고 있는 구매력에 비례한다. 쉽게 말하자면 가장 많이 팔리는 신문의 광고비가 비싸다. 광고주들이 가장 많은 사람들에게 자신들의 상품을 노출시킬 수 있는 매체를 선호하기 때문이다. 그러나 단지 독자 수만으로 광고료가 결정되지는 않는다. 그 해당 독자가 얼마나 구매력을 갖고 있는지도 매우 중요한 가격 결정 요인이다. 영국의 경우, 경제적으로 여유 있고 구매력이 있는 사람들이 즐겨 읽는 ≪파이낸셜타임스Financial Times≫의 광고 단가는 타블로이드 신문인 ≪선The Sun≫보다 훨씬 비싸다. 비록 ≪선≫이 더 많은 독자를 갖고 있지만 광고주의 입장에서는 ≪선≫의 구독자들보다는 ≪파이낸셜타임스≫의 구독자들이 갖고 있는 상품 구매력에 관심이 많기 때문이다.

수신료 mandatory TV licensing fee

방송의 경우에도 방송사마다 다른 재원 구조를 갖고 있다. KBS와 EBS 같은 공영방송의 경우에는 국민들이 내는 수신료를 통해서 대부분의 수익이 만들어진다. 반면 SBS와 같은 상업방송의 경우, TV 수신료에 의존하지 않고 수익의 대부분을 광고 수입에 의존하고 있다. 미국의 ABC, CBS, NBC 등과 같은 방송국들은 모두 상업 방송에 그 기원을 두고 있기 때문에 수익은 광고에 의존한다.

반면 공영방송의 대표적 모델이라고 할 수 있는 영국의 BBC나 일본의 NHK 등도 국민들이 내는 수신료가 수익의 원천이다. NHK의 경우 수신료가 전체 방송국 재정의 95%를 차지하지만 BBC의 경우 재정의 75% 정도를 수신료로 충당하고 나머지는 영국 외무부의 직접 교부금, 수익 사업 등을 통해서 보전한다. 또한 독일의 양대 공영방송인 ARD와 ZDF의 경우에는 광고를 허용하여 수신료가 전체 재정의 80%를 차지하고 광고 수입을 보조적 수단으로 이용한다. 물론 양질의 프로그램을 제작하고 그 콘텐츠와 포맷 등을 해외에 수출하는 방식으로 제작비의 일부를 환수하기도 한다.

보도 프리미엄 journalism premium

국내 신문 시장의 경우, 구독자 수에 따라 광고료가 책정되고 매출액이 결정되는 것은 아니다. 오히려 구독자 수와 상관없이 기본 광고료가 책정되는 '보도 프리미엄'이 존재한다. 비록 각 신문사의 광고비가 얼마인지는 대외비로 감춰져 있지만 발행 부수당 혹은 유료 부수당 매출액을 살펴보면, '발행부수나 유료부수가 많다고 해서 더 많은 광고비를 받는 것은 아니다'라는 것이 드러난다. 지난 2011년 한국 ABC협회에 따르면, 국내에서 가장 많은 유료 부수를 발행하는 신문은 《조선일보》로 매일 약 139만 부를 판매하고 있다. 《중앙일보》는 98만 부, 《동아일보》는 87만 부, 《한겨레신문》은 23만 부, 《경향신문》은 20만 부를 발행한다. 하지만 이들 신문사들의 유료 부수 1부당 매출액은 《조선일보》가 26만 8617원으로 가장 낮고, 《중앙일보》가 38만 9555원, 《동아일보》 34만 128원, 한겨레 37만 3818원, 《경향신문》 32만 5914원 등으로 나타났다. 특히 《중앙일보》나 《한겨레신문》 등은 상대적으로 《조선일보》에 비해 유료 부수나 발행 부수가 적지만 유료 신문

<표 3-1> 유료 부수 대비 매출액 비교

	발행 부수	유료 부수	매출액(1000원)	유료 부수 1부당 매출액(원)
≪조선일보≫	1,810,112	1,392,547	374,062,660	268,617
≪중앙일보≫	1,310,493	983,049	382,951,770	389,555
≪동아일보≫	1,248,503	866,665	294,777,160	340,128
≪한겨레신문≫	283,143	225,102	84,147,300	373,818
≪경향신문≫	266,794	200,158	65,234,430	325,914

자료: 조영신(2012: 58).

1부당 매출액이 더 높았다. 관련 업계에서는 ≪조선일보≫와 ≪한겨레신문≫의 발행부수는 거의 6.4배로 ≪조선일보≫가 많지만 ≪한겨레신문≫의 광고단가는 ≪조선일보≫의 70~80% 수준으로 알려졌다.

반면 중국의 ≪인민일보≫ 등과 같이 국가 기관지로서 홍보 역할을 담당하는 경우에는 광고의 비중이 매우 낮거나 아예 없다. 대신 국가의 보조금으로 신문사를 운영한다. 이는 신문이 국가의 홍보 선전물 역할을 하기 때문에 국민의 세금이나 공공 재원을 활용하여 지원하기 때문이다. 국내 국방홍보원에서 제작해 국군 장병들에게 무료로 배포하는 ≪국방일보≫의 경우도 그러하다.

번들링 bundling

최근 케이블 TV, 위성TV, IPTV 등을 통한 TV 시청 가구가 늘어남에 따라 번들링이라고 불리는 묶음 판매도 주목받고 있다. 개별 상품을 낱개로 판매하는 것보다 상품들을 하나의 묶음으로 판매하는 것이 미디어 기업에게 높은 이익과 효율성을 가져다준다. 가령 미국의 한 가정에서 월 45달러를 주고 20여 개로 구성된 기본 채널을 신청한다고 가정하자. 여기에는 ABC, NBC, CBS, Fox와 같은 기본 네트워크와 함께 CNN과 같은 뉴스 프로그램, ESPN과 Fox Sports와 같은 스포츠 채널들이 기본적으로 들어가 있고, Disney

Channel, TNT, National Geographic 등과 같은 부가 채널들이 섞여 있다.

사람들은 20개 채널을 한꺼번에 구매한다고 생각하지만 실제로 주로 보는 채널은 3~4개에 불과하고 나머지는 가끔 보거나 아예 보지 않는 채널들이다. 물론 시청자들이 선호하는 채널은 더욱 많은 수익을 망 사업자로부터 분배받는다. 가령 미국 가정 대부분에서 선호도가 가장 높은 스포츠 전문채널인 ESPN의 경우는 매월 5~6달러 정도를 가져가고, 그 다음으로 선호도가 높은 CNN은 60센트, 선호도가 낮은 홀마크 채널 Hallmark Channel 은 6센트만을 가져간다. 채널 사업자들은 이러한 번들링 판매를 통해 시청자들이 선호하지 않는 프로그램을 끼워 팔기가 가능하다. 시청자들의 입장에서도 낱개로 선택해서 계약을 통해 지불하는 a la carte: pick and pay 방식보다 편리하기 때문에 번들링을 선호한다. 만약 낱개로 판매한다면 사지 않을 프로그램을 구입해야 하는 단점이 있지만 낱개로 계약하는 것보다 싼 가격에 묶음 구매하고 있다는 믿음 때문에 번들링 방식을 선호한다.

미디어의 상품 주기

미디어의 상품 주기 life cycle 는 공급자가 결정할 수도 있고, 소비자가 결정할 수도 있다. 과거에는 공급자가 주로 상품의 생명 주기를 결정했다. 얼마의 간격으로 제품을 생산·배포하느냐에 따라 일간지, 주간지, 격주간지, 월간지, 계간지, 연감 등으로 구분되었다. 이러한 상품은 다음 제품이 나올 때까지 시장에서 유통되었다. 일간지의 경우에는 하루만 지나도 쓸모없게 변하는 경우가 많다. 하지만 월간지의 경우, 다음 호가 나올 때까지는 팔리게 된다. 물론 생명 주기가 짧은 일간지의 경우는 시사적인 내용들이 많다. 내일은 오늘 뉴스와는 다른 새로운 상황을 보도해야 하는 것이다. 반면, 월간지의 경우는 시의적인 내용을 담되, 그 시의적 내용에서 파생되는 큰 줄기를 다루게 된다.

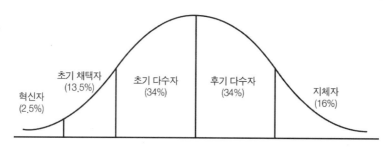

〈그림 3-1〉 혁신의 확산 성향 및 미디어 상품의 생명 주기에 따른 특성

	도입기	성장기	성숙기	쇠퇴기
소비자 성향	혁신자	초기 채택자	다수자(majority)	지체자
판매량	적음	급속 증가	정점	감소
비용	고비용	중간 비용	저비용	저비용
이익	손해	점차 증가	매우 많음	감소 추세
경쟁자	거의 없음	증가 추세	고정	감소

자료: Pichard(2011: 32)를 바탕으로 재구성.

더불어 주간지의 경우도 일간지에서 못 담는 내용을 담기 위해 노력한다. 미국이나 영국에서 탐사 보도가 일간지보다도 주간지, 월간지에서 더 활성화된 것도 바로 이러한 연유에서 비롯된다.

하지만 상당수 미디어 제품은 제작자가 아니라 소비자의 기호에 따라 소비 주기가 달라진다. 가령 텔레비전에서 방영하는 드라마의 경우, 시청률이 높으면 연장 방영을 하고, 시청률이 낮으면 조기 종영을 하게 된다. 방송사의 입장에서는 시청률이 높으면 광고 판매 수익이 증대되므로 연장 방영을 고민하게 된다. 반대로 시청률이 낮다는 것은 그만큼 광고 판매 수익이 적다는 의미로, 손해를 보면서 드라마를 제작할 필요가 없어지는 것이다. 그런 의미에서 보자면 미디어 상품도 도입기, 성장기, 성숙기, 쇠퇴기를 밟는다고 볼 수 있다. 각 시기마다 판매량, 비용, 이익, 경쟁자 등에 차이가 있다. 〈그림 3-1〉

에서 보여주듯이 초기 상품의 도입기에는 비용이 많이 든다. 특히 미디어 상품의 경우에는 다른 산업의 상품보다 초기 비용이 많이 든다. 그리고 그 초기에 미디어 상품이 성공하느냐 실패하느냐가 결정되는 경우도 많다. 점차 소비자들의 관심을 얻게 되는 성장 단계에 들어서면 드는 비용은 적어지지만 이익은 점차적으로 늘어난다. 이 시기에는 유사 상품, 모방작으로 경쟁하는 업체가 나타나게 된다. 그리고 성숙 시장에 접어들면 드는 비용은 최소 관리 비용 등으로도 최대의 효과를 거둘 수 있게 된다.

영화나 음악은 시장의 반응에 더욱 민감하게 움직인다. 즉, 관객이 많은 영화는 계속 방영하는 롱런이 가능하지만 관객이 적으면 그만큼 조기 종영을 해버린다. 서적이나 음악, 게임 등의 상품 주기는 특별히 없으나 소비자들의 기호나 트렌드에 따라 주기가 바뀌게 된다. 또한 그 때 그 때의 사회적 분위기도 많은 영향을 준다. 지난 2014년 7월 30일 개봉된 영화 〈명량〉이 대표적인 예이다. 〈명량〉은 개봉 12일 만에 1000만 관객을 동원하는 데 성공했으며 그 해 모두 1724만 명이 관람, 한국 영화 흥행사의 새로운 기록을 쓰게 되었다. 성공의 요인으로는 이순신 장군 역할을 한 배우 최민식의 열연과 컴퓨터 그래픽CG을 사용한 흥미진진한 전투 장면 등이 꼽힌다. 하지만 이 영화의 상업적 성공에는 같은 해 4월 진도 앞바다에서 일어난 세월호 참사 이후 국가적 리더십 부재에 대한 아쉬움 등도 무시 못할 영향을 미쳤다. 반면에 2015년 5월에는 초유의 메르스MERS 사태로 인해 사람들이 영화관 가기를 꺼리면서 당시 개봉작들은 대부분 흥행에 참패했다. 이는 관객의 영화 선택이 단지 영화라는 콘텐츠 그 자체뿐만 아니라 사회적 유행에 따라 변화하기 때문이다.

미디어 상품의 혁신과 위험

미디어 상품의 혁신이란 새로운 플랫폼의 등장, 새로운 비즈니스 모델, 새로운 방식으로 콘텐츠를 생산하는 것 등을 포함하는 미디어 상품을 생산, 배포하는 과정에서 발생하는 일련의 변화를 말한다. 미디어 혁신은 크게 두 가지 차원에서 일어나게 된다. 먼저 새로운 커뮤니케이션 기술 발달에 따라 나타날 수 있다. 이 경우에는 새로운 커뮤니케이션 기술을 활용한 비즈니스 모델도 새롭게 등장해 자리 잡게 된다.

가령 1455년 제작된 구텐베르크의 성경책은 그 전에 제작되었던 필사본과 내용상 차이가 없었다. 하지만 인쇄기 사용은 그동안 필경사를 통해 제작되던 방식보다 시간과 노동력을 획기적으로 줄여주었다. 이러한 인쇄술의 발달은 결국 서적과 신문, 잡지 등 관련 기술을 활용한 미디어 상품을 등장시켰다. 최근 인터넷의 발달, 소셜 미디어의 등장, 모바일 커뮤니케이션의 발달은 관련된 새로운 미디어 상품이 등장하는 계기를 만들었다. 이로 인해 기존의 서적은 전자책이라는 이름으로, 기존의 음악과 영화는 CD 대신 인터넷 파일로 판매하는 방식으로 대체되어 가고 있다.

기존에 있던 미디어 기술을 활용하는 새로운 콘텐츠의 등장 역시 혁신이라고 할 수 있다. 활용하는 방식의 새로움을 통해 새로운 시장을 만들어내는 것이다. 1980년에 기존의 우려에도 불구하고, 뉴스를 24시간 공급하는 뉴스 채널을 도입한 CNN 역시 미디어 혁신 상품이라고 할 수 있다. 마찬가지로 미국 의회의 움직임을 편집하지 않고 생중계해주는 C-SPAN 채널, 음악 전문 채널 MTV, 스포츠 전문 채널 ESPN 등도 케이블이라는 방식에서 새로운 혁신을 도입한 미디어 상품인 셈이다.

새로운 미디어의 기술 개발과 확산은 장기적으로 기존 미디어의 생존을 위협할 정도로 성장하게 된다. 소비자들 역시 기존 미디어 대신에 뉴미디어로 갈아타기를 시도한다. 그럼으로써 동종 미디어 간의 경쟁뿐만 아니라 이종 미디어 간의 경쟁 또한 활발하게 이뤄진다. 케이블TV의 발달 및 VOD 서비스의 확대는 비디오 대여점과 영화관과 경쟁하게 됨을 의미한다. 하지만 반드시 기존 미디어 상품이 완전히 사라지는 것이 아니라 그 특질을 살리는 방향으로 특화하기도 한다. 가령 TV 방송국이 발전을 거듭하면서 라디오 방송이 사라진 것이 아니라, 음악과 자가용 운전자들을 위한 시장을 개척하는 방식으로 변화한 것이 그 예라 할 수 있다. 이처럼 새로운 미디어가 등장한다고 하더라도 올드미디어가 소멸되지 않고 자신만의 특성을 살려 특화하는 것을 미디어의 특화 현상이라고 부른다.

하지만 미디어 상품의 성공은 혁신만으로 설명할 수 없다. 왜냐하면 미디어 상품은 근본적으로 고위험, 고수익 상품이기 때문이다. 대중으로부터 어떠한 평가를 받을지 모르는 상황uncertainty 속에서 1~2년 뒤 미래를 보고 투자를 감행해야 하기 때문이다. 시장 상황이 어떻게 바뀔지, 대중들의 선호도는 어떻게 바뀔지, 경쟁작들이 무엇인지도 모른 채 투자를 결정하고 집행해야만 미디어 상품이 나온다. 비슷한 콘셉트의 상품이라고 하더라도 어떤 것은 대중들의 인기를 끌고, 또 다른 것은 인기를 끌지 못한다. 성공 여부를 수학 공식처럼 확립할 수도 없다.

음반의 경우에도 새로운 스타일의 음악, 새로운 뮤지션은 대중들에게 어떻게 받아들여질지에 대한 불확실성이 높다. 그럼에도 초기 단계에서 자질 있는 가수의 발견, 안무 등에 대한 교육, 홍보 등 엄청난 양의 자원이 투입되어야만 한편의 음악이 성공을 거둔다. 하지만 그렇게 자원을 쏟고도 실패하는 경우도 많다. 그래서 제작자들은 도박과 같은 모험이라고 말하기도 한다. 대중의 수요를 미리 알 수 없기 때문에, 여러 상품에 나눠서 투자하는 위험분산risk-spreading이 많이 사용된다. 그러나 한 건의 성공작이 나오면 나머지 초기 실패작의 손해를 메우고도 남는 수익이 나오기도 한다.

미디어 상품은 위험이 크지만 한 번의 성공으로 막대한 수익을 거둘 수 있다. 이는 무엇보다 첫 번째 제품 생산에는 많은 비용이 들지만 두 번째 생산부터는 최초 생산 비용에 비해 매우 저렴한 비용으로 제작이 가능하기 때문이다. 특히 음원이나 음반, 영화 CD 등의 복제에는 거의 돈이 들지 않기 때문에 제작업자로서는 거의 추가 비용 없이 많은 이익을 얻을 수 있다.

지난 2009년 제임스 카메론 감독이 만든 영화 〈아바타Avatar〉는 북미 시장에서만 7억 6050만 7625달러의 수익을 거두는 등 전 세계적으로 27억 달러 이상의 수익을 올린 것으로 알려졌다. 그러자 국내의 한 경제연구소는 현대 자동차가 2만 달러짜리 자동차를 수출하면서 5%의 이익을 낸다고 가정했을 때 270만 대의 자동차를 수출해야 그 수익을 올릴 수 있다고 지적했다. 이에 앞서 1994년에는 스티븐 스틸버그의 영화 〈쥬라기 공원Jurassic Park〉이 거둬들인 한 해 수익이 그해 한국 자동차 150만 대 수출에 맞먹는다는 보고서도 있었다. 많은 사람들은 영화를 비롯한 미디어 상품이 고수익 상품이라는 데에는 다른 의견이 없다. 하지만 모든 영화가 다 〈아바타〉처럼 성공하는 것은 아니다. 실제로 〈아바타〉처럼 성공하는 작품보다는 실패하는 작품이 몇 배나 많은 것이 영화계의 생리다.

책의 경우에도 100% 소비자들의 선호도에 따라 결정된다. 책의 제작 과정에서 제작자와 작가들은 소비자들의 선호도를 모르는 채 1~2년 전에 집필하게 된다. 하지만 그 과정에서 소비자의 선호도가 바뀔 수도 있다. 그래서 많은 출판사들은 소위 일정량의 판매를 보장하는 인기 작가의 작품을 선호한다. 왜냐하면 고정 독자들이 있고, 분위기를 타면 엄청난 수익이 들어오기 때문이다. 그렇기 때문에 지명도가 있는 작가들에게는 글을 쓰기도 전에 거액을 미리 주는 입도선매식 계약이 이뤄지기도 한다. 반면 신인 작가들에게는 문호를 쉽게 열지 않는다. 왜냐하면 광고료와 마케팅 비용은 고사하고 제작비도 손실을 볼 확률이 높기 때문이다. 출판업계 역시 고위험, 고수익을 바탕으로 하는 미디어 상품이기 때문이다. 마찬가지로 영화나 TV 드라마에서 인기 작가, 인기 배우에 집착하는 것도 최소 수익을 보장받고 싶기 때문이다.

미디어 상품의 창구화와 불법 복제

다수의 미디어 상품은 시장에서 한번만 판매되는 것이 아니라 다양한 창구에서 여러 번 판매되는 창구화windowing 과정을 통해 공급된다. 이러한 창구화의 배경에는 각 시기에는 각기 다른 시장이 존재한다는 가정이다. 이는 특정 채널에 필요한 시기가 있다는 이야기와 같다. 각 사업자는 일정 정도 콘텐츠를 판매, 방영할 수 있는 권리를 제작업자로부터 양도받아야 한다. 하지만 최근 디지털 환경으로 이 같은 창구화의 개념이 흔들리고 있다.

예를 들어 한 제작자가 영화관용 영화를 만들면 먼저 국내 극장에 배급하게 된다. 미국 내에서는 약 4개월 정도 영화관 판매가 이뤄진다. 이어서 해외의 영화 공급업자에게 판매한다. 그리고 약간의 시차를 두고 유료 영화채널 pay-per-view, 유료 케이블, DVD 대여 및 판매 등이 이뤄진다. 이어 케이블 TV를 통한 방영과 지상파방송을 통해 복수의 창구에서 순차적으로 공급되는 것이다.

하지만 모든 영화가 동일한 창구화를 거치는 것은 아니다. 어떤 영화는 영화관 상영 이후 곧 바로 DVD 판매가 이뤄지기도 하고, 또 어떤 영화는 영화관에서 잠시 상영되다가 어느 날 지상파방송을 통해 방영되기도 한다. 즉, 제작업자 혹은 배급업자가 자신들의 이익을 극대화할 수 있는 시기를 결정하는 것이다. 소비자가 돈을 지불할 용의consumer willingness to pay가 있을 때, 새로운 대체재가 존재하지 않을 때 판매하여 자신들의 이익을 극대화하려 하기 때문이다. 실제로 2011년 11월 유니버설 픽처스Universal Pictures는 벤 스틸러Ben Stiller와 에디 머피Eddie Murphy 주연의 〈타워 하이스트Tower Heist〉라는 영화를 개봉한 뒤 3주 뒤, 극장에서도 상영 중인 영화를 59.99달러에 프리미엄 VOD Video on Demand로 판매하기도 했다.

또한 미국에서 흥행에 성공한 영화가 해외시장에 판권이 팔리는 동안에 미

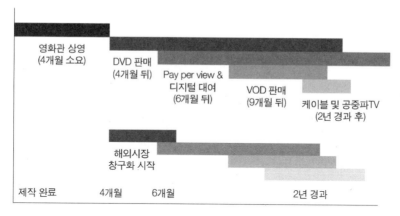

〈그림 3-2〉 미국의 영화 배분 창구화

영화관 상영
(4개월 소요)

DVD 판매
(4개월 뒤)

Pay per view &
디지털 대여
(6개월 뒤)

VOD 판매
(9개월 뒤)

케이블 및 공중파TV
(2년 경과 후)

해외시장
창구화 시작

제작 완료   4개월   6개월   2년 경과

자료: http://www.project-disco.org

국내에서 DVD 등의 판매가 이뤄질 수도 있다. 이 경우, 해외 판권을 보유한 배급사는 DVD 등의 판매를 금지해달라고 요청할 수 있지만 그 실효성은 그리 크지 않다. 왜냐하면 이미 미국에서 어떤 영화가 히트하면 그 영화에 대한 수요가 먼저 생기고, 그 수요를 충족시키기 위해 불법 복제piracy가 발생하기도 한다. 그래서 미디어 콘텐츠의 창구화는 때로는 불법 복제를 부추기기도 한다.

전통적으로 미디어 상품의 유통 통제권은 수용자가 아니라 제작자, 유통업들에 있었다. 그러다 보니 그들은 미디어 소비자들의 수요와 상관없이 상품의 공급 시기를 조절할 수 있었다. 하지만 제작업자들의 시기 조절을 기다리지 못하는 사람들은 미디어 상품을 복제해서 유통시킨다.

불법 복제는 단지 시기 조절만의 문제만은 아니라, 가격적인 측면에서 그 가격을 주고 영화관에서 영화를 보거나 CD를 구입할 지불 의사가 없는 사람들 역시 불법 복제 및 유통에 가담하게 된다. 예전에 대학가 복사집에는 외국 서적들에 대한 해적판 혹은 불법 복제물을 쉽게 발견할 수 있었다. 학생들이 예를 들어 외국에서 한 권에 10만 원에 팔리는 책을 구입하느니 복제한 책을 1만 원에 구입하는 것이다. 학생들이 그 책을 지나치게 비싸게 구입할 의사가 없기 때문이다. 비록 복사하는 과정에서 선명도가 약간 나빠진다고 하더라도 복사본을 이용한다고 해서 책의 내용을 파악하는 데에는 큰 무리가 없기 때문이다.

미국의 출판업자들은 미국과 캐나다 외에서 팔리는 교재의 경우 불법 복제를 막기 위해 저렴한 가격에 공급하는 국제판international edition을 제작·판매하고 있다. 특히 인도와 중국, 태국 등의 학생들을 위해서는 현지에서 인쇄하는 저렴한 책이 공급된다. 그러다 보니 이들 국가에서 합법적으로 책을 사다가 미국 본토에서 판매해 수입을 올리는 업자가 생겨나 법적 분쟁이 발생하기도 했다. 2012년 미 대법원은 이 사건에 대해 책을 판매한 뒤에는 그 책의 소유권은 출판사가 아니라 책의 소유자에게 있기 때문에 그 책을 미국으로 다시 가져와 판매해도 저작권 침해가 아니라고 판결을 내렸다.

포르노그래피는 불법 복제의 또 다른 예이다. 보통 포르노그래피는 소프트코어softcore와 하드코어hardcore로 나뉜다. 보통 남녀의 성기가 뚜렷하게 보이거나 음모가 노출되는 포르노그래피를 하드코어 포르노그래피라고 일컫는데 국내에서는 하드코어 포르노의 제작 및 유통을 불법으로 간주해 처벌 조항을 두고 있다. 형법 22장 '성 풍속에 관한 죄'에서 음란한 문서, 도화, 필름 기타 물건을 제조, 반포, 판매 등에 대해 처벌한다는 조항을 두고 있기 때문이다. 하지만 단순히 '포르노'를 보았다고 사회적으로 큰 폐해가 발생하는 것도 아니기에 실제로는 단속하지 않는 상황이다. 반면 포르노그래피 제작에 대해서는 강력한 통제가 이뤄진다. 그래서 국내에서는 유통되는 하드코어 포르노그래피 중 95% 이상이 해외 불법 복제물이다. 특히 최근 복제 기술의 발달로 포르노를 불법 복제를 하더라도 원본과 화질 차이가 거의 없기 때문에 이용자들에게 선호되고 있다.

미디어 기업 사례

"사람들이 정말 인터넷 뉴스를 돈을 내고 볼 것인가?"

"영화라면 돈을 내고 보겠지만 그까짓 뉴스를 읽는 데 돈을 내고 읽을 필요는 없지 않는가?"

언론 재벌 루퍼드 머독Rupert Murdoch이 소유한 ≪월스트리트저널WSJ≫이 1997년 온라인 유료화를 선언했을 때 사람들은 WSJ의 온라인 유료화의 성공에 대해 의구심을 가졌다. WSJ은 기사의 일부는 누구나 읽게 했지만 기사 전체를 읽기 위해서는 돈을 내도록 했다. 또한 1주일에 2달러를 내는 정기 독자들은 전체 기사를 무제한으로 읽을 수 있는 정책을 펼쳤다. 그 결과, 2013년 WSJ의 전체 구독자는 238만 명. 이중 40%에 해당되는 91만 7000명이 온라인 구독자다. 이 덕분에 WSJ은 미국에서 가장 많은 독자를 가진 신문사가 되었다.

지난 2005년 온라인 뉴스 유료화를 시도했다가 실패했던 ≪뉴욕타임스NYT≫도 지난 2011년 다시 유료화에 도전했을 때 또 실패할 것이라는 우려가 많았다. ≪뉴욕타임스≫는 한 달에 20건의 기사는 누구나 공짜로 읽을 수 있지만 더 읽으려면 월 15달러의 돈을 내는 방식을 채택했다. 당초의 우려에도 불구하고, NYT의 온라인 구독자는 2014년 6월 79만 9000명으로 늘어난 데 이어 2015년 8월에는 100만 명을 넘어섰다. "새롭고 질 좋은 저널리즘으로 만든 신문을 전 세계인들이 읽을 수 있도록 하겠다"는 NYT의 소유주인 아서 슐프버거 주니어Arthur Sulzberger Jr.의 말처럼 NYT는 이제 전 세계인이 읽는 신문이 되었다.

온라인 유료화의 가장 성공적인 사례는 영국의 ≪파이낸셜타임스FT≫로 꼽힌다. FT는 회원 등록만 하면 한 달에 3건의 기사를 무료로 읽을 수 있지만 그 이상을 읽으려면 유료 독자로 전환해야 하는 방식을 선택했다. 아무리 비싸더라도 자신들에게 필요한 경제뉴스는 돈을 내고 볼 것이라는 믿음으로 지난 2010년 영국 국내판 11만 6000부, 국제판 14만 1000부로 약 25만 7000부의 독자를 갖고 있던 FT의 종이 신문과 디지털 독자의 총수는 2013년 50만 4000명에 이어 2014년 72만 명으로 늘어났다. 이 중의 약 70%가 디지털 뉴스를 읽는 독자이다.

미국과 영국 등 해외의 신문사들 중에서는 온라인 뉴스 유료화를 선제적으로 도입, 의미 있는 성공을 거둔 기업들이 속속 나오고 있다. 반면 국내에서는 아직도 유료화는 멀어 보인다. ≪조선일보≫가 '프리미엄' 서비스를 시작했지만 온라인 유료화라기보다는 기존의 오프라인 독자들에게 추가로 읽을거리를 제공해주는 정도에 그치고 있다. 국내의 유료화의 걸림돌로는 각 언론사의 뉴스들이 거의 비슷하고 희소가치가 있는 독자적 뉴스가 없다는 점, 네이버와 다음 등 포털의 무료 뉴스 등에 독자들이 익숙해져 유료 콘텐츠를 위해 지갑을 열기 꺼린다는 것 등이 꼽힌다. 과연 국내에서도 뉴스 콘텐츠의 유료화는 성공할 수 있을까?

SUMMARY

새로운 커뮤니케이션 기술이 발명되면 새로운 미디어 상품이 등장했다. 이들 미디어 상품들은 각 상품마다 다른 특성을 갖고 소비자들에게 판매되었다. 비록 미디어 기업이 문화 상품으로서 공공재의 성격을 띠기도 하지만 미디어 기업은 이윤을 추구한다. 수익보다 손실이 많은 기업은 생존을 하지 못하기 때문이다. 미디어 기업의 수익은 상품 시장과 광고 시장이라는 커다란 시장에서 창출되는데 직접 판매, 대여, 라이선스, 신디케이트 등 다양한 방식으로 이뤄진다. 고위험 고수익 상품으로서 영화의 경우, 한 번 성공하게 되면 창구화를 통해 여러 단계를 나눠서 판매된다. 이 과정에서 불법 복제 등의 문제가 야기되기도 한다.

생각해볼 문제

1. 미디어 기업에서 혁신이란 무엇인가? 새로운 커뮤니케이션 수단을 통해서만 혁신이 이뤄지는가?
2. 미디어 기업이 고위험, 고수익의 상품을 판매한다면 가장 효율적인 전략은 위험을 낮추고 수익을 높이는 것이다. 그렇다면 위험을 낮출 수 있는 방법은 무엇일까?
3. 국내 신문사도 유료 온라인 서비스에 성공할 수 있을까?
4. 인터넷의 발달로 미디어 기업의 창구화는 어떤 위협을 받고 있는가?
5. 국내에서 유통되는 불법 하드코어 포르노를 어떻게 규제할 수 있을까?

참 고 문 헌

박정호. 2011. 「음악산업의 차세대 수익모델에 대한 법적 고찰」. ≪콘텐츠재산연구≫, 2,

155~179쪽.

정회경. 2013. 『미디어 경영·경제』. 커뮤니케이션북스.

조영신. 2012. 「종합편성채널의 경제학: 갈림길의 선택」. ≪방송문화연구≫, 24(1), 39~74쪽.

Albarran, Alan. B., Sylvia M. Chan-Olmsted & Michael O. Wirth, 2006. *Handbook of Media Management and Economics*. Mahwah, New Jersey: LEA.

Karaian, Jason. 2015.7.23. "The Financial Times was just sold to Japan's Nikkei." *Quartz*, July 23, 2015(http://qz.com/462208/pearson-financial-times-sale-nikkei/)

Kirtsaeng v. John Wiley & Sons, Inc. 133 S.Ct. 1351, 568 U. S. ___(2013).

Pichard, Robert. 2005. "Unique characteristics and business dynamics of media products." *Journal of Media Business Studies*, 2(2), pp.61~69.

_____. 2011. *The Economics and Financing of Media Companies*. New York: Fordham University Press.

Schruers, Matt. 2015. "The public costs of private distribution strategies: Content release windows as negative externalities." Project-Disco.org. (http://www.project-disco.org/intellectual-property/060215-the-public-costs-of-private-distribution-strategies-content-release-windows-as-negative-externalities/)

Straubhaar, Joseph & Robert LaRose. 2008. *Media Now: Understandign Media, Culture, and Technology*. Belmont, CA: Thomson Wadsworth.

Storsul, Tanja & Arne H. Krumsvik. 2013. *Media Innovations: A Multidisciplinary Study of Change*. Goteborg, Sweden: Nordicom.

04 미디어 경영의 경제학적 기초

장병희

이 장에서는 미디어 경영에 필요한 경제학 분야의 기본적인 이론들을 소개하는 데 중점을 두고자 한다. 구체적으로 수요와 공급, 소비자 이론, 생산자 이론, 가격 설정, 광고, 노동시장, 국제무역 등의 세부 분야를 다룬다. 시장의 구조를 분석하는 기업이론과 산업조직론 그리고 정부 개입 등의 세부 분야는 미디어 경영자의 의사 결정과 직접적으로 연결되지 않기에 다루지 않는다. 각 세분 분야에서도 관련된 모든 개념들을 소개하는 것이 아니라 경영과의 관련성이 높은 분야에 초점을 맞춘다.

미디어 시장의 수요와 공급

경제학은 희소한 자원을 효율적으로 활용하는 방식을 연구한다. 자원을 배분하는 대표적인 방식으로 시장을 들 수 있는데, 자원의 종류에 따라 상품이 거래되는 상품 시장과 노동, 토지(천연자원), 자본이 거래되는 생산요소 시장으로 구분한다. 시장에서 고려하는 핵심적인 요인으로는 거래량과 거래 가

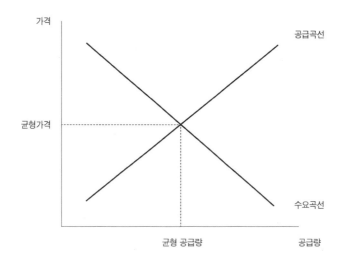

격이 있다. 거래량과 거래 가격은 수요와 공급이라는 두 힘이 충돌하는 지점에서 결정된다. 〈그림 4-1〉에서 보듯이 수요와 공급은 각각 수요의 법칙과 공급의 법칙이라는 두 가지 법칙에 의해 움직인다. 수요의 법칙에 따르면 상품에 대한 수요량은 가격이 높아지면 감소하고 반대로 가격이 낮아지면 증가한다. 반면 공급의 법칙에 따르면 상품에 대한 공급량은 가격이 높아지면 증가하고 가격이 낮아지면 감소한다. 경제학에서 일반적으로 사용하는 좌표평면에서 X축은 상품의 수량을 보여주며 Y축은 가격을 보여주는데, 수요의 법칙은 두 축이 부(-)적인 관계로, 공급의 법칙은 두 축이 정(+)인 관계로 나타난다. 미디어 경영 역시 두 법칙을 따른다.

수요의 법칙으로 인해 경영자는 상품의 가격을 올리는 것에 주의하게 된다. 가격을 높일 경우 상품의 대한 수요량이 감소하여 총수입이 오히려 감소할 수 있기 때문이다. 반대로 가격을 내릴 경우에는 수요량이 증가하여 총수입이 증가할 수 있기 때문에 경영자는 가격을 내리는 것을 긍정적으로 고려할 수 있다. 단순해 보이는 이러한 의사 결정 과정은 가격탄력성 개념이 개입될 경우 더욱 복잡해진다. 가격탄력성은 가격에 대한 민감도이다. 따라서 수요의 가격탄력성은 가격이 인상되거나 인하될 경우 수요량이 얼마나 감소하거나 증가하는지를 보여주는 수치다. 수식으로 표현하면

$$수요의 \ 가격탄력성 = \frac{수요량의 \ 변화율}{가격의 \ 변화율}$$

이 된다. 만약 가격을 10% 인상했는데, 수요량이 5% 감소했다면 가격탄력성은 0.05 / 0.1 = 0.5가 되고, 수요량이 10% 감소했다면 가격탄력성은 0.1 / 0.1 = 1.0이 되며, 20% 감소했다면 가격탄력성은 0.2 / 0.1 = 2.0이 된다. 탄력성을 해석할 때 1.0을 기준으로 1.0보다 클 경우 '탄력적', 1.0보다 작을 경우 '비탄력적', 1.0일 경우 '단위 탄력적'이라고 한다.

탄력성의 정도는 경영자가 가격과 관련된 의사 결정을 할 때 직접적으로 영향을 미친다. 수요가 가격에 대해 탄력적이라면 가격을 인상할 경우 인상된 비율보다 더 큰 비율로 수요량이 감소함에 따라 결과적으로 총수입이 감소하게 된다. 반면, 수요가 가격에 비탄력적이라면 가격을 인상하더라도 수요량이 인상된 비율보다 낮게 감소함에 따라 총수입이 증가하게 된다. 따라서 경영자 입장에서 소비자가 가격에 민감하다고 판단될 경우(즉, 가격에 대해 탄력적일 경우)에는 가격을 인하하는 것이, 반대로 소비자가 가격에 둔감하다고 판단될 경우에는 가격을 인상하는 것이 합리적인 결정이다. 한국의 영화관 사업자들은 전통적으로 영화 티켓 가격을 인상하는 것을 주저했다. 영화가 적은 비용으로 여가를 보낼 수 있는 수단으로 인식되었기 때문에 영화 티켓 가격 인상에 소비자들이 민감하게 반응할 것으로 예상했기 때문이다. 최근 들어 영화 티켓 가격이 계속 오르는 것은 소비자들이 영화 가격에 대해 더이상 민감하지 않다는 것을 영화관 사업자들이 알게 되었기 때문이다(장병희, 2014). 실제로 최근 몇 년 동안 영화의 가격은 계속 인상되었지만 영화 관객

수는 계속 증가하고 있다.

수요의 변화에는 상품 자체의 가격뿐 아니라 다른 요소들도 개입하기 때문에 경영자의 의사 결정 과정은 더욱 복잡해진다. 관련 상품의 가격, 1인당 소득, 잠재 구매자의 수, 미래 가격에 대한 기대, 기호taste 등의 요소들은 수요곡선 자체를 이동시킬 수 있기 때문에 수요곡선 위에서만 이동하는 자체 가격의 변화와 구별된다(호스킨스·맥패디언·핀, 2013). 특정한 상품의 가격에 영향을 미칠 수 있는 관련 상품으로는 대체재와 보완재가 있다. 대체재는 경쟁관계에 있는 상품을 의미하며, 대체재의 수요가 증가하면 자체 상품의 수요는 감소하게 된다. 대체재 수요는 가격과 부적 관계에 있는 것을 감안하면 경쟁기업이 대체재의 가격을 인하할 경우 대체재에 대한 수요가 증가하고 이에따라 자체 상품의 수요가 감소할 것을 예측할 수 있다. 예컨대 IPTV와 디지털 케이블TV는 기술적인 배경에는 차이가 있지만 소비자 입장에서는 사실상 동일한 서비스를 제공하기 때문에 대체재라고 할 수 있다. 따라서 IPTV 경영자는 가격을 결정할 때 자체 상품에 대한 수요뿐만 아니라 대체재인 디지털 케이블TV에 대한 수요와 가격도 함께 고민할 필요가 있다. 디지털 케이블TV에 대한 가격이 고정된 상태에서 수입을 증대시킬 목적으로 IPTV의 가격을 인상할 경우 자체 상품에 대한 수요의 가격탄력성에 따른 수요량 감소와 함께 디지털 케이블TV로의 소비자 이동으로 인한 수요 감소도 함께 일어나게 되며, 따라서 기대와 달리 큰 폭의 수입 감소에 직면하게 된다. 반면 디지털 케이블TV 사업자는 가만히 있는 상태에서 수입이 증가하는 혜택을 보게 된다. 탄력성 개념을 저용할 경우, 대체재의 가격 인하 혹은 인상이 자체 상품에 대한 수요에 미치는 효과를 교차탄력성이라고 하며 아래와 같은 공식으로 구할수 있다.

$$\text{교차탄력성} = \frac{\text{자체 상품의 수요량 변화율}}{\text{대체제의 가격 변화율}}$$

한편 보완재는 상호 도움을 주는 상품을 의미한다. 컴퓨터 소프트웨어는 컴퓨터 하드웨어와 보완적인 관계에 있다. 소비자의 입장에서 개별적으로 사용하는 경우보다 함께 사용할 때 효용(만족)이 증가할 때 두 상품을 보완재로 볼 수 있다. 보완재의 경우 수요가 서로 같은 방향으로 움직인다. 즉, 한 상품의 수요가 증가하면 다른 상품의 수요도 함께 증가한다. 이러한 수요 관계를 이용하여 경영자는 보완재의 가격을 이용하여 해당 상품의 수요를 증가시킬 수 있다. 경영자는 컴퓨터 프린터를 상당히 싼 가격으로 판매하여 컴퓨터 프린터 수요를 증대시키는 전략을 사용한다. 이를 통해 보완재인 프린터 토너의 수요(판매)가 함께 증가하기 때문이다. 특히 한 번 컴퓨터 프린터를 판매하면 프린터 토너는 소모재로서 지속적으로 판매할 수 있다.

소비자의 1인당 소득도 수요곡선 자체를 이동시킬 수 있다. 좌표평면에서 1인당 소득의 증가는 일반적으로 수요곡선을 오른쪽으로, 1인당 소득의 감소는 수요곡선을 왼쪽으로 이동시키는 효과가 있다. 즉, 소비자는 소득이 증가하면 동일한 가격에서 예전보다 더 많은 개수의 상품을 구매하고 소득이 감소하면 더 적게 구매한다. 이러한 성격을 지닌 상품을 정상재라고 한다. 자신의 상품이 정상재일 경우 경영자는 소비자의 1인당 소득의 변화 방향에 따라 생산량을 미리 추정할 수 있게 된다. 국내에서 뮤지컬 공연에 대한 수요가 지속적으로 증가하고 있는 것은 뮤지컬 소비자들의 1인당 소득이 지속적으로 증가하면서 뮤지컬 공연의 비싼 가격을 감당할 수 있게 되었기 때문이다. 또한 경영자는 1인당 소득이 증가할 경우 판매량에서는 다소 손해를 보더라도 가격을 높여서 총수입을 극대화하는 전략을 사용할 수 있다. 영화관 사업자들이 3D와 4D 서비스를 도입할 수 있었던 것은 소득의 증가로 더 비싼 영화 티켓을 구매할 수 있게 된 상황 때문이다. 주의할 점은 모든 상품이 정상재는 아니라는 것이다. 1인당 소득이 증가할 경우 해당 상품에 대한 수요가 오히려 감소하는 경우도 있다. 많이 거론되는 사례로 흑백 TV 수신기를 들 수 있다. 소비자들은 자신들의 소득이 증가하면 흑백 TV 수신기를 신규로 구입하는 대신 더 큰 만족을 주는 컬러 TV 수신기를 구매하는 모습을 보였다. 따라서 경영자는 자체 상품이 대체재에 비해 가격 면에서는 우위에 있지만 품질에서는 열등할 경우 소비자의 소득이 증가하는 상황을 미리 예측하고 대비할 필요가 있다.

잠재 구매자의 수 역시 가격이 고정된 상태에서도 수요곡선을 이동시킬 수 있다. 거시적인 측면에서 인구가 증가할 경우 모든 상품의 소비량도 함께 증가할 것으로 쉽게 추론할 수 있다. 인구가 계속적으로 증가하고 있는 상황에서 경영자의 합리적인 선택은 상품의 공급량도 함께 증가시키는 것이다. 국내 영화 산업에서 스크린의 수는 인구의 증가와 함께 계속적으로 증가할 수 있었다. 최근 들어 스크린 수가 정체 상태에 빠진 것은 국내 인구의 증가세가 정체 상태에 빠진 것으로 설명할 수 있다. 이 경우 경영자는 해외시장 진출을 통해 성장세를 지속하는 전략을 취하게 된다. 국내 영화 사업자들 역시 중국과 베트남 등 해외시장에서 영화관 서비스를 제공하는 전략으로 국내 인구의 감소에 대응하고 있다. 미시적인 측면에서 잠재 구매자는 기존의 고객은 아니지만 고객이 될 가능성이 있는 소비자를 의미하기도 한다. 일반적으로 영화관 고객의 경우 10대에서 40대까지로 범위를 한정했다. 일부 영화 소비 관련 조사에서는 50대와 60대를 조사 대상에서 제외하기도 했다. 하지만 이러한 상황이 급격히 변화하고 있다. 노인 인구가 많아지고 사회적 활동 역시 활발해지면서 50대 이상의 중장년층 및 노년층에서도 적극적으로 영화관을 이용하는 모습을 보이고 있다. 따라서 영화 사업자들은 새롭게 잠재 구매자에 포함된 이들 50대 이상 고객들을 대상으로 하는 특화된 서비스도 개발할 필요가 있다.

일반적으로 가격과 수요는 동시에 움직이는 것으로 간주한다. 가격이 올라가면 즉시 수요량이 감소하고 가격이 인하되면 만찬가지로 수요량이 즉시 증가한다는 것이다. 하지만 이러한 모형은 현실성이 상당히 결여되어 있다. 소비자는 지금의 가격뿐만 아니라 미래의 가격도 함께 고려하기 때문이다. 현재의 가격이 자신이 생각하고 있던 최대 지불 가격(유보 가격)보다 낮다고 바로 구매하는 것이 아니라 현재의 가격이 조만간 인하될 것이라고 생각한다면 구매를 연기할 가능성이 높다. 따라서 경영자는 상품을 시장에 출시하면서 당분간은 가격이 변하지 않을 것이라는 신호를 소비자들에게 전달할 필요가 있다. 영화 산업에서 활용하는 대표적인 신호 방식이 홀드백hold back 기간이다. 영화는 전통적으로 창구화 방식을 통해 영화관, VOD, 유료 케이블TV 채널, 무료 케이블TV 채널 등의 순서로 가격이 낮아지면서 배급된다. 이러한 방식의 한 가지 단점은 한 창구에서의 기간 후반부에 도달할 경우 소비자는 조금만 기다렸다가 다음 창구에서 낮은 가격으로 영화를 구매하겠다고 생각할 수 있다는 점이다. 이러한 소비자의 구매 연기에 대응하기 위해 한 창구에서 다음 창구까지 일정한 휴지기로 홀드백 기간을 설정했다. 영화관에서 상영이 끝났다고 바로 다음 날 VOD로 출시되는 것이 아니라 일정한 시간을 기다려야 한다는 신호를 주는 것이다.

기호의 변화는 특히 콘텐츠 소비자의 수요에 강한 영향을 미친다. 콘텐츠 기호 혹은 취향은 입맛과 같이 변할 수 있으며 이 경우 기존에 소비하던 콘텐츠 상품에 대한 소비가 급속히 감소하게 된다. 미국에서 관련 사례로 빈번하게 제시되는 것이 서부극이다. 1960년대와 1970년에 걸쳐 많은 서부극이 제작되었지만 지금은 거의 찾아보기 어렵게 된 것은 영화 소비자들 사이에서 서부극에 대한 선호가 더 이상 나타나지 않기 때문이다. 국내에서도 1990년대 트렌디 드라마가 붐을 이루었지만 지금은 대부분 사라진 것도 이 때문이다. 기호의 변호에 대한 경영자의 대응 전략은 단기적 전략과 장기적 전략으로 구분할 수 있다. 단기적 전략의 경우 소비자 조사 및 트렌드 분석 등을 통해 콘텐츠 취향의 변화 방향을 예측하고 선제적으로 콘텐츠를 제작하는 것이다. 장기적 전략의 경우에는 기호 혹은 취향을 계발하는 방식을 활용한다. 전 세계적으로 할리우드 콘텐츠가 강세를 보이는 것은 콘텐츠 제작 기법이 우수하기도 하지만, 오랜 기간 할리우드 콘텐츠를 소비하는 과정에서 기호가 학습되었기 때문이다. 일부 국가의 경우 할리우드 콘텐츠를 소비하는 과정에서 영화 취향이 할리우드화되는 현상이 발견되기도 했다(Fu and Govindaraju, 2010). 이러한 맥락에서 미디어 경영자는 잠재적 고객들이 어릴 때부터 자신들의 콘텐츠를 접할 수 있게 노력한다. 특히 예술 분야의 경우 콘텐츠 소비에서 얻을 수 있는 효용의 크기가 기존의 경험과 학습에 의존한다는 점에서 경영자들의 장기적인 노력이 필요하다.

공급의 법칙 역시 경영자들이 중요하게 고려해야 한다. 가격이 오르면 자신들뿐 아니라 경쟁 기업 역시 공급량을 증대할 것이고 공급량 증대가 지속되면 초과 공급으로 인해 가격이 다시 인하될 것이기 때문이다. 수요의 법칙과 마찬가지로 탄력성 개념 역시 중요하다. 특히 미디어 및 콘텐츠 산업의 경우 가격이 인상되더라도 공급량을 바로 증대시킬 수 없는 경우가 많다. 레트로retro 장르의 TV 드라마와 영화가 인기를 얻더라도 TV 드라마를 기획, 제작해서 배급하기까지는 상당한 시간이 흐른다. 종편 채널 등에서 새롭게 TV 드라마를 제작하면서 인기 배우에 대한 수요가 증가하고 이에 따라 출연료(가격)도 인상되었지만 인기 배우는 공급이 상당히 제한적이기 때문에 출연료가 계속 인상되는 결과로 이어졌다.

여러 요인들의 작용으로 수요곡선이 이동하듯이 공급곡선 역시 생산요소의 가격, 기술 수준, 공급자의 수와 같은 요인들의 작용으로 좌표평면에서 오른쪽으로 증가 혹은 왼쪽으로 감소하는 이동을 한다. 생산요소의 가격 인상은 총생산비의 인상으로 이어지고 해당 기업은 가격을 올리거나 이윤의 감소를 각오해야 한다. 몇 해 전 한국 영화 시장에서 인기 배우의 출연료와 관련한 논쟁이 벌어졌던 것도 영화 티켓 가격이 고정된 상태에서 인기 배우의 출연료가 인상됨에 따라 제작사의 이윤의 폭이 감소했기 때문이다. 또한 특정 생산요소의 가격 인상은 다른 생산요소에 대한 수요 및 가격에도 영향을 미치게 된다. TV 드라마에서 인기 배우의 출연료가 인상되면서 엑스트라 및 스태프에 대한 처우가 개선되지 못하는 상황이 발생하기도 했으며, 이러한 상황은 인기 아이돌 등이 주연배우로 활발히 진출하고 있는 뮤지컬 분야에서도 유사하게 발생하고 있다.

기술 수준이 공급곡선을 이동시킬 것은 쉽게 추론할 수 있다. 기술이 향상된다는 것은 동일한 비용으로 더 많은 상품을 생산할 수 있다는 것을 의미하며 따라서 공급곡선은 좌표평면에서 오른쪽으로 이동하게 된다. 이 결과 소비자들은 낮아진 가격으로 예전과 동일한 수량의 상품을 소비할 수 있게 된다. 최근 들어 국내에서 독립 영화를 중심으로 영화 제작 편수가 급격히 증가했다. 영화 제작과 관련된 장비의 조작이 손쉬워지면서 예전에는 제작에 참여하기 어려웠던 주체가 영화 제작에 참여할 수 있게 되었으며, 더욱 짧은 시간에 영화 제작을 마무리할 수 있게 되었기 때문이다. 이에 따라 소비자들은 공급이 제한된 상영관에서는 찾아보기 어렵더라도 IPTV의 VOD 서비스 등을 통해 많은 독립 영화를 접할 수 있게 되었다.

잠재 소비자의 수가 증가하면 수요곡선이 오른쪽으로 이동하듯이 공급자의 수가 증가하면 수요곡선이 오른쪽으로 이동하는 것은 쉽게 추론할 수 있다. 특정 산업에서 적정이윤을 넘어서는 초과이윤이 발생하게 되면 외부의 기업들은 당연히 시장에 진입하려고 한다. 만약 외부 기업들이 아무런 장애물 없이 시장에 진입하게 되면 오래지 않아 초과이윤은 사라지게 된다. 하지만 우리 주변에서 소수의 기업만이 활발히 운영되는 과점 시장을 빈번하게 보는 것은 진입 장벽이 존재하기 때문이다. 대표적인 진입 장벽은 정부의 규제다. 국내 이동통신 서비스 시장의 경우 오랜 기간 3개의 기업만 활동하고 있다. 이것은 정부가 제한된 주파수 자원 등을 이유로 신규 사업자를 쉽게 허가하지 않고 있기 때문이다. 생산비 구조 역시 진입 장벽이 될 수 있다. 생산량이 증가할수록 평균 생산비가 지속적으로 감소하는 현상을 자연독점이라고 하는데, 특히 초기 투자 비용이 높은 산업에서 발견할 수 있다. 이 경우 신규 진입자가 기존 사업자와의 경쟁에서 우위를 점하기 위해서는 기존 사업자보다 더 큰 초기 비용 투자를 해서 평균 생산비를 낮추어야 하는데, 이는 쉽지 않은 결정이다. 기존 사업자들도 전략적으로 진입 장벽을 구축할 수 있다. 예컨대, 신규 진입자의 진출이 우려될 경우 가격을 평균 생산비 아래로 인하하는 덤핑 전략을 통해 신규 진입자의 진출 의욕을 꺾을 수 있다.

미디어 소비자 이론

시장에서 작용하는 수요의 법칙과 공급의 법칙을 이론적으로 정교화하는 과정에서 경제학에서는 소비자의 소비 행위를 설명하는 소비자 이론과 공급자의 생산 행위를 설명하는 생산자 이론을 제시했다. 우선, 소비자 이론은 공리주의에 기초하여 소비자가 소비 행위를 통해 효용(만족)을 극대화한다고 가정한다. 그리고 효용은 한계효용 체감의 법칙을 따른다고 제시한다. 한계효용 체감의 법칙은 동일하거나 유사한 상품을 반복적으로 소비할 경우 소비에서 발생하는 효용이 계속 감소한다는 것이다. 한계효용 체감의 법칙은 콘텐츠의 반복 소비와 밀접하게 연결되기 때문에 경영자들의 관심이 필요하다. 플랫폼의 수가 증대하면서 이러한 플랫폼을 통해 공급하는 콘텐츠의 수가 부족하게 되었다. 경영자들은 콘텐츠 제약하에서 콘텐츠의 반복률을 높이는 전략적 행위를 선택했다. 하지만 이 경우 콘텐츠 반복 이용 시 뒤따르는 한계효용 체감의 정도에 대한 체계적인 분석이 필요하다. 특히 콘텐츠의 유형에 따라 한계효용 체감의 정도가 상이하다는 점을 고려할 필요가 있다. 영화와 TV 프로그램은 반복 소비를 통해 한계효용이 빠르게 감소하지만 음악의 경우에는 상당히 천천히 감소한다. 컴퓨터 게임의 경우에는 오히려 반복적 이용을 통해 학습을 하게 되면서 한계효용이 증가하는 모습을 보이기도 한다. 세부 유형별로 차이가 발생할 수도 있다. 영화에서 결말이 중요한 스릴러 장르에 비해 로맨틱코미디 장르나 액션 장르의 경우 한계효용이 상대적으로 느리게 감소함을 확인할 수 있다. 경영자들은 이러한 콘텐츠별 한계효용 체감의 특성을 감안하여 반복 제공 전략을 구사해야 콘텐츠 자원의 제약하에서 총수입을 극대화할 수 있다. 또한 콘텐츠를 구매하는 과정에서도 한계효용 체감의 정도는 해당 콘텐츠의 가치판단에 영향을 미칠 수 있다. 영화관 개봉 시 동일한 흥행 실적을 거둔 영화라도 후속 창구 사업자에게는 한계효용 체감률이 낮은 영화가 더 큰 이득을 주기 때문이다.

한계효용 균등의 법칙은 예산 제약하에서 복수의 상품을 소비할 때 총효용을 극대화하는 합리적 방법을 제시한다. 현실적으로 소비자는 여러 개의 상품을 묶음으로 소비하는 경우가 대부분이다. 미디어 소비자는 여가를 보내기 위해 영화만 보는 것이 아니라 뮤지컬도 관람한다. 따라서 영화를 통해서 얻는 효용을 극대화하는 것이 중요한 것이 아니라 영화와 뮤지컬을 결합해서 얻는 총효용을 극대화하는 것이 중요하다. 이 과정에서 자신이 여가에 배당하는 예산과 영화와 뮤지컬의 가격도 함께 고려하게 된다. 구체적으로 한계효용 균등의 법칙은 영화 상품을 추가로 소비해서 얻게 되는 한계효용을 영화의 가격으로 나눈 값이 뮤지컬을 추가로 소비해서 얻게 되는 한계효용을 뮤지컬의 가격으로 나눈 값과 동일하게 되는 수준으로 소비를 할 때 총효용을 극대화할 수 있다고 한다. 이 때 주어진 예산은 모두 소진되어야 한다. 한계효용 균등의 법칙은 다양한 유형의 콘텐츠 상품을 판매하는 경영자에게 중요한 시사점을 제공한다. 한 가지 유형의 콘텐츠 상품을 집중적으로 소비하는 소비자가 있을 경우 동일한 유형의 콘텐츠를 지속적으로 소개하는 것이 일반적인 전략이라고 할 수 있다. 하지만 앞서 제시한 한계효용 체감의 법칙에 따라 동일한 유형을 반복 소비하는 과정에서 소비자의 한계효용은 감소하게 되며 한계효용 균등의 법칙에 따라 다른 상품의 소비에서 얻는 한계효용과 비교해서 소비를 결정하게 되므로, 경영자는 특정한 유형의 콘텐츠 상품에 대한 소비량이 일정 수준을 초과한 소비자에게는 다른 유형의 콘텐츠 상품도 함께 소개하는 것이 적절하다. 특히, 함께 소비하는 다른 유형의 콘텐츠 가격을 인하하여 가격 대비 한계효용의 상대적 크기를 증대시켜 다른 유형의 콘텐츠에 대한 소비 욕구를 증대시키는 것도 고려할 필요가 있다.

초기의 소비자 이론은 소비자가 상품의 소비를 통해서 얻게 되는 효용의 크기를 정확히 예측할 수 있다는 비현실적 가정에 기초했다. 속성 이론은 상품의 특성에 따라 효용에 대한 예측이 쉬울 수도 있고 어려울 수도 있다고 주장한다. 효용의 추정 및 측정 가능성을 기준으로 효용 이론은 상품을 크게 탐색재와 경험재로 구분한다. 탐색재는 소비로부터 얻게 될 효용의 크기를 쉽게 예측할 수 있는 상품을 의미한다. 예를 들어 노트북이 여기에 해당된다. 노트북을 구매할 때 소비자는 메모리, 하드웨어, 스크린 크기 등 구매 결정에 있어 중요한 분야의 사양을 기반으로 해당 노트북의 전반적인 성능과 이를 통해 자신이 얻게 되는 효용을 추정할 수 있다. 소비자는 동일한 평가 과정을 다른 브랜드의 노트북에도 적용하여 효용을 추정한 뒤, 가격을 추가적으로 고려하여 브랜드 간 비교를 통해 최종적으로 선택할 수 있다. 하지만 대부분의 콘텐츠 상품이 포함되는 경험재의 경우에는 이러한 예측이 쉽지 않다. 어떤 영화를 포스터만 보고 얼마나 재미있을지 추정하기란 쉽지 않다. 마찬가지로 어떤 컴퓨터 게임을 직접 해보기 전에 소비를 통해 얻게 될 만족을 예측하기는 어렵다. 즉, 경험재는 소비를 하기 전까지는 소비를 통해 얻게 되는 효용의 크기를 예측하기가 어려운 상품이다. 경험재의 일종인 콘텐츠 상품의 소비를 증진시키기 위해 경영자는 소비자들이 소비 이전에라도 효용을 추정할 수 있게 정보를 제공하는 전략을 구사한다. 탐색재인 노트북의 성능과 관런된 사양처럼 콘텐츠에 대해 성능과 효용을 예측할 수 있게 신뢰할 수 있는 정보를 제공하는 것이 중요하다. 영화 마케팅 과정에서 속편이거나 스타 배우의 출연을 강조하는 것도 이 때문이다. 앞서 흥행에 성공한 영화의 속편임을 강조하는 것은 선행 영화의 성능과 효용을 속편에서도 얻을 수 있다는 정보를 소비자에게 제공하는 것이다. 스타 배우의 출연 역시 주인공의 연기력 혹은 매력도 측면에서 소비자에게 보장을 제공하여 경험재의 선택 과정에서 직면하는 위험 수준을 감소시킨다.

미디어 생산자 이론

소비자 이론에서 한계효용 개념이 중요하듯 생산자 이론에서 한계 생산 개념이 중요하다. 소비자 이론에서 가격 대비 한계효용의 비율이 다른 상품의 비율보다 낮게 될 경우 해당 상품의 소비를 중단하는 것이 합리적인 것처럼 생산자 역시 한계 생산비가 가격보다 높게 될 경우 생산을 중단하는 것이 합리적이다. 즉, 경영자는 한계 생산량과 이에 따른 한계 생산비를 기준으로 적절한 생산량을 결정할 수 있다. 이러한 결정 과정에서 고려해야 하는 것이 수확체감의 법칙이다. 일반적인 관찰에 근거하고 있는 수확체감의 법칙은 다른 생산요소가 고정된 상태에서 특정한 생산요소의 투입을 계속 증가시킬 경우 초기에는 한계 생산량이 증가하지만(즉, 생산성이 향상되지만) 일정한 생산량을 지나게 되면 한계 생산량이 감소된다고 주장한다. 이처럼 수확체감의 법칙은 기업의 생산량에 영향을 미치는 제약요소로 기능한다.

하지만 한계 생산 분석을 기업에 적용하는 것에는 현실적으로 어려움이 있다. 한계 생산 분석은 생산요소 한 단위(최소 투입 가능 단위)를 추가로 투입할 경우 생산량이 얼마나 증가하는지를 분석한다. 예를 들어, 기자의 취재 시간을 1시간 증가시킬 경우 기사의 수가 얼마나 증가하는지, 혹은 제작비를 1만

원 증액시킬 경우 TV 드라마 시청률이 얼마나 오르는지 등이 한계 생산 분석이다. 하지만 기업의 의사 결정은 이처럼 작은 단위에서 결정되지 않는다. 기자의 노동시간과 관련된 투입량의 결정은 일반적으로 기자의 채용을 통해 진행되고, TV 드라마 제작비 증액의 경우에는 해외 로케이션 촬영 여부 등 수천 혹은 수억 원의 추가 금액과 관련된 사항이 많다. 따라서 한계생산 분석의 현실적인 버전으로 경영자는 주로 점증 분석을 활용한다. 즉, 1시간의 노동시간이 아니라 기자 1명을 추가로 고용할 경우 기사의 수가 얼마나 증가할지, 수억 원을 들여 해외 로케이션 촬영을 하면 TV 드라마의 시청률이 얼마나 증가할지 등이 경영자들이 현실적으로 고려하는 질문들이다.

기업이론에서 제시하는 대표적인 가정이 기업은 이윤을 극대화한다는 점이다. 기업 규모 극대화 등 다른 가정들도 제시되고 있지만 여전히 이윤 극대화 가정은 핵심적인 위치를 차지하고 있다. 이윤은 총수입에서 총비용을 제하고 남은 가치를 의미한다. 하지만 계산 과정에 따라 결과가 달라질 수 있다. 특히 경제학에서 제시하는 경제적 이윤과 회계학에서 제시하는 회계적 이윤 간에는 뚜렷한 차이를 발견할 수 있다. 두 유형의 이윤에서 총수입은 동일하다. 하지만 총비용과 관련해서 경제적 이윤에서는 총경제적 비용이라는 개념을 사용하며 회계적 이윤에서는 총회계적 비용이라는 개념을 사용한다. 회계적 비용에는 명시적 비용과 회계 감가상각이 포함된다. 명시적 비용은 생산요소인 노동력, 원재료, 설비 등을 구매 혹은 대여하기 위해 지출되는 비용으로 경제적 비용에서도 동일하게 인정한다. 회계적 감가상각은 장기적인 사용을 목적으로 구매한 자본 설비의 비용을 수년간에 걸쳐 분산시키는 방식이다. 예를 들어 사무용 컴퓨터를 100만 원에 구매했다면, 그 비용을 5년간에 걸쳐 연간 20만 원씩 할당하는 방식이다.

경제적 비용에서는 회계 감가상각 대신 암묵적 비용이라는 개념을 사용한다. 암묵적 비용에는 경제적 감가상각, 정상 이윤, 기타 귀속 기회비용 등이 포함된다. 경제적 감가상각 역시 회계 감가상각처럼 자본설비의 경우 가치가 일정 기간 지속된다고 가정한다. 하지만 1년 단위로 임의로 가치 감소를 부여하는 회계 감각상각과 달리 경제적 감가상각에서는 시장에서의 가치 변화를 반영한다. 100만 원에 컴퓨터를 구매한 1년 후에 중고 시장에서 50만 원을 받고 팔 수 있다면 컴퓨터의 가치는 1년 사이에 50만원이 감소한 것으로 판단한다는 것이다. 경제적 비용은 특히 정상 이윤과 기타 귀속 기회비용 등과 같은 넓은 의미의 기회비용을 비용으로 간주하다는 점에서 회계적 비용과 명확한 차이를 보인다. 정상 이윤은 해당 사업에 투입한 자금을 유사한 위험을 가진 다른 사업에 투입했을 때 얻을 수 있는 이윤을 의미한다. 예를 들어, 사업을 하는 대신 은행에 예금을 할 경우 얻게 되는 이자가 정상 이윤이며, 사업을 한다면 최소한 이러한 이자 수입보다는 더 큰 이윤을 얻을 것으로 기대한다. 기타 귀속 기회비용에는 암묵적 임금과 암묵적 대여율이 포함된다. 암묵적 임금은 경영자가 직접 사업을 운영할 경우 다른 기업에 취업해 얻을 수 있는 임금을 포기하는 셈이라고 가정한다. 방송사의 유명한 드라마 PD가 스스로 제작사를 운영하기 위해 방송사에서 퇴직할 경우 방송사에 그대로 있었다면 받게 되는 임금이 암묵적 임금이며 비용의 일부로 간주해야 한다. 유사한 맥락에서 기업에서 ENG 카메라와 같은 자본 설비를 보유하고 있다면 이러한 장비를 다른 기업에 대여해서 얻을 수 있는 수입을 암묵적 대여율로 포기하는 셈이다. 따라서 경영자는 회계적 비용 관점에서 기업의 비용을 분석하는 것 이외에도 기회비용도 함께 고려하는 경제적 비용 관점도 채택하여 균형 잡힌 비용 분석을 실시할 필요가 있다.

생산하는 과정에서 발생하는 효율성과 관련하여 콘텐츠 산업에서 특히 중요한 개념으로 범위의 경제를 들 수 있다. 범위의 경제는 상이한 상품을 상이한 기업에서 각각 생산하는 비용보다 하나의 기업에서 모두 생산할 때 비용이 적을 경우 발생한다. 일반적으로 생산공정이 연결되거나 하나의 원재료를 공유할 경우에 범위의 경제가 발생한다. 할리우드 스튜디오의 경우 영화와 TV 드라마를 함께 제작하는 경우를 흔히 발견할 수 있다. 이것은 두 유형의 콘텐츠가 원재료를 공유하기 때문이다. 배우들의 경우 영화와 TV 드라마에서 교차 출연하는 것은 미국이나 한국에서 모두 자연스러운 현상으로 받아들여지고 있다. 국내에서는 최근에야 빈도가 높아졌지만 연출자가 영화와 TV 드라마를 오가는 것도 할리우드에서는 흔한 일이다. 디지털 기술의 발전으로 인해 최근에서는 영화와 TV 드라마의 촬영 및 후반작업 과정도 유사해졌다. 할리우드 스튜디오 경영자들이 영화와 TV 드라마를 함께 제작하는 것은 원재료의 공유를 통해 비용을 감소시킬 수 있기 때문이다. 국내의 경우 역사적 발전 과정에서 영화와 TV 드라마는 상호 간 진입 장벽을 구축해왔지만 산업의 규모가 커지고 국제화되면서 교차 제작의 빈도가 증가하고 있다. 영화 산업에서 구축된 창구화 역시 범위의 경제를 활용한 방식이다. 영화는 영화관에서만 상영되는 것이 아니라 이후 IPTV, 케이블TV, 인터넷 등 다양한 매체를 통해 단계적으로 반복 활용된다는 점에서 생산공정이 연결된 것으로도 간주할 수 있다. 창구화 전략의 수립 및 수행에는 정교한 분석과 일사불란한 조직이 필요하다는 점을 감안할 때 각 창구 단계별로 별도의 기업이 배급을 하는 것보다 단일한 기업이 전체적인 계획하에서 체계적으로 배급을 하는 것이 이윤을 극대화할 수 있다. 할리우드의 경우 스튜디오가 배급사로서 모든 창구들을 조율하는 반면 국내에서는 이러한 체계적인 배급이 기대 수준에 미치지 못하고 있다. 최근 미디어 산업에서 회자되고 있는 원 소스 멀티 유스One source multi use: OSMU 개념 역시 범위의 경제와 밀접하게 연결되어 있다. 원 소스 멀티 유스는 하나의 원천 아이디어를 기반으로 각 미디어 창구의 상황에 맞게 콘텐츠를 각색 및 제작하는 것이다. 콘텐츠 제작 및 배급의 순서 조정 및 저작권 관리 등을 감안할 때 특정한 기업이 주도적으로 진행하는 것이 효율적일 것으로 예상된다.

미디어 콘텐츠의 가격 설정

일반적으로 기업들이 상품의 가격을 결정하는 방식으로 많이 사용하는 방식이 총비용가격 방식이다. 총비용가격 방식은 상품 단위당 직접비용과 간접비용을 더한 뒤 자신들이 생각하는 적절한 이윤을 더하는 방식으로 계산된다. 직접비용은 노동력과 원재료와 같이 가변적으로 투입할 수 생산요소와 관련된 비용이며 간접비용은 공장과 같이 일정 기간 동안 불변하는 생산요소와 관련된 비용이다. 하지만 이러한 방식은 여러 가지 문제점을 안고 있다. 우선, 이론적으로 간접비용은 가격과 직접적인 관련이 없다는 것이다. 간접비용은 많은 경우 매몰 비용의 성격을 지니고 있어 생산량 결정과는 무관하기 때문이다. 가장 큰 문제는 가격 설정 과정에서 소비자를 고려하지 않고 있다는 점이다. 만약 소비자들이 제시된 가격에서 상품을 구매하지 않는다면 경영자가 기대하는 적절한 이윤은 의미가 없기 때문이다.

소비자를 고려하는 것은 특히 미디어 산업에서 중요하다. 콘텐츠 상품의 대표적인 특성으로 공공재적 속성 중 소비의 비경합성을 들 수 있다. 소비의 비경합성은 콘텐츠 상품의 물리적 특성인 비소모성에 기초한 것으로 한 사람이 어떤 콘텐츠를 소비한다고 해도 다른 사람이 동일한 콘텐츠를 소비하는 양에 영향을 주지 않는다는 것이다. 비용 측면에서 이러한 성질은 한 사람이 추가로 콘텐츠 상품을 소비하는 데 있어 추가적인 비용인 한계비용이 들지 않는다는 것이다. 따라서 최소 가격을 결정하는 기준인 한계비용(MC) = 가격(P) 방식이 콘텐츠 상품의 경우에는 적용될 수 없게 된다. 한계비용이 0에 가까운 상태에서 경영자는 조금이라도 지불의사를 가진 모든 잠재 고객에게 콘텐츠 상품을 공급하는 것이 이윤을 증대시키는 전략이다. 하지만 이 경우 추가로 감안해야 할 것은 콘텐츠 상품에 대한 소비자들의 유보 가격(최대지불의사가격)이 소비자들마다 상이하다는 점이다. 동일한 영화에 대해 영화관에서 관람하기 위해 얼마나 많은 금액을 지불할 것인지 질문할 경우 사람마다 수만 원에서 수백 원에 이르기까지 다양한 범위의 분포를 보일 것이다. 한계생산 개념을 가격 설정 과정에 적용하기 어려운 콘텐츠 상품의 특성으로 인해 미디어 산업에서는 다양한 소비자들의 유보 가격에 대응하는 가격 설정 방식을 활용해왔다.

소비자들의 상이한 유보 가격에 가격을 맞추어 대응하는 가격 설정을 가격 차별화라고 한다. 세부적인 방식의 차이를 감안하여 세 가지 유형의 가격 차별화 방식이 있다. 1급 가격 차별화라고 하는 개인화된 가격 설정은 기업의 입장에서는 이상적인 가격 차별화 전략이다. 각 개인별로 상이한 유보 가격에 맞게 가격을 제시할 경우 기업이 얻을 수 있는 이윤이 극대화되기 때문이다. 개인화된 가격 설정에서는 소비자의 유보 가격과 실제 가격 간의 차이에서 발생하는 소비자 잉여를 모두 기업이 가져가게 된다. 하지만 개인화된 가격 설정은 쉽게 발견하기 어렵다. 우선 소비자가 지닌 유보 가격을 알아내기가 어렵기 때문이다. 게임 상황임을 가정할 경우 소비자가 자신의 유보 가격을 보여줄 이유가 없다. 따라서 경영자는 소비자가 자신의 유보 가격을 보여주게 만드는 여러 가지 방안들을 고민하고 있다. 대표적인 방식이 경매다. 경매 상황에서 소비자는 다른 소비자와의 경쟁을 통해 자신이 가지고 있던 유보 가격에 근접하는 수준으로 가격을 지불하게 된다. 하지만 이러한 방식은 비소모성에 기반하고 있는 콘텐츠에 적용되기 어렵다는 점에서 경영자의 추가적인 고민이 필요하다. 개인화된 가격 설정이 어려운 또 다른 이유로는 법적인 제약을 들 수 있다. 특별한 근거 없이 소비자별로 상이한 가격을 받을 경우 공정거래법 등의 제약을 받을 수 있기 때문이다.

2급과 3급의 가격 차별화는 가격을 달리 받는 기준을 제시한다는 점에서 법적인 제약을 벗어날 수 있다. 2급 가격 차별화로 불리는 감소 블록 가격 설정은 소비량에 따라 가격을 달리 받는 전략이다. 예를 들어, 스마트폰을 데이터 서비스를 구매할 경우 일정한 정보량 이상부터는 가격을 낮추어 받는 경우를 들 수 있다. 이것은 한계효용 체감의 법칙과 밀접한 관련이 있다. 동일한 서비스를 반복적으로 소비하면서 소비자들의 한계효용은 지속적으로 감소한다. 한계효용은 해당 서비스에 대한 유보 가격과 직결되기 때문에 한계효용이 체감하면 가격도 낮추어 주는 것이 적절한 대응이다. 국내에서는 일부 뮤지컬 상품의 경우 수십 번씩 반복해서 관람하는 경우를 발견할 수 있다. 이러한 상황에서 2급 가격 차별화 전략을 활용하여 일부 기업에서는 한 사람이 일정 횟수 이상을 관람할 경우 가격을 낮추어 주는 마케팅 전략을 활용하고 있다. 좌석이 만석이 아닌 한 추가 관객을 위한 한계 비용이 들지 않기 때문에 이윤을 증대시키는 전략을 볼 수 있다.

3급 가격 차별화는 개인이 아니라 집단별로 상이한 가격을 부과하는 방식이다. 그리고 이 과정에서 높은 가격에는 추가적인 서비스를 부가하든지 낮은 가격에는 수고로움을 더하는 식의 차별화의 근거를 제시한다. 예를 들어 영화관에서 조조할인을 들 수 있다. 아침 일찍 영화관을 찾는 수고를 할 경우에는 가격을 할인해주는 식으로 차별화의 근거를 제공한다. 더욱이 소비자가 스스로 해당 시간대에 영화관에 나타나기 때문에 소비자의 유보 가격을 알아내기 위한 별도의 비용이 필요하지도 않다. 영화 산업에서 오랜 기간 활용해 온 창구화 전략은 대표적인 3급 가격 차별화 전략이다. 창구화 전략은 가격 차별화를 위한 논리로 배포 시점 차별화와 매체 차별화를 함께 사용한다. 9000원 이상의 유보 가격을 가진 소비자 집단이라면 영화관에서 자신이 원하는 영화를 관람하는 선택을 할 것이다. 하지만 9000원 미만 4000원 이상의 유보 가격을 가지고 있는 소비자라면 해당 영화를 IPTV의 VOD 서비스를 통해 시청하는 방식을 선택할 것이다. 5000원의 가격을 절약할 수 있었지만 대신 영화관에서 상영을 마치고 홀드백 기간이 끝나는 시점까지 기다려야 하는 수고를 겪어야 한다. 또한 영화관의 큰 스크린에 미치지 못하는 TV 스크린을 통해 영화를 시청해야 한다. 최근 들어 다양한 창구화 전략이 등장하고 있는 것은 집단을 유보 가격을 기준으로 더욱 세분화하여 이윤을 극대화하려는 시도이다. 예를 들어 영화관에서 개봉 중임에도 극장 동시 상영이란 이름으로 1만 원에 VOD로 영화를 제공하는 경우를 볼 수 있다. 극장 가격보다 더 높은 가격을 부과하는 것이 가능한 것은 극장에 가기 위해 발생하는 교통비와 VOD의 경우 여러 사람이 함께 볼 수 있다는 점 등을 감안할 경우 실제 비용은 영화관 관람에 비해 낮기 때문이다.

유보 가격의 차이를 활용한 가격 차별화 전략으로 미디어 산업에서 많이 활용되는 또 다른 유형으로 번들링Bundling이 있다. 번들링은 상이한 상품을 하나의 상품으로 묶어서 파는 전략을 의미한다. 묶음으로만 판매할 경우는 순수 번들링이라고 하며 묶음으로도 살 수 있고 낱개로도 살 수 있다면 혼합 번들링이라고 한다. 앞선 1급, 2급, 3급 가격 차별화의 경우와 마찬가지로 번들링의 경우에는 낱개로 판매할 경우 소비자가 얻게 되는 소비자 잉여를 판매자가 가져가는 방식으로 기업은 이윤을 증대시킬 수 있다. 케이블TV 서비스는 대표적인 순수 번들링 상품이다. 일부 유료 채널들을 별도로 구매할 수 있는 것에서 볼 수 있듯이 케이블TV 가입자는 기술적으로 어려움 없이 개별 채널별로 구매를 할 수 있다. 즉, 소비자는 자신이 즐겨보는 채널들(채널 레퍼토리)만 구매해서 가격을 낮출 수도 있다. 하지만 케이블TV 사업자는 이러한 개별 채널 판매 방식(à la carte, 알라카르테)을 거부하고 기존의 순수 번들링 방식을 고수하고 있다. 이러한 순수 번들링 고수의 중요한 원인으로는 앞서 언급한 것처럼 묶음 판매를 통해 케이블TV 사업자가 얻게 되는 소비자 잉여가 감소되기 때문이다. 하지만 반드시 개별 채널 판매가 소비자에게 우호적인 방식인지에 대해서는 논쟁의 여지가 있다. 개별 채널 판매가 도입될 경우 상당수의 비인기 채널들이 생존에 필요한 고객 수를 확보하지 못할 가능성이 높으며, 결과적으로 채널 구성의 다양성이 감소하는 결과로 이어질 수 있기 때문이다. 케이블TV와 달리 음악계에서는 번들링 해체가 손쉽게 진행되었다. 국내의 경우 오랜 기간 12곡 내외의 앨범으로만 음악을 판매하는 순수 번들링 방식을 고수했지만 인터넷과 같은 기술적 발전과 미국과 일본 등에서 곡별 판매가 일반화된 것 등에 영향을 받아 앨범과 곡별 판매가 함께 허용되는 혼합 번들링 방식이 본격화되었다. 최근 12곡 내외로 구성하는 정규 앨범이 감소하고 소수의 곡만으로 구성하는 미니 앨범 혹은 싱글 앨범이 증가하는 것은 번들링 해체를 통해 이윤이 감소하게 된 음악 기업의 대응 전략으로 볼 수 있다.

미디어 시장과 광고

미디어 기업은 공익적 기능을 담당하는 경우가 많다. 공익적 기능이 특히 강한 경우 KBS와 같이 정부가 제작비와 운영비를 보조하는 경우도 쉽게 발견할 수 있다. 그렇지만 대부분의 미디어 기업은 콘텐츠 제작비와 기업의 운영비를 확보하기 위한 별도의 수단(즉, 비즈니스 모형)을 확보해야 한다. 미디어 산업의 대표적인 비즈니스 모형으로 가입자 모형과 광고 모형을 들 수 있다. 신문의 경우 이 두 가지 모형을 함께 사용하는 대표적인 사례이다. 신문은 구독자들을 대상으로 월 단위로 가격을 부과하면서 동시에 광고주들을 대상으로 광고 지면을 판매하여 수입을 올린다. 흥미로운 것은 이 두 비즈니스 모형이 밀접하게 연결되어 있다는 것이다. 이중 상품 시장 모형 혹은 양면 시장으로 불리는 이러한 연결 구조에서 하나의 비즈니스 모형에서의 성과는 다른 비즈니스 모형에서의 성과에 영향을 미칠 수 있다. 신문 구독자의 수가 증가하면 신문에 실린 광고에 노출되는 잠재 고객의 수도 증가하기 때문에 신문사는 광고주에게 더 높은 가격을 요구할 수 있다. 국내에서는 보기 어렵지만 영국 등 외국에서는 신문사가 신문의 구독료를 인하하는 경우를 가끔씩 볼 수 있다. 일반적으로 신문의 경우에는 가격이 비탄력적으로 알려져 있다. 즉, 가격을 10% 내리더라도 수요가 10% 미만으로 증가한다는 것이다. 따라서 신문 구독료만 고려할 경우에는 가격 인하로 인해 오히려 총수입이 감소하는 결과가 초래된다. 하지만 비탄력적 상황에서도 신문사가 가격을 인하하는 것은 신문 가격의 인하를 통해 증가한 구독자의 수가 구독료 수입뿐 아니라 광고 가격에도 정적인 영향을 주기 때문이다.

대부분의 미디어 산업이 광고 모형에 상당 수준 의존하고 있으며, 가입자 모형을 채택할 경우에도 광고 모형을 함께 채택하는 경우가 많다. 특히 지상파방송 산업의 경우 광고 모형에 의존하는 정도가 강한 편이다. 이처럼 광고 모형에 의존하는 것은 콘텐츠가 지닌 공공재적 특성 중 소비의 비배제성으로 인해 콘텐츠 소비자에게서 직접 지불을 받는 것이 쉽지 않기 때문이다. 소비의 비배제성이란 정당한 가격을 지불하지 않은 사람이 소비하는 것을 막기가 어렵거나 혹은 막는 데 비용이 많이 드는 현상을 의미한다. 라디오 수신기를 구매하면 누구나 손쉽게 방송 프로그램을 청취할 수 있다. 스크램블 등의 기술적 수단을 통해 비가입자의 수신을 막을 수 있겠지만 이 경우에는 상당한 비용이 발생하게 된다. 따라서 라디오방송 사업자들은 별도의 수입원이 필요했고 이미 인쇄 매체 등에서 활발하게 사용해왔던 광고 모형을 주 수입원으로 도입했다. 시장 모형을 초기부터 선택했던 미국을 살펴보면 이러한 광고 모형의 등장 과정을 쉽게 확인할 수 있다.

하지만 광고 모형에 대한 과도한 의존으로 부작용이 발생하고 있다는 주장도 제기되고 있다. 우선, 광고는 진입 장벽을 형성하여 경쟁을 저해할 소지가 있다. 기업은 자사의 상품에 관한 설득적인 광고를 지속적으로 제공하여 소비자들이 자사의 상품 브랜드에 대한 호의적인 태도를 가지게끔 유도한다. 이러한 과정을 통해 새롭게 시장에 진입한 경쟁 기업의 상품이 동일한 품질과 가격을 가지고 있더라도 소비자들은 브랜드 이미지가 호의적으로 고착된 기존의 상품을 계속적으로 소비하게 된다. 이러한 과정을 지속될 경우 기업은 브랜드 가치를 고려하여 가격을 올릴 수 있게 된다. 또한 광고는 콘텐츠의 다양성을 약화시킬 수 있다. 광고주에게 모든 시청자들에 동일하게 중요한 것은 아니다. 즉, 잠재 고객으로서의 가치가 있는 고객만이 광고주에게는 중요하다. 예를 들어 광고주들은 20대에서 40대까지의 시청자만을 고려한 시청률을 별도로 측정하고 있다. 광고주에게 대부분이 수입원을 의존하는 미디어 기업의 경우에는 광고주들이 선호하는 잠재 시청자를 대상으로 하는 프로그램을 주로 편성하게 된다. 최근 들어 일반 시청률에서 큰 문제는 없지만 광고주들이 선호하는 젊은 시청자층에서 낮은 시청률을 보이기 때문에 TV 프로그램이 폐지된다는 문제제기도 나오고 있다. 그리고 광고주는 직접적으로 미디어의 콘텐츠에 개입할 가능성도 있다. 미국의 일간지 편집자들을 대상으로 한 조사(Soley and Craig, 1992)에서도 광고주의 압력이 상당하다는 결과가 나타났다는 것을 볼 때 국내에서도 뉴스 등 미디어 기업에 대한 광고주의 압력이 있을 것으로 추론할 수 있다.

미디어 노동시장

미디어 콘텐츠 제작 과정에서는 특히 창의적인 노동력이 중요하다. 최근 들어 제작비 마련을 위해 자본시장에 대한 관심이 커지고 있지만 전통적으로 미디어 산업에서는 요소 시장 중 노동시장에 대한 관심이 팽배했다. 노동시장의 분석 방식은 가격 대신 임금률을 사용하는 것을 제외하면 상품 시장의 분석 방식과 대동소이하다. 즉, 수요의 법칙과 공급의 법칙, 탄력성의 개념, 수요곡선 및 공급곡선의 이동 요인 등 상품 시장에서의 분석 방식이 유사하게 적용된다.

다만 개인의 노동시간 공급을 분석하는 것은 독특하다. 여기서 공급자는 노동자 개인이며 노동시장에 공급하는 생산요소는 노동시간이다. 공급의 법칙에 따라 노동자는 임금률이 높아질수록 더 많은 시간을 공급한다. 하지만 노동자는 삶의 총체적 효용인 행복을 극대화하는 것으로 가정된다. 따라서 노동자는 노동량을 증대시켜 소득을 증대시키더라도 여가시간이 감소할 경우에는 행복하기 어렵다. 일반적으로 공급곡선은 지속적으로 우상향하는 모양을 보이지만 개인의 노동시간 공급곡선은 일정량의 노동시간을 초과하면 가격이 오를 경우 노동시간의 공급곡선은 좌상향하는 모습을 보인다. 시간은 제한된 자원이기 때문에 노동시간이 증가한다는 것은 여가에 활용할 수 있는 시간이 감소하는 것을 의미하며 따라서 노동시간이 증가할수록 여가시간이 가지는 기회비용도 증가하게 된다. 따라서 여가시간의 기회비용이 임금률을 초과하게 되면 노동자는 오히려 노동시간을 줄이는 선택을 하게 된다. 하지만 현실적으로 자신의 노동시간을 자율적으로 조정할 수 있는 경우가 많지 않기 때문에 이 모형의 적용 범위는 넓지 않은 편이다. 다만, 인기 스타의 경우에는 이 모형이 적용될 수 있다. 인기 스타가 고액을 출연료를 받게 되면 활동 시간이 오히려 줄어드는 경우가 여기에 해당된다.

현실적으로 많은 관심을 받는 모형은 투입 단위가 노동시간이 아닌 노동자인 경우다. 개인의 경우에는 노동시간이 과도하게 증가하면 높은 임금률에도 불구하고 노동시간을 줄일 것으로 추론할 수 있지만, 노동자 집단의 경우라면 다른 분야에서 일하고 있던 노동자가 높은 임금률로 인해 새롭게 노동시장에 진입할 것이기 때문에 노동 공급곡선은 지속적으로 우상향하는 모습을 보일 것이다. 상품 시장의 경우처럼 노동시장에서도 수요곡선과 공급곡선이 이동하는 현상을 보인다. 국내에서는 종합편성채널이 등장하면서 TV 프로그램 제작량이 증가했고 이 과정에서 배우와 예능인에 대한 수요곡선이 오른쪽으로 이동하면서 임금률이 인상되는 결과가 초래되었다. 반면 기술의 발달은 노동 공급곡선에 변화를 주기도 한다. 예전에는 영화관의 영사기를 다루기 위해서는 상당한 숙련이 필요했지만 디지털 장비가 일반화되면서 손쉽게 영사기를 다룰 수 있게 되었다. 따라서 영사기사의 공급곡선이 오른쪽으로 이동했고 임금률은 감소했다.

국제무역

국제무역과 관련된 이론적 논의는 일반적으로 국제무역 자체의 필요성을 증명하는 것으로 시작한다. 리카르도David Ricardo의 상대적 우위 이론이 대표적인 증명법이다. 우선 상대적 우위 이론을 설명하기에 앞서 절대적 우위 이론은 상식적인 수준에서도 쉽게 이해할 수 있다. 두 국가가 각각 다른 상품을 더 효율적으로 생산할 수 있다면 각자 효율적으로 생산할 수 있는 상품만을 생산한 뒤 교환(즉 국제무역)하는 것이 총생산량과 총소비량을 모두 증대시킬 수 있다. 특히 전문화와 학습으로 인한 장점까지 함께 고려된다면 생산효율성을 더욱 높일 수 있다. 상대적 우위 이론은 만약 한 국가가 다른 국가와 비교해서 모든 상품의 생산에서 효율성이 뒤진다고 해도 국제무역을 하는 것이 두 국가 모두에 이득이 된다는 점을 강조한다. 각 국가는 자신들이 생산하는 상품들 중 가장 생산효율성이 높은 상품에 초점을 맞추어 생산하여 교환을 하면 윈-윈 상태에 도달할 수 있다. 상대적 우위 이론을 바탕으로 미국이 전 세계적으로 콘텐츠 시장을 주도하고 있음에도 불구하고 특정한 유형의 콘텐츠에서는 미국 이외의 국가가 선전을 하는 현상을 설명한다. 일본이 애니메이션 분야에서 상당한 경쟁력을 보이는 것과 한국이 TV 예능 프로그램 분야의 경우 아시아 시장에서 상당한 시장점유율을 보이는 것 등이 사례다.

미국이 전 세계 콘텐츠 시장을 주도하고 있는 현상을 설명하기 위해서는 별도의 이론적 체계가 필요하다. 우선 자국 시장의 규모가 크다는 점을 들 수 있다. 인구수가 많을 뿐만 아니라 콘텐츠의 가격이 높고 또한 콘텐츠의 1인당 소비량이 많다는 점 등이 자국 시장의 규모를 키우는 데 긍정적인 영향을 미쳤다. 또한 할리우드와 같이 콘텐츠 제작과 관련된 대부분의 서비스를 한 곳에서 받을 수 있는 시스템 역시 미국의 콘텐츠 시장 경쟁력을 설명해준다. 하지만 이러한 설명만으로는 다른 상품에 비해 특히 콘텐츠 상품에서 미국이 더욱 강한 경쟁력을 보이는 것을 적절히 설명하지 못한다. 이러한 지적에 대응하여 연구자들은 문화적 할인이라는 개념을 제시했다. 일반적 상품과 달리 콘텐츠는 구매 및 소비 과정에서 문화적 요소가 중요하게 작용한다. 우리는 국가마다 문화 코드가 다르다는 말을 흔히 사용한다. 따라서 한 국가의 문화적 영향하에서 제작된 콘텐츠는 다른 문화권에서 소비되는 과정에서 매력도가 감소하는 과정을 거치는데 이것을 문화적 할인이라고 한다. 프랑스에서 흥행에 성공한 코미디 영화가 한국에서는 흥행에 실패한 경우를 발견할 수 있으며, 한국에서 흥행했으므로 미국 시장에서도 큰 성공을 거둘 것으로 예상했지만 기대에 못 미치는 경우도 있었다. 미국의 할리우드는 전 세계의 다양한 문화코드를 융합하여 평균화시킴으로써 상대적으로 문화적 할인을 가장 적게 받을 수 있었다. 여기에는 할리우드가 보유한 인적 자원이 영향을 미쳤다. 미국이 다인종 다민족 국가인 관계로 다양한 문화 코드를 고려한 콘텐츠 제작이 일반화될 수 있었으며, 콘텐츠 제작 현장에서 활동하는 다양한 배경을 가진 노동자들 역시 문화 코드의 혼합화 및 중립화에 영향을 미쳤다.

콘텐츠 국제무역을 미국이 주도하면서 다른 국가들은 자국의 콘텐츠 산업을 보호하기 위해 노력하고 있다. 이러한 보호주의를 둘러싼 논쟁은 국제무역에서 중요한 주제다. 콘텐츠 보호주의의 필요성을 주장하는 논리로 우선 불공정한 무역 관행을 들 수 있다. 미국이 이미 콘텐츠 시장을 주도하고 있는 상황에서 다른 국가의 콘텐츠가 정당한 대우를 받기 어렵다는 주장이다. 초기 단계 산업 보호론도 자주 언급되는 논리다. 산업이 충분히 성장해서 공정한 경쟁을 할 수 있을 때까지는 해당 산업을 보호할 필요가 있다는 것이다. 콘텐츠와 관련해서 가장 강력한 보호주의 논리는 문화적 다양성 보호론이다. 각 국가가 가지고 있는 고유한 문화는 경제적 가치를 따지기가 어려울 정도로 중요하다. 그리고 전 세계적으로 보더라도 각 국가의 고유한 문화들이 보존되어야 다양한 문화를 경험하는 문화적 복지가 증대될 수 있다. WTO 등 다국가 자유무역협상에서도 이러한 문화적 다양성 보호론은 설득력을 발휘하여 콘텐츠 상품의 경우에는 별도의 보호 장치를 허용하는 경우가 많다.

SUMMARY

경제학의 이론과 방법론은 미디어 경영에 관련된 의사 결정을 내리는 데 필요조건이다. 미디어 콘텐츠에 대한 수요와 공급은 각각 수요의 법칙과 공급의 법칙에 지배된다. 미디어 소비자들의 행위는 한계효용 체감의 법칙을 따르며, 콘텐츠 생산은 수확체감의 법칙을 바탕을 두고 있다. 미디어 기업은 이윤의 극대화를 위해 다양한 가격 차별화 전략을 활용하며, 대표적으로 창구화 전략을 들 수 있다. 콘텐츠의 국제거래에서는 문화적 할인을 감안해야 한다.

생각해볼 문제

1. 노인 인구의 증가가 미디어 상품에 대한 수요에 어떠한 변화를 발생시킬 것인가?
2. TV 프로그램의 세부 유형들 중 반복 이용 과정에서 한계효용이 상대적으로 빨리 감소하는 유형과 천천히 감소하는 유형에는 어떠한 것이 있는가?
3. 가격 차별화 전략의 일종인 창구화 전략은 향후 어떻게 변화할 것인가?
4. 기술의 발전은 콘텐츠 출연자 시장의 공급곡선에 어떠한 변화를 발생시킬 것인가?
5. 미국 이외의 국가들은 문화적 할인에 어떻게 대응할 수 있는가?

참 고 문 헌

장병희. 2014. 『미디어 경제학』. 나남.
호스킨스·맥패디언·핀(Colin Hoskins, Stuart McFadyen, and Adam Finn). 2004. 『미디어 경제학: 뉴디미어와 전통 미디어에 대한 경제학 적용』. 장병희 옮김. 나남.

Fu, W. Wayne and A. Govindaraju. 2010. "Explaining Global Box-Office Tastes in Hollywood Films: Homogenization of National Audiences' Movie Selections." *Communication Research*, Vol. 43, No. 3, pp. 215~238.

Soley, L. and R. Craig, 1992. "Advertising Pressures on Newspapers: A Survey." *Journal of Advertising*, Vol. 21, No. 4, pp. 1~10.

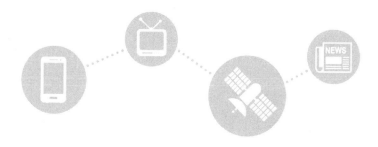

제2부 미디어 기업의 경영 전략

05 미디어 기업의 사업 전략

이문행

기업은 날로 치열해지는 다른 기업들과의 경쟁에서 이기고, 자신이 설정한 경영 목표를 달성하기 위해서 기업에 영향을 주는 환경 요인들의 변화를 고려하고 그에 대한 대응책을 강구해야 한다. 즉, 경영 목적을 달성하기 위해 환경 변화에 기업을 적응시키는 경영 전략이 기업 전략이다.

기업이 추구하는 전략은 각각의 사업 영역에서 "어떻게 경쟁할 것인가"를 결정짓는 것이기 때문에 경쟁 전략이라고도 한다. 그러나 기업마다 처한 환경과 대면하게 되는 경쟁자, 추구하는 기업의 방향이 다를 수 있으므로 획일적인 전략이 동일하게 적용될 수는 없다. 이 장에서는 미디어 기업이 외부 환경에 대한 분석과 내부 자원 및 역량에 대한 분석을 기반으로, 어떤 전략을 선택하고 경쟁 우위를 구축해 나가는지 살펴본다.

기업 전략의 개념

기업 전략이란 기업이 장기적인 수익 극대화를 위해 기업의 발전과 개발을 관리하는 것으로, 규모 및 특성, 경쟁 환경 등에 따라 다양한 사업 전략을 추진할 수 있다. 기업의 전략을 분류해보면(〈그림 5-1〉 참조), 희소한 경영 자원

〈그림 5-1〉 기업 전략 분류

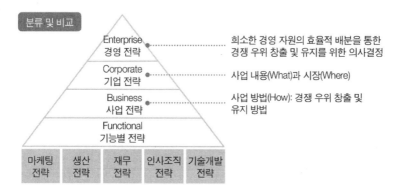

분류 및 비교

Enterprise
경영 전략 .... 희소한 경영 자원의 효율적 배분을 통한
경쟁 우위 창출 및 유지를 위한 의사결정

Corporate
기업 전략 .... 사업 내용(What)과 시장(Where)

Business
사업 전략 .... 사업 방법(How): 경쟁 우위 창출 및
유지 방법

Functional
기능별 전략

| 마케팅 전략 | 생산 전략 | 재무 전략 | 인사조직 전략 | 기술개발 전략 |

자료 : 정순진(2010).

의 효율적 배분을 통해 경쟁 우위를 창출시키는 경영 전략management strategy 단계가 있고, 기업의 사업 내용과 목표 시장 범위를 결정하는 기업 전략corporate strategy이 있다. 기업 전략은 다양한 사업의 포트폴리오를 전사적인 차원에서 어떻게 구성하고 조정할 것인가를 결정하는, 즉 참여할 사업을 결정하는 것이라고 할 수 있다.

좀 더 하위의 개념으로, 기업이 경쟁 우위를 창출하기 위해 사업부 차원에서 기획하는 전략은 사업 전략이라고 하는데 특정 사업에서 어떻게 경쟁할 것인가를 결정하게 된다. 단일 업종 기업일 경우 기업 전략과 사업 전략은 동일한 개념으로 사용된다. 또한 사업의 각 기능별 전략functional strategy은 기능별 세부 과제를 결정하는 문제로, 마케팅 전략, 생산 전략, 재무 전략, 인사 조직 전략, 기술 개발 전략 등 기능 부서별로 구체적인 수행 방법을 결정하는 단계이다.

이와 같이 기업은 시장에서 경쟁 우위를 확보하기 위해 단일 사업에 집중해야 할 것인지, 관련 사업으로 수직적 통합을 할 것인지, 새로운 사업 영역으로 다각화할 것인지, 또한 국내시장에 한해 경쟁할 것인지 해외시장에 진출할 것인지 또는 기존 사업 부문에서 탈퇴할 것인지 등의 전략을 수립해야 한다. 그러나 무엇보다 기업 전략의 목표는 기업의 장기적인 이윤 극대화이므로, 신규 사업 진출이나 인수 합병, 제휴 그리고 해외시장 진출 등과 같은 기업 전략을 수립할 때에도 해당 산업의 구조 분석과 함께 기업의 경영 자원과 핵심 역량으로 경쟁 우위를 창출할 수 있는가를 판단하는 것이 필요하다.

일반적으로 초기에는 국내시장을 중심으로 하나의 사업에 집중하다가 핵심 사업을 강화하기 위해 수직적으로 사업을 통합하기도 하고, 해외로 시장을 확대하거나 다각화를 시도하게 된다. 미디어 기업도 경영 우위 확보와 경영 효율성 향상을 위해 사업 영역의 다각화, 분사, 전략적 제휴와 M&A 등 다양한 전략을 구사하게 된다.

기업 다각화 전략 corporate diversification strategy

기업 다각화 전략의 개념을 살펴보면, 기업의 다각화는 한 기업이 다른 여러 산업에 참여하는 것으로 정의된다. 즉, 한 기업이 복수의 산업 또는 시장에서 동시에 복수의 사업들을 영위하기 위한 전략으로, 제품product 다각화 전략, 지리적 시장geographic market 다각화 전략, 제품 시장product-market 다각화 전략으로 크게 구분된다.

이는 다시 제품이나 판매 지역 측면에서 관련된 산업에 집중하는 관련 다각화related diversification와 관련이 없는 산업에 참여하는 비관련 다각화unrelated diversification로 구분한다. 미국 기업의 다각화 유형을 연구한 리처드 러멜트(Richard Rumelt, 1974)에 의하면 다음과 같이 구분된다. 먼저 단일 사업 기업single business은 주력 사업 내에서 매출의 95% 이상을 올리는 기업을 의미하며, 수직적 통합 기업vertically integrated firm은 수직적으로 통합된 사업 내에서 매출의 70% 이상을 올리는 기업, 주력 사업 중심 기업dominant diversifier firm은 주력 사업 내에서 70~95%의 매출을 올리는 기업, 관련 다각화 기업은 관련 사업에서 70% 이상의 매출을 올리는 기업, 비관련 다각화 기업은 관련 사업에서 70%에 미치지 못하는 매출을 올리는 기업으로 구분된다.

기업들이 다각화를 추구하는 가장 큰 목적의 하나는 기업 성장 추구이다. 또 하나의 목적은 다각화를 함으로서 사업 부문들의 경기순환에서 오는 위험을 줄일 수 있다는 것이다. 예를 들어 자기의 주력 사업이 반도체나 철강, 조선과 같이 불경기와 호경기가 반복적으로 순환되는 사업 분야일수록 비관련 분야의 다각화를 함으로서 자금 순환의 안정성을 확보한다는 것이다. 성장 추구를 위한 다각화와 위험 분산을 위한 다각화는 소유와 경영이 잘 분리되어 있고, 주주가 자본시장에서 적절히 자기의 위험을 줄일 수 있는 여건하에서는 주주의 이윤 극대화에 별로 도움을 주지 못하는 것으로 밝혀졌다. 그러나 범위의 경제성economies of scope 또는 시너지 효과synergy effect는 다각화를 실시함으로서 수익을 증대하는 데 기여한다.

범위의 경제성은 한 기업이 두 가지 이상의 제품을 동시에 생산할 때 소요되는 비용은 별개의 두 기업이 각각 한 제품을 생산할 때의 비용을 합한 것보다 적게 발생한다는 이론이다. 이처럼 시너지 효과가 발생하는 이유는 여러 제품을 동시에 생산할 때 투입되는 요소 중 공통적으로 투입되는 생산요소가 있기 때문에 투입 요소 비용이 적게 발생하기 때문이다.

기업이 다각화를 추구하는 가장 중요한 목적 중의 하나가 시장을 지배하기 위한 것이다. 따라서 유럽이나 미국에서는 복합기업conglomerate을 법으로 규제했고, 그것은 거대 기업들이 효율성의 증가 없이 기업 규모만 늘려서 시장을 지배하는 것을 막기 위한 것이다. 다각화 기업이 비다각화 기업보다 유리한 것 중의 하나는 손쉽게 자본 또는 인력을 조달할 수 있는 점이다. 특히 다각화된 기업은 여러 사업 분야에서 안정된 자금의 흐름을 확보할 수 있다. 이처럼 각각의 사업부에서 나오는 자금을 통합하여 활용할 수 있는 능력을 내부 자본시장internal capital market이라고 한다. 또한 다각화된 기업은 내부 노동시장internal labor market을 활용할 수 있는 이점도 가지고 있다. 어느 기업이 신규 사업 분야로 진출할 때 기술 인력 및 관리 인력 등 많은 인력이 필요한데 이러한 인력을 채용하여 교육시키는 데는 많은 시간과 비용이 들어간다. 그러나 다각화된 기업에서는 여러 사업부에서 훈련된 인력을 전출하여 이용할 수 있는 이점을 갖고 있다. 따라서 다각화된 기업은 외부의 자본시장과 노동시장에 비해 훨씬 더 많은 정보를 가지고 있기 때문에 자본과 노동을 새로이 조달해야 하는 신규 기업에 비해 훨씬 우월한 위치에서 경쟁할 수 있다.

다각화가 실제로 가치를 창출할 수 있는 가능성은 범위의 경제성 창출과 내부 시장을 활용하는 것이다. 범위의 경제성은 기업 경영 자원의 활용도를 높여 새로운 가치를 창출하고, 내부 시장의 활용은 기업 내부의 자본과 노동이 외부의 자본시장과 노동시장에 비해 효율성이 높은 점을 이용하여 새로운 가치를 창출할 수 있다.

요컨대 사업 다각화는 기업이 '상품이나 시장의 범위를 확대하는 전략'이라고 말할 수 있다. 그러나 이처럼 기업이 생산하는 상품의 종류를 다양화하거나 목표 시장의 범위를 넓히는 데는 무수하게 많은 방법이 동원될 수 있다. 결국 방송 산업에서 다각화란 "가치 사슬의 한 영역에 머물러 있던 방송 사업자가 커뮤니케이션 기술의 발달과 매체 융합에 따라 희미해져가는 경계 영역을 넘어 기업의 활동 영역을 외부로 확장하는 것"(황상재·김형일, 2003)이라고 할 수 있다.

수직적 통합

가치 사슬의 특정 영역에 머물러 있던 기업이 어떤 방향으로 가치 활동의 범위를 확장하느냐에 따라 '수직적 통합'과 '수평적 통합'으로 분류할 수 있다.

이는 사업 또는 외부 기업을 하나로 집중시키기 때문에 내부화internalization라고 하기도 한다.

우선, '수직적 통합vertical concentration, integration'이란 가치 사슬의 수직적 관계에 있는 분야로 시장을 확대하는 것을 의미한다. 주로 생산 및 유통 과정의 합리화 및 내부 잉여자원의 효율적 활용을 목적으로 하는 것으로 원재료의 생산에서부터 제품의 생산과 판매에 이르기까지 수직적 흐름에 있는, 가치 사슬에 관련된 기업들이 자신들이 가진 기술과 노하우를 가지고 새로운 시장에 진출하는 경우이다. 즉, 수직적 통합vertical integration은 부품 생산에서 유통까지 기업 활동과 관련된 여러 가지 전·후방의 수직적 가치 사슬 중에 어디까지를 기업의 내부 활동의 범위로 통합시킬 것인가를 결정하는 것으로서 넓은 의미에서 다각화 전략으로 볼 수 있다. 수직적 통합은 시장을 통한 거래 비용이 지나치게 클 경우, 즉 시장 기능이 실패할 경우에 발생한다.

이처럼 수직적 통합의 형태는 다양하게 나타나지만 그 근본적인 동기는 생산 및 유통 과정을 합리화하고 내부의 잉여 자원을 활용함으로써 거래 비용을 절감하고 시장 지배력을 증대시키기 위한 것이다. 즉, 가치 창출 과정에서 발생하는 개별 생산요소의 시장 거래를 수직적 다각화를 통해 기업 내의 내부 거래로 전환시키면 외부 거래에서 발생하는 기회비용이나 정보 비용과 같은 거래 비용transaction cost을 줄일 수 있고, 기술적 시너지를 기대할 수 있으며, 안정된 수요와 공급이 이루어진다는 것이 장점이다.

또한 시장 거래의 위험과 불확실성이 감소하고 생산에 동원된 가변요소와 불변요소의 사용을 계획적으로 관리할 수 있어서 결과적으로 생산성 증대와 생산비 감소 효과를 얻을 수 있게 된다. 방송 산업에서 수직적 다각화 현상이 점차 증가하는 것은 이러한 이유 때문이다. 그러나 리스크 상승이나 도덕적 해이가 발생(품질 개선, 비용 절감에 대한 동기가 감소)할 수 있다는 단점도 동시에 지니고 있다.

수평적 통합

한편, 수평적 통합은 유사 업종의 기업이 해당 시장에서 규모와 범위의 시너지 효과를 창출하기 위해 진행하는 제휴, 인수, 합병 등의 과정을 의미한다. 수평적 통합의 이점은 원가 절감(규모의 경제를 통한 가격 선도price leading), 가치 증가, 제품 일괄 판매(시스템 판매), 교차 판매(끼워 팔기), 경쟁 산업의 관리(견제), 구매자 파워(구매력)의 증가, 시장 지배력(독점력) 확대이다.

'수평적 통합horizontal concentration'은 현재 생산하는 제품을 생산하는 데 필요한 기반 기술을 이용해 새로운 시장을 개척하는 것으로, 동질적이거나 동일한 제품을 가지고 새로운 시장을 개척하는 경우를 말한다.

이를 방송 산업 영역에 적용하면 수직적 통합은 방송 콘텐츠 상품을 제작, 편성, 송출, 서비스하는 일련의 가치 사슬의 한 영역에서 활동하던 기업이 다른 가치 창출 단계로 사업을 확장하는 것으로 볼 수 있다. 예를 들면, 방송 채널을 보유하고 외부로부터 콘텐츠를 구매하여 편성하는 것을 주 사업으로 하던 사업자가 콘텐츠 제작 시장에 진출하거나, 반대로 전송망 사업에 진출하는 경우를 들 수 있다. 소비자에 대한 방송 서비스를 주요 업무로 하는 서비스 제공 사업자가 직접 사용 채널을 갖거나 제작 부문을 두는 경우도 있다. 콘텐츠 제작을 전문으로 하던 사업자가 편성이나 송출 부문으로 사업 영역을 확장하는 사례도 쉽게 찾아볼 수 있다.

방송 산업에서 수평적 통합은 방송 환경의 변화와 함께 점차 확산되고 있다. 즉, 콘텐츠를 전송하는 매체의 성격에 따라 별도의 가치 창출 구조를 갖던 개별적인 방송 산업이 통합되는 추세다. 매체 융합으로 방송과 통신의 경계 영역이 희미해지고 있다. 이제 특정한 매체를 기반으로 활동하는 사업자들이 매체 간 경계 영역을 넘나들며 자유로운 사업 확장이 가능해진 것이다.

지상파방송, 케이블TV, 위성방송 사업자들이 자사가 보유한 잉여 콘텐츠,

시설, 인력을 토대로 다른 매체나 채널 사업에 진출하는 사례는 물론 통신 사업자가 방송 사업에, 방송 사업자가 통신 사업에 뛰어드는 것도 더 이상 뉴스가 아닐 정도로 보편화되고 있다(황상재·김형일, 2003).

방송 산업의 경제적 특성은 수평적 통합 현상을 더욱 심화시킨다. 즉, 방송 프로그램과 같은 콘텐츠 상품은 생산의 규모가 커질수록 더 많은 이윤을 창출하는 '규모의 경제economy of scale'는 물론 단일 창구보다 여러 개의 창구를 통해 배출될 때 부가가치가 극대화되는 '범위의 경제economy of scope'가 작용하기 때문이다. 투입 비용은 큰 차이가 없지만 창출되는 부가가치의 규모는 수평적 통합의 정도에 따라 판이하게 나타날 수밖에 없다.

이와 같이 수평적 통합은 위험을 분산시키고, 시너지 효과를 창출할 수 있다는 장점이 있을 수 있으나 조직의 비대화, 의사 결정 지연, 조직 관리비 증가 등의 단점 역시 배제하지 않을 수 없다.

아웃 소싱 outsourcing

이상에서 다룬 기업 전략은 기업의 외연이 확대되는 대표적인 성장 전략이다. 반면 기업이 핵심 사업에 집중하고, 기업 규모를 감소시켜 불필요한 경비를 줄일 뿐 아니라, 특정 사업의 경쟁력을 높이기 위해 기업의 특정 사업이나 계열 또는 자회사를 분리하는 외부화externalization를 아웃 소싱이라 한다. 이는 자신의 핵심 부문만 내부화하고 그 외 비핵심 부문은 분가 또는 매각시키고, 시장을 통해 조달받는 것으로 비용을 절감하고 유연성을 확보할 수 있다는 것이 장점이다. 그러나 외주 의존은 핵심 역량을 축소하는 위험 요소가 있을 수 있고, 기업 내부의 여러 기능 간 상호 협조 관계가 상실될 수 있으며, 공급 업체에 대한 통제력이 축소 또는 상실되고 나아가 잠재적 경쟁자를 키울 우려가 있다는 것이 단점이다.

해외시장 진출

　기업의 성장 전략 중 활동 범위를 해외시장으로 확대하는 것을 해외시장 진출 전략이라고 한다. 기업 활동이 세계 여러 나라로 확대되어 가는 과정을 통해 지리적 시장이 확대되고 기업이 국제 경쟁력을 확보하게 됨으로써 기업의 국제화가 이루어진다. 해외시장 진출 전략은 기업 활동의 지리적 범위를 세계 여러 나라로 확장시키는 시장의 확대 이외에도 사업 범위의 확대가 이루어지기도 한다. 이는 해외에서 여러 가지 사업을 동시에 수행하도록 사업 범위가 넓어지는 것으로, 기업은 외국인 비용 liability of foreignness 을 상쇄할 수 있는 독점적 경쟁 우위가 있는 산업, 즉 핵심 역량 사업을 우선적으로 국제화하고 이후에 기존 산업 또는 기존 상품과 연관성이 높은 산업으로 확대 추진한다.

　경영 기능의 확대가 이루어지기도 하는데, 즉 기업이 경영 기능을 세계 어느 곳이든지 가장 효율적인 국가에서 수행할 수 있도록 기능 범위가 넓어지는 과정이다. 이는 기업의 기능적 활동이 세계적으로 증대되고, 다양한 업무 범위가 국제적으로 확장되거나 해외로 이전되기도 한다. 그뿐만 아니라, 참여 방식의 확대를 통해서도 나타나기도 한다. 즉, 기업이 새로운 국가, 사업 및 기능 활동에 참여하는 방식이 수출, 해외 직접투자, 국제 계약 형태 등으로 다양해지는 것을 의미한다.

　기업이 해외시장 진출을 시도하는 이유는 먼저, 국내시장이 협소할 경우, 장기적인 관점에서 범세계적 판매 '시장의 확보'라는 측면과 장치 산업의 경우 유휴 시설 문제를 해결하기 위해서이다(〈그림 5-2〉 참조). 또한 '생산의 효율성'을 추구하기 위해 기업은 해외시장으로 활동 범위를 확대해간다. 이를 통해 규모의 경제효과, 경험의 축적으로 인한 경험곡선 효과, 원자재의 대량 구매와 대량 수송을 통한 원가 절감이 실현된다. '제품 수명 주기의 연장'이

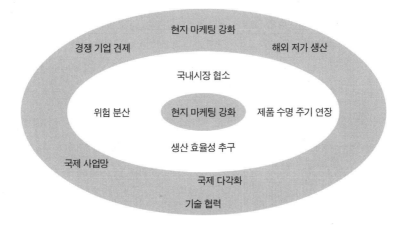

세계시장 진출의 중요한 목적이다. 즉, 쇠퇴기에 들어간 제품의 해외 수출은 제품의 수명 주기를 연장시키는 효과를 발휘할 수 있다. 그뿐만 아니라 다수의 국가 시장에서 활동할 때 위험을 분산시키는 효과를 가져올 수 있다. 이를 통해 특정 국가에서 일어난 경쟁 상황의 변화나 수요 패턴의 급격한 변화에서 오는 판매량 감소를 극소화할 수 있다.

이외에도 해외시장 진출을 통한 '현지 마케팅 강화'를 통해 무역 규제, 수입대체로 인한 경쟁 심화로 수출 시장 상실 가능성을 상쇄할 수 있다. 이를 위해서는 현지에서 고객 만족 마케팅 활동 강화, 고객에 적합한 제품을 현지에서 생산, 투자 대상국의 내수 시장이나 인접국의 시장 기회가 많을 경우 시장 추구형 해외투자를 하는 것이 필요하다.

'해외 조달'이라는 측면도 중요한 해외시장 진출의 이유이다. 즉, 기업은 해외 저임금 국가에 직접투자(제조회사 설립, 완제품 혹은 부품생산)하거나, 천연자원이 부족한 국가의 기업이 천연자원을 개발·이용하기 위해 해외에 직접투자하는 것을 의미한다. 그뿐만 아니라, 기업은 '국제 다각화'를 이루기 위해 수직적·수평적 국제 분업을 목적으로 해외에 직접투자한다. 특히 중간재 시장과 기술 시장 및 자본시장의 불완전성을 활용하여 독점적 우위를 획득할 수 있다.

기업은 해외시장 진출을 통해 '기술 협력'이라는 목적을 이루기도 한다. 즉, 선진국의 첨단 기술, 경영 기법 습득을 위해 해외에 직접 투자하는 것이다. 축적된 우수한 기술을 활용하여 해외에 합작투자를 수행하기도 한다. '국제 사업망' 확보는 기업의 숙원이다. 무국경 세계에서는 세계시장을 많이 차지하는 것이 중요하며, 글로벌 산업에서는 더욱 더 필요한 부분이다. '경쟁 기업에 대한 견제'의 수위를 높이는 것도 기업이 경쟁력을 유지할 수 있는 중요한 기업 전략이다. 즉, 기업은 선도 기업을 추종하기 위해 해외에 직접투자하기도 하며, 선점 전략을 통한 잠재적 시장으로의 진출뿐 아니라, 고객 추종형 직접투자가 이루어지기도 한다.

국내 미디어 기업의 전략 사례

국내 미디어 산업에서는 방송사, 엔터테인먼트 기업, 연예기획사가 중요한 역할을 담당하고 있으며, 이 장에서는 주요 사업자인 지상파방송사와 CJ E&M, SM 엔터테인먼트의 기업 전략을 살펴보고자 한다.

연예 기획사: SM 엔터테인먼트
국내 대표적인 연예기획사인 SM 엔터테인먼트는 1995년 2월 14일에 창립되었으며, 사업 분야는 음반, 연예 매니지먼트 사업, 이벤트 사업, 연예대행업 등이고 2000년 4월에 코스닥 등록을 했다. 자본금은 2014년 12월 현재 103억 원이고, 매출액은 2870억 원으로 나타났다. 자회사로는 (주)에스엠컬처앤콘텐츠, S.M. ENTERTAINMENT JAPAN Inc, (주)스타라이트, (주)갈갈이패밀리엔터테인먼트, DREAM MAKER ENTERTAINMENT Limited, (주)에스엠어뮤즈먼트(노래방 기기 제조 및 운영 업체), (주)SM F&B Development(외식 프랜차이즈 업체), (주)엠스튜디오씨티(영상문화복합단지 사업 추진을 위한 부동산 레저 시설 개발), (주)SM Brand Marketing(브랜드 기획 및 마케팅 컨설팅), (주)아렐(이랜드와 패션 의류 조인트 벤처), (주)비티앤아이(여행 분야 상장사) 이외에 에스엠크라제(주)(외식 사업)에 투자했다.

SM 엔터테인먼트의 기업 전략은 무엇보다 사업 다각화라고 할 수 있다. SM 엔터테인먼트는 2007년부터 신규 사업을 통해 공격적인 사업 다각화를 추진하고 있다(〈표 5-1〉 참조). 특히, 관련 분야 다각화와 비관련 분야 다각화가 혼합적으로 나타나고 있다. 비관련 다각화 사례로는 패션 사업이 있는데 이는 주력 업종과 직접적으로 연관되는 사업은 아니지만, PPL 효과를 제고하고 소속 연예인들을 광고 모델화하여 부가 수익을 창출할 수 있는 수익 사업 전략이라고 할 수 있다.

그뿐만 아니라 SM 엔터테인먼트의 경영 전략 특징은 요소 시장과 생산 시장, 배급 시장에 모두 참여하는 수직적 통합 전략을 추진하고, 소속 가수들의 해외 진출을 통해 해외시장을 적극적으로 개척하는 등 해외시장 진출 전략 및 관련 사업으로의 다각화를 통한 부가 수익 창출에도 전력을 다하고 있다. 이에 따라 2014년 1643억 원의 수입을 얻으며 국내 최대 소속사의 입지를 더

〈표 5-1〉 SM 엔터테인먼트의 부문별 주력 사업

기존	신규	글로벌 비즈
에이전시 마케팅 온라인 매니지먼트 음반 프로듀싱 출판 유통 트레이닝 캐스팅	공연, 뮤지컬 사업 영화제작 드라마제작 게임사업 채널S 패션 노래방사업 여행 사업 외식 사업 부동산 사업	일본 SM Japan 미국 SM USA 중국 SM China 태국 SM Thailand

<그림 5-3> SM 엔터테인먼트의 사업 전략

Recording
음반

Live Performance
라이브 공연

Movie & Drama
영화와 드라마

Portrait Rights
초상권

Merchandising
관련 상품

Publishing
출판

자료: SM 엔터테인먼트.

욱 견고히 했다. 매출의 33%는 콘서트와 방송 등 출연료에서 나왔다. 특히 SM이 한·중·일 3개국에서 여는 SM타운 공연은 수익 배분율이 높은 직영 공연이다.

엔터테인먼트 기업이 탄탄해지기 위해서는 흥행성 있는 아티스트의 발굴과 해외 진출, 이에 따른 부가가치 사업 확대 등 매출 다변화가 필요한데 그 공식을 가장 잘 따르는 곳이 SM 엔터테인먼트다. 특히 SM 엔터테인먼트의 사업 전략은 360도 비즈니스라는 개념으로 관련 분야의 부가 수익을 극대화하는 전략을 추구하고 있다.

한편 다른 소속사는 특정 항목의 수익이 높지만 SM은 출연료와 음반(24%), 광고(13.6%) 등 여러 분야에서 균등한 모습을 보였다. 요컨대 SM 엔터테인먼트는 관련 사업에서 창출되는 총 매출액 비중이 90% 이상으로, 주력 사업 중심 기업이면서, 관련 다각화 기업이라고 할 수 있다(〈그림 5-4〉 참조).

한편, 국내 2대 기획사인 YG도 지난해 제일모직과 합작해 의류 브랜드 '노

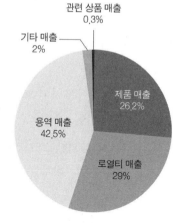

〈그림 5-4〉 SM 엔터테인먼트의 부문별 매출액

관련 상품 매출
0.3%

기타 매출
2%

제품 매출
26.2%

용역 매출
42.5%

로열티 매출
29%

자료: SM 엔터테인먼트 홈페이지 참조.

나곤'을 론칭하고 홍보대행사 휘닉스홀딩스를 인수한 뒤 홍콩 화장품 브랜드 '코드코스메'를 인수해 화장품 사업에 진출하는 등 사업 다각화를 적극 추진하고 있다.

지상파방송사

국내 지상파방송사들은 방송 제작부터 편성, 송출, 유통까지 전 과정을 내부화한 수직 통합 형태가 기본적인 기업 전략의 근간을 이루어왔다. 방송 산업에서 수직적 다각화는 방송 상품의 경제적 특성으로 인해 더욱 심화되기 때문이다. 즉, 방송과 같은 공공재public goods 산업에서 수직적 다각화는 규모의 경제economy of scale를 실현시켜 경제적 효율성을 극대화하는 경세적인 생산 메커니즘으로 작용한다.

이에 따라, 지상파방송사들은 방송 프로그램을 직접 제작함으로써 생산요소의 시장 거래를 기업 내의 내부 거래로 전환시켜 외부 거래에서 발생하는 기회비용과 정보 비용과 같은 거래 비용transaction cost을 감소시키고, 나아가

시장 거래의 위험과 불확실성을 감소시키며, 생산에 동원된 가변요소와 불변요소의 사용을 계획에 따라 관리적으로 조정함으로써 결과적으로 생산성의 증가와 함께 생산비 감소의 효과를 얻을 수 있다(김동규, 2000: 35).

그러나 1997년 외환 위기 이후 지상파방송사의 비대해진 규모로 인한 과다한 비용 부담 등 경영 합리화 필요성이 대두되면서 일부 사업을 분사하여 외부화하는 작업이 추진되었고, 특히 1991년부터 의무화된 외주 제작 비중을 감당하기 위해 제작사를 자회사로 설립하는 등 1990년대 후반까지 외부 환경에 의한 수동적 분사externalization가 이루어져왔다. 그러나 2000년대 들어 뉴미디어 방송이 활성화되고 지상파방송사의 뉴미디어 시장 진출이 허용되면서 지상파방송 프로그램을 토대로한 전문 편성 채널을 설립하면서 수평적 다각화가 활발하게 추진되었다. 특히, 민영방송사인 SBS는 2008년 SBS 미디어 홀딩스라는 지주회사를 설립해 방송과 사업을 분리하는 등 사업 다각화를 통한 경영 전략을 본격적으로 추진했다.

한편, 한류 현상과 함께 1990년 대 후반부터 지상파방송사들의 해외시장 진출이 가시화되었는데, 최근 들어서는 프로그램 수출에 이어 채널 진출로 해외시장 진출 전략이 진화하고 있다. 해외시장 진출 전략은 채널이 지닌 특성에 따라 각각 다르게 나타난다. 즉, 아리랑 TV나 KBS 월드 등 공공서비스 성격을 지닌 채널 및 국가 홍보 채널 등은 수익보다 커버리지 확대가 목적이기 때문에 세계 각지에 진출해 있으나 무료 송출을 기본으로 한다.

반면, 상업 채널들은 투자 대비 수익을 철저하게 고려하여 채널 진출을 결정한다. 이에 따라 국내 최대 CP Contents Provider인 지상파방송사들은 개별 프로그램 판매 수익을 제고하는 데 주력하고, 채널 진출에는 미온적인 태도를 보여온 게 사실이다. 채널 설립으로 인한 투자 위험과 개별 콘텐츠 배급권역 충돌에 대한 우려 때문에 MBC 등은 현재도 콘텐츠 판매에 무게를 두고 있어 채널 진출 성과가 미약하다. 그러나 상업 채널 SBS는 지상파방송으로서는 가장 발 빠르게 해외시장에 진출했다.

KBS

KBS는 공영 방송사로서 민영 방송사인 SBS 만큼 공격적인 다각화를 추진하지는 못했으나, 다양한 플랫폼을 통한 채널 다각화를 활발하게 추진했다. 〈그림 5-5〉는 일종의 수평적 다각화라고 할 수 있는 채널 다각화 현황이다.

〈그림 5-5〉 KBS 채널 다각화 현황

자료: KBS.

SBS

1991년에 설립된 SBS는 방송과 사업을 분리하는 등 사업 다각화를 통한 경영 전략을 본격적으로 추진하고 있다. SBS 미디어 홀딩스는 2008년 3월에 설립된 지주회사로서, 자본금은 699억 원이다. 지상파방송과 뉴미디어 방송, 방송 콘텐츠 제작과 유통을 포괄하는 미디어 지주회사로서 (주)SBS, (주)SBS 콘텐츠 허브, (주)SBS 플러스, (주)SBS 골프, (주)SBS 스포츠, (주)SBS A&T(영상기술제작사), (주)SBS 바이어컴(니켈로디언 코리아), (주)SBS 인터네셔널, (주)SBS 미디어 크리에이트(미디어랩, 광고대행), SMR 스마트 미디어랩 등 다수의 계열회사를 포함하고 있다.

SBS는 이상의 다양한 수직적·수평적 다각화 이외에도 지상파 3사 중 해외 시장 진출 전략을 가장 활발하게 추진하고 있다. 국내 방송 프로그램의 해외 수출은 물론 최근에는 콘텐츠의 유통에서 진일보된 채널 유통이 본격화되고 있다. SBS의 글로벌 시장 진출 현황을 살펴보면, SBS의 콘텐츠 사업은 (주)SBS 콘텐츠허브와 (주)SBS International에서 담당하는데, SBS 콘텐츠허브의 업무는 프로그램 해외수출, 현지화사업, 채널사업 등이며, SBS International은 SBS 콘텐츠 허브가 담당하는 지역을 제외한 북미와 중남미, 유럽, 아프리카 지역을 담당한다.

케이블 플랫폼과 영화 사업도 활발하게 전개하고 있는데, 자회사인 SBS 프로덕션은 인도네시아에 합작법인인 GMC Global Matra Consulting을 설립하여 동남아시아를 대상으로 해외 사업을 수행한다. MBC와 함께 일본 KNTV에 지분을 투자하여 프로그램을 공동으로 편성하고 있다. SBS는 인도네시아, 대만

〈표 5-2〉 SBS와 글로벌 미디어 사업자와의 제휴 현황

채널명	장르	설립연도	지역	제휴 파트너	지분 구조
SBS MTV (SBS Nick)	음악(오락)	2011	한국	Viacom	SBS(51%), Viacom(49%)
SBS ESPN*	스포츠	2010	한국	Disney	SBS(51%), Disney(49%)
SBS CNBC	경제	2009	한국	NBC Universal	SBS, NBC Universal
SBS E!	연예오락		한국	NBC Universal**	SBS E Plus(100%)
ONE TV ASIA	오락		동남아시아***	Sony Pictures	Sony Pictures(100%)

* 2014년 1월 ESPN과의 계약 만료 후 SBS Sports로 채널 명 변경.
** NBC Universal은 E! Entertainment Television의 모기업임.
*** 주로 싱가포르와 말레이시아를 중심으로 송출되고 있음.

등에도 진출했는데, 인도네시아의 경우, 콘텐츠 제작 및 배급을 위한 조인트 벤처를 설립했고, 대만의 경우는 대만 G-TV와 공동으로 K-Channel을 만들어서 종합 편성 방식으로 운영한다. 그뿐만 아니라 글로벌 기업인 소니와 제휴하여 싱가포르와 말레이시아 지역을 중심으로 S-ONE 채널을 운영 중이다.

엔터테인먼트 기업: CJ E&M

CJ E&M은 CJ의 계열사로 엔터테인먼트와 미디어 분야를 담당하는 종합 엔터테인먼트 및 콘텐츠 기업이다. 특히 방송, 영화, 음악, 공연, 게임 분야 사업이 수직적·수평적으로 다각화되어 있다. 1995년 2월, 제일제당의 멀티미디어사업부 신설로 시작하여 2011년 3월 1일, CJ그룹 내 미디어 계열 5개사 (주)온미디어, 씨제이미디어(주), 씨제이인터넷(주), 엠넷미디어(주), 씨제이엔터테인먼트(주)를 인수 합병하여 국내 최초로 방송, 영화, 음악, 공연, 게임 콘텐츠를 아우르는 통합 법인으로 공식 출범했다. 합병 이후 방송, 게임, 영화, 음악/공연/온라인 4개 사업 부문으로 편성하여 종합적인 미디어, 엔터테인먼트 사업을 영위하고 있다.

특히 방송 사업 부문은 방송 채널 사용 사업자로서 현재 tvN, Mnet, 채널 CGV, XTM, O'live, 투니버스 등의 직접 채널 운영 및 (주)오리온시네마네트워크, (주)바둑텔레비전, (주)온게임네트워크, 씨제이엔지씨코리아(주), (주)인터내셔널미디어지니어스, 케이엠티브이(주) 등 자회사를 통하여 방송 채널 사용 사업을 하고 있다. CJ는 드림웍스의 아시아 배급권과 국내 영화 투자라는 핵심 역량으로 신규 사업 분야를 개척하다가, 영화 배급권을 활용할 수 있는 새로운 사업 분야인 멀티플렉스 사업으로 진출한다. 또 종합유선방송법 개정에 따라, PP와 SO사업을 동시에 할 수 있는 길이 열림에 따라 PP 사업 영역에서는 음악과 공연, 게임 분야로 진출하고, SO 사업에서도 지역 SO들을 꾸준히 인수해 결국 통합 미디어 기업인 CJ E&M을 탄생시킨다.

<그림 5-6> CJ E&M 해외 사업 현황

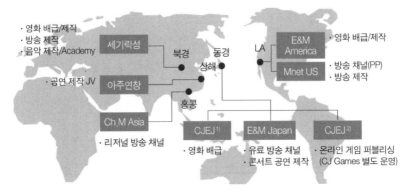

1) CJ Entertainment Japan, 2) CJ Internet Japan
자료: CJ E&M.

<그림 5-7> CJ E&M의 글로벌 미디어 네트워크 구축 방안

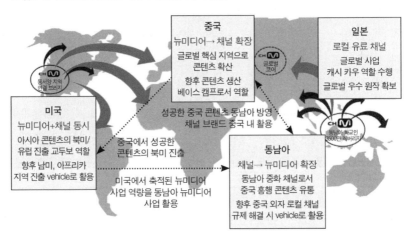

　한편 CJ E&M은 해외시장 개척에 활발한 행보를 거듭하고 있다. 현재 CJ E&M은 중국, 미국, 일본, 동남아 지역에 총 8개의 해외 법인을 운영 중이다 (<그림 5-6> 참조).

CJ E&M은 글로벌 지역 특성에 따라 우선적으로 진출할 미디어를 확보하고 지역 간 연계 사업을 추진함으로써 글로벌 네트워크 구축을 추진하고 있다(〈그림 5-7〉참조).

SUMMARY

기업은 각각의 사업 영역에서 외부 환경과 내부 자원, 기업의 비전에 따라 다양한 사업 전략을 추구한다. 이 장에서는 기업의 사업 전략 개념 및 유형별 특성을 살펴보았다. 또한 이를 토대로 국내의 대표적인 연예기획사인 SM 엔터테인먼트와 지상파방송사(KBS, SBS), 엔터테인먼트 기업인 CJ E&M의 사업 전략 사례를 살펴보았다.

생각해볼 문제

1. 국내 미디어 기업의 기업 유형별 다각화 방향은 무엇인가?
2. 기업 내부화의 동인은 무엇인가?
3. 수직적 통합의 경우, 개별 사업 단위의 가치 사슬 중 어느 정도나 스스로 담당해야 하는가?
4. 수평적 통합의 장점과 단점은 무엇인가?
5. 글로벌 미디어 시장 진출 시 고려해야 할 점은 무엇인가?
6. 국내 미디어 기업의 성장 일변도 전략에 관한 문제점은 무엇인가?

참 고 문 헌

권호영. 1997. 「TV산업의 수직적 결합에 대한 경제적 평가」. ≪KBI 연구보고서≫.
박준용. 2009. 『전략경영』. 도서출판 청람.
이문행. 2010. 「국내 엔터테인먼트 기업의 사업다각화 전략」. ≪한국콘텐츠학회논문지≫, 2010.10.
이문행. 2013. 「국내 연예기획사의 해외시장 진출을 위한 전략」. 한국여성커뮤니케이션학회 가을 정기 세미나.
장병희·이양환. 2010. 「자원준거관점(Resource-based View)을 적용한 영국, 독일, 일본의 공영방송 지배구조 분석」. ≪언론과학연구≫, 10권 2호, 502~543쪽.

정순진. 2010. 『경영학 연습』 6판. 법문사.

정현식. 2013. 「CJ E&M 글로벌 진출 현황 및 전략」. 미디어 경영학회 세미나.

이지현·정희경. 2013. 「국내 미디어 선도기업 경영 전략 분석」. *The Journal of Digital Policy & Management*, 11(12)(2013 Dec), 41~47쪽.

황상재·김형일. 2003. 「한국지상파방송사의 소유형태에 따른 다각화 전략과 실태에 관한 연구」. 한국언론정보학회 정기 세미나.

Barney Jay B. & William S. Hesterly. 2006. *Strategic Management and Competitive Advantage*. 신형덕 옮김(2009). 『전략경영과 경쟁우위』. 시그마프레스.

Jung Hoe Kyung. 2010. "The Analysis on Korean Documentary Market and Competitive Strategies." *Media & Performing Arts*, 5(3), pp. 228~259.

Porter Michael E. 1980. *Competitive Strategy*. New York: Free Press.

http://www.smtown.com/

06 미디어 비즈니스 모델

최세정

기업으로서 미디어는 수익 창출이 필수적이므로 성공적인 비즈니스 모델 선택이 중요하다. 비즈니스 모델의 핵심은 기업이 고객을 만족시키는 차별화된 가치를 생산하고 이를 통해 어떻게 수익을 창출하는가를 설명하는 것이다. 다양한 기술이 등장하고 경쟁이 심화되는 미디어 생태계에서 미디어 기업의 비즈니스 모델은 계속 진화하고 있다. 이 장에서는 먼저 비즈니스 모델의 개념과 구성 요소를 설명하고 다양한 비즈니스 모델 유형을 살펴본 후 미디어 비즈니스 모델의 유형과 특성을 논의하고 최근 경향과 사례를 소개한다.

비즈니스 모델의 개념

비즈니스 모델이란 무엇인가? 경영학자 드러커(Drucker, 1994)는 비즈니스 모델을 기업이 무엇으로 수익을 창출하는가에 대한 가정들이라고 정의했다. 한편 아푸아와 투치(Afuah and Tucci, 2006)는 "고객에게 자신의 경쟁자보다 더 나은 가치를 제공하고 돈을 벌 수 있도록 기업이 자신의 자원을 형성하고 사용하는 방식"이라는 정의를 제시했다. 이 외에도 여러 정의가 존재하지만 결국 비즈니스 모델의 핵심은 어떻게 돈을 벌 것이냐에 관한 이야기이다. 기업의 존립 기반과 목적은 수익 창출이며 어떻게 수익 창출을 통해 기업의 목적을 달성하느냐를 계획하고 실행하느냐를 개념화한 것이 비즈니스 모델인 것이다.

비즈니스 모델에 대한 관심이 높아진 것은 1990년대의 닷컴 버블Dot-com bubble과 무관하지 않다. 무수한 인터넷 기업이 생겨나던 때 정교하지 않은 사업 아이디어들이 비즈니스 모델이란 이름으로 포장되었으나 닷컴 거품의 몰락과 함께 비즈니스 모델 개념의 인기도 추락했다. 하지만 이는 개념 자체의 문제는 아니며 오히려 비즈니스 모델의 개념을 잘못 이해해서 왜곡하거나 잘못 사용하는 것이 문제이기 때문에 그 개념을 정확히 이해하는 것이 중요하다.

기업의 역사와 상관없이 성공적인 기업에게는 좋은 비즈니스 모델이 필수적이다. 좋은 비즈니스 모델은 좋은 이야기다. 이 이야기는 기업이 어떻게 운영되는지를 설명해야 하고 다음의 질문들에 답해야 한다. '누가 고객인가? 고객은 어떤 가치를 원하는가? 어떻게 적정 가격에 고객에게 가치를 전달하면서 수익을 창출할 수 있는가?' 결국 비즈니스란 가치를 창출하고 그 가치에 대한 대가로서 수익을 얻는 것이기 때문에 고객이 원하는 가치를 창출하고 대가로서의 수입을 확보하는 경제 논리가 필요하다.

비즈니스 모델과 전략

비즈니스 모델과 깊은 연관이 있는 개념이 전략이다. 생존력을 가진 모든 기업은 성공적인 비즈니스 모델을 기반으로 한다. 하지만 비즈니스 모델과 전략은 같지 않다. 비즈니스 모델은 하나의 유기적인 조직으로서의 기업의 개별 요소들이 어떻게 함께 조화를 이루어 수익을 창출하는가를 설명하지만 기업의 성공에 중요한 영향을 미치는 경쟁을 직접적으로 고려하지 않는다.

하지만 경쟁 없는 시장은 없다. 혁신적인 비즈니스 모델이라고 하더라도 새로운 경쟁자들이 시장에 진입하기 마련이고 전략의 임무는 이 경쟁 상황을 파악하고 대응하는 것이다. 즉, 비즈니스 모델은 어떻게 비즈니스가 운영되는지를 설명한다면 전략은 어떻게 경쟁자보다 잘할 수 있는지를 설명한다.

전략은 경쟁에서 경쟁자보다 우위를 차지하기 위함이다. 경쟁 우위 확보를 위해서는 차별화가 핵심이다. 기업은 다른 기업들이 하지 않고, 할 수 없는, 독특한 방식으로 비즈니스를 할 때 우월한 성과를 거둘 수 있으며 이것이 전략의 핵심이다. 모든 기업들이 같은 방식으로 같은 제품을 생산해 같은 고객들에게 제공한다면 어느 기업도 성공할 수 없다. 이러한 상황은 마이클 포터Michael Porter가 말하는 파괴적인 경쟁destructive competition을 유발한다. 이러한 경쟁 상황에서 소비자들은 최소한 단기적으로는 기업들의 계속적인 가격 인하로 인해 혜택을 받을 수 있지만 기업들과 시장 자체의 생존이 위협을 받으므로 건강한 경쟁이라 할 수 없다. 물론 비즈니스 모델과 전략은 유기적인 관계를 가지기 때문에 새로운 비즈니스 모델을 개발하는 것이 경쟁 전략의 개발이 될 수 있지만, 동일한 비즈니스 모델이라도 다른 세분화된 소비자 계층에 적용하는 등 새로운 전략을 구사할 수 있다. 하지만 많은 기업들이 동일한 비즈니스 모델을 가지고 차별화 전략 없이 같은 시장에 진입할 때 과당경쟁 문제가 발생할 것이다.

미국 월마트Wal-Mart의 사례는 비즈니스 모델과 전략의 구분을 잘 보여준다. 세계적인 대기업으로 성장한 월마트는 대형 할인매장의 대표 브랜드이다. 하지만 이 거대한 기업의 성공은 새로운 비즈니스 모델 개발에 기인한 것은 아니다. 1962년에 첫 번째 월마트의 개점 전부터 이미 가격 할인을 기반으로 한 소매업 비즈니스 모델은 있었다. 이 비즈니스 모델의 핵심은 비용 절감을 통해 백화점보다 저렴한 가격에 제품을 판매하는 것이었다. 월마트의 CEO 샘 월튼Sam Walton은 1950년대부터 수년간 다수의 기업들이 이 비즈니스 모델을 활용하여 성장하고 있는 시장을 자세히 조사한 후, 동일한 비즈니스 모델을 기반으로 하되 다른 전략을 구사하기로 했다. 1962년 당시 1순위부터 10순위에 해당하는 대형 할인점들은 뉴욕 등 대도시에 집중하고 있었다. 하지만 월튼은 기존의 경쟁자들이 간과하고 있던 작은 도시들에 적당한 규모의 할인점을 개발하기로 결정하고 첫 월마트 매장을 아칸소 주 로저스 지방의 아주 작은 마을에 오픈했다. 약 5000명에서 2만 5000명의 인구를 가지고 있는 상대적으로 고립된 도시를 공략한 월마트의 차별화 전략은 성공이었다. 월마트가 선점한 시장은 규모가 작았기 때문에 경쟁사들의 진입이 용이하지 않았다. 또한 판매 전략도 차별화하여 경쟁사들이 독자적인 자가 상표나 저급의 제품을 개발하고 판매하는 것과 달리 구매, 물류, 정보관리 등의 분야에서 비용을 줄여 유명 브랜드 제품을 매일 낮은 가격에 판매했다. 월마트가 시장에 진입했을 때 가장 큰 규모였던 10개의 기업은 현재 모두 사라진 상태이다. 이렇듯 월마트 사례는 기업의 성공에는 좋은 비즈니스 모델뿐 아니라 차별화된 전략이 필요하다는 것을 잘 보여준다.

비즈니스 모델의 개발

좋은 비즈니스 모델은 좋은 이야기인 것처럼 새로운 비즈니스 모델을 개발하는 것은 새로운 이야기를 만드는 것과 유사하다. 좋은 이야기는 공감을 얻는 이야기이지만 새로운 이야기라고 해서 완전히 새로울 필요는 없다. 영화나 드라마가 인류의 보편적인 경험과 정서를 바탕으로 기존의 이야기들을 변주하듯이 비즈니스 모델 개발도 기존 모델의 변형이나 수정을 통해 가능하다. 비즈니스 모델 개발은 크게 두 가지 영역―생산과 판매―에서 이루어진다. 이전에는 충족되지 않았던 소비자의 욕구를 만족시키는 새로운 제품이나 서비스를 디자인하고 생산하기도 하지만 이미 검증된 제품이나 서비스의 판매 혹은 유통 과정의 혁신을 통해 새로운 비즈니스 모델을 창출한다.

성공적인 비즈니스 모델은 현재의 대안보다 나은 방법을 제안하는 것이다. 차별화된 고객 그룹에 가치를 제공하거나 오래된 방법을 대체하는 새로운 비즈니스 모델을 개발할 수 있다. 네스프레소Nespresso는 네슬레Nestle의 자회사로서 성공한 비즈니스 모델 개발의 예를 보여준다. 영화배우 조지 클루니의 광고로도 유명한 네스프레소는 매장에서 이용하는 고가의 에스프레소 머신을 크기와 가격 면에서 가정이나 작은 사무실을 대상으로 하는 보급형으로 개발해 에스프레소 원액이 든 캡슐과 함께 판매했다. 에스프레소를 기본으로 하는 고급 커피 음료의 보편화와 스스로 간편하게 맛있는 커피를 만들어 즐기고자 하는 소비자의 심리를 파악하여 네스프레소는 매장에서만 구매할 수 있었던, 숙련된 바리스타가 만들어준 커피를 누구나 즐길 수 있도록 한 것이다. 에스프레소 머신의 보급이 확산되자 자연스럽게 에스프레소 머신에 필요한 커피 캡슐의 판매가 급속하게 증가했다. 에스프레소 머신의 판매를 통해 필수 부가적인 캡슐의 지속적인 판매를 도모한 것이다.

주목해야 할 점은 네스프레소의 비즈니스 모델은 매장에서 커피를 판매하는 비즈니스에서 직접 거래를 통해 캡슐을 판매하는 비즈니스로 전환하는 혁신을 기반으로 했다는 것이다. 생산 면에서 가정용 에스프레소 머신과 다양한 커피 캡슐을 개발했고 소비자와의 직접 거래를 통해서 유통의 혁신 또한 가져왔다. 네스프레소의 비즈니스 모델은 가정에서의 전문적인 커피를 즐긴다는 소비자 가치를 창출했고 소모품인 캡슐 판매를 통해 지속적인 매출 증대를 꾀할 수 있고 유통의 비용은 줄이지만 관리는 용이하며 소비자와의 접점을 강화하여 유대감과 충성도를 쌓을 수 있는 장점으로 새로운 시장을 개척했다.

인터넷 기업들 중 이베이eBay 또한 성공한 비즈니스 모델 개발의 사례이다. 이베이의 비즈니스 모델은 기존의 제품 구입이 판매자가 정한 가격을 따라야 하는 데 반해 스스로 제품의 가격을 정하고 경쟁하는 행위에 열광하고 몰입하는 소비자들의 심리에서 영감을 얻었다. 미술품, 도매업 등 소수의 분야에서는 전통적으로 경매가 가능했지만 오프라인에서 일반 소비자들이 경매에 참여하는 것은 거의 불가능했다. 따라서 이베이는 오프라인에서는 가능하지 않은 일반 소비자들 간의 경매를 비즈니스 모델로 개발했다. 이베이의 경매 비즈니스 모델의 성공은 우선 인터넷을 통해 수많은 판매자와 구매자를 연결하는 것이 가능했으며 이러한 플랫폼 생산과 유지 비용이 낮았기 때문이다. 따라서 전 세계의 수집가들, 소규모 혹은 개인 사업자들이 참여했고 상거래가 활성화되었다. 또한 이베이는 스스로의 활동과 영향력의 범위를 한정하여 적절한 비용 구조를 만들었다. 즉, 경매 후 지불과 운송의 구체적인 방법을 구매자와 판매자가 직접 결정하도록 함으로써 이베이는 제품을 다루거나 재고를 유지해야 하는 부담이 없고 운송과 지불에 따른 제반 비용과 신용의 위험을 감수할 필요도 없었다.

인터넷 등 새로운 기술과 매체의 발달은 새로운 비즈니스 모델의 개발 기회를 제공하고 기존 비즈니스 모델의 변화를 유발한다. 인터넷 기업들은 B2C(Business to Consumer, 기업과 소비자 간 거래, 예: 쇼핑몰), B2B(Business to Business, 기업 간 거래, 예: 기업 간 구매 조달 포털), C2C(Consumer to Consumer, 소비자 간 거래, 예: 경매), C2B(Consumer to Business, 소비자와 기업 간 거래, 예: 역경매), B2G(Business to Government, 기업과 정부 간 거래, 예: 정부 조달 사업) 등 다양한 형태의 비즈니스 모델을 활용해왔고, 그중 이베이는 인터넷이라는 새로운 상거래의 채널과 소비자 행동에 대한 이해를 기반으로 독창적인 비즈니스 모델을 개발하여 성공한 사례인 것이다.

한편 마그레타(Magretta, 2002)는 비즈니스 모델을 개발할 때 그 이야기가 논리적으로 성립하는지와 기업의 역량 등을 고려하여 실질적으로 수익 창출이 가능한지를 검증해야 한다고 했다. 예를 들어 프라이스라인Priceline.com은 소비자가 항공권을 구매할 때 가격을 스스로 정하는 획기적인 방식을 도입해 각광받았다. CEO 제이 워커Jay Walker는 프라이스라인 서비스와 같은 비스니스 모델을 식료품과 휘발유에 적용하는 프라이스라인 웹하우스 클럽Priceline Webhouse Club으로 확장했다. 하지만 식료품과 휘발유 제품 분야에서 이 서비스는 성공적이지 않았다. 설득력이 부족한 이야기였던 것이다.

우선 수만 명의 소비자들이 클럽에 가입해서 예를 들어 마요네즈, 피클, 라면 등 제품의 희망 구입 가격을 정해서 경매에 응한다. 하지만 소비자들은 품목과 가격만 결정할 뿐 어떤 브랜드의 제품을 구매하게 될지 미리 알 수 없다. 그러면 프라이스라인 웹하우스는 입찰 가격을 모두 종합해서 제조업자들과 가격을 흥정해서 할인가로 제품을 구입한다. 개인 소비자들을 대표해서 협상 과정을 거치면서 수수료를 수익으로 얻고 고객들은 원하는 제품을 할인가격으로 구입하는 혜택을 받는다. 하지만 문제는 명성 있는 제조업자들은 프라이스라인 웹하우스가 주도하는 이 거래를 원하지 않는 것이다. 대기업들은 오랜 시간 동안 고객의 브랜드 충성도를 제고하기 위해 투자해왔다. 하지만 프라이스라인 웹하우스의 비즈니스 모델은 소비자들이 브랜드를 무시하고 가격에만 근거해 제품을 구매하라고 유도하는 것이다. 대기업들은 가격뿐 아니라 오랜 기간 쌓아온 브랜드 명성과 독창성을 포기해야 하는데 이것은 그들의 사업에 전혀 도움이 되지 않기 때문에 참여할 이유가 없는 것이다. 또한 이 비즈니스 모델이 성공하기 위해서는 초기에 충분히 많은 수의 충성도 높은 고객들을 확보해야 하는데 제조사들의 협조가 없었기에 고객들을 끌어들이기 위해 필요한 할인가를 손해를 보면서도 스스로 메꿔야 했던 것이다. 따라서 수억 달러의 손실 발생 후 2000년에 사업을 접어야 했다. 소비자 행동과 시장 상황, 이해관계 등에 오류가 있는 가정에 근거해 비즈니스 모델을 개발한 것이 패인이었다.

비즈니스 모델의 구성 요소

비즈니스 모델은 다양한 요소로 구성되어 있다. 이홍규와 김성철(2011)은 비즈니스 모델을 세 가지 구성 요소로 표현했다. 첫째는 가치의 제안으로서 소비자가 원하는 가치를 제공하는 것이고, 둘째는 가치의 창출로서 소비자가 경쟁자의 제품보다 자신의 제품을 선택하도록 경쟁 우위와 역량을 갖는 것이고, 셋째는 가치의 획득으로 소비자에게서 가치의 대가로 수입을 확보하는 것이다. 〈표 6-1〉은 비즈니스 모델의 세 가지 구성 요소와 관련 내용을 정리한다.

이 외에도 비즈니스 모델의 구성 요소를 다양하게 정의하지만 그중에서도 존슨, 크리스텐슨, 카거만(Johnson, Christensen and Kagermann, 2008)의 설명이 널리 알려져 있다. 모든 사업의 비즈니스 모델은 고객 가치 제안customer value proposition, 수익 창출 방식profit formula, 핵심 자원key resources, 핵심 과정key process 등 4개의 요소들로 구성되며 고객 가치 제안과 수익 창출 방식은 각각 고객과 기업의 가치를 결정하는 반면, 핵심 자원과 핵심 과정은 어떻게 그 가치가 고객과 기업에게 전달될 것인지를 결정한다. 비즈니스 모델의 역량은 4개의 구성 요소들이 어떻게 상호 유기적으로 작용하는가에 달려 있다. 어느 요소 하나에서 발생하는 주요 변화는 다른 모든 요소들과 전체 비즈니스 모델에 영향을 주기 때문에 성공적인 사업은 이 4가지 요소가 서로 일관적이고

〈표 6-1〉 비즈니스 모델의 세 가지 구성 요소

가치의 제안	가치의 창출	가치의 획득
표적 시장의 선택	자원/역량의 선택	성공 요소의 선택
가치 창출 지형의 선택	투자 규모의 선택	수입 모델의 선택
전략적 포지셔닝의 선택	조직 설계의 선택	수입원의 선택
		가격의 선택
		비용 구조의 선택

자료: 이홍규 · 김성철(2011).

〈그림 6-1〉 비즈니스 모델의 다섯 가지 구성 요소

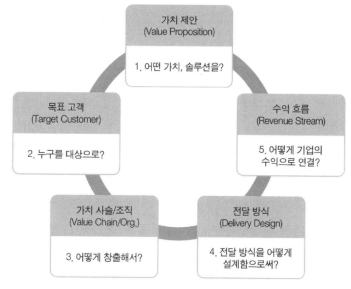

자료: 강한수(2011).

보완적인 방식으로 잘 연결된 안정적인 시스템을 고안해야 한다.

  좀 더 최근에 강한수(2011)는 여러 비즈니스 모델의 구성 요소 제안을 종합하여 5가지 구성 요소를 제안했다. 첫째, 가치 제안value proposition은 고객의 관점에서 제품이나 서비스의 가치가 무엇인지와 고객의 수요를 어떻게 충족시킬지를 파악하는 것이다. 둘째, 목표 고객target customer 요소는 세분화된 소비자들은 다양한 수요를 가지고 있고 다른 소비자들과는 차별화된 방식으로 제품이나 서비스의 가치를 판단하기 때문에 정확한 세분화와 표적을 통해 고객 가치가 발현될 수 있음을 의미하며 정확한 목표 고객 선정을 필요로 한다. 셋째, 가치 사슬/조직value chain/organization은 어떻게 제품이나 서비스를 만들어내고 유통시킬지에 대한 요소로서 필요한 구조와 조직의 자원을 효율적으로 활용하는 방법이 고안되어야 한다. 넷째, 전달 방식delivery design은 가치 사슬에

〈그림 6-2〉 비즈니스 모델 캔버스

핵심 파트너 (Key Partners)	핵심 활동 (Key Activities)	가치 제안 (Value Propositions)	고객 관계 (Customer Relationships)	고객 세분화 (Customer Segments)
✓누가 핵심 파트너인가? ✓누가 핵심 공급자인가? ✓어떤 핵심 자원을 파트너로부터 획득하는가? ✓어떤 핵심 활동을 파트너가 수행하는가?	✓가치 제안을 위해 어떤 핵심 활동이 필요한가? ✓유통 채널은? ✓고객 관계는? ✓수익 흐름은? **핵심 자원 (Key Resources)** ✓가치 제안을 위해 어떤 핵심 자원이 필요한가? ✓유통 채널은? ✓고객 관계는? ✓수익 흐름은?	✓어떤 가치를 고객에게 전달해야 하는가? ✓고객의 어떤 문제를 해결하는가? ✓각 고객 집단에 어떤 제품과 서비스를 제공하는가? ✓어떤 고객의 필요를 충족하는가? ✓최소한 생존 가능한 제품은 무엇인가?	✓어떻게 고객을 얻고 유지하고 늘릴 것인가? ✓어떤 고객 관계를 형성했는가? ✓어떻게 고객 관계와 비즈니스 모델의 다른 요소들과 통합되는가? ✓고객 관계의 비용은? **유통 (Channels)** ✓고객들은 어떤 유통 채널을 통해 제품/서비스를 제공 받기 원하는가? ✓경쟁 기업들은 어떻게 고객에게 도달하는가? ✓어떤 채널이 최선인가? ✓어떤 채널이 가장 비용 효율적인가? ✓어떻게 채널을 고객의 일상과 융합시킬 것인가?	✓누구를 위해 가치를 창출하는가? ✓누가 가장 중요한 고객인가? ✓전형적인 고객은 어떠한가?

비용 구조(Cost Structure)	수익 흐름(Revenue Streams)
✓비즈니스 모델과 관련한 가장 중요한 비용은 무엇인가? ✓어떤 핵심 자원이 가장 고가인가? ✓어떤 핵심 활동이 가장 비용이 드는가?	✓고객들은 어떤 가치의 대가를 지불할 것인가? ✓고객들은 현재 무엇을 위해 지불하는가? ✓수익 모델은 무엇인가? ✓가격 전략은 무엇인가?

자료: Osterwalder(2013).

서의 전후방 활동을 최종 소비자와 연결하는 가치 사슬상의 기업 포지션, 공급자, 보완 업체, 그리고 기타 후방 채널 활동 등을 어떻게 구성·설계하는지를 의미한다. 다섯째, 수익 흐름revenue stream은 고객 가치 창출과 전달을 어떻게 기업의 수익과 연결할 수 있는지를 설명하는 요소로서 수익 창출 모델을 고안하고 그에 따른 수익 잠재력을 평가해야 한다. 〈그림 6-1〉은 이상의 다섯 개 비즈니스 모델 구성 요소와 서로의 관계를 보여준다.

한편 오스터월더Osterwalder는 2010년 저서 *Business Model Generation* 에서 '비즈니스 모델 캔버스Business Model Canvas'라는 개념을 소개했다. 비즈니스 모델 캔버스의 주목적은 기업들이 제품 중심적 사고에서 탈피해 비즈니스 모델 중심 사고를 가지도록 하는 것으로서 신생 기업이 자신에게 맞는 비즈니스 모델을 찾기 위해, 혹은 세계적 기업이 전략을 운영하고 새로운 성장 동력을 찾기 위해 관련된 가정들을 조직적으로 검토하는 데 활용할 수 있다. 구체적으로 비즈니스 모델 캔버스는 고객 세분화customer segment, 가치 제안value proposition, 유통channel, 고객 관계customer relationship, 수익 흐름revenue stream, 핵심 자원key resources, 핵심 활동key activities, 핵심 파트너key partners, 비용 구조cost structure 등 9개의 기본 요소로 이루어져 있다. 〈그림 6-2〉는 비즈니스 모델 캔버스의 구성 요소와 각 요소 영역별 고민해야 할 질문들을 도식화해 보여준다.

기업은 비즈니스 모델 캔버스를 활용하여 세분화된 고객과 가치 명제를 정의하는 것으로 출발해 고객과의 관계를 어떻게 형성할지와 가치를 전달한 채널을 결정하고 나아가 가치 창출과 전달을 통한 수익 창출 흐름을 어떻게 가지게 될지 정의할 수 있다. 또한 핵심 파트너가 누구인지와 핵심 활동은 무엇이 되어야 할지에 대해 고민한다. 그리고 핵심 자원과 비용 구조를 고안하여 캔버스를 완성한다. 이러한 과정을 통해 비즈니스 모델 중 어떤 부분이 부족한지 혹은 간과되었는지 종합적으로 판단하고 다른 비즈니스 모델과 비교하는 근거 기준으로 활용할 수 있다.

이렇듯 비즈니스 모델 캔버스는 구상하는 비즈니스 모델을 스스로 검증해 보거나 기존 비즈니스 모델을 분석하는 일종의 틀이라는 점에서 유용성이 있다. 비즈니스 모델 캔버스를 이용하여 비즈니스 모델을 정의하고 시장 상황과 기업의 자원을 고려하여 지속적으로 수정·보완할 때 비즈니스 모델의 검증과 실행의 과정을 성공적으로 수행할 수 있을 것이다.

비즈니스 모델의 혁신

시간이 흐름에 따라 소비자와 경쟁, 기술 등 시장 상황은 계속 변화하기 때문에 성공한 비즈니스 모델이라고 해도 계속 효과적일 수 없으며 변화가 필요하다. 따라서 성공한 기업이라고 해도 비즈니스 모델 혁신을 가볍게 대해서는 안 되며 꾸준한 혁신이 필요하다. 예를 들어 대표적인 소비재 브랜드 기업인 P&G는 꾸준히 시장 혁신을 추구해왔다. 자신들의 비즈니스 모델을 근본적으로 바꾸지는 않지만 경쟁자들에게 위협적인 제품들을 개발해왔는데 스위퍼Swiffer 일회용 대걸레와 먼지떨이, 페브리즈Febreze 공기 청정제 등이 좋은 예이다. 소비자의 변화하는 수요를 파악하고 경쟁 제품들이 제공하지 않는 새로운 제품들을 개발하여 혁신을 주도함으로써 기존의 소비재 시장에서의 우위를 더욱 강화했다.

델Dell 컴퓨터의 혁신 또한 주목할 만하다. 중간상을 통해 판매하는 다른 PC 제조사들과 달리 델은 최종 소비자에게 직접 판매하는 모델을 도입했다. 이는 가치 사슬에서 고비용이 발생하는 연결 고리를 없앨 뿐 아니라 동종 업계의 다른 기업들보다 재고 관리에 필요한 정보를 용이하게 획득하는 것이 가능하도록 했다. 또한 컴퓨터 업계의 혁신은 매우 빠른 속도로 진행되기 때문에 오래된 재고 관리로 인해 발생하는 고비용 때문에 고민하는 다른 기업들에 비해 델은 경쟁 우위를 확고하게 할 수 있었다. 델의 선전에 자극을 받았지만 경쟁자들은 델의 모델을 따라서 직접 판매를 시도한다면 기존의 유통 경로를 버리고, 의존하던 판매자들과 결별하는 것이기 때문에 혁신을 모방할 수 없었다. 이렇게 기업이 혁신을 통한 비즈니스 모델로 성공을 거두면 업계의 게임 법칙을 바꾸기 때문에 경쟁사들의 복제가 힘들며 강한 경쟁적 우위를 가지게 된다.

기업의 비스니스 모델 혁신은 중요하지만 쉽지 않은 과제이다. 새로운 성장을 도모하기 위해 생소한 시장이나 비즈니스 모델에 도전해야 할 수도 있지만 전략적 판단이 필요하다. 비즈니스 모델의 혁신이 필요하고 새로운 기회를 창출할 수 있는 상황은 다음과 같다.

첫째, 새로운 시장을 창출할 기회를 비즈니스 모델 혁신이 제공할 수 있다. 기존 제품이나 서비스의 가격이 너무 높거나 사용하기 복잡해서 기존 시장에서는 고객이 아닌 소비자 그룹을 새로운 혁신을 통해 유입시킬 수 있다. 제품의 가격을 인하하거나 제품의 기능을 단순화해서 고객 기반을 확장할 수 있다. 단순하지만 저가인 인도 기업 타타Tata 의 나노Nano 자동차가 좋은 예이다.

둘째, 기술 혁신은 비즈니스 모델 혁신을 가져올 수 있다. 새로운 기술 혹은 검증된 기술을 활용하여 새로운 시장을 창출할 수 있다. 스마트폰, 사물인터넷Internet of Things: IoT 등 새로운 기술이 등장할 때마다 이를 기반으로 새로운 비즈니스 모델 또한 등장한다.

셋째, 기존 제품이 진부해지면 비즈니스 모델 혁신의 필요성은 증대한다. 기업들은 제품이나 소비자 세분화에 집중하여 기존 제품을 계속해서 개선하려고 한다. 하지만 시간이 흐르면 결국 제품은 범용화commodification 된다. 따라서 제품이나 소비자 세분화보다는 기업이 충족시켜야 할 본연의 고객 수요에 집중하면 업계의 수익성을 재정의할 수 있다. 예를 들어 페덱스FedEx는 배송 시장에서 마케팅이나 가격 인하가 아니라 지금까지의 서비스로 충족시키지 못한 소비자들의 수요를 만족시키는 데 초점을 두었다. 즉, 더 멀리 더 빨리 더 신뢰할 수 있는 배송 서비스를 원하는 고객들을 충족시키기 위해 핵심 과정과 자원을 통합하고 효율적인 방식으로 운영하는 혁신을 가져왔고, 결과적으로 이 비즈니스 모델 혁신은 경쟁 우위를 가지게 했다.

넷째, 시장의 경쟁 상황 변화로 인해 혁신의 필요성이 제기되기도 한다. 앞서 언급한 저가 자동차 나노가 시장에서 성공하면 다른 자동차 제조업자들을 위협을 받고 경쟁 패러다임의 변화를 일으킨다. 경쟁 압력에 대응하기 위해 비즈니스 모델의 혁신을 도모해야 한다.

다섯째, 시장 환경의 변화에 대한 대응을 위한 비즈니스 모델의 혁신도 필요하다. 소비자, 제품, 원자재, 규제 등 시장의 다양한 측면에서 변화는 비즈니스 모델의 변화를 유발한다. 예를 들어 국제적으로 제조 원가가 인하되면 낮은 가격으로 시장에 진입하는 경쟁자들을 허용하기 때문에 새로운 가치를 창출할 비즈니스 모델의 혁신을 모색해야 한다.

물론 기업은 혁신을 위해 투자해야 하는 자원과 노력을 정당화할 만큼 기회가 충분히 크다는 확신이 없다면 비즈니스 모델 혁신을 추구해서는 안 될 것이다. 기업뿐 아니라 시장의 게임의 규칙을 변화시킬 정도가 아니라면 비즈니스 모델 혁신의 필요성은 절실하지 않으며 시간과 자원의 낭비를 초래할 수 있기 때문에 신중한 판단이 필요하다.

비즈니스 모델의 유형

비즈니스 모델은 어떻게 수익을 창출하느냐의 이야기이다. 다양한 이야기만큼 비즈니스 모델의 유형도 다양하다. 존슨(Johnson, 2010)은 기업들이 많이 활용하는 기본적인 비즈니스 모델의 유형들을 〈표 6-2〉와 같이 제시했다.

비즈니스 모델 유형의 활용 사례를 보면, 2003년 애플은 아이팟iPod을 아이튠스iTunes 스토어와 함께 론칭했다. 아이팟과 아이튠스의 조합은 3년 만에

〈표 6-2〉 비즈니스 모델의 기본적인 유형

비즈니스 모델	설명	사례
친목회(affinity club)	조직에 로열티를 지불하고 그 조직의 고객들에게 독점적으로 제품 판매	MBNA 신용카드
중개(brokerage)	구매자와 판매자를 연결하여 거래를 촉진하고 수수료를 받아 이윤 창출	Century 21 Orbitz
일괄 판매(bundling)	관련된 제품을 함께 묶어서 판매함으로써 구색을 갖추는 동시에 구매를 단순화시키는 모델	패스트푸드 세트 메뉴 iPod와 iTunes
휴대전화 (cell phone)	다양한 서비스 이용 형태에 맞게 다양한 가격과 플랜을 제공하는 모델	Sprint Better Place
크라우드소싱 (crowdsourcing)	다수의 사람들이 다른 사람들의 콘텐츠를 이용하는 대신 무료로 콘텐츠 생산	Wikipedia YouTube
중간 단계 제거 (disintermediation)	전통적으로 중간 단계를 거쳐서 제공되는 제품·서비스를 중간 단계를 제거하고 기업과 고객이 직접 거래하도록 하는 모델	Dell WebMD
미세 분할 (fracionalization)	제품의 일부분만을 저렴한 비용으로 소유하면서 모든 혜택을 누리도록 하는 모델	콘도, NetJets Time-shares
프리미엄(freemium)	기본 서비스는 무상으로 제공하지만 프리미엄 서비스를 제공받기 위해서 가입비 또는 사용료를 지불해야 하는 모델	Linkedin
리스(leasing)	가격과 이윤이 높은 제품을 사용료를 받고 빌려줌으로써 고객들의 자금 부담을 덜어 수요를 확대시키는 모델	자동차 MachineryLink
로터치(low-touch)	서비스를 축소함으로써 가격 인하 제공	Walmart, IKEA
마이너스 영업주기 (negative operating cycle)	고객이 차후에 제공될 제품이나 서비스를 위해 미리 가격을 지불하게 함으로써 재고를 적게 유지하고 높은 이윤을 창출하는 모델	아마존
이용당 지불 (pay as you go)	전기요금처럼 필요한 만큼 제품이나 서비스를 사용하고 사용한 만큼 지불	전기회사
면도기-면도날 (razor-blades)	면도기는 아주 작은 마진 또는 마진을 남기지 않는 대신 면도날을 대량 판매해서 이윤 창출	질레트 프린트와 토너
역면도기-면도날 (reverse razor-blades)	마진이 작은 면도날은 거의 원가로 제공하는 대신 마진이 큰 면도기 매출을 통해 이윤을 얻는 형태	Kindle iPod/iTunes
역경매 (reverse auction)	최고 가격만 정해놓고 참가자들이 더 낮은 가격을 제시하는 형태의 경매	Elance.com
제품에서 서비스로 (product to service)	제품을 판매하는 것이 아니라 제품이 제공하는 서비스를 판매	Zipcar IBM
표준화 (standardization)	고비용의 맞춤형이었던 제품·서비스를 표준화를 통해 낮은 가격으로 제공하는 모델	MinuteClinic
구독료(subscription)	서비스 이용을 위한 구독료를 통해 이익 창출	Netflix
이용자 커뮤니티 (user communities)	회원들이 서비스를 이용하는 대가를 지급하고 회원이 되어 가입비와 광고를 통해 수익 창출	Costco Angie's List

자료: Johnson(2010).

100억 달러의 매출을 달성하며 애플 전체 수익의 약 절반을 창출했다. 아이팟은 최초의 디지털 뮤직 플레이어 제품은 아니었는데도 그 전의 제품들과는 비교도 안 되는 괄목할 만한 성공을 어떻게 거둔 것일까? 애플은 같은 기술을 활용하되 적합한 비즈니스 모델을 적용하여 혁신을 이루었는데 그것은 디지털 뮤직 다운로드를 쉽고 편하게 만든 것이다. 잘 알려진 질레트의 면도날과 면도기 비즈니스 모델의 역발상으로 애플은 이윤이 적은 아이튠스 음악을 무료로 혹은 저가로 제공함으로써 이윤이 높은 아이팟의 구매를 유발했다. 애플의 역(逆)면도날-면도기 비즈니스 모델은 이전에는 볼 수 없었던 하드웨어, 소프트웨어, 서비스를 결합하여 디지털 뮤직 업계의 소비자 가치를 새롭게 규정하고 게임의 법칙을 바꾸어서 새로운 시장을 창출하여 성공을 이끈 것이다.

온라인 비즈니스 모델의 유형

인터넷 등장 이후 새로운 형태의 비즈니스 모델들이 많이 등장했다. 물론 온라인 업계에서도 오프라인에서 이미 검증되었던 비즈니스 모델을 활용하거나 재창조하는 경우가 많다. 예를 들어 경매는 가장 오래된 중개 형태로서 농산물, 미술품, 골동품 등 소수의 제품들의 가격을 결정하기 위해 이용되어 왔지만 온라인에서는 그 범위가 확대되고 인기가 높다. 앞에서 살펴보았던 이베이나 프라이스라인 사례처럼 오프라인에서는 매우 제한적이었던 경매 모델이 온라인에서는 일반 소비자나 소규모의 판매자 등 누구나 쉽게 경매에 참여할 수 있고 다양한 제품과 서비스의 거래로 확장되어 그 효력이 증폭되었다.

앞서 일반적인 비즈니스 모델 유형에서 보았듯이 온라인 비즈니스 모델 또한 다양한 방법으로 정의되고 유형화할 수 있다. 〈표 6-3〉은 잔텐(Zanten, 2011.5.25)의 9가지 온라인 비즈니스 모델 유형을 정리한 것이다.

〈표 6-3〉 온라인 비즈니스 모델 유형

비즈니스 모델	설명
중개업(brokerage)	중개인은 구매자와 판매자를 연결해주고 상거래를 촉진하여 시장 창출
광고(advertising)	전통적인 방송 매체 모델의 연장으로서 주로 무료로 콘텐츠와 서비스를 제공하고 광고주에게 광고의 기회를 제공하고 수익을 얻음
정보 중개인(infomediary)	독립적으로 구매를 고려하는 소비자들에게 도움이 될 만한 제품과 생산자들에 관한 정보를 수집하여 구매자와 판매자들의 시장에 대한 이해를 도움
판매인(merchant)	도매업자와 소매업자들을 포함하며 정가제나 경매 등을 통해 거래
제조업자 직접 판매 (manufacturer-direct model)	제조업자가 소비자에게 제품을 직접 판매하기 때문에 유통망을 줄이고 소비자 정보를 직접 획득
제휴(affiliate)	파트너 사이트가 제휴 사이트에 방문자, 회원, 매출 등을 발생시키면 제휴 사이트로부터 수익의 일부를 보상으로 받음
커뮤니티(community)	커뮤니티를 형성하여 고객들의 충성도를 높이고 프리미엄 서비스 이용료를 부과하거나 맥락 광고 등을 통해 수익 창출
구독료(subscription)	제품이나 서비스를 이용하기 위해 정기적인 구독료 혹은 이용료 지불
이용당 지불(utility, on-demand model)	전기요금, 수도요금처럼 필요한 만큼 사용하고 사용량에 따라 지불하는 방식

자료: Zanten(2011.5.25).

이상의 비즈니스 모델들은 실제 사업에 적용할 때 다양한 형태로 활용된다. 하나의 비즈니스 모델을 이용하는 경우도 있지만 여러 개의 다른 모델들을 조합하여 응용할 수 있다. 예를 들어 온라인 콘텐츠 비즈니스에서 광고와 구독료 모델을 함께 적용하는 것은 드물지 않다. 또한 새로운 기술이 등장하고 시장 환경이 변화함에 따라 온라인 비즈니스 모델은 계속 진화하고 새로운 혹은 변형된 형태의 비즈니스 모델들이 등장할 것으로 기대된다.

미디어 비즈니스 모델

앞에서 살펴보았던 비즈니스 모델 유형들은 미디어 업계에서도 찾아볼 수 있다. 미디어 기업들의 주요 비즈니스 모델은 구독료 모델과 광고 모델이다.

물론 둘 중 하나의 모델만 이용하는 기업들도 있지만 많은 미디어 기업들은 두 개의 모델이 융합된 양면 시장 모델에 기반을 둔다. 양면 시장이란 서로 다른 두 개의 고객 집단들이 동일 플랫폼을 통해 가치를 획득하되 그 가치 창출은 서로에게 의존적이며 상호작용으로 결정되는 것을 의미한다.

인쇄 매체는 양면 시장 모델의 전형적인 예이다. 신문사와 잡지사는 독자와 광고주 양쪽으로부터 각각 구독료와 광고비의 형태로 수익을 얻는다. 독자를 많이 확보하면 구독료 증가로 수익이 확대될 뿐 아니라 그 만큼 광고 플랫폼으로서의 영향력이 증대되기 때문에 광고료 수입이 늘어날 수 있다. 이는 각각 콘텐츠와 광고를 판매하는 것으로 이중 상품 시장이라고도 불린다. 즉, 이 시장에서 먼저 콘텐츠 상품을 통해 구독료 혹은 이용료와 독자 수가 결정된다. 광고주의 입장에서 독자 수는 광고의 노출 범위를 결정하기 때문에 또 다른 상품인 광고의 가격을 결정한다. 단순 독자 수뿐 아니라 독자의 성향 혹은 구매력 또한 광고 효과에 영향을 주기 때문에 광고 집행의 중요한 고려 사항이다. 따라서 흔히 진성 독자라고 할 수 있는, 장기적으로 돈을 내고 콘텐츠를 구매하는 유료 회원들이 많고, 그 고객들이 인구통계학적 혹은 심리적 기준으로 구매력을 가진다면 광고주는 그 매체에서 노출된 광고의 효과가 더 클 것이라는 기대를 가지고 더 높은 광고료를 지불할 의향을 가진다. 또한 이런 고객들에 대한 정보를 이용하여 좀 더 정확한 맞춤형 광고를 집행할 수 있다.

형태는 조금 다르지만 방송 매체 업계에서도 양면 시장 모델이 지배적이다. 공익의 성격을 가진 공영방송 KBS, EBS는 수신료가 재원의 일부를 담당하고 케이블 방송 등 유료 방송 모델도 있지만 방송 업계는 대부분의 수익을 광고에 의존한다. 즉, 방송국은 시청료를 받는 대신 시청자들을 대상으로 한 광고 판매를 통해 간접적으로 수입을 얻는다. 시청자에게는 무료로 콘텐츠를 제공하지만 광고주에게서 광고료를 받아 수익을 창출한다. 시청률이 광고의 가격을 결정하기 때문에 인기 있는 콘텐츠 제작과 방영을 통해 많은 시청자를 확보하는 것이 중요하며, 얼마나 많은 광고 수익을 얻을 수 있는지를 결정한다. 또한 광고주 입장에서는 성별, 연령별, 지역별 등의 시청률 정보를 활용하여 원하는 고객들에게 노출될 수 있도록 광고를 집행한다.

이상에서 살펴본 미디어 기업의 비즈니스 모델에서 유의할 점은 양면 시장을 구성하고 있는 미디어 이용자와 광고주 두 집단의 이해가 다르기 때문에 둘 간의 균형을 이루어야 한다는 것이다. 이용자 수가 증가하면 광고를 위한 미디어로서의 가치가 증대되고 결과적으로 광고량이 늘어나는 네트워크 효과가 존재하지만, 이용자들은 보편적으로 광고를 원하지 않거나 최소화하기를 원한다. 광고 노출을 최대화하려는 광고주와 최소화하려는 이용자, 두 집단 간의 이해가 상충하지만 광고주가 지불하는 광고 요금으로 이용자들에게 무료로 혹은 소정의 비용으로 제공되는 콘텐츠의 제작과 서비스의 상당 부분이 지원되기 때문에 이용자들에도 혜택이 주어지며 두 집단의 이해관계가 균형을 이룰 수 있다. 물론 이용료와 광고료의 적정 수준을 찾는 것이 중요할 것이다.

변화하는 미디어 생태계와 비즈니스 모델 혁신

인터넷 등장 후 미디어 생태계는 큰 변화를 겪었다. 미디어 생태계는 4개의 영역, 즉 콘텐츠C: content, 플랫폼P: platform, 네트워크N: network, 단말기D: device로 나뉘며 각 영역에 다양한 기업과 서비스들이 경쟁한다. 또한 4개의 구성 요소는 함께 가치 사슬을 형성해 이용자를 위한 새로운 가치를 창출하고 있다. 예를 들어 예전에는 TV 수상기를 통해서만 TV 프로그램을 시청할 수 있었던 반면 현재는 같은 콘텐츠를 이용하는 수많은 대안이 존재한다. 일례로 지금은 원하는 TV 방송 프로그램(콘텐츠)을 통신 서비스(네트워크)에 가입된 스마트폰(단말기)을 이용하여 OTT 서비스(플랫폼)에 접속하여 서비스 이용료를 지불하고 언제 어디서나 시청할 수 있다.

또한 각 영역 간 경계가 희미해지고 한 기업이 여러 영역의 사업을 동시에 수행하는 경우가 증가하기 때문에 생태계의 패러다임은 더욱 역동적이고 복잡하게 진화하고 있다. 예를 들어 플랫폼 사업자였던 넷플릭스는 최근에는 콘텐츠 사업자로서도 동시에 활동하며 다양한 콘텐츠를 직접 생산하고 제공한다. 비디오와 DVD를 우편으로 배달하는 서비스로 시작한 넷플릭스는 처음에는 미디어 생태계와는 무관한 듯 보였으나 2007년 별도의 셋톱박스 없이 인터넷을 통해 TV를 시청하는 OTT 서비스로 사업을 확장하면서 플랫폼 사업자로서 입지를 다졌다. 하지만 여기에서 멈추지 않고 넷플릭스는 2012년부터 콘텐츠 사업으로까지 영역을 넓혔으며 2013년부터 상영한 자체 제작 드라마 〈하우스 오브 카드〉가 높은 시청률로 대중성을 인정받았을 뿐 아니라 에미상 3관왕을 수상하는 쾌거를 이루었다. 넷플릭스의 괄목할 만한 성공은 미국 방송 시장에서 지상파와 케이블 방송사 등 전통적인 강자들을 위협하는 것으로서 OTT가 기존 방송 콘텐츠 유통 구조를 바꿀 뿐 아니라 콘텐츠의 자체 제작을 통해 방송사의 콘텐츠에 의존하지 않고 이용자 기반을 확대하고 충성도를 높였다는 점에서 의의가 크다.

비즈니스 모델 측면에서도 넷플릭스는 흥미로운 사례이다. 넷플릭스는 초반에 구독료 모델을 기반으로 저렴한 이용료와 다양한 시청 단말기 지원을 통해 빠른 속도로 고객을 확보했지만 이용자 수보다 더 중요한 건 고객 정보의 수집과 이용이었다. 유료 가입자 수가 전 세계적으로 5000만 명 이상인 넷플릭스가 보유한 콘텐츠 수는 경쟁 서비스들의 1/100 정도이다. 하지만 서비스 만족도가 높은 이유는 빅데이터를 활용한 추천 알고리즘이다. 고객의 시청 패턴을 정확히 파악해 취향에 맞는 영상을 추천함으로써 콘텐츠의 수가 적음에도 효율적인 서비스를 제공한다. 주목해야 할 점은 충성도 높은 고객 기반의 확대와 고객 취향의 정확한 파악은 잠재 고객에게 효율적으로 광고를 노출하고자 하는 광고주의 필요와 부합하여 넷플릭스의 광고 플랫폼으로서 가치를 제고한다는 것이다. 결국 넷플릭스는 양면 시장 모델을 기반으로 플랫폼과 콘텐츠 사업자로서의 역량을 강화하여 이용자와 광고주 모두를 위한 가치를 성공적으로 창출한 기업이라고 할 수 있다.

넷플릭스 사례의 또 다른 함의는 인터넷 미디어와 전통 미디어의 융합 가속화는 비즈니스 모델의 혁신 필요성을 증대시킨다는 것이다. 앞서 살펴봤듯이 전통적인 인쇄, 방송 미디어의 비즈니스 모델은 인터넷 미디어 비즈니스 모델과 동일한데 같은 고객을 대상으로 경쟁해야 한다. 예를 들어 신문은 지속적인 성장을 위해서는 독자를 계속 유입시켜 네트워크 효과를 창출해야 하는데 구글, 네이버, 페이스북, 트위터 등 포털과 소셜 미디어도 뉴스를 포함한 다양한 콘텐츠와 서비스를 무료로 제공하며 광범위한 이용자층에게 차별화된 가치를 제공하기 때문에 경쟁에서 약세에 몰릴 수밖에 없다. 따라서 전통적인 미디어 비즈니스 모델의 변화를 꾀하는 움직임이 활발하다.

예를 들어 영국 일간지 ≪가디언The Guardian≫은 회원제를 운영하고 있다. 기사는 무료로 제공되지만 부가적인 서비스는 유료 회원들에게만 제공되는데 기사의 뒷이야기 등 특별한 콘텐츠와 이벤트, 할인 혜택, 기자들과의 간담 등이 포함된다. 또한 독자와의 협업과 소통을 제고하기 위해 소셜 크라우딩 시스템을 도입하고 독자들과의 소통 내용을 다루는 토요판 지면을 운영한다. 또한 ≪뉴욕타임스≫는 2014년 공개된 「혁신 보고서」에서 과거의 시스템에 고착되어 디지털 환경에서 신생 미디어들이 앞서감에도 불구하고 적절한 대응을 하지 못했고 소셜 미디어를 활용하는 데도 뒤쳐졌다고 반성했다. 이러한 자성과 함께 미래 전략으로 '디지털 퍼스트Digital First'를 추구하며 조직, 뉴스 서비스, 독자들과의 커뮤니케이션 면에서 혁신을 이루겠다는 ≪뉴욕타임스≫의 각오는 한국 뉴스 업계에도 큰 반향을 일으켰다. 전통적인 뉴스 미디어들이 모두 절감하는 위기와 혁신의 필요성을 잘 드러냈기 때문이다.

하지만 구글, 페이스북 등과 경쟁해야 하는 뉴스 미디어 기업의 혁신이 얼마나 성공을 거둘지는 아직 확실치 않다. 콘텐츠 사업자인 독립 뉴스 미디어가 압도적 재원으로 다양한 멀티미디어 기기의 운영체제 표준까지 선점하는 구글 등 거대 콘텐츠 유통 사업자들을 상대하는 동시에 고객에게 새로운 가치를 제공하는 신생 미디어들과의 경쟁도 피할 수 없기 때문이다.

예를 들어 피키캐스트Pikicast는 콘텐츠 큐레이션 서비스를 제공하는 모바일 플랫폼으로서 최근에는 뉴스, 방송뿐 아니라 웹툰, 음악, UGC User Generated Content까지 다양한 콘텐츠를 제공한다. 정보 과잉 시대에 사는 이용자들에게 맞춤형 콘텐츠를 제공하는 큐레이션 미디어는 현대인들의 성향과 필요를 파악하여 새로운 가치를 창출한 것이다. 한국 온라인 동영상 시청의 약 70%를 점유하고 있는 유튜브는 방송 콘텐츠의 유통은 중단되었지만 MCN Multi-Channel Network으로 새로운 콘텐츠를 유통하며 꾸준히 이용자를 유인하고 있다. 아프리카Afreeca TV처럼 1인 미디어 모델로서 많은 인기 유튜버YouTuber를 양산하고 제작 및 저작권, 프로모션, 수익 창출 활성화, 관리 등을 대행하는 서비스를 통해 콘텐츠 유통을 활발히 하고 있다. 예를 들어 4000만 명에 가까운 구독자를 가진 유튜버 퓨디파이PewDiePie는 게임 중계방송으로 연 400만 달러의 수익을 얻고 국내 유튜버 양띵도 게임 중계방송으로 월 4000만 원의 수익을 얻는다고 한다. 유튜브는 유튜버의 활약으로 구독자와 접속 횟수가 증대하고 이는 광고 수익으로 직결된다.

한편 링크드인LinkedIn은 기존의 서비스를 보완하는 부가 서비스 개발에 집중한다. 구직을 위해 사회관계망을 형성, 확대하려는 이용자들을 연결해주는 기본 서비스 외에 CEO, 정치인, 사상가 등 영향력 있는 인물들이 제공하는 콘텐츠를 양성하여 서비스의 부가 가치를 창출하려고 노력한다. 전문적인 제작진이나 편집진을 고용하지는 않지만 공통 주제에 대해 자발적으로 콘텐츠를 생산하고 공유하는 이용자들을 통해 서비스에 대한 가치를 증대하고 충성도를 높인다. 또한 트위터 등에서 독자들과 소통을 하던 기자들을 영입한 비콘BeaconReader.com은 크라우드 펀딩crowd funding 모델을 활용하여 이용자들이 본인이 관심 있는 기자들의 프로젝트를 직접 선택하고 지원하도록 한다. 또한 모바일 인스턴트 메신저Mobile Instant Messenger: MIM 카카오톡과 라인도 사업의 다각화를 통해 플랫폼 중심 미디어 소비 트렌드를 가속화하고 새로운 수익을 창출하고 있다.

카카오톡과 라인의 비즈니스 모델

모바일 인스턴트 메신저는 초기에는 기존의 SMSshort message service를 대체하는 대인 커뮤니케이션 서비스로 데이터 통신을 통해서 무료로 일대일뿐 아니라 일대다의 동시 대화가 가능하고 사진, 동영상, 이모티콘 등의 전송으로 대화를 풍부하게 함으로써 각광 받았다. 모바일 네트워크 및 기기의 발달과 함께 모바일 인스턴트 메신저는 더 많은 부가 서비스를 제공하며 최근에는 플랫폼으로 진화하는 양상을 보이고 있다.

예를 들어 국내 최다 가입자를 확보하고 있는 카카오톡은 플랫폼으로서의 사업 다각화를 활발히 추진하며 최근 성공을 거둬 화제가 된 카카오택시를 비롯하여 게임, 쇼핑, 웹툰, TV, 음악 등 다양한 영역의 콘텐츠와 서비스를 제공한다. 카카오택시는 요즘 성장하고 있는 O2OOnline to Offline 서비스의 좋은 사례다. 이미 확보된 이용자 기반으로 택시 기사들과 승객을 연결해주는 카카오택시는 문자, 지도, 위치 기반 서비스Location-based Service: LBS, 결제까지 결합하여 기존의 기기로 간편하게 이용하되 기사의 신원과 택시 정보를 받아 지인에게 전송하는 등 안전과 신뢰를 확보하는 부가 서비스로 빠른 시간에 많은 이용자들을 확보했다. 온라인과 오프라인을 연결하고 각 장점들을 통합하여 이용자들에게 새로운 가치를 창출한 것이다. 이러한 서비스를 통해 이용자들의 정보를 얻고 맞춤형 서비스와 광고의 기반을 확고히 할 수 있다. 또한 카카오톡이 제공하는 여러 서비스는 카카오페이와 결합하여 상거래를 더 활성화하고 중개 플랫폼으로서 수수료 수입을 증대하는 비즈니스 모델을 추구하고 있다.

라인은 국내에서는 후발 주자이나 일본 모바일 인스턴트 메신저 1인자이며 태국, 대만, 인도네시아 등 해외에서 괄목할 만한 성공을 거두고 있다. 라인 또한 모바일 플랫폼으로서 다양한 부가 서비스를 제공하는데, 예를 들어 일본 도쿄에서 배달의 민족과 제휴하여 론칭한 음식 배달 서비스인 라인와우와 택시 회사와 직접 제휴를 맺고 운영 중인 라인택시는 라인페이의 시장 공략을 위한 대표적인 O2O 서비스이다. 또한 이용자들이 자신이 만든 스티커들을 등록해 사전 심의를 거친 후 판매하고 수익의 절반을 받는 라인 스티커 쇼베는 이용자 중심의 콘텐츠 오픈마켓으로서 새로운 가치 창출의 노력이라고 볼 수 있다. 라인의 비즈니스 모델은 최근 해외의 라인 TV, 국내의 라인레인저스 게임 등 지속적으로 다양한 서비스들을 론칭하며 플랫폼으로서의 가치 증대와 다양한 수익원을 도모한다.

이에 반해 북미 및 유럽 국가들에서 압도적인 점유율을 가진 왓츠앱WhatsApp은 모바일 인스턴트 메신저 본연의 기능에 충실하다. 초기 1년은 무료로 제공되지만 이후 1년에 0.99달러의 이용료를 지불하는 비즈니스 모델로서 카카오톡과 라인의 비즈니스 모델과는 달라서 향후 앞으로의 이들의 행보가 흥미롭다.

미디어 비즈니스 모델과 광고

대부분의 미디어 비즈니스 모델의 핵심 기반은 광고다. 하지만 양면 시장에서 광고 효과를 결정하는 이용자들은 대체로 광고에 호의적이지 않다. 따라서 미디어 기업들은 광고 수익을 유지, 증대하기 위해 광고에 무뎌지고 회의감을 가지며 회피하려는 경향이 강한 이용자들에게 효과적으로 도달하고 긍정적인 반응을 이끌어낼 광고 상품을 개발할 필요가 있다.

예를 들어 방송 광고는 공익의 성격으로 인해 비교적 엄한 규제를 받았지만 점차 완화되어 새로운 형태의 광고가 등장, 증가하는 추세다. 이전에는 협찬 고지만 가능했지만 2010년 간접광고Product Placement가 허용되어 예능, 드라마 등의 프로그램에 소품으로 등장하는 제품의 상표를 노출할 수 있게 되었다. 간접광고는 콘텐츠와 분리되어 독립적으로 노출되는 광고에 비해 노출률과 몰입이 높은 반면 저항은 적으며 캐릭터와의 관련성 등으로 제품 이미지 창출, 제고가 용이하다. 또한 스포츠 프로그램에서 컴퓨터 그래픽으로 상표를 노출시키는 가상광고Virtual Advertising는 광고의 시각적 요소, 시간에 대한 통제가 쉬운 반면 여러 광고주에게 기회를 줄 수 있다. 상대적으로 규제가 약한 유료 방송의 경우 일반 광고와 간접광고 등 여러 형태의 제품 노출을 융합하여 효과를 극대화하는 광고 상품의 개발과 실행에 더 적극적이다. 올해 방송 편성의 전체 광고 시간 총량만 규제하는 광고 총량제 도입과 가상광고와 간접광고 규제를 완화하는 방송법 시행령이 통과되면서 방송사의 더욱 적극적인 광고 판매가 예상되며 지상파방송의 중간광고 허용 등의 논의도 계속될 전망이다.

광고의 진화는 온라인 시장에서 더 활발하다. 앞서 봤듯이 많은 인터넷, 모바일 기업들은 제품이나 서비스 판매를 통한 직접적인 수익이 없는 반면 많은 이용자들을 확보하고 광고주에게 정확한 고객 타깃팅이 가능한 기회를 제공함으로써 수익을 창출한다. 이용자 기반 확보가 우선이지만 이용자들의 광고 회피 현상이 급격히 증가하면서 새로운 광고 상품의 개발이 시급하다. 따라서 인터넷 광고 초기에 주를 이루던 텍스트 중심의 배너광고는 플래시Flash, 자바Java, 스트리밍Streaming 등의 기법을 활용한 비디오, 오디오, 애니메이션 등 다양한 형태의 멀티미디어형 디스플레이 광고로 진화했다. 또한 새로운 웹 브라우저 창을 열어 원래의 웹 브라우저 창 위에 나타나는 팝업pop-up 광고, 아래에 나타나는 팝언더pop-under 광고, 요청된 웹사이트의 내용 위에 나타나서 정해진 시간이 흐른 후 자동으로 사라지거나 X 혹은 단기close를 누르면 사라지는 플로팅floating 혹은 오버레이overlay 광고, 광고를 마우스로 접촉하면 사운드나 비디오가 재생된다거나 광고 화면이 커지는 확장형 광고expandable ad 등 다양한 형태의 광고가 등장했다. 하지만 이러한 광고들은 이용자들의 회피 경향으로 인해 물리적 노출은 되지만 영향을 미치지 못하는 문제점이

있으며 나아가 이용자들이 소비하려는 콘텐츠의 몰입을 방해하여 오히려 역
효과를 가져오기도 한다. 더구나 애드 블럭 플러스Ad Block Plus 등 광고 차단
소프트웨어는 광고의 물리적 노출마저 원천적으로 차단하기 때문에 광고에
대한 위기감은 더 커지고 있다. 따라서 최근 콘텐츠와 결합한 형태의 광고로
서 노출 차단은 피하되 정보성과 오락성의 가치를 창출해 저항감을 낮추려는
노력이 시도되고 있다. 그 대표적인 예가 네이티브 광고Native Advertising 이다.

네이티브 광고 Native Advertising

≪이마케터 e-Marketer≫의 "Digital Advertising Trends for 2013"은 온라인 광고 시
장의 판도를 바꿀 수 있는 새로운 트렌드로 네이티브 광고를 소개했다. 네이티브 광
고는 콘텐츠와 광고의 융합 방식으로 미디어의 플랫폼을 그대로 활용하고 콘텐츠 형
식의 일관성을 유지하여 콘텐츠에 자연스럽게 녹아들어 노출과 몰입은 증대하고 이
용자들의 거부감은 최소화하려는 목적을 가진다. 페이스북과 버즈피드는 네이티브
광고를 성공적으로 활용하여 수익을 창출하고 있는 대표적인 기업들이다. 또한 ≪뉴
욕타임스≫는 「혁신 보고서」에서 독자들에게 새로운 가치를 제공할 수 있는 네이티
브 광고를 전문적으로 제작하겠다고 밝힌 바 있다. 네이티브 광고의 수익은 전 세계
적으로 2014년 79억 달러 규모에서 2018년에는 210억 달러까지 급속히 성장할 것
으로 전망되며 국내 기업 중에는 네이버가 검색 광고와 네이티브 광고의 결합 형태
라고 할 수 있는 '파워 콘텐츠' 서비스를 올해 시작했다.

한편 온라인 광고의 장점은 효과 측정이 용이하다는 것이다. 얼마나 많은
이용자들이 웹사이트를 방문했는지, 앱을 다운로드 받았는지, 어떤 특정 페
이지를 보았는지, 광고를 클릭했는지, 광고를 통해 연결된 광고주 페이지에
서 제품이나 서비스를 구매했는지 등의 정보를 수집하고 활용할 수 있다. 광
고료 지급 방식도 원하는 지표를 활용할 수 있어 예를 들어 광고 클릭 수를 기

반으로 광고료를 결정하고 지불할 수 있다. 따라서 정확한 타깃팅을 통해 광고의 효과를 증대시키는 광고 집행 시스템을 개발하는 것이 또 하나의 중요한 과제이다.

예를 들어 구글은 특정 검색어를 바탕으로 광고를 집행함으로써 타깃팅의 정확성과 효율성을 높이도록 한다. 애드워즈AdWords를 이용하여 광고주에게 검색어와 광고를 연결할 수 있는 권리를 경매를 통해 판매하고 이용자들이 광고를 클릭하는 횟수를 기반으로 과금한다. 또한 구글은 GDNGoogle Display Network을 통해 광범위한 웹사이트들과 제휴하여 이전에 방문했던 웹사이트의 상품 또는 디스플레이 광고를 이후 방문하는 웹사이트에서 노출시키는 리타깃팅 광고retargeted advertising를 제공한다. 상기 효과를 통해 이용자가 리타깃팅 광고를 클릭하고 원래의 웹사이트로 돌아가 구매할 수 있도록 유도하는 전략으로 일반 광고에 비해 클릭률이 현저히 높다.

이 외에도 빅데이터와 사물 인터넷 기술 등의 발전으로 광고 상품의 개발은 새로운 국면을 맞게 되었다. 앞으로 정보를 창출하고 이해하고 활용하는 능력이 광고에 기반을 둔 미디어 비즈니스 모델의 성공을 결정할 것이다. 광범위한 이용자들을 대상으로 하는 광고가 아닌 고도화된 데이터 주도 타깃팅 기법들이 필요하며 소비자들의 취향과 필요를 파악하여 맞춤형 광고를 제공함으로써 광고의 정보적 가치를 높여야 한다. 물론 광고의 형태와 제작 기법에서 오락적 가치를 제공하려는 노력도 필요하다. 미디어 생태계는 계속 변화하고 미디어 기업의 비즈니스 모델도 함께 진화할 것이다. 성공적인 혁신을 기반으로 한 새로운 비즈니스 모델로서 성장하는 미디어 기업들을 기대해본다.

SUMMARY

모든 기업에는 어떻게 수익을 창출하는가를 정확하고 효과적으로 설명하는 비즈니스 모델이 필요하다. 다양한 유형의 비즈니스 모델 중 어떤 모델이 적합하며 어떤 혁신을 통해 새로운 비즈니스 모델을 개발하느냐는 모든 기업의 과제이다. 기술, 이용자, 경쟁 환경이 급격하게 변화하는 미디어 생태계에서 미디어 기업들의 비즈니스 모델에 대한 고민은 더욱 커진다. 양면 시장의 특성을 가진 대부분의 미디어 비스니스 모델은 이용자와 광고주를 위한 가치 창출을 위해 노력해야 한다. 전통적인 미디어와 온라인 미디어의 융합이 가속화되면서 미디어 비즈니스 모델 또한 새로운 형태로 재생산되며 다양한 형태로 변모하고 있다.

생각해볼 문제

1. 비즈니스의 모델의 핵심과 구성 요소는 무엇인가?
2. 미디어 비즈니스 모델의 특성은 무엇인가?
3. 미디어 비즈니스 모델에서 광고의 역할은 무엇인가?
4. 지속적인 가치 창출을 위한 광고의 과제는 무엇인가?
5. 라인과 카카오톡의 사업 다각화 사례의 의의는 무엇인가?

참 고 문 헌

강한수. 2011. 「성공적인 비즈니스 모델의 조건」. ≪SERI 경영노트≫, 108호.
이홍규·김성철. 2011. 『뉴미디어 시대의 비즈니스 모델: 창조와 변형의 바이블』. 서울: 한울아카데미.

Afuah, Allan and Christopher L. Tucci. 2006. *Internet Business Models and Strategies.* McGraw Hill.
Drucker, Peter. 1994. "The theory of the business." *Harvard Business Review.* https://hbr.org/1994/09/the-theory-of-the-business/
Johnson, Mark. W. 2010. *Seizing the White Space: Business Model Innovation for Growth and Renewal.* Harvard Business Press.
Johnson, Mark W., Clayton M. Christensen, and Henning Kagermann. 2008. "Reinventing your business model." *Harvard Business Review.* https://hbr.org/2008/12/reinventing-your-business-model/ar/1x
Magretta, Joan. 2002. "Why business models matter." *Harvard Business Review.* https://hbr.org/2002/05/why-business-models-matter

Osterwalder, Alexander. 2013. "A better way to think about your business model." *Harvard Business Review*. https://hbr.org/2013/05/a-better-way-to-think-about-yo/

Rappa, Michael. 2010. "Business models on the web." http://digitalenterprise.org/models/models.html

Zanten, Boris Veldhuijzen Van. 2011.5.25. "The 9 types of online business models: Which one do you use?", *TNW News*. http://thenextweb.com/entrepreneur/2011/05/25/the-9-types-of-online-business-models-which-one-do-you-use/

07 미디어 기업의 인수 · 합병과 글로벌화

박주연

글로벌 환경 변화 속에서 경쟁력을 강화하기 위해서 미디어 기업이 가장 관행적으로 취하는 방식이 바로 사업의 확장이다. 미디어 기업의 사업 확장에서 다른 상품/서비스 시장으로 진출할 때 이용되는 경영 전략인 인수 · 합병과 이를 지리적 시장의 확장까지 살펴보는 글로벌화 전략을 살펴본다. 관련 개념과 유형들을 소개하고, 그동안 미디어 기업의 인수 · 합병 및 글로벌 전략에서 나타난 사례들을 분석한다. 특히 인수 · 합병을 통해 기업 성장을 주도하는 구글과 페이스북의 인수 · 합병 사례를 구체적으로 살펴본다.

글로벌 경쟁과 미디어 기업의 사업 확장 전략

디지털 기술의 변화가 가장 많은 변화를 가져온 분야는 바로 미디어 산업이다. 기술의 진보로 커뮤니케이션 미디어가 다양화되었고, 이는 곧 미디어 산업의 성장으로 이어졌다. 미디어 시장이 확연하게 팽창한 시점은 1990년대인데, 인터넷이라는 혁신적인 매체의 등장으로 경제적 가치에 대한 평가 기준이 국제적으로 재편되는 현상이 일어났다. 물적 자원이 아니라 정보 자원을 기준으로 권력이 측정되었으며, 정보 자원은 국가 단위가 아닌 기업 단위로 이동했고, 여기의 중심에 미디어 기업이 있다. 기존에 국가 중심으로 미디어 산업이 논의될 때는 지리적 경계가 유통 활로 모색에 중요한 역할을 했다. 그러나 인터넷이라는 시공간을 초월한 매체의 등장으로 콘텐츠의 유통 통로가 많아지면서 '보이지 않는' 글로벌 시장이 형성되었다. 지리적 한계를 초월한 미디어 기업들의 성장은 곧 글로벌 시장에서의 경쟁을 의미한다. 미디어 기업들은 글로벌 경쟁과 기술 변화에 직면하여 그들의 핵심 역량을 재정비하고 기술 자산을 강화함으로써 국제적 차원에서의 경쟁력을 키우고자 한다.

미디어 기업들이 유독 글로벌 차원의 경쟁 상황에 직면한 이유는 크게 세 가지로 설명할 수 있다. 첫째, 미디어 상품이라는 독특한 속성을 지닌 재화를 가지고 거래를 한다는 점이다. 미디어 상품의 가장 대표적인 경제적 속성 중에 하나가 바로 '규모의 경제'이다. 경험재인 미디어 상품은 일반 재화보다 불확실성이 크고 위험도가 높으며, 일반적으로 초기 투입 비용이 크다. 그에 반해 동일한 상품을 추가로 생산하는 데 드는 한계비용은 '0'에 가깝다(Picard, 2002). 이러한 속성으로 인해 미디어 기업은 자사의 미디어 상품을 적극적으로 유통시키기 위해 글로벌 시장을 모색하게 된다. 둘째, 미디어 상품은 문화적 장벽을 중심으로 차별화된 가격 시장이 형성된다는 점이다. 미디어 상품 소비는 만국이 동일한 것이 아니라 지역별 정치, 사회, 문화 등의 배경에 따라 달라지는 특성이 있다. 따라서 글로벌 시장을 공략하더라도 국가별로 차별화된 가격 전략을 펼칠 수 있다. 즉, 획일적인 이윤 극대화 방식이 아니라 맞춤형 이윤 추구 전략을 구사하는 것이 가능하다. 자국 시장에서 수익이 창출된 미디어 상품은 차별화된 가격으로 해외에 진출할 수 있다. 셋째, 콘텐츠 유통 방식의 변화이다. 인터넷 도입 이전의 유통 시장은 인적 거래를 통한 오프라인 형태의 일종의 '느린' 유통 방식이었다. 인터넷의 도입 이후 새로운 유통 창구들이 생겨나고 온라인 중심의 '빠른' 유통 시장이 형성되면서 콘텐츠의 유통 방식이 변화했고, 이에 따라 미디어 기업들의 이합집산 또한 늘었다. 경쟁 플랫폼이 늘어나면서 미디어 기업들은 생존 또는 새로운 수익 창출을 위해 끊임없이 다른 미디어 기업들과 교류·협력하거나 미디어 기업들을 인수·합병하게 되었고, 이러한 전략은 글로벌 시장으로 확대되었다.

글로벌 경쟁 환경에서 경쟁력 강화를 위해 미디어 기업이 관행적으로 취하는 방식은 바로 사업의 확장이다. 기업의 규모를 확대하여 시장에서의 시장 지배력을 확보하기 위한 것이다. 모든 기업 전략의 궁극적인 목적은 이윤 극대화이다. 미디어 기업 역시 이를 위해 전략적 방법으로 사업을 확장해 신규 시장을 형성함으로써 전체 시장의 수익 모델을 개발한다. 미디어 상품이라는 동일 자원을 두고 경쟁하는 미디어 기업들이 사업 확장 전략으로 이용하는 방법은 크게 사업 다각화diversification, 인수·합병M&A: Mergers & Acquisition, 전략적 제휴strategic alliance로 구분할 수 있다.

먼저 사업 다각화diversification란 생산의 분산 또는 통합을 의미하는 것으로 상품이나 시장의 범위를 수량적으로 또는 통합적으로 확대하는 것을 의미한다(Baumol et al., 1982). 다시 말하면 한 기업이 단일 산업이나 상품 시장을 넘어서 복수 상품 시장 혹은 여러 산업으로 기업 활동을 넓혀가는 행위라고 할 수 있다(Porter, 1980). 기업의 다각화 전략은 기업이 보유한 자산을 활용해 일종의 범위의 경제를 추구하는 행위이다. 특히 미디어 기업의 경우 거래 상품의 경제적 속성으로 인해 다각화를 통해 사업을 확장하고자 하는 의지가 다른 분야에 비해 더욱 큰 편이다. 다각화가 성공적으로 안착될 경우 전체 시장 규모를 확대하고, 유통 창구를 늘릴수록 미디어 기업의 채산성은 증가하게 된다.

기업의 사업다각화는 그 목적과 방법에 따라 크게 수평적 다각화, 수직적 다각화, 혼합적 다각화로 구분할 수 있다. 먼저 수평적 다각화는 규모의 확장을 통해 시장에서의 지배력을 강화하는 전략으로 동일한 산업 내에서 동일하거나 유사한 상품과 서비스를 생산하는 기업들 간에 발생한다. 수평적 다각화를 통해 기존 사업이 보유하고 있는 관련 기술이나 경험을 신규 사업에 이전하거나 시설 등을 공유함으로써 비용을 절감하는 효과를 기대할 수 있다. 수직적 다각화는 가치 사슬인 생산과 유통, 배급의 단계에 있어 내부적 통합을 이루는 것으로 미디어 산업에서 빈번하게 나타난다. 미디어 기업은 거래 비용을 줄이고 협상력을 증대시키기 위해 미디어 상품과 서비스의 제작과 유통, 분배를 기업 내부로 통합하는 수직적 다각화 전략을 행한다. 예컨대 방송 산업에서 콘텐츠 제작을 외부 시장에서 구매하는 대신 제작 역량을 내부화함으로써 거래 비용을 감소시키고 순환을 촉진시켜 시장에서 협상력을 강화하는 것이 대표적인 수직적 다각화의 사례이다. 마지막으로 두 가지 방식을 결합한 혼합적 다각화는 교차 보조Cross-Subsidization나 상호 구매Reciprocal Buying, 상호 자제Mutual Forbearance를 통해 시장 지배력을 확장하는 것이 특징이다.• 결국 다각화를 통해 시장 지배력을 확장하려는 목적은 기본적으로 동일하지만 어떻게 이를 시행할 것인지에 따라 어떤 다각화 전략을 이용할 것인지가 결정된다고 할 수 있다.

두 번째 사업 확장 전략은 인수·합병M&A: Mergers & Acquisition이다. 기업은 인수·합병을 통해 기업 규모를 확대시킴으로써 시장에서의 경쟁력을 확보할 수 있다. 인수·합병은 기본적으로 다각화 전략 방식 중 하나로 수평적 결합이나 수직적 결합을 강화하는 것을 의미한다. 수평적 결합은 경쟁 기업을 인수

• 교차 보조는 한 시장에서 발생한 이윤을 다른 시장에서의 지배력을 강화하기 위해 사용하는 지원성 내부 거래를 의미한다. 상호 구매는 다각화한 기업들이 매우 다양한 분야에서 활동함에 따라 서로 상대 기업의 상품을 구매해주는 것을 조건으로 거래하는 것을 의미한다. 상호 자제는 다각화된 기업들이 여러 시장에서 접촉하는 기회가 많아짐에 따라 다각화 기업들 간에 서로 경쟁을 자제하고 공생 관계를 유지함으로써 개별 시장에서의 경쟁을 감소시키는 것을 의미한다.

하여 시장 내에서의 지배력을 확대하는 것으로 규모의 경제라는 이점뿐만 아니라 가격 결정권을 행사할 수 있는 장점이 있다. 수직적 결합은 새로운 영역에 있는 기업과의 통합을 통해 상호 구매와 판매력을 증진시키는 전략으로 범위의 경제성을 통해 시너지를 추구하는 것이다. 인수·합병은 일반적으로 기업이 자신의 사업 영역과 거리가 있는 새로운 시장에 진입할 때 이미 시장에서 성숙한 단계에 있는 기업을 이용하여 시장에 빠르게 진입하는 수단으로 이용된다. 합병이나 인수는 기업을 개선하는 한편 기업 활동을 합리화하며 수많은 경쟁 기업이 있는 큰 규모의 시장에서 경쟁에 필수적인 자원을 확보할 수 있다(전범수, 2010, 2013). 그러나 인수·합병이 반드시 긍정적인 결과를 담보하는 것은 아니기 때문에 기업 간 인수와 합병의 기저에는 이로 인해 기업의 경쟁력을 높일 수 있다는 확신이 있어야 한다. 이를 위해 인수·합병을 시도하는 기업들은 다양한 방식으로 인수·합병 결과가 가져올 수 있는 경제적·사회적 비용 및 편익을 고려한다.

미디어 기업이 사업을 확장하는 세 번째 전략은 전략적 제휴strategic alliance 이다. 전략적 제휴란 공통의 전략 목표를 성취하기 위한 기업 간의 협력적 계약이다. 인수·합병보다 위험부담을 분산시키며 핵심 역량을 강화하기에 유리한 전략이라고 할 수 있다. 경제학적 시각에서 보았을 때 경쟁적인 시장 환경에서 기업들이 서로 제휴를 맺는 것은 기업이 지니고 있는 유형과 무형의 자산이 타 기업들과 장기적인 관계를 형성하는 데 용이하기 때문이다. 기업은 환경 변화의 새로운 사업 기회에 대응하기 위해 서로 보완 자산을 결합하고, 내부 자원이 부족한 분야에서 파트너로부터 새로운 자원과 능력을 획득하여 경쟁 우위를 확보하기 위한 수단으로 전략적 제휴를 이용한다.

이와 같이 미디어 기업의 사업 확장 전략은 주로 시장에서의 시장 지배력이나 내수 시장의 한계를 메워줄 해외시장으로의 진출을 위한 경우가 대부분이다. 특히 해외시장으로의 진출은 기업의 핵심 자원을 국제시장으로 확대함으로써 잠재력 있는 시장을 확보하여 기업의 성장을 지속할 수 있다는 점에서 매력적이다.

미디어 기업의 인수 · 합병 전략

미디어 기업들은 시장에서의 지배력을 향상시키고자 인수·합병M&A: Mergers & Acquisition을 끊임없이 거듭하고 있다. M&A는 기업이 경쟁 환경에서 새로운 기업을 설립하지 않고 기업이 성장하는 데 도움을 줄 수 있는 다른 기업을 사거나 팔거나 결합하는 것으로 급변하는 환경에 대응하는 전략이다. M&A는 문자 그대로 Mergers 합병와 Acquisition 인수이 결합한 약어로 경영지배권에 영향을 미치는 일체의 경영 행위를 의미한다. 좁은 의미로는 기업간의 인수·합병을 뜻하며, 넓은 의미로는 회사 분할과 기술 제휴, 공동 마케팅 등 전략적 제휴까지 확대된 개념이다. 기업들은 인수·합병을 통해 내적 성장의 한계를 극복하고자 하며, 신규 시장에 진출하고자 하는 경우에는 이에 소요되는 시간과 비용을 절감하여 빠른 시간 내에 경쟁력을 확보하고자 한다.

인수 · 합병의 동기와 목적

기업들이 인수·합병을 하는 동기에 대해서는 다양한 차원의 이론들이 존재한다. 인수·합병하는 기업의 목적에 따라 인수·합병의 동기 또한 다르다. 먼저, 효율성 추구 동기는 여러 형태의 자산 재배치 활동이 시너지 효과를 발생시켜 사회적 이익을 증가시킨다는 관점으로 기업이 합병을 통해 비효율성을 제거함으로써 기업의 이익을 확대하는 것이다. 두 번째, 기업 성장을 목적으로 한 인수·합병의 경우 인수 기업에 대한 투자를 통해 외적 성장을 달성할수 있기 때문에 인수·합병을 실시한다. 외적 성장을 위해서는 많은 비용과 시간이 투입되어야 하는데 기회비용을 고려하면 해당 시장에서 성숙한 기업을 인수하는 전략적인 행위가 외적 성장에 소요되는 시간을 단축하면서 규모를 확대시킬 수 있는 것이다. 세 번째는 인수·합병을 통해 기업 자산에 대해 조직적 차원의 개혁을 수행함으로써 피인수 기업의 비효율적인 경영이나 불안한 재무구조를 개선해 기업의 가치 증대를 이루는 것이다. 네 번째는 기업이 곳곳에 산재한 위험을 관리하고 시장 지배력을 확대시키고자 할 경우 인수·합병을 통해 기업을 둘러싼 환경 변수 변화에 적극적으로 대응하고 규모의 경제나 시너지 효과를 통해 시장 점유율을 높이기 위해 인수·합병을 하는 것이다. 마지막으로 지배 구조 개선을 목적으로 기업은 인수·합병을 통해 기업 지배 구조의 문제로 기업 가치가 하락한 기업의 가치를 상승시키고자 한다.

기업이 인수·합병을 실시하는 목적은 기업이 처한 당면 상황에 따라 다양하다. 그럼에도 인수·합병을 통해 기업이 궁극적으로 추구하는 것은 결국 기업의 가치 증대와 성장이다. 기업이 경제활동을 하는 최종 이유는 이윤의 극대화이다. 인수·합병을 통해 기업은 단기적으로는 기업 가치를 증대하고, 이를 지속적으로 축적하여 장기적인 성장을 이끌어내며 이를 기반으로 성장 목표를 달성하고 새로운 기업 가치를 창출할 수 있다.

이러한 상황은 미디어 기업에서 더욱 두드러지게 나타난다. 미디어 기업들은 다양한 목적으로 인수·합병에 참여해왔다. 미디어 기업의 인수·합병 목적은 크게 세 가지로 볼 수 있다. 첫째, 수평적으로 시장을 확대하기 위해서이다. 미디어 기업들은 자사와 유사 분야에 있는 경쟁 기업을 인수·합병하여 경쟁 기업의 숫자를 줄이고 시장 지배력을 확대할 수 있는 기회를 마련한다. 둘째, 콘텐츠와 플랫폼을 수직적으로 결합하기 위해서이다. 콘텐츠 제작과 유통 플랫폼을 함께 소유할 경우 거래 비용*이 감소하고 공급 시장이 안정화

* 인수·합병 시장에서 발생하는 거래 비용으로는 먼저 정보 취득 단계에서 불완전 정보로 발생하는 탐색 비용, 정보 비대칭으로 발생하는 매칭 비용, 무임승차 문제로 발생하는 정보 취득 비용이 있다. 그리고 협상 단계에서 발생하는 거래 비용으로 정보 비대칭으로 발생하는

되어 지속적인 성장을 도모할 수 있다. 셋째, 새로운 시장 진출의 교두보로 삼거나 비연관 사업 부문에 투자하기 위해 인수·합병을 하기도 한다. 인수· 합병 전략을 통해 미디어 기업은 자신의 전문 분야를 넘어서는 영역으로 진출할 수 있고, 새로운 시장으로 진입할 때 필요할 시간을 절약하고 진입 장벽을 낮출 수 있다. 기존 미디어 기업 핵심 사업 분야와 연계성은 높지 않지만 미래를 위해 시장 성장률이 높은 신성장 분야 기업들을 인수·합병하는 것 등도 해당한다. 미디어 기업들이 내부적으로 사업을 추진해 나가는 것보다 인수·합병을 시도하는 것은 급변하는 환경에서 경쟁적 우위를 점하기 위해 신속한 시장 진입을 우선시하기 때문이다.

인수 · 합병의 과정과 유형

기업의 인수·합병은 단계별로 이루어진다. 국제적인 단위에서 인수·합병이 진행되는 과정을 살펴보면 〈그림 7-1〉과 같다. 먼저 인수·합병을 실시할 시장을 발굴해야 한다. 기업이 인수·합병을 실시하기 위한 목적에 맞는 적정

〈그림 7-1〉 인수 · 합병의 일반적 과정

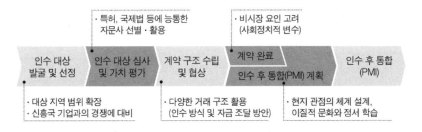

자료: 김지윤(2012).

기업 평가 비용과 협상 비용, 지불 수단 방식으로 인한 자금 조달 비용, 주식 교환 비율 산정 물리적·시간적 기회비용, 인수·합병 관련 법률과 전략에 관한 지식이 부족할 경우에 지식 취득을 위해 발생하는 물리적·시간적 기회비용이 있다(이경원 외, 2001).

지역이나 인수 대상을 선정하는 과정이 첫 단계이다. 인수 대상을 결정했다면, 다음 단계에서는 기업에 대한 실사 및 가치 평가가 이루어져야 한다. 왜냐하면 인수할 만한 가치가 있는지, 있다면 어떤 규모로 하는 것이 합리적인지에 대한 경제적 평가를 실시해야 실질적인 거래가 성사될 구체적인 기준이 마련되기 때문이다. 국제적인 단위로 인수·합병이 이루어질 때는 국제적인 전문가로부터 인수 시 이슈가 되는 지적재산권 등 법률적인 자문을 받아야 한다. 평가가 이루어졌다면 다음으로 인수·합병을 위한 계약 구조를 수립하여 협상에 들어가야 한다. 협상 시에는 다양한 거래 구조를 활용하여 인수 방식과 자금 조달 방안을 결정해야 한다. 이때 리스크 분담을 위해서는 인수 기업과 피인수 기업의 협업을 극대화해야 한다. 협상이 이루어졌다면 이제 계약이 완료된다.

계약 시에는 협상의 내용이 반영되고, 특히 비경제적인 측면의 요인들에 유념하여야 한다. 가령 국제 단위로 인수·합병이 이루어지는 경우 인수 기업이 속한 국가의 사회적·문화적·정치적인 환경이 인수·합병에 미치는 영향을 충분히 고려해야 한다. 그리고 이러한 상황들을 고려하여 인수 후 통합 계획을 준비하는 것이 중요하다. 계약이 완료되면 마지막으로 인수 후 통합 체계를 확실히 세워 피인수 기업과의 조화로운 결합을 위해 노력해야 한다. 그리고 피인수 기업이 서비스하는 지역의 정서를 수용하여 문화적 충격을 완화하도록 통합 이후에도 지속적으로 노력하는 시간이 필요하다. 기업의 인수·합병 거래 규모가 커지고 복잡해짐에 따라 인수·합병 거래와 절차에는 대체로 외부 전문기관을 활용하는 것이 보편화되었다. 인수·합병 중개 기관intermediary은 인수·합병 절차가 원활하게 이루어지도록 다양한 활동을 수행한다. *

* M&A 시장의 중개 기관은 두 유형으로 구분될 수 있다. 먼저, 머천트merchant의 역할로는 각종 M&A 관련 펀드들이 있다. 이들은 인수 대상 기업의 경영권control right 획득을 목적으로 매수하여, 기업 가치 제고를 위한 투자를 한 후 다른 인수 주체에게 매도하는 역할을 한

〈표 7-1〉 분류 기준에 따른 인수 · 합병 유형

분류 기준	유형	개념
지배권 취득 방식에 따른 분류	합병	둘 이상의 회사가 하나의 회사로 결합하는 행위(흡수 합병, 신설 합병)
	인수	인수 기업이 인수 대상 기업의 경영 지배권 획득을 목적으로 주식이나 자산을 취득하는 행위(자산 인수, 주식 인수)
	매각	기업을 분할한 다음 매각하여 기업 구조를 재편성하는 기업 구조조정 restructuring (분리 설립spin-off, 분할 설립split-off, 분리 매각sell-off)
결합 형태에 따른 분류	수평적 M&A	동일한 산업 내에서의 기업 간 결합
	수직적 M&A	생산 과정에서 단계가 다른 기업들 사이의 결합 형태
	혼합적 M&A	수평적, 수직적 M&A가 혼합된 형태이며, 대체로 사업 다각화를 목적으로 생산이나 판매면에서 서로 관계가 없는 기업 간의 결합 형태
거래 의사에 따른 분류	우호적 M&A	인수 기업과 피인수 기업의 합의에 의한 인수
	적대적 M&A	피인수 기업의 의사와 무관하게 이루어짐
지불 수단에 따른 분류	현금 인수	대금을 현금으로 지불
	주식 교환 인수	인수 대가를 인수 기업의 기존의 주식 혹은 새로이 발행하는 주식, 전환사채, 신주인수권부사채 등의 유가증권을 인수 대상 기업의 주식과 일정 비율로 교환하는 방법
	LBO (Leveraged Buy-Out)	인수 회사가 인수 대상 기업의 자산을 담보로 금융기관으로부터 자금을 조달하거나, 정크본드(junk bond)를 발행하여 인수하는 방식. 차입금 상환은 인수 후 피인수 기업의 자산을 매각하거나 기업 활동으로부터의 잉여금에 의존

자료: 이경원 외(2001) 재구성.

인수·합병은 지배권 취득 방식, 결합 형태, 거래 의사, 지불 수단에 따라 〈표 7-1〉과 같이 유형화할 수 있다. 먼저 지배권 취득 방식에 따라서는 합병, 인수, 매각의 세 가지 유형으로 구분할 수 있다. 합병은 두 개의 기업이 하나로 합치면서 두 기업의 자산과 부채를 떠맡는 것으로 다시 신설 합병과 흡수 합병으로 나뉜다. 반면에서 인수는 상대 기업의 소유권과 경영권을 가질 정도의 일반주를 인수하는 것을 의미하는 주식 인수와 자산 인수 거래에서 상

다. 브로커broker 역할로서의 M&A 중개 기관들로는 투자은행investment bank, 증권회사, M&A 부티크boutique, 은행, 법률회사, 회계법인 등이 있다. M&A 거래를 주선하는 중개 기관은 그 역할과 영역에 따라 재무 자문 기관financial advisor, 사업 중개 기관business broker, 탐색 기관finder 등으로 구분될 수 있다(이경원 외, 2001).

대 기업의 운영 자산 전부 혹은 일부를 인수하는 자산 인수로 구분된다. 그리고 매각은 기업을 분할한 다음 매각하여 기업 구조를 재편성하는 기업 구조 조정을 의미하는 것으로 매각 방식에 따라 분리 설립spin-off, 분할 설립split-off, 분리 매각sell-off으로 나뉜다.

결합 형태에 따라서는 동일한 산업 내에서의 기업 간 결합인 수평적 M&A, 생산 과정에서 단계가 다른 기업들 사이의 결합인 수직적 M&A, 이 두 가지 형태가 모두 적용되는 혼합적 M&A가 있다. 혼합적 M&A는 대체로 사업 다각화를 목적으로 생산이나 판매 면에서 서로 관계가 없는 기업 간에 결합한다. 거래의사에 따라서는 우호적 M&A와 적대적 M&A로 구분할 수 있다. 우호적 M&A는 인수 기업과 피인수 기업의 합의에 의해 인수가 일어나는 반면에 적대적 M&A는 피인수 기업의 의사와 무관하게 인수가 이루어진다. 지불 수단에 따라서는 대금을 현금으로 지불하는 현금 인수, 인수 대가를 인수 기업의 기존의 주식 혹은 새로이 발행하는 주식, 전환사채, 신주인수권부사채 등의 유가증권을 인수 대상 기업의 주식과 일정 비율로 교환하는 주식 교환 인수, 인수 회사가 인수 대상 기업의 자산을 담보로 금융기관으로부터 자금을 조달하거나, 정크본드junk bond를 발행하여 인수하는 방식인 LBO가 있다. 기업 간 인수·합병이 단일한 유형으로 이루어지는 것은 아니며, 인수·합병의 목적 및 인수 기업과 피인수 기업의 사정에 맞게 다양한 유형들이 혼합된 채로 이루어진다.

인수 · 합병을 위한 기업 가치 평가법

궁극적으로 기업의 이윤 극대화를 목적으로 인수·합병을 하는 만큼 기업의 인수나 합병을 위해서는 엄격한 평가 기준이 필요하다. 인수·합병에서 기업의 가치 평가는 가장 핵심적인 역할이라고 할 수 있다. 그러나 기업 환경이

인수 · 합병 실전 용어

■ 황금 낙하산 Golden parachute

인수 대상 기업의 경영자가 인수로 인해 임기 전 사임하게 될 경우 일정 기간 동안 보수 · 보너스 등을 받을 권리를 사전에 고용 계약에 기재해 안정성 확보와 동시에 인수 비용 부담을 주는 효과를 노리는 것을 이르는 용어. 외부에서 대상 회사에 대한 적대적 M&A 공격이 가해짐으로써 기존 경영진(임원)이 임기 만료 이전에 강제로 퇴임할 경우에는 해당 경영진(임원)에게 거액의 퇴직금을 지급한다는 조항을 대상 회사 정관에 삽입함으로써 외부 세력에게 부담을 주려는 적대적 M&A 방어 기법

■ 백기사 White-knight

외부에서 적대적 M&A 공격이 들어올 경우 적대적인 상대로부터의 경영 지배를 피하기 위해 이들 대신 자신을 매수할 방어회사 측에 우호적인 제3의 인수 가능 세력(백기사)을 물색해 대상 세력에게 방어 회사의 경영권을 넘기는 전략. 이때 백기사는 현 경영진의 경영권을 보장하기로 약속하고 좋은 조건에 방어 회사의 경영권을 인수

■ 그린 메일 Green mail

협박을 뜻하는 영어단어인 Black mail과 달러의 색깔인 Green의 합성어로 적대적 M&A에 가까운 수준까지 지분을 매입한 후, 지분 구조상 경영권 방어에 취약한 대주주에게 해당 주식을 비싼 값에 매입하도록 요구하는 행위

■ 기업 사냥꾼 Corporate raider

공개 매수 방법을 통해 주식을 매입하거나 위임장 대결을 통해 경영진을 교체하는 등의 전략으로 기업의 경영권 지배를 노리거나, 그린 메일 등의 방법으로 단기간에 막대한 주식 매각 차익을 노리는 개인 투자가 또는 기업

■ 베어 허그 Bear hug

곰의 포옹. 인수자가 공개 매수 대상 기업에 대한 인수 · 합병의 당위성을 설명하고 인수에 협력할 것을 권유하는 행위. 주로 최고경영지 사이에 사적으로 이뤄져 공개되지 않음

■ 토요일 밤의 스페셜 Saturday night special

미리 예고하지 않는 기업 탈취 작전으로 증권거래소가 쉬는 주말을 이용해 전격적인 매수를 제의함으로써 방어를 어렵게 하는 공격 전략 가운데 하나

나 인수·합병의 유형에 따라 평가 방법이 다양하고, 그 방법으로 기업의 가치 평가를 한 결과에 대한 해석에 관점의 차이가 있을 수 있어 사실상 매우 어렵고 복잡한 과정이다. 순서상 인수 기업에 대한 가치를 산정하고 최종적으로 인수 가격을 산정하지만, 그렇다고 해서 기업의 가치 평가 결과와 인수 가격 산정 결과가 동일한 것은 아니다. 기업 가치 평가를 통해 기업 전체의 가치에 대해 평가한 후 시너지 효과, 위험 요인 반영, 경쟁자에 따른 시나리오 분석 등 정량적 평가와 함께 정성적인 평가까지 고려한 후 최종적으로 경영진의 의지를 반영하여 인수 가격을 결정한다.

인수·합병의 궁극적 목적이 기업의 소유자인 주주의 이익을 극대화하는 데 있기 때문에 계속기업going-concern으로서의 기업 가치에 대한 평가가 기본이 되며, 이는 향후 인수 결정에 중요한 영향을 미친다. 따라서 합리적인 기업 가치 평가는 인수·합병 절차에 매우 중요하다고 할 수 있다.

인수·합병을 목적으로 하는 기업 가치 평가는 단순한 재무적인 가치가 아닌 기업 전체 가치에 대한 평가를 의미한다. 그럼에도 기업 가치의 평가는 궁극적으로는 1주당 가치를 평가하기 위한 것이다. 여러 가지 기업 가치 평가 방법에 의하여 산정된 1주당 가치를 기준으로 합병 법인은 현금 인수 혹은 주식 교환에 의한 인수를 시도하게 된다(윤종훈·이호준, 2005). 자본시장이 크게 발달된 나라에서는 대개는 증권시장에서 거래되는 주식가격market-value을 기준으로 객관적인 가치를 판단하게 된다. 거래되는 기업이 상장회사이면 자연스럽게 상장된 주식가격이 기준이 될 수 있다.

기업 가치의 평가 방법은 크게 기업 고유의 내재 가치 평가법과 다른 유사 기업 또는 유사 거래와 비교하는 상대 가치 평가법이 있다(윤종훈·이호준, 2005: 132). 내재 가치 평가법은 다시 현금 흐름 할인법과 자산 가치 평가법으로 구분된다. 현금 흐름 할인법은 인수 대상 기업의 재무제표를 바탕으로 현금 흐름을 추정해 인수 가격을 결정하는 방법이며, 자산 가치 평가법은 인수

〈표 7-2〉 자산을 평가하기 위한 기업 가치 평가 유형

구분		내용
내재 가치 평가법	현금 흐름 할인법	인수 대상 기업의 재무제표를 바탕으로 현금 흐름을 추정하여 인수 가격을 결정하는 방법
	자산 가치 평가법	인수 대상 기업의 자산 및 부채의 공정한 시장가치를 평가하여 인수 가격을 결정하는 방법
상대 가치 평가법	유사 기업 비교법	인수 대상 기업의 내재 가치 평가가 곤란한 경우 인수 대상 기업과 동일한 업종에 속한 기업 중 유사한 특성을 가진 기업을 평가하는 방법
	유사 거래 비교법	최근 동일한 국가, 동일한 업종에서 발생한 인수 가격을 비교하여 결정하는 방법

자료: 윤종훈·이호준(2005: 133) 재구성.

대상 기업의 자산 및 부채의 공정한 시장가치를 평가해 인수 가격을 결정하는 방법이다. 상대가치 평가법은 유사 기업 비교법과 유사 거래 비교법으로 구분된다. 유사 기업 비교법은 인수 대상 기업과 동일한 업종에 속한 유사 기업을 평가하는 방법이다. 유사 거래 비교법은 기업 단위가 아니라 좀 더 포괄적인 시장을 기준으로 동일 국가나 동일 업종에서 발생한 인수 가격을 비교해 결정하는 것이다(〈표 7-2 참고〉).

인수·합병의 성과와 실패

인수·합병을 통해 미디어 기업은 시장 지배력을 확대하고 재구조화를 통해 기업의 가치를 증진시키고자 한다. 기업의 인수·합병은 적정한 가격과 조건으로 인수·합병이 성공해 경쟁 환경에 대응할 수 있는 추가 여력이 남아 있거나, 예상한 전략대로 작전을 완수한 경우에는 해당 기업에 성공을 가져온다. 그러나 모든 인수·합병이 당초의 예측대로 원활하게 진행되어 성공하는 것은 아니다.

역사상 최악의 인수·합병으로 불리며, 인수·합병의 대표적인 실패 사례로

언급되는 것이 바로 '타임워너와 AOL의 인수·합병'이다. 타임워너와 AOL은 방송 사업자와 인터넷 사업자가 결합한 경우이다. 미국 최대의 인터넷 서비스 제공업체인 AOL이 세계 최대의 초국가 미디어 기업인 타임워너를 인수했다. 그러나 같은 해 닷컴의 붕괴로 AOL 타임워너의 주식가치가 폭락했다. 결국 2003년 9월 회사의 이름에서 AOL을 떼어 내어 타임워너로 바꾸고, 회사의 주식부호도 'AOL'에서 원래의 타임워너 주식 부호였던 'TWX'로 변경되었다.

두 기업의 비극은 전통적 미디어 기업과 신생 미디어 기업의 경영 방식 및 가치관이 상이하다는 점에서 비롯되었다고 볼 수 있다. 타임워너 출신 경영진은 역사가 긴 거대 기업들이 공통적으로 가지고 있는 운영 방식을 그대로 계속하려는 성향을 보였다. 즉, 사업 부문 간의 치열한 경쟁을 통해 회사 전체의 경쟁력을 유지한다는 생각이다. 사업 부문 간의 경쟁은 때로는 회사 전체의 이익에 반하는 결과도 발생시키므로 AOL 출신 경영진은 이를 바람직하지 못한 것으로 보았다. 특히 AOL 출신들은 회사의 주가에 대단히 민감했으므로 회사 전체의 시너지를 중시했다. 또, 타임워너 출신 경영진은 고객 관계 등의 장기적인 혜택을 생각하는 경향이 있었으나 AOL 출신 경영진은 단기적인 실적에 치중했다. 문화와 철학이 상이한 두 기업이 합쳐졌을 때 발생할 수 있는 극단적인 사례라고 할 수 있을 것이다.

두 기업은 상호 안정적 기반하에서 서로의 성장 동력에 엔진이 된다는 충실한 목적이 있었음에도, 비용 절감도 새로운 기술 개발도 고객 기반 공유도 네트워크의 활용도 그 어느 것 하나 원활하지 못했다. AOL과 타임워너에서 진정한 잠재적 시너지의 몇 안 되는 분야 중 하나가 브로드밴드 분야였는데, 합병 후 양사는 협력하기를 거부하고 독립적으로 운영함으로써 결국 이 분야도 잠재적 시너지를 얻는 데 실패한 것이다. AOL과 타임워너의 인수·합병 '사건'은 기업 간의 인수·합병이 그 자체만으로 단순히 시너지가 생기는 것이 아니라는 대표적 사례라고 할 수 있다.

미디어 기업의 해외시장 진출 전략

기술의 발전으로 미디어 시장 역시 '융합' 시장이 형성됨에 따라 사업 영역의 경계가 모호해지고 지리적 경계가 무너지면서 시장의 규모가 글로벌 단위로 끊임없이 확장되고 있다. 수출입으로만 이루어졌던 기존의 국제시장과는 다른 차원의 글로벌 미디어 시장 영역이 형성됨에 따라 국적을 구분하지 않는 기업 간 거래가 이루어지고 있다. 요컨대 글로벌 커버리지를 확대하기 위한 미디어 기업들의 해외시장 진출이 기존의 프로그램 수출입을 넘어서는 보다 적극적이며 공격적인 형태로 이루어지고 있는 것이다.

해외시장 진출의 근거

미디어 기업의 해외시장 진출 전략은 국경을 넘어 다른 지리적 위치의 국가로 사업을 확장하는 글로벌화 전략이다. 미디어 상품이 가진 규모의 경제, 범위의 경제, 통합의 경제 등과 같은 경제적 속성들은 내수 시장에 머무르지 않고 해외시장으로 진출할수록 수익 규모를 확대시킬 수 있다는 점에서 미디어 분야의 해외시장 진출이 다른 분야에 비해 활발한 편이다. 미디어 기업들이 해외시장에 진출하려는 이유는 다양하다. 새로운 가치 사슬을 구축해서 이윤 확보를 안정화시키기 위한 것일 수도 있고, 단순히 신규 성장 산업에 진출해 금융 이윤보다 큰 수익을 확보하기 위한 것일 수도 있다. 그러나 결국 해외시장 진출은 제한된 지리적 시장을 탈피해 기업 자산을 효율적으로 활용하고 시장 규모를 확장함으로써 위험을 분산시키려는 것이 궁극적인 목적이다.

특히 미디어 기업들은 해외시장으로 진출하여 잠재적인 시장의 규모를 확대하는 데 목적을 둔다. 국내시장이 포화에 달해 있는 상황에서 외국 시장으로의 진출은 필수 불가결하다(Chan-Olmsted & Albarran, 1998). 미디어 상품은 생산하는 초판 제작 비용은 높지만 단위당 부가 생산에 따른 한계비용은 거의 0에 가깝다(Picard, 2002). 다시 말해 할리우드 영화나 텔레비전 프로그램을 제작하는 초판 비용은 천문학적 수치에 달할 수 있지만, 일단 제작된 상품을 세계시장의 수용자에게 추가로 공급하는 데 드는 비용은 실질적으로 거의 없다는 것이다. 시장이 커지면 커질수록 기업의 이윤 극대화에 유리하기 때문에 미디어 기업들이 지속적으로 해외시장으로 상품을 수출하는 것은 당연한 귀결이다. 나아가 해외시장에서의 통제력을 높이려는 수단으로 미디어 기업들은 수출을 넘어 해외시장에 자회사를 설립하거나 현지 기업을 인수하는 등 직접투자에 나서고 있다(정재민, 2005).

최근 기술의 발전으로 미디어 환경이 IT를 비롯하여 다채로운 뉴미디어 영역과 융합하는 현상이 나타나면서 이전과는 또 다른 새로운 성격의 미디어 기업들이 해외시장을 무대로 기업 전략을 펼치고 있다. 보통 IT 기업과 미디어 기업의 결합적 성격으로 보는 이들 ICT 기업은 방송과 신문과 같은 전통 미디어 영역을 흡수할 뿐 아니라 소셜 미디어와 모바일 미디어 분야와 같은 뉴미디어 영역에서 사업을 진행하고 있다. 이러한 뉴미디어 영역 자체가 지리적 시장의 경계가 무의미하기 때문에 어떻게 보면 태생적으로 글로벌 시장을 사업 영역으로 삼을 수밖에 없다는 특성을 지니고 있다. 따라서 이들 ICT 기업들의 해외시장 진출의 근거는 기존 미디어 기업들과는 또 다르다고 할 수 있다. 인터넷으로 대변되는 네트워크 환경이 등장함에 따라 네트워크의 메커니즘을 이용하여 시장 지배력을 확장하고자 하는데, 글로벌 시장은 이들에게 안성맞춤의 네트워크 보고인 것이다.

해외시장 진출의 유형

내수 시장에 의존하던 기업이 해외시장에 진출하기 위해서는 전략이 필요하다. '국제 다각화'는 시장 경쟁 속에서 수익을 창출하고 사업 부문 간 효율성을 창조하기 위해 기업에 필요한 전략이다. 잠재력 있는 시장이나 혹은 이미 성숙한 시장에 진출함으로써 기업 성장을 모색할 수 있다. 코카와 히트(Kochhar & Hitt, 1995)는 국제 다각화 전략이 더 넓은 시장을 기반으로 기업의 자원을 공유할 수 있으며 최적 규모의 생산을 모색할 수 있다는 측면과 더불어 다국적인 커뮤니케이션 네트워크를 구축하고 협상력을 증진할 수 있다는 점에서 이를 긍정적으로 평가한다. 그러나 국제 다각화는 문화적 배경과 취향이 다른 소비자, 규제의 차이, 유통망 접근의 어려움 등 성공을 장담하기 쉽지 않은 전략이다. 따라서 기업은 해외시장에 진출함에 있어 기업이 축적한 경험치와 재무적 능력, 그리고 진출하고자 하는 시장에 대한 이해력 등에 대해 적확하게 판단해서 어떠한 방식으로 해외시장에 진출해야 하는지 결정해야 한다.

해외시장 진출의 유형은 크게 해외 직접투자, 전략적 제휴로 구분할 수 있다(〈표 7-3 참고〉). 해외 직접투자로는 단독 또는 합작에 의한 신규 법인 설립을 의미하는 그린 필드 투자Green Field Investment, 합작 법인 설립JV: Joint Venture, 인수·합병M&A 등이 포함되며, 합작 법인 설립의 경우 일정 투자를 동반해 파트너 기업과 신규 법인을 설립한다는 측면에서 전략적 제휴의 범주에 포함되기도 한다. 단, 모든 합작 법인 설립이 전략적 제휴로 간주되는 것은 아니며, 그러기 위해서는 참여 기업 간 지속적·적극적 협력 관계 유지가 전제되어야 한다. 자본 투자는 통제권 확립이 쉽고, 지리적 시장의 시너지 효과를 창출하기가 용이하며, 수익률이 높기 때문에 대자본을 확보한 글로벌 미디어 기업이 해외시장을 개척할 경우에 빈번하게 추진하는 전략 중의 하나다.

전략적 제휴는 두 개 이상의 기업이 공동의 전략적 목저을 위해 협력하는 방식이다. 이것은 자산 투자를 동반하는 주식 기반 전략적 제휴Equity-based Strategic Alliance와 자산 투자 없이 협력을 수행하는 비주식 기반 전략적 제휴 Nonequity-based Strategic Alliance로 구분할 수 있다. 그러나 이와 같은 구분이 절대적인 것은 아니며, 각 방식을 병행해 해외시장에 진출하는 것이 일반적이다.

〈표 7-3〉기업의 해외시장 진출 유형

유형	내용
해외 직접투자 (FDI: Foreign Direct Investment)	• 현지에 법인을 설립(단독 또는 합작)하거나 현지의 기존 기업을 인수하는 방식, 현지 기업에 대한 투자 10% 이상 지분 보유(IMF 정의). ※ M&A, 그린 필드형(합작 투자, 단독 투자) 투자로 구분 가능
인수·합병(M&A)	• 기존 기업의 지분 확보를 통한 경영권 인수·합병 방식.
그린 필드형 투자 (Green Field Investment)	• 신규 법인 설립 방식의 직접 투자. ※ 합작 투자(Joint Venture), 단독 투자(Wholly-Owned Subsidiary)
합작 투자 (Joint Venture)	• 공동 투자를 통한 합작 법인 설립. 단, 조인트 벤처가 전략적 제휴로 간주될 수도 있음 ※ 조인트 벤처가 전략적 제휴로 간주되기 위해서는 지속적이며 적극적인 협력 관계가 유지되어야 함. • 조인트 벤처 설립을 통한 투자 이익에만 관심을 갖는 수동적인 파트너십은 전략적 제휴로 인정되지 않음.
전략적 제휴 (Strategic Alliance)	• 2개 이상의 기업이 공동의 전략적 목표(기술 개발, 생산, 판매, 자본 조달 등)를 달성하기 위해 협력하는 것. M&A와 달리 양 법인의 독립성은 유지 ※ 자본 투자를 병행하는(JV, FDI 등 중소 자본 투자) 지분 기반(equity based) 제휴와 자본 투자 없이 계약에 의해 양방의 책임과 제휴 방법 등을 명시하는 비지분 기반(non-equity based)/계약(contractual) 제휴 방식으로 구분

자료: KOTRA 해외투자협력센터. http://www.kotra.or.kr/kh. 재구성.

전략적 제휴의 형태 중 적극적인 방식은 조인트 벤처joint venture 이다. 조인트 벤처는 2인 이상의 사업자 간에 단일한 특정의 일을 행하게 하는 출자 계약 또는 공동 계약을 의미한다(윤종훈·이호준, 2005). 미디어 기업은 해외시장에 진출하기 위해 조인트 벤처를 빈번하게 이용한다. 조인트 벤처의 장점은 우선 투자 위기의 분산 효과가 있다. 그리고 지역 업체와의 직접 경쟁이 감소하여 신규 시장 진입으로 발생하는 소모적이고 불필요한 경쟁 상황에서 벗어날 수 있다. 무엇보다 현지 기업과의 제휴를 통해 제한된 시장에서 자원 접근이 가능하다. 이런 이유로 조인트 벤처는 불확실성이 높아 위험도가 큰 미디어 시장에서 많이 이용된다. 가령 텔레비전이나 케이블 사업자들은 시리즈물이나 영화를 공동 제작하여 진출하고자 하는 지역 시장에서 1차 독점권을 확보함으로써 위험은 분산시키고 신규 수익을 창출하기 위해 조인트 벤처를 선택하는 경우가 많다. 그러나 수익을 기업이 온전히 취할 수 없고 나누어 가져야 한다는 점, 그리고 조인트 벤처 기업 간의 이익보다는 개별 회사의 이익을 우선시할 때 발생할 수 있는 문제점들이 단점이다.

미디어 산업에서의 조인트 벤처는 자본 투자와 콘텐츠의 가치 활용이라는 측면에서 결합 유형별로 자본 결합형, 콘텐츠 결합형, 자본 및 콘텐츠 결합형 3가지로 구분될 수 있다. 이 중 자본이 개입된 전략적 제휴는 기업 간에 일정 정도의 신뢰도가 전제되기 때문에 상대적으로 안정적이지만, 자본이 배제된 채 콘텐츠만으로 결합하는 전략적 제휴는 관계의 불안정성이 있다.

해외시장 진출 시 가장 활발하게 이용되는 전략이 인수·합병이다. 글로벌 시장으로 진출하는 데 인수·합병과 다른 진출 방식의 장단점을 비교해보면 다음과 같다. 먼저 단독으로 투자할 경우와 인수·합병을 할 경우를 비교해보면, 단독 투자의 경우 자회사에 대한 통제가 용이하고 불필요한 비용이 드는 것을 방지한다는 장점이 있으나, 시장 적응력이 저하되고 시행착오의 위험이 크다는 단점이 있다. 반면에 인수·합병은 잠재력 있는 기업의 자원을 인수하는 형태이기 때문에 신규 시장에 대한 적응력이 높고 의도대로 시너지 효과를 창출할 경우 기업의 자원과 역량이 향상된다. 그러나 통합에 대한 적응 비용이 발생하고 다른 문화권 간 결합이면서 다른 조직 문화를 가진 기업 간 결합이기 때문에 이로 인한 부작용 발생이 우려된다.

전략적 제휴와 인수·합병을 비교해보면, 두 가지 방식 모두 신규 시장 적응력이 빠르고, 잠재적 경쟁자를 협력자로 끌어들임으로써 미래 경쟁자를 제거하는 효과를 얻을 수 있다는 점, 그리고 기술이나 노하우와 같은 부족한 경영 자원을 확보할 수 있다는 장점을 가지고 있다(〈표 7-4〉 참고). 여기에 좀 더 유연한 접근 방식인 전략적 제휴의 경우 모기업의 독립성은 유지할 수 있을 뿐 아니라 파트너 변경이 용이하다는 추가적인 장점이 있다. 그러나 이러한

<표 7-4> 해외 진출 유형별 장단점 비교

구분	단독 투자	인수 · 합병
장점	• 자회사에 대한 통제 용이 • 불필요한 통합 비용 방지	• 스피드(신규 시장 적응성) • 경쟁사의 제거 • 회사의 자원과 역량 향상
단점	• 단독 진출에 따른 시장 적응력 저하 • 시행착오 위험 증가	• 통합에 따른 적응 비용 발생 • 문화적 이질감에서 오는 기업 역량 저하

구분	전략적 제휴	인수 · 합병
장점	• 스피드(신규 시장 적응성) • 모기업 독립성은 그대로 유지 • 파트너 변경의 용이성 • 경쟁자의 제거 • 부족한 경영 자원 확보(기술, 노하우, 브랜드) • 불요불급한 투자 방지	• 스피드(신규 시장 적응성) • 파트너 기업 자산에 대한 높은 통제력 • 경쟁자의 제거 • 부족한 경영 자원 확보
단점	• 낮은 통제력(공동 의사 결정 필요) • 핵심 역량(기술, 노하우 등) 유출 우려	• 인수 · 합병 비용(프리미엄 발생 가능) • 양사 문화, 직원 간 충돌 가능성 • 불필요한 통합 노력 필요

자료: KOTRA 해외투자협력센터(http://www.kotra.or.kr/kh) 재구성.

장점이 악용될 경우 핵심 역량이 외부로 유출되어 느슨한 기업 경영이 행해질 수 있다. 한편 인수·합병의 최대 단점이라고 한다면 이미 AOL과 타임워너의 사례가 보여준 것처럼 양사의 조직 문화의 충돌이 경영 악화라는 극단적인 비극을 초래할 수 있다는 것이다.

글로벌 ICT 기업의 인수 · 합병 사례

ICT 기업은 IT에 기반을 두었기 때문에 빠른 속도로 발전하는 기술의 영향으로 항상 새로운 성장 동력이 필요하다. ICT 기업에게 인수·합병은 신성장동력 발굴을 위한 효과적인 수단이며, 특히 글로벌 영역으로 시장을 확대하는 데 유용한 전략이다. 왜냐하면 인수·합병을 통해 전략적으로 투자하는 것이 가능하며, 기술 발전의 속도만큼이나 빠른 속도로 새로운 시장에 진출할 수 있기 때문이다. 이런 이유로 글로벌 ICT 기업들은 신시장 개척, 신성장 동력 발굴을 위해 인수·합병을 활발하게 추진하고 있다. ICT 산업은 기술 발달과 시장 변화가 빨라서 내부적인 요인만으로는 경쟁에서 뒤처질 수 있고 사업 영역의 경계가 모호해서 다양한 분야에 걸쳐 경쟁력을 갖추어야 시장에서 살아남을 수 있기 때문에 다른 분야보다 더욱 활발한 인수·합병이 이루어지고 있다. ICT 기업이 유독 경쟁적으로 인수·합병에 나서는 이유는 기술혁신의 속도가 빨라서 혼자 힘으로는 그 속도를 따라갈 수 없기 때문이다. 따라서이들이 인수하는 기업들은 대부분 최신 기술력을 보유하면서 잠재력을 보유한 신생 IT 기업이거나 인터넷의 네트워크 권력을 확보하기에 용이한 자원을 보유한 기업이다.

세계 ICT 산업의 인수·합병 추세를 살펴보면, 글로벌 금융 위기 이후 2009년 세계 ICT 산업 내 인수·합병 시장 규모가 크게 감소했으나, 이후 점차 회복세를 보이고 있다. 거래 건수 대비 거래 규모가 증가하고 있으며, 이는 과거에 비해 대형 인수·합병이 많아지는, 대형화 추세를 보인다는 의미이다. 세계 ICT 산업 인수·합병 시장은 거래 규모를 기준으로 했을 때, 미국, 일본, 영국, 중국 4개국이 세계시장의 약 90%를 차지하며 시장을 주도하고 있다. 미국은 구글, 페이스북, 야후, 애플, MS, IBM 등 주요 인터넷 및 소프트웨어 기업들을 중심으로 인수·합병이 적극적으로 추진되었다(삼정KPMG 경제연구원, 2014; DMC Media, 2014). 이 장에서는 인수·합병을 통해 기업 성장을 주도하는 것으로 정평이 난 대표적인 ICT 기업인 구글과 페이스북의 인수·합병 전략에 대해 구체적으로 살펴보고자 한다.

구글의 인수·합병 전략

구글은 지난 10여 년간 약 130여 개 기업을 인수하여 인수·합병을 통해 성장했다. 2014년 ≪포춘Fortune≫이 발표한 성공한 'M&A 톱 5'에 구글이 3건이나 포함되는 등 인수·합병에 뛰어난 기업으로 평가받고 있다.

홍원균(2014)은 구글의 인수·합병 역사를 인수 기업의 특성에 따라 크게 3 단계로 구분하고 있다. 1단계는 '검색 중심의 웹 플랫폼' 시기로 구글은 인수·합병을 통해 웹 기반 서비스의 다양화 전략을 수행했다. 그 중 가장 차별화된 서비스는 구글 지도Google Maps인데, 콘텐츠의 품질뿐 아니라 플랫폼의 역량 강화에 대한 기여도가 컸다. 2단계는 '모바일 기반' 시기로 '플랫폼-콘텐츠-디바이스' 영역의 동시적인 통합을 목적으로 한 인수·합병이 주를 이루었다. 2005년부터 2007년까지 구글은 안드로이드의 경쟁력을 강화하며 모바일로 범위를 확장했고, 2007년 안드로이드를 론칭하여 디바이스 영역의 통합을 시도했다. 이후 구글은 '모토로라Motorola'와의 인수·합병을 통해 디바이스 영역에 대한 지배력을 굳힘과 동시에 콘텐츠 영역에 대한 경쟁력 확보를 목적으로 한 공격적인 인수·합병을 실시했다. 이 시기에 '유튜브'를 16억 달러(한화 1조 6000억 원)에, 모토로라를 12억 달러(한화 1조 2000억 원)에 인수하는 대규모 인수·합병이 진행되었다. 또한 이 시기는 구글이 온라인 광고 분야로 사업을 확장하던 때이기도 하다. 약 31억 달러(한화 3조 1700억 원)에 '더블클릭 Double Click'을 인수하고, 이를 시작으로 '애드몹AdMob', '애드멜드AdMeld' 등의 온라인 광고 기업을 차례로 인수했다. 3단계는 사물 인터넷IoT을 중심으로 인수·합병이 이루어진 시기이다. 구글은 무인 항공기 개발 업체인 '타이탄 에어로스페이스Titan Aerospace' 인수 이후 전 세계를 인터넷으로 연결하는 프로젝트 룬Project loon을 적극적으로 시행하고 있으며, 세계를 인터넷으로 연결시키고자 하는 사물 인터넷 영역의 시장 지배력 확보를 위해 지속적인 인수·합병을 시도하고 있다.

구글의 인수·합병의 사례에서 알 수 있듯이 구글은 다양한 분야의 기업들을 인수·합병하며 초국적 기업으로 자리 잡았다. 당초 인터넷 검색엔진으로 성장을 시작했지만 금융, 의료, 무인 항공기 등 이질적인 기업들을 인수했다. 최근 구글은 본연의 사업 영역이라고 할 수 있는 인터넷 검색 위주의 사

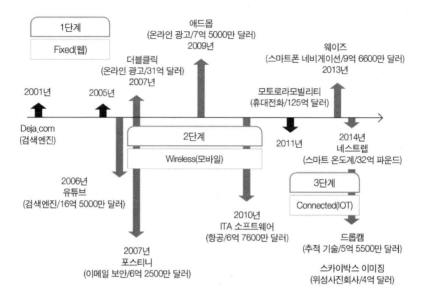

〈그림 7-2〉 구글의 주요 인수 · 합병 역사

업과 다소 거리가 있는 사업부들을 효율적으로 관리하기 위해 혁신적인 조직 개편을 시행했다. '알파벳Alphabet'이라는 모회사를 만들어 산하에 사업 부문의 특성별로 조직을 둔 것이다. 알파벳이라는 모회사가 거느릴 자회사는 구글(인터넷 검색 사업), 라이프사이언스(당뇨 감지용 콘택트렌즈 회사), 캘리코(무병장수 연구회사), 네스트(사물 인터넷 회사), 구글 캐피털(벤처 투자회사), 구글 벤처스(벤처 투자회사), 파이버(초고속 인터넷 회사), 구글X(비밀 연구소) 등 8개이다(이재구, 2015.8.11). 혁신적인 조직 개편의 배경에는 더 큰 기업으로 성장하기 위해 지속적으로 다차원적인 기업을 인수·합병하겠다는 구글의 의지가 보인다.

페이스북의 인수 · 합병 전략

인수·합병을 통해 기업을 확장시킨 대표적 ICT 기업은 페이스북이다. 페이스북은 2015년 7월 16일을 기준으로 총 55건의 인수·합병을 실시했다. 양적으로 살펴보면, 약 10여 년간 약 130건을 인수·합병한 구글에 비하면 약소하나, 2014년 2월에 있었던 왓츠앱 인수 건은 지난 2000년 닷컴 버블 이후 성사된 최대 규모의 인수·합병 거래라는 점에서 의미가 있다.

페이스북의 인수·합병 전략은 확실히 구글과는 다르다. 구글이 종목을 불문하고 인수·합병을 시도한 것과 달리 페이스북의 관심은 꾸준하게 소셜 미디어에 있다. SNS라는 가상의 세계를 만든 것처럼 최근 페이스북은 플랫폼을 활용한 가상현실 세계의 건설에 주목하고 있다. 가령, 전자결제 시스템을 도입하여 가상현실에서 쇼핑, 엔터테인먼트 등을 즐길 수 있는 미래형 사업이 페이스북이 인수·합병 영역으로 관심을 두고 있는 종목이다.

2004년에 시작한 페이스북은 2007년 파라키parakey라는 일종의 웹 운영체제os 회사를 인수하면서 인수·합병의 역사를 쓰기 시작했다. 2009년까지 소셜 네트워크 기업을 중심으로 소극적인 인수·합병을 시도하다가 2010년부터 적극적으로 변화하여 2010년에 총 9건의 인수·합병을 실시했다. 그 중 주목할 만한 것은 소셜 네트워크의 원조 격인 프렌드스터 Friendster 의 특허권을 인수한 것으로 당시 페이스북은 7건의 소셜 네트워킹 특허를 4000만 달러에 사들였다. 2011년부터 페이스북은 모바일 업체를 집중적으로 인수하기 시작했는데, 모바일 네트워크를 강화시킬 수 있는 자원을 가진 기업에 주목했다. 가령, 2011년에는 모바일 앱 개발회사 스냅투snaptu 와 모바일 그룹 메시징 기업인 벨루가Beluga 를 인수했다. 이듬해인 2012년에는 사진공유 SNS인 인스타그램을 10억 달러(한화 1조 원)에 인수하며 모바일 강화의 의지를 강하게 드러내기도 했다.

2013년부터는 플랫폼 영역에 메시징 서비스 역량을 강화하기 위한 공격적 M&A를 시도했다. 비록 2013년 모바일 메신저 앱 스냅챗Snapchat 에 대한 인수 시도는 실패했지만, 2014년 190억 달러로 거래되어 2000년대 이후 최고의 인

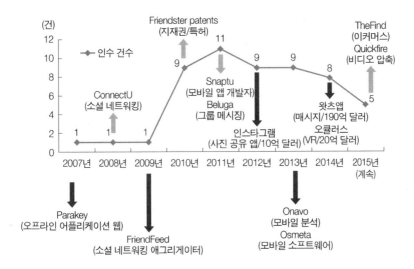

〈그림 7-3〉 페이스북의 역대 인수 · 합병 건수 및 주요 사례

수가를 기록한 왓츠앱 인수는 공격적 인수·합병을 보여주는 사례다. 최근 페이스북은 구글과 마찬가지로 차세대 플랫폼으로 주목받고 있는 사물 인터넷 영역에 진출하기 위한 인수·합병을 시도하고 있는데, 2014년 드론 업체인 아센타Ascenta를 2000만 달러(한화 204억 원)에 인수했고, 가상현실 기술업체인 오큘러스Oculus VR를 20억 달러에 인수했다. 페이스북의 인수·합병을 사례를 살펴보면, 페이스북은 향후에도 SNS 플랫폼의 경쟁력 강화를 위한 전략, 즉 독보적인 플랫폼을 네트워크와 디바이스로 확대하기 위한 인수·합병 전략을 지속적으로 시도할 것으로 전망된다.

구글과 페이스북은 ICT 기업 중 거대 인수·합병을 통해 기술 확보에 주력하는 대표적인 기업이다. 스스로도 거대한 성장을 위해 혁신적인 기업 전략을 추구한다고 말한다. 인터넷 검색 업체인 구글과 소셜 미디어 사업자인 페이스북의 인수·합병의 행보에는 닮은 듯 다른 점이 많지만, 궁극적으로 인수·합병을 통해 빠르게 변화하는 시장 환경에서 생존하고자 한다는 점에서는 동일한 목적을 가졌다. 그러나 이들의 인수·합병의 내용을 구체적으로 들여다보면 확실히 차이를 보이는 부분이 있다. 구글은 특허를 위해 기업 자체를 인수 합병하는 사례가 많으며, 페이스북은 대규모 전문인력이나 영입하기 어려운 우수한 인력을 확보하기 위해 인수·합병을 하는 경우가 많다. 즉, 인수·합병의 목적이 구글은 특허 등 기술 중심, 페이스북은 인재 중심이라고 할 수 있다. 이렇듯 인수·합병을 통해 핵심 성장을 이끄는 ICT 기업이라도 기업의 비전과 세부적 목표에 따라 인수·합병의 방식은 달라질 수 있다.

다음카카오의 인수 · 합병 사례

국내 ICT 기업의 경우는 해외만큼 인수·합병이 활발하게 이루어지지도 않고, 인수·합병의 성과가 두드러지게 나타나지도 않는 편이다. 가령 2014년 상반기 미국은 총 34건의 인수·합병이 성사된 반면에, 같은 기간 국내에서는 다음과 카카오 1건이 성사되었다. 2014년 10월 1일에 인터넷 포털 사업자인 다음이 국내 최대 모바일 메신저 사업자인 카카오를 흡수 합병했다. 합병은 합병 법인인 다음의 발행 신주와 카카오의 주식을 교환하는 형태로 진행되었으며, 다음과 카카오 주식은 1대 1.556의 비율로 합병했다. 당시 카카오의 장외 거래 가격 기준으로 계산한 합병 법인 시가총액은 3조 원 이상인 것으로 추정했다. 다음과 카카오의 합병은 2위 포털 사업자 다음이 성장 단계인 카카오와 합병하면서 성장 기반을 재구축하고 취약했던 모바일 사업 측면을 강화할 수 있다는 데 의미가 있다. 카카오톡 입장에서도 다음과의 합병을 통해 PC 기반으로 사업을 확장시킬 수 있는 기회를 얻었다는 점에서 두 기업 간의 시너지 창출에 대한 기대가 컸다. 그러나 합병 후 당초 기대만큼의 시너지 효과를 내지 못하고 있어 두 기업의 인수·합병에 대해 회의적인 시각도 있다. 최근 모바일 부문을 강화하기 위해 모바일 기반 사업의 30대 전문가를 CEO로 내세우는 등 혁신적인 행보를 보이고 있다. 약 한 달에 1건 이상의 인수·

합병을 추진하며 모바일 영역의 사업을 확장하고 있는 다음카카오는 ICT 기업이 인수·합병을 통해 기술과 사업자 영역을 확대하는 전형적인 행보를 보이고 있다.

해외 미디어 기업과 달리 국내에서는 다음카카오 외에 ICT 산업에서의 인수·합병 사례를 찾아보기 힘들다. 가장 큰 이유는 국내 전 산업에 걸쳐 인수·합병 시장이 침체되어 있고, 투자 환경 또한 열악하기 때문이라고 할 수 있다. 이러한 이유로 기업은 소극적인 기업 행위를 펼치고, 글로벌 시장으로 더 나아가지 못하고 내수 시장에 머무는 경향이 크다.

일반적으로 미디어 기업이 인수·합병 전략을 사용하는 이유는 치열한 경쟁 상황에서 시장 지배력을 확보하고 사업 영역을 확대시키기 위해서이다. 또한 글로벌 경쟁에 돌입한 미디어 사업자들은 내수 시장에서 쌓은 사업 경험과 시장 지배력을 바탕으로 다양한 형태의 해외시장 진출을 시도하고 있다. 그러나 글로벌 시장이라고 해서 무한대의 가치가 존재하는 곳은 아니다. 그동안 미디어 시장은 기술의 영향을 직접 받으면서 서로 이질적인 미디어 시장이 융합 시장으로 재편되었고, 이러한 미디어 시장의 융합화 현상은 미디어 기업들에는 기존의 시장 구조를 변화시킬 수 있는 새로운 기회와 위협을 함께 제공하고 있다.

SUMMARY

미디어 기업들은 시장에서의 지배력을 향상시키고자 인수·합병을 끊임없이 거듭하고 있다. 인수·합병은 기업이 경쟁 환경에서 새로운 기업을 설립하지 않고 기업이 성장하는 데 도움을 줄 수 있는 다른 기업을 사거나 팔거나 결합하는 것으로 급변하는 환경에 대응하는 전략이다. 다른 지리적 위치의 국가로 미디어 서비스 사업이나 상품 시장을 확장하는 해외시장 진출 전략의 유형은 해외 직접투자, 전략적 제휴 등이 있다. 기업의 인수·합병을 위해서는 엄격한 평가 기준이 필요하며, 여기서 기업의 가치 평가는 중요한 역할을 한다. 인수·합병이나 글로벌화 전략이 반드시 긍정적인 결과를 담보하는 것은 아니기 때문에 기업들은 다양한 방식으로 결과가 가져올 수 있는 경제적·사회적 비용 및 편익을 고려해야 한다.

생각해볼 문제

1. 미디어 기업들이 유독 글로벌 차원의 경쟁 상황에 직면한 이유는 무엇인가?
2. 미디어 기업이 인수·합병 전략을 수행하는 목적이 일반 기업과 다른 점은 무엇인가
3. 미디어 기업의 해외시장 진출에서 가장 중요하게 고려되어야 할 요소는 무엇인가?
3. 국내 미디어 기업의 인수·합병 사례나 해외시장 진출 사례를 살펴보고 그 성과를 도출해보자.
4. 구글, 페이스북 등 초국가적 ICT 미디어 기업의 인수·합병에서 나타나는 특징과 유형이 무엇인지 살펴보자.

참고문헌

김지윤. 2012. 「최근 M&A의 3대 특징 및 시사점」. Seri경영노트, 삼성경제연구소.
삼정KPMG경제연구원. 2014. 「글로벌 ICT산업 M&A 동향 및 전망」. 이슈모니터.
윤종훈·이호준. 2005. 『M&A 전략과 실전 사례』. 매일경제신문사.
이경원·이광훈·김민식·최연철·신성문. 2001. 「정보통신 벤처기업의 인수합병 유형과 경제적 효과」. 정보통신정책연구원. 연구보고서 01-42.
전범수. 2010. 『한국 미디어 산업의 변화와 과제』. 서울: 커뮤니케이션북스.
_____. 2013. 『미국과 유럽의 미디어기업 인수합병』. 서울: 커뮤니케이션북스.
정재민. 2005. 「글로벌 미디어기업의 인수합병 전략 연구: 진출 사업, 해외 지역, 합병 유형 분석」. ≪한국언론학보≫, 제49권 6호, 418~444쪽.
홍원균. 2014. 「IT 공룡 3인방이 그리는 미래 비즈니스 청사진 아마존, 구글, 페이스북의 M&A 전략을 중심으로」. KT경영경제연구소. 디지에코 보고서.
DMC Media. 2014.8.5. 「ICT 산업의 M&A 시장 동향 및 전망」. *DMC Report*. www. dmcreport.co.kr
KOTRA 해외투자협력센터. http://www.kotra.or.kr/kh

Baumol, W. J., J. C. Panzar, & R. D. Willig. 1982. *Contestable Markets and the Theory of Industry Structure*. New York: Harcourt Brace Jovanovich, Inc.

Chan-Olmsted, S. M. & A. B. Albarran. 1998. "A framework for the study of global media economics." In A. B. Albarran & S. M. Chan-Olmsted(eds.), *Global Media Economics*. Ames: Iowa State University, pp.3~16.

Kochhar, R. & M. A. Hitt. 1995. "Toward an integrative model of international diversification." *Journal of International Management*, 1, pp.33~72.

Picard, R. G. 2002. *The Economics and Financing of Media Companies*. Fordham University Press.

Porter, M. E. 1980. *Competitive Strategy*. New York: Free Press.

신문기사

이재구. 2015.8.11. "구글, 8개사 거느린 알파벳 설립의 깊은 뜻." ≪전자신문≫, 국제면.

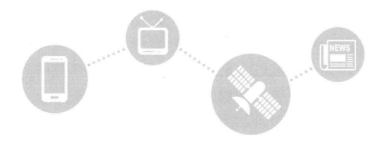

제3부 미디어 기업의 경영관리

08 미디어 기업의 조직 관리

김영규

미디어 기업을 성공적으로 운영하기 위해 필요한 활동들은 전략을 반영해 잘 조직되어야 한다. 이 장에서는 전략 실행의 기본 틀로서 공식적 조직 구조의 대안들을 비교해보고, 창의적이면서도 효율적인 조직 설계에 대한 시사점을 찾아본다. 또한 미디어 기업이 직면한 도전에 적극적으로 반응하기 위해 필요한 조직 변화 관리에 대한 이론을 소개한다. 이와 관련 공식적 조직 구조를 보완하고 조직 유연성을 높이기 위해 중요한 비공식적 조직 구조 및 조직 정체성에 대해 살펴본다.

조직 구조의 필요성

알프레드 챈들러는 그의 저서 『전략과 조직 구조Strategy and Structure: Chapters in the History of the American Industrial Enterprise』에서 미국 경제를 주도한 성공한 기업들은 전략을 잘 실행할 수 있는 조직 구조를 갖고 있다고 하면서, 기술이나 시장의 변화에 따라 전략적 방향이 수정되면 이에 따른 조직 구조의 변화가 필요하게 됨을 설명했다. 물론 전략을 성공적으로 실행하기 위해서는 조직 구조의 변화만으로는 불충분하다. 예컨대, 1982년 당시 맥킨지 컨설턴트였던 로버트 워터먼 주니어Robert H. Waterman Jr.와 톰 피터스Tom Peters는 기업을 성공적으로 운영하기 위해서는 전략Strategy과 조직 구조Structure에 더해 시스템Systems, 조직 구성원이 공유하고 추구하는 궁극적인 목표Shared Value 또는 Superordinate Goal, 경영/행동양식Style, 조직을 구성하는 인력Staff, 그리고 조직과 개인의 역량Skills과 같이 S로 시작하는 단어 7개가 의미하는 요소들이 서로 잘 어우러져야 한다고 주장했다. 이 '7-S 프레임워크'는 7가지 요소 중 어떤 한 요소가 변화하게 될 때 다른 요소들도 그에 맞게 변화시켜야 한다는 것을 시사하고 있다. 그렇지만 최고경영자의 의지를 잘 보여줄 수 있다는 면에서, 그리고 다른 요소들에 미치는 영향 측면에서도, 전략을 성공적으로 실행하기 위해 외부 환경에 잘 적응하면서 효과적으로 전략적 목표를 달성하기 위한 조직 구조를 설계하는 것은 매우 중요한 일이다.

효율적인 조직을 설계하기 위해서는 먼저 전문화에 대한 필요the need for specialization가 충족되어야 한다. 기업의 생산성 향상을 위해 기업이 전략을 달성하기 위해 필요한 여러 활동이 적절한 수준의 업무로 분장되어 각 업무를 맡는 조직 구성원이 해당 업무에 대한 전문성을 확보할 수 있도록 설계되어야 한다. 그런데 기업이 가치를 창출하기 위해서는 이렇게 세분화된 활동들을 다시 잘 조정하고 통합하는 과정이 필요하다. 이것이 조정에 대한 필요the need for coordination이다. 활동 간 상호 의존성을 관리하기 위해 조정이 필요한데, 이를 위한 효과적 통합에는 비용이 든다. 따라서 전문화를 많이 추구할수록 조정에 어려움이 있을 수 있다는 점을 고려하여 조직을 설계해야 한다. 한편, 조직과 개인의 목표가 다르기 때문에 발생하는 문제를 최소화하며 최적의 의사 결정을 위해 협력에 대한 필요the need for cooperation가 충족되어야 한다. 이는 조직과 개인의 목표를 부합하기 위해 어떤 방식으로 인센티브를 제공할 것인가에 관한 문제와도 연결된다. 또한 조직의 범위를 설정하는 것 역시 이러한 필요와 그에 따른 비용에 대한 고려를 통해 이루어지게 된다.

여러 형태의 조직 구조 비교

조직 구조를 어떻게 디자인할지는 업무를 어떻게 나눌 것인지(분업의 기준), 어떻게 조정할 것인지, 어떤 방식으로 의사 결정할 것인지, 그리고 어떤 근거로 권한을 부여할 것인지에 따라 결정된다. 기본적인 조직 구조 형태로는 기능형 조직, 사업부 조직, 매트릭스 조직, 그리고 네트워크 조직이 있다.

먼저 기능형 조직은 마케팅, 생산, 연구개발 등과 같이 투입요소에 따라 업무를 나누고, 이를 위계에 따라 감독하고 계획하며, 공식 절차를 통해 업무를 통제하고 조정하는 조직 구조이다. 따라서 의사 결정은 중앙에서 이루어지게 된다. 기능형 조직에서 권한은 조직 위계에서 차지하고 있는 위치 또는 기능적 전문성에 근거하여 부여된다. 기능별로 전문성을 확보하고 규모의 경제를 이루는 등 자원 이용 효율성을 높이는 장점이 있으나, 기능별 활동을 조정하는 데 자원과 시간이 많이 소요될 수 있고, 이에 따라 환경 변화에 대한 반응성이 떨어질 수 있는 단점이 있다. 일반적으로 규모가 커질수록 이런 단점이 더 두드러질 수 있지만, 애플과 같이 시너지가 큰 몇 개의 제품에만 집중하는 경우, 시장을 선도하기 위해 전문성 확보가 중요할 경우, 또는 조직을 통제할 수 있는 강력한 리더십이 있는 경우는 기능형 조직의 장점을 극대화할 수 있는 면이 있다.

사업부 조직은 이와 달리 산출물에 따라 업무를 나누게 된다. 이러한 사업부 조직은 다시 제품별, 지역별, 세분 시장별, 또는 프로세스별 사업부 조직으로 다시 나눌 수 있다. 조정은 각 사업부의 책임자와 조직 전체를 총괄하는 스태프에 의해 이루어지며, 전사 차원의 전략 수립에 대한 의사 결정과 전략 실행에 대한 의사 결정은 분리된다. 사업부별로 환경이 서로 다른 점을 반영하여 권한과 책임이 부여되며, 이에 따라 기능형 조직에 비해 일반적으로 좀 더 신속하게 환경 변화에 대응할 수 있고, 책임 경영을 할 수 있는 이점이 있다. 예컨대 디즈니의 경우 전략을 수립하고 자원을 확보하고 배분하는 기능을 담당하는 전사 조직과 호텔 및 리조트, 방송, 제작 스튜디오, 캐릭터 제품, 양방향 미디어 등 제품 및 서비스에 따라 독립적으로 운영되는 사업부로 조직되어 있다. 콘텐츠 제작과 그 콘텐츠를 활용하여 수익을 창출하는 여러 사업의 차이를 반영하기 위해 필요한 조직 구조라고 할 수 있다.

매트릭스 조직은 투입과 산출 모두를 고려하여 업무를 나누며, 예컨대 기능과 제품별로 업무를 조정하는 보고 체계가 양분되어 있는 형태이다. 투입 및 산출 양방향 모두에서 불확실성이 클 경우에 대비하기 위한 조직 구조로서 고도의 지식 및 기술을 가진 사람들이 소규모의 팀을 이루어 프로젝트성의 일을 하는 경우가 많을 때 효과적이라고 알려져 있다. 다양한 소비재를 생산하는 글로벌 기업들의 경우 각 지역별, 제품군별 시장 상황이 다른 한편 마케팅, 제품 개발 등의 측면에서는 규모의 경제를 얻을 수 있기 때문에 이러한 매트릭스 조직 형태를 취하는 경우가 많이 있다. 또한 최근에는 정보통신 서비스 분야에서도 매트릭스 조직을 받아들이는 경우가 늘어나고 있는데, 예컨대 보다폰Vodafone 같은 경우 다양한 지역 및 시장에서 경쟁하면서 혁신, 조달, 마케팅 기법 등에서 규모의 경제를 얻기 위해 기본적으로 국가별로 사업을 관리하면서 이들 분야에 대해 글로벌한 기능별 보고 체계를 갖추게 되었다 (*Bain Insights*, 2012).

네트워크 조직은 누가 지식을 갖고 있는지에 따라 업무를 분화하며, 여러 기능을 복합적으로 수행하는 팀들에 의해 업무가 조정된다. 의사 결정은 분권화되어 있으며, 필요한 지식과 자원에 근거하여 권한이 부여된다. 지속적 혁신을 이루는 데 장점이 있다고 생각되는 이 구조에서 하나의 도전은 서로

〈표 8-1〉 여러 형태의 조직 구조 비교

	기능형 조직	사업부 조직	매트릭스 조직	네트워크 조직
분업의 기준	투입	산출	투입 및 산출	지식
조정 메커니즘	위계적 감독, 계획, 절차	사업부별 책임자 및 총괄 지원	이중적 보고 관계	여러 직종의 사람이 모인 팀
의사 결정 권한	높은 집중화	전략과 실행의 분리	공유	높은 분권화
조직의 경계	중앙/주변	내부/외부 시장	다양한 접점	모호하며 변화
비공식적 구조의 중요성	낮음	보통	보통 이상	높음
조직 내 정치(갈등 요소)	기능 간	총괄 부서와 사업부, 사업부 간	매트릭스 내 보고 라인 간	팀 이동
권한의 근거	직위 및 기능적 전문성	경영에 대한 책임 및 자원	협상 능력 및 자원	지식 및 자원
자원 효율성	매우 좋음	나쁨	보통	좋음
시간 효율성	나쁨	좋음	보통	매우 좋음
반응성	나쁨	보통	좋음	매우 좋음
적응성	나쁨	좋음	보통	좋음
책임	좋음	매우 좋음	나쁨	보통
적합한 외부 환경	안정적 환경	시장별 다른 환경	여러 수요가 있는 복잡한 환경	변화가 심한 환경
적합한 전략	집중화/원가 우위	다각화	반응적 전략	혁신 전략

자료: Nohria(1995).

개성이 강한 팀들이 최종 고객들에게 불편 없이 서비스를 제공할 수 있도록 하는 것이다. 최근에는 스타얼라이언스와 같은 항공 산업 얼라이언스처럼 여러 기업이 별도의 체제를 유지하면서도 규모의 경제 또는 범위의 경제를 누리기 위해 협력하는 사례가 늘어나고 있는데, 이때 개별 기업은 어떤 문제 해결을 위해 협력 기업과 정보와 경험을 서로 공유하는 구조와 문화를 가져야 할 필요가 생기고 있다.

이와 같은 조직 구조는 외부적으로는 환경 변화에 따라, 내부적으로는 전략 변화 및 기업의 성장 등의 요인에 의해 변화하게 된다. 예컨대 사업을 처음 시작할 때는 기능적 조직으로 시작했으나, 시간이 지나 기업이 성장하고 관런 산업으로 영역을 넓히게 되면서 자연스럽게 사업부 조직으로 변화하게 될 수 있으며, 여러 사업을 수행하더라도 각 사업의 디자인이나 기술 측면에서 연관성이 크다면 기능적 조직을 기본으로 일부 기능만 전담 팀을 두는 형태 등 다양한 활용이 가능하다. 〈표 8-1〉은 앞에서 설명한 조직 구조의 특성을 요약·비교하고 있는데 기업을 둘러싼 환경이 변화하고 전략이 변화함에 따라 조직 구조의 변화가 필요하게 됨을 시사하고 있다.

새로운 개념의 조직 디자인

21세기 초반에 겪은 여러 가지 사건·사고, 경제 위기 등으로 조직에 대한 변화의 필요성을 많이 인지하게 되었다. 예컨대 당대 가장 혁신적인 기업으로 사회적으로 인정받던 엔론Enron의 성과가 회계 조작에 의한 것이었다든지 금융 위기 당시 투자은행에서 얼마나 사치스러운 소비가 이루어졌는지 등 기업의 스캔들이 문제가 되면서 지속 가능성sustainability과 사회적 정당성legitimacy이 중요한 가치로 떠올랐다. 또한 불확실하고 급변하는 환경, 그리고 극심한 경쟁 속에서 조직이 살아남기 위해서는 하나가 아닌 여러 가지 경쟁 우위가 필요하게 되며, 혁신, 신제품 개발, 사업 개발 등을 위한 다양한 조직 능력을 개발할 필요가 생기게 되었다.

이러한 새로운 전략에 대한 요구는 조직 구조 측면에서 조직 유연성을 높이면서도 조직 전체를 잘 통합할 수 있어야 하는 요구를 이끌어냈으며, 이에 따라 모듈형 조직 구조, 다차원적 구조, 비공식 조직 및 자가 조직self-organization 등에 대해 검토하게 되었다. 한편 유연성을 늘리기 위해서 다양한 형태의 전략적 제휴 또는 크라우드 소싱crowdsourcing을 활용하는 경우도 증가했다.

특히 최근 어떤 조직 구조든지 지속적으로 스스로를 재생할 수 있고, 다른 조직 구조와 연관된 위치를 어떻게 인지하는지에 따라 행동하며, 존재에 필수적인 요소들을 보존하면서 진화를 도모하고, 더 큰 필드(예: 생태계)와 상생을 도모하며, 생성부터 소멸까지 자연적인 생애 주기를 따를 수 있다는 점에서 어떤 조직 구조이든지 생명 형태life-form로 볼 수 있다는 견해(예: de Geus, 1997)가 제기되기도 했다. 아직 하나의 조직으로 볼 수는 없으나 오픈 소스 이니셔티브open source initiative와 같은 형태에서 그 가능성을 찾고 있다.

조직의 복잡성과 성과

예측하기 어렵고 복잡한 환경에 대응하기 위해서 조직 구조도 따라서 복잡해져야 하는가? 대답은 '그렇지 않다'이다. 환경이 복잡해진다고 전략과 조직 구조가 복잡해져야 하는 것은 아니며, 오히려 위기를 타개하고 기회를 잘 살리기 위해서는 너무 복잡한 조직 구조는 좋지 않다는 것이 정설이다. 예컨대 조직에 사람의 의사 결정과 행동을 지나치게 제약하는 많은 규칙이 있을 경우 예측하지 못한 상황에서 제대로 된 의사 결정을 내릴 수 없게 된다. 따라서 오히려 주요 프로세스에 집중해 그 프로세스가 잘 이루어질 수 있는 간단한 원칙simple rules을 만들고 그 원칙 안에서 상황에 맞는 의사 결정을 유연하게 내리는 것이 더 바람직하다고 보는 견해가 있다(Sull, 2001). 예컨대 기회 또는 위기에 어떤 방식으로 대응할 것인지 일일이 행동 지침을 만들면 예상하지 못했던 기회나 위기에 대응하기 어렵다. 대신 이러한 기회나 위기에 어떻게 대응할 것인지 범위, 우선순위, 시기, 그리고 언제 그만 둘 것인지에 관해 명확하고 간단한 원칙들을 만들어두면 훨씬 더 적절하게 대응할 수 있다는 것이다.

이와 관련해서 훌륭한 기업은 원칙이나 구조에만 의존하지 않고, 종업원을 신뢰하고 그들이 스스로 조직하고 아이디어를 만들어냄으로써 여러 활동을 조정하고 통합할 수 있는, 스스로 결정을 내리는 전문가로 대한다는 견해가 있다(Kanter 2011). 공식적 조직 구조에 의존하지 않고 문제가 생기면 사람들이 스스로 일시적인 네트워크를 구성해 문제를 해결하기 때문에 조직이 유연하게 환경 변화에 대응할 수 있다는 것이다.

창의성과 효율성을 동시에 추구하는 조직 설계

미디어 기업은 콘텐츠라는 이름으로 지속적으로 제품 또는 서비스를 만들어내야 하는 측면에서 다른 어떤 산업보다 창의성을 발현시킬 수 있어야 한다. 그러나 기존 콘텐츠를 잘 활용하여 최대한 가치를 실현시킬 수 있도록 조직이 효율적으로 운영되어야 할 필요 역시 크다. 디즈니는 가족 중심의 세계적인 엔터테인먼트 및 미디어 기업이다. 디즈니는 콘텐츠 제작을 통해 인기 있는 캐릭터를 만들어내고 이 캐릭터를 활용해 다양한 수익을 얻는 사업 모델을 갖고 있다. 디즈니는 ABC, ESPN 등 방송과 출판, 무대, 인터넷 등을 담당하는 미디어 네트워크 부문, 디즈니랜드, 디즈니월드, 크루즈 사업 등을 담당하는 공원 및 리조트 부문, 콘텐츠 제작을 담당하는 스튜디오 엔터테인먼트 부문, 캐릭터를 이용한 다양한 소비재를 생산 및 판매하는 소비재 부문, 그리고 게임, 온라인 가상세계 등을 만들어내는 인터랙티브Interactive 부문으로 나누어져 있다. 전략을 수립하고 사업부별로 자원을 배분하고 전사 차원의 커뮤니케이션을 하는 기능은 본부에 두고, 실행은 각 사업부에서 책임을 지고 경영하도록 하는 사업부 제도를 채택하고 있다. 현재 미디어 네트워크 부문은 다시 디즈니/ABC와 ESPN의 회장이 공동 의장을 맡고 있고, 소비재 부문 회장과 인터랙티브 미디어 부문 회장은 두 부문의 공동 의장을 겸직하고 있다. 디즈니 스튜디오의 회장은 디즈니, 픽사, 마블, 루카스필름 등의 콘텐츠 제작, 배급, 마케팅 등을 총괄하고 있다. 그러나 한편 제작의 창의성 확보를 위해 픽사, 마블, 루카스필름 등은 디즈니 본사와는 매우 다르게 운영되고 있다. 디즈니가 픽사를 인수할 당시 디즈니는 기술이 부족한 것은 아니었음에도 라이언킹 이후 오랜 동안 성공적인 애니메이션 필름을 만들지 못하고 토이스토리를 비롯한 픽사의 성공작에 의존했다. 이에 픽사를 인수하기로 했으나 디즈니의 조직 문화를 강요할 경우 픽사의 주요 인력이 이탈할 가능성이 대두되었고, 디즈니는 픽사를 독립적으로 운영하기로 결정했다. 대신 픽사의 주요 인력들이 디즈니 콘텐츠 제작을 담당하거나 참여할 수 있게 하여 창의성을 조직에 확산시킬 수 있었다.

픽사의 경우는 기본적으로 프로젝트 중심의 네트워크 조직으로 운영되고 있다. 예컨대 픽사에서 제작 중인 장편영화가 여러 편이 있을 경우 각 영화별로 팀이 구성되며, 개봉이 가까울수록 더 많은 인력이 배치된다. 또한 아이디어를 만들어내는 개발 그룹과 단편 영화를 제작하는 단편 영화 그룹, 그리고 기술적으로 제작을 지원하는 팀들로서 소프트웨어 개발을 담당하는 내부 소프트웨어 그룹과 하드웨어를 담당하는 내부 시스템 그룹으로 운영되고 있다. 디즈니 사업 중 공원과 리조트 분야의 경우는 콘텐츠를 활용하는 분야이기 때문에 효율성이 매우 중요한 반면, 지속적 콘텐츠를 만들어내야 하는 스튜디오의 경우는 창의성이 더 중요하다. 따라서 서로 다른 성격의 사업을 서로 다른 방식으로 운영함으로써 기업 전체 측면에서 더 큰 가치를 창출하도록 하고 있다.

조직 문화와 조직 변화

미디어 산업을 둘러싼 기술, 수요, 정책 등 환경 변화가 매우 빠르게 일어나고 있어 미디어 기업은 조직 변화에 대한 필요가 크다. 일반적으로 조직 변화의 시작은 전략 및 조직 구조의 변화로 시작하지만 '7-S 프레임워크'가 시사하는 바처럼 다른 요소들, 즉 새로운 시스템의 정착, 나아가 조직 문화의 변화 없이는 조직 변화가 성공할 수 없다.

일반적으로 조직 구성원이 잘못된 관행을 바로잡으려는 정도는 조직이 얼마나 관료주의적인지와 관련이 있다. 관료주의적 조직에서 상사의 지시에 의하거나, 문서화되어 있거나, 개인이 조직에 몸담기 이전부터 존재하는 원칙에 대해서는 개인은 당연하게 여기는 경향이 있다. 따라서 관료주의적 조직에서 나쁜 관행을 바로잡기가 더 어렵다.

조직 구성원 사이에 핵심적으로 논의되던 것이 더 이상 논의의 대상이 되지 않고 당연하게 여기게 되는 과정을 제도화라고 하는데, 따라서 제도화된 조직 문화는 조직 변화의 강력한 방해 요소가 될 수 있다. 어떤 원칙이 조직 안에 제도화되면 그 원칙이 불합리하더라도 굉장히 오랜 기간 동안 바뀌지 않을 수 있다. 반면 조직 변화가 원하는 방향으로 이루어질 수 있도록 설득하고 소통하여 조직 구성원들이 변화를 자연스럽게 받아들일 수 있도록 하는 것이 필요하다. 따라서 조직 변화는 새로운 관행을 제도화하는 과정으로 이해될 수 있다.

예컨대, 미디어 환경의 변화에 따라 언론사들은 매체별로 운영되던 뉴스룸을 통합하려는 시도를 하게 되었다. 실제로 정보를 이용하는 역할에만 그치던 청중들이 언론사보다 빠르게 정보를 전달하는 경우도 있었으며, 반면 이러한 정보를 제대로 확인하지 않고 인용하는 것이 언론 기업의 공신력에 부정적인 영향을 끼치는 사례도 있었다. 신뢰성과 신속성, 그리고 매체별로 차별화된 이용자들의 요구에 부합하기 위해 많은 언론사들이 뉴스룸 통합을 시도해왔다. 조직 구조를 통합하고, 더 많이 소통할 수 있도록 공간을 디자인하는 등 다양한 노력을 하고 있지만 진정한 효과를 거두기 위해서는 조직 구성원의 규범적 사고, 즉 조직 문화가 변해야 한다는 것이 여러 사례에서 얻은 교훈이다(다음 박스 참조).

단편적이고 간헐적인 실험들에서 나아가 조직 전반의 틀을 바꾸는 작업도 진행 중이다. …… 한겨레도 다음달 20일 시행을 목표로 디지털 퍼스트 전환을 위한 조직 개편 최종안을 만들고 있다. 이달 초 한겨레 노조가 노보에서 일부 공개한 '혁신안'은 온라인에 더 많은 역량을 투입하고 종이 신문은 탐사·심층 보도 강화를 골자로 하고 있다.

…… 하지만 전반적인 조직 문화 변화의 뒷받침까지는 기대하기 힘든 실정이다. 여전히 대다수 신문사의 편집국은 종이 신문 위주로 돌아가고, 온라인 업무는 소수의 인력이 전담하는 구조다. 이를테면 정부가 담뱃값 2000원 인상 추진 계획을 발표한 다음날, 신문 1면에 '뻔한' 스트레이트 기사가 나가는 식이다. 종합 일간지 한 기자는 "이미 전날 인터넷에서 다 소비된 뉴스를 1면에 스트레이트로 내보내는 게 무슨 의미가 있나. 차라리 해설이나 분석 기사로 소화하는 게 맞지 않냐"고 지적했다. 신문 제작 종사자들의 사고방식이 여전히 이용자가 아닌 '생산자' 중심에 맞춰져 있다는 것이다.

…… 한국일보 한 기자는 뉴욕타임스의 디지털 혁신 실패담에서 출발한 '혁신 보고서'의 교훈을 이렇게 설명했다. "왜 뉴욕타임스마저도 실패할 수밖에 없었는가? 바로 뉴욕타임스이기 때문이다. '우리가 최고'라는 그 자부심이 변화를 막는 이유다." 이 기자는 "위에서부터 바뀌어야 한다"고 강조했다. 그는 "최고경영자와 편집국장의 의지, 조직 개편이 합쳐지지 않는 이상 신문에 최적화된 구조로는 디지털 퍼스트로 갈 수 없다"며 "리더가 방향을 정하고 조직부터 바꿔야 한다. 옛날 업무 프로세스로 만들어진 조직을 바꿔야만 뉴 프로세스 실행이 가능하다"고 말했다.

김고은. ≪한국기자협회보≫, 2014.9.24.

리더십과 조직 변화

기업 경영 관련 베스트셀러『좋은 기업을 넘어 위대한 기업으로Good to Great』의 저자 짐 콜린스Jim Collins는 위대한 조직이 되기 위해서는 4개의 기본적인 단계를 거쳐 변화해야 하며, 각 단계는 2개의 근본적인 원리로 구성되어 있다고 주장했는데 그중 위대한 기업으로 변화하기 위한 첫 단계는 변화를 주도할 잘 훈련된 사람disciplined people 을 확보하는 것으로 보았다. 특히 인간적으로 겸손하면서도 업무적으로는 의지가 강한 최고경영자－레벨 5 리더십－의 존재와 변화를 이끌어 나갈 주역들과 참여할 사람들을 정하는 것을 중요하게 보았다. GE의 회장인 잭 웰치Jack Welch 역시 제대로 된 사람을 찾아 그들이 최대한의 능력을 개발할 수 있도록 동기부여하고 응원하며 도와주는 역할이 경영자의 역할이라고 이야기한 바 있는데, 이와 같이 조직 변화를 추구할 때 변화를 주도할 사람들과 그들을 이끌어갈 리더들의 역할은 가장 중요하다. 특히 일반적인 경영자 역할과 달리 리더는 조직이 변화해야 할 방향을 설정하고 이를 달성하기 위해 협력이 필요한 조직 구성원들과 소통하면서 이해관계를 조율하고, 조직 변화의 (정치적, 관료주의적, 자원 측면의) 주요 장애 요인을 극복할 수 있도록 조직 구성원들에게 동기를 부여하고 영감을 주어 바람직한 방향으로 조직 변화를 이끌어내는 역할을 담당한다(Kotter, 1990).

성공적 조직 변화를 위한 조건

코터(Kotter, 1990)는 일찍이 성공적 조직 변화를 이끌어내기 위한 8단계를 제시한 바 있는데, 최근에는 더욱 유연하게 환경 변화에 대응하기 위해서는 이원화된 조직 구조를 가져야 함을 제시했다(Kotter, 2014). 공식적 조직 구조는 매일 매일 이루어지는 활동들을 잘 해내는 데 최적화되어 있으나, 복잡하고 빠르게 전개되는 환경 변화를 다룰 수 없기 때문에 제2의 운영 시스템이 필요하다는 것이다. 즉, 전략의 수립과 실행을 전담하는 민첩하게 움직이는 네트워크 형태의 제2의 운영 시스템을 통해 산업 및 시장, 조직의 변화를 지속적으로 평가하고 이에 빠르게 대응하는 것이 필요하다고 했다. 이는 기존의 조직 구조를 보완하기 위해 필요하며, 네트워크는 고정적인 것이 아니라 조직을 선도하는 사람들이 이슈에 따라 다른 사람들과 네트워크를 구성하여 대응할 때 다양한 도전에 신속히 대응할 수 있다는 것이다.

그가 이전에 제시한 조직 변화의 8단계와 기존 조직을 두고 전략 네트워크라는 제2의 운영 시스템을 통해 더 신속한 전략적 변화를 이루게 하는 8개 요인을 비교해보면, 이전에는 조직 변화는 단계적으로 이루어지는 것이고 소수의 사람들이 주도적으로 이루는 것이며 전통적인 조직을 통해 이루는 것으로 보았던 반면, 신속한 조직 변화를 가능케 하는 요인은 동시에 발생하는 것이며 가능한 한 많은 사람이 자발적으로 참여하는 것이 중요하고 전략적 네트워크라는 기존 조직과 별개의 운영 시스템에 의해 이루어진다는 차이가 있다고 주장했다. 이러한 별개의 운영 시스템이 제대로 작동하기 위해서는 다섯 가지 원칙이 있는데, 첫째, 변화의 주체는 소수의 인원을 지명하는 것이 아니라 다수가 되어야 한다는 것이며, 둘째, '해야 한다'는 마음가짐이 아니라 '하고 싶다'라는 마음가짐을 가져야 자발적 참여가 일어난다는 것이고, 셋째, 논리로만 설명하는 것이 아니라 공감하는 과정이 필요하다는 것이고, 넷째, 경영관리 대신 리더십이 필요하며, 다섯째, 공식적인 조직 구조와 전략 네트워크는 별개의 사람들로 이루어지는 것이 아니어야 한다는 것이다.

변화의 바퀴 10가지 요소

한편 조직 변화를 성공적으로 수행하기 위한 또 다른 틀로서 변화의 바퀴 모형이 있다. 변화의 바퀴The Change Wheel(Kanter, 2011)의 축은 목표이며, 지향하는 목표를 달성하기 위해 각각의 요소가 제대로 이루어지고 있는지에 대한 분석하는 데 이 틀을 이용한다. 따라서 조직 문화와 성과 면에서 어떤 변화를 지향하는지 목표가 분명해야 이 틀을 제대로 이용할 수 있다.

〈표 8-2〉 조직 변화의 단계와 신속한 조직 변화를 가능케 하는 요인

	조직 변화의 단계 (Leading Change, 1990)	신속한 조직 변화를 가능케 하는 요인 (Accelerate, 2014)
1	조직의 능력과 변화의 필요성을 점검함. 특히 조직이 사회 및 경쟁 조직 간 관계에서 갖고 있는 위상, 공식적 조직 구조, 비공식적 조직 구성원 네트워크 등에 대해 바르게 이해해야 함.	하나의 큰 기회를 중심으로 변화가 시급하다는 것을 인지할 수 있게 해야 함. 이를 위해 최고경영층의 역할이 중요함.
2	조직 변화가 필요하다고 판단될 경우 조직 구성원들에게 조직 변화가 시급하다는 인식을 심어 주어야 함. 이와 관련하여 사람은 위기가 아니면 변화하고자 하지 않는다는 금언이 있음.	변화를 선도하는 그룹 guiding coalition 을 만들고 유지함. 각 부서와 계층을 대표하는 지원자들로 구성하며, 이들 사이에서 계층이 생겨 정보가 제대로 흐르지 않는 것을 방지해야 함.
3	변화와 관련이 있는 사람들의 이해관계를 조율하기 위해 변화를 주도할 핵심적인 팀을 만들어야 함.	큰 기회를 살리기 위해 전략적 비전과 변화의 이니셔티브를 세움.
4	조직 변화에 대한 비전과 전략을 세움.	비전과 전략을 소통하여 변화에 참여할 다수의 지원자를 확보함.
5	비전을 변화와 관련 있는 사람들에게 전달함.	네트워크를 통해 문제를 해결함으로써 비전 달성과 기회 실현을 향한 움직임을 가속화함.
6	다른 조직 구성원들이 실행에 옮길 수 있도록 권한을 줌	가시적이고 중요한 단기적 성공 short-tiem wins 을 보여줌.
7	단기적인 작은 성공 short-term wins 을 만들어 내고 이를 이용함	경험에서 계속 배우고 조직 변화의 성공을 일찍 선언하지 않음.
8	조직 변화의 성공을 선언하기 이전에 새로운 변화의 내용을 조직 문화에 제도화시켜야 함.	전략적 변화를 조직 문화에 제도화시킴.

자료: Kotter(1990, 2014).

10가지 요소는 논리적으로 전개되는 순서가 있다. 예컨대 주제와 비전, 상징과 신호, 지배 구조 등이 초기에 결정되고, 교육 및 이후 과정들이 이후 진행되며, 적절한 보상을 통해 변화를 정착시키게 될 것이다. 그러나 반드시 순차적으로 진행되는 것은 아니다. 순서보다 변화가 10가지 요소 중 일부에만 일어나고 그치는 경우 체계적인 조직 변화는 일어나지 못하게 된다는 것에 초점이 있다. 10가지 요소는 다음과 같다.

(1) 공통된 주제, 공유된 비전: 변화에 대한 메시지는 반드시 잘 그리고 폭넓게 이해되어야 한다. 소수의 사람들이 모여 비전을 만들 수 있으나, 반드

시 다수의 사람에 의해 공유되고 내부화되어야 한다. 반복을 통해 강조하는 것도 효과적이며, 실제로 충분히 반복되지 않을 경우 조직 구성원마다 해석이 다를 위험이 있기 때문에 충분한 전달이 필요하다.

(2) 상징과 신호: 일반적으로 사람들은 리더가 실제로 변화를 중요하게 생각하고 있는지에 대한 신호를 찾는다. 따라서 작은 상징이 큰 결과를 가져오기도 한다. 예컨대 직위에 따라 정해놓던 주차공간을 직위와 상관없이 자유롭게 사용하도록 함으로써 관료주의를 타파하겠다는 의지를 보일 수 있다. 이때 상징적인 행동이 신뢰를 줄 수 있어야 하며, 종종 이러한 상징성 있는 행동들이 그 조직을 대표하는 이야기로 전승되기도 한다.

(3) 지배 구조(책임 체제): 조직 변화를 주도적으로 수행하고 그 과정을 통제할 사람들을 정하는 것은 매우 중요한 일이며, 각각의 책임을 명확하게 하는 과정이 필요하다.

(4) 교육, 훈련, 실행 도구: 변화를 실행할 때 조직의 각 부분마다 서로 다르게 해석할 수 있으므로, 변화의 필요성과 내용에 대한 교육이 필수적이며, 변화에 따른 행동 변화를 위해 훈련이 필요하다. 이와 관련 변화와 실제 업무가 잘 연결되기 위한 실행 도구를 제공해야 한다.

(5) 투사와 후원자: 변화를 위해서는 변화를 위해 행동하고 다른 사람들의 변화를 촉구하는 리더가 필요하고 또한 그러한 변화를 위해 행동하는 사람들을 지원하는 사람들이 모두 필요하다.

(6) 단기적인 작은 성공들과 보통 사람들에게서 시작되는 혁신: 빠른 시일 내에 나타나는 작은 성공들은 변화가 가능하다는 것을 조직 구성원들에게 보여준다. 한편 변화를 주도하는 사람들이 아니라 일반 사람들이 변화를 실행하는 가정에서 우연히 새로운 변화를 만들어내는 경우가 있는데, 방향은 분명하게 설정하는 것이 필요하지만 세부적인 것은 실제로 변화를 수행하는 사람들이 더 적합하게 할 수 있도록 한다.

〈그림 8-1〉 변화의 바퀴

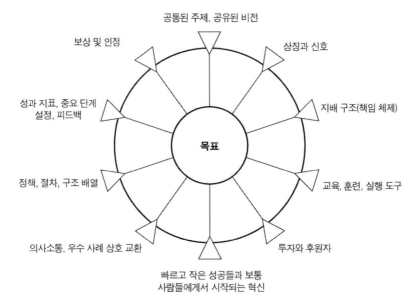

공통된 주제, 공유된 비전

보상 및 인정

상징과 신호

성과 지표, 중요 단계
설정, 피드백

지배 구조(책임 체제)

목표

정책, 절차, 구조 배열

교육, 훈련, 실행 도구

의사소통, 우수 사례 상호 교환

투자와 후원자

빠르고 작은 성공들과 보통
사람들에게서 시작되는 혁신

자료: Kanter(2011).

(7) 의사소통, 우수 사례 상호 교환: 변화를 위해서는 일반적으로 수행하는 활동보다 훨씬 더 많은 의사소통이 필요하며, 의사소통이 부족할 경우 변화는 혼돈으로 이어진다. 한편 뉴미디어 활용 등으로 이전에 비해 커뮤니케이션할 수 있는 여러 경로가 추가되었다.

(8) 정책, 절차, 구조 배열: 조직 변화가 원하는 방향으로 성공될 수 있도록 정책, 절차, 시스템, 조직 구조 등에 대한 변화가 필요하다. 매킨지 7-S 모델처럼 조직 변화는 이 모든 면에서 변화가 요구된다고 할 수 있다.

(9) 성과 지표, 중요 단계 설정, 피드백: 변화가 제대로 이루어지고 있는지에 대해 평가할 수 있는 지표가 필요하며, 변화를 위해 필요한 세부 단계를 설정하여 제대로 변화가 이행되고 있는지 점검해야 한다. 이와 관련하여 잘되고 있는 부분과 잘 되지 않는 부분에 대한 피드백이 필요하다.

(10) 보상 및 인정: 변화에 대한 동기부여를 위해 보상 및 인정이 필요하다.

한편 〈그림 8-1〉에서 10가지 요소 중 변화의 바퀴에서 축을 공유하는 대칭되는 요소들(1과 6, 2와 7, 3과 8, 4와 9, 5와 10)은 상호 보완적이라는 특징이 있다.

조직의 성장과 변화

조직은 외부 환경 변화가 일어나지 않더라도 성장하면서 변화가 필요하게 될 수 있다. 예컨대 조직이 처음 창업되었을 때는 창업자의 역할이 매우 크며, 조직 구성원의 숫자는 일반적으로 적고, 관료주의적이지 않다. 반면 조직이 성장하면서 전문경영자의 역할이 커지며, 정해진 원칙과 절차에 의해서 업무를 진행하는 방식이 보편화된다. 관료주의가 많이 진행될수록 조직은 이를 타파하기 위해 새로운 시도를 해야 할 필요성이 높아진다. 〈표 8-2〉는 조직의 성장에 따른 성격 변화를 보여 주고, 이에 따른 조직 변화의 필요성을 시사한다.

특히 구글, 페이스북, 넷플릭스와 같이 빠르게 변화하는 기술 환경 속에서 성장한 기업들은 이러한 수명 주기를 매우 짧은 시간에 거쳐왔다. 실제로 구글 역시 1998년 창업 이후 매우 관료주의적으로 변화했기 때문에 래리 페이지Larry Page 회장은 이를 타파하고자 여러 방면으로 노력하고 있다. 예컨대 마이클 블룸버그Michael Bloomber 시장이 뉴욕시의 관료주의를 극복하기 위해 했던 방법을 차용하여 주요 경영자들이 매일 일정 시간을 회사 사옥 4층에 개방된 공간에서 보내며 빠른 의사 결정을 할 수 있도록 하고 있는데, 이전에는 주요 의사 결정에 에릭 슈미트Eric Schmidt, 세르게이 브린Sergey Brin, 래리 페이지 세 명이 모두 참여해야 했기 때문에 속도에 문제가 있었다. 또한 경영자들이

〈표 8-3〉 조직의 생애 주기에 따른 성격 변화

	창업	집단 형성	공식화	정교화
관료주의 정도	없음	관료주의 전 단계	관료주의	관료주의 심화
조직 구조	비공식적, 1인 체제	대부분 비공식적, 몇몇 절차	공식 절차, 분업, 추가 전문성 부여	관료주의하에서 팀워크, 작은 회사처럼 생각하기
제품 및 서비스	단 품목	주력 품목과 약간의 변형된 품목들	제품 및 서비스 라인	여러 가지 제품 및 서비스
보상 및 통제 시스템	개인적, 가부장적	개인적, 성공에 대한 기여도	개인적이지 않은, 공식화된 시스템	광범위하면서도 제품 및 부서에 맞게
혁신	소수 경영자로부터	경영자와 직원으로부터	별도의 혁신 담당 그룹	제도화된 연구개발 부서
목표	생존	성장	안정과 시장 확대	평판, 조직의 완성도
최고경영자 형태	개인적, 기업가적	카리스마, 방향 제시	권한 부여와 통제	팀 지향, 관료주의 타파

자료: Daft(2015: 355).

갈등을 작은 회사에서처럼 직접 만나서 개인적으로 처리할 것을 요구했. 이처럼 혁신적이라고 생각되는 기업도 성장에 따라 조직을 계속 변화시켜야 함을 알 수 있다.

비공식적 네트워크의 이해

창의성 및 효율성을 동시에 추구하기 위해, 점점 복잡하고 빠르게 전개되는 환경 변화에 잘 대응하여 조직을 성공적으로 운영하고 또 필요한 조직 변화를 성공적으로 수행하기 위해 조직 구성원 네트워크를 이해하는 것은 매우 중요한 일이다. 예컨대 어떤 기업이 새로운 제품을 개발할 경우 조직 구조상으로는 마케팅 또는 연구개발 부서의 인력이 이를 담당할 것으로 생각할 수 있다. 그러나 고객의 성향과 요구를 좀 더 잘 파악하기 위해서 연구개발 부서의 담당자는 지역 담당자나 영업 인력, 그리고 기술이 필요한 경우 엔지니어 등에게 개인적으로 조언을 구할 수 있다. 이렇게 조언을 주고받는 관계들을 잘 파악하고 있다면 조직을 더 효율적이고 효과적으로 운영할 수 있다.

또한 조직 구성원들이 비공식적 네트워크에서 차지하는 위치와 이에 따른 영향력에 대해 이해함으로써 필요한 조직 변화를 성공적으로 수행할 수 있다. 예컨대 조직 구성원이 업무를 해결하기 위해 주로 누구에게 조언을 구하는지를 설문을 통해 파악해보면, 조직 구조상에서 상위직에 속한 사람이 반드시 조직에서 가장 영향력이 있는 사람이 아닌 경우가 많이 있다. 따라서 더욱 영향력 있는 사람들을 통해 조직 변화를 시도한다면 성공 가능성이 높아진다는 것이다.

실제로 기업의 인수·합병을 포함하여 조직이 변화할 때 조직 구성원들은 자신의 영향력을 확대하기 위해 노력하게 되는데, 이는 조직이 변화하는 데 불필요한 비용이 된다. 따라서 조직 구성원 네트워크를 제대로 파악하여 조직을 원하는 방향으로 변화시키는 데 실패할 가능성을 줄이는 것은 매우 중요하다.

사회 변화를 이루기 위해 선거권이 있는 사람을 설득하는 것처럼 조직 변화를 이루기 위해서는 변화에 이해관계가 있으면서 변화를 지지하거나 반대할 수 있는 주체들을 찾아 그들과 연계하여 변화를 이루는 것이 필요하다. 이는 다음과 같은 질문에 대한 해답을 찾아가는 과정을 통해 이루어질 수 있다.

첫째, 변화를 통해 개선하려는 문제는 무엇인가?

둘째, 문제와 연관된 현재, 그리고 잠재적으로 조직 변화에 이해관계가 있는 사람들은 누구인가?

셋째, 그들 간에 어떤 인맥이 존재하는가?

넷째, 그들 간 관계에 영향을 미칠 수 있는가?

다섯째, 그들의 이익과 걱정을 다룰 능력이 있는가?

마지막으로 그들과 의사소통할 수 있는 하나의 통일된 비전이 있는가, 아니면 각각에게 서로 다른 내용으로 의사소통을 할 것인가?

개인 중심 네트워크의 형태와 조직 변화

개인 중심 네트워크ego-centric network 란 어떤 개인과 그 개인이 사회적 관계를 맺고 있는 사람들이 서로 맺고 있는 사회적 관계를 집합적으로 칭하는 것이다. 어떤 개인과 관계를 맺고 있는 사람들이라는 범위가 다소 모호하므로 개인 중심 네트워크를 파악하는 목적에 맞는 질문을 통해 개인 중심 네트워크에 포함되는 대상자를 선정하게 된다. 예컨대 "업무 수행의 어려움에 직면했을 때 조언을 구하는 사람은 누구인가?" 또는 "경력과 관련된 주요한 의사 결정을 할 때 상의하는 사람은 누구인가?" 등의 질문을 생각할 수 있다. 그리고 다시 설문을 통해 네트워크에 포함되는 대상자와 얼마나 자주 소통하는지 등의 질문으로 관계의 강도를 알아낼 수 있다. 또한 개인의 네트워크에 포함되는 대상자 간의 관계의 강도에 대해서도 파악하는 것이 필요하다.

이렇게 파악할 수 있는 개인 중심 네트워크는 크게 두 가지 형태로 나눌 수 있다. 첫째는 응집형 네트워크cohesive network 이다. 응집형 네트워크란 나의 인맥에 속한 사람들이 서로 서로 잘 연결되어 있는 경우를 말한다. 이 경우에는 서로 연결되어 있기 때문에 상호 신뢰 및 이해가 쌓일 수 있으며, 서로 양질의 의사소통이 가능하고 행동을 조정하기 쉬워지는 장점이 있다. 그러나 서로 잦은 의사소통으로 비슷한 정보를 갖고 있을 가능성이 높기 때문에 여러 명을 통해 받아들이는 정보가 중첩되게 되어 정보의 다양성 측면에서는 불리한 점이 있다.

둘째는 가교형 네트워크bridging network 이다. 가교형 네트워크란 나와 인간관계를 맺고 있는 사람들 또는 그룹들끼리 서로 잘 모르기 때문에 내가 이들을 연결하는 가교 역할을 하는 경우를 말한다. 이 경우에는 내가 아니면 그 사람들이나 그룹들이 서로 연결되지 않기 때문에 그들과 무엇을 언제 어떻게 커뮤니케이션할지에 관해 내가 통제할 수 있다는 장점이 있으며, 중개를 통해 경제적 이익을 얻을 수 있는 기회가 주어진다. 또한 서로 잘 모르는 사람들이 갖고 있는 정보는 중복되지 않을 가능성이 크기 때문에 정보의 다양성 측면에서도 유리한 면이 있다.

바틸라나와 캐시아로의 연구(Battilana and Casciaro, 2013)에 따르면 조직 변화의 유형에 따라 조직 변화를 주도하는 인물change agents의 네트워크의 유효성이 달라진다. 예컨대 시간당 청구하는 변호사의 보수를 다른 방법으로 책정하는 변화와 같이 기존 조직의 규범이나 문화를 뒤엎는 변화의 경우에는 조직 변화의 주체가 가교형 네트워크를 갖고 있는 경우가 더 효과적이다. 그 이유는 이해관계가 다른 각자에게 적합한 방법으로 변화를 설득할 수 있기 때문이다. 반면 성과급의 비율을 증가시키는 것과 같이 기존 조직의 규범이나 문화 위에 시행되는 변화의 경우에는 조직 변화의 주체가 응집형 네트워크를 갖고 있는 경우가 더 효과적이라는 것이다. 이와 관련 변화의 주체가 적절한 네트워크를 갖고 있지 못한 경우에는 그러한 네트워크를 갖고 있는 다른 사람과 연합하여 조직 변화를 추진할 수 있다.

한편 같은 연구는 변화의 주체가 누구와 가까운 사람인지도 조직 변화 성공 가능성에 중요한 영향을 미칠 수 있다는 것을 보여주고 있는데, 특히 조직 변화의 유형에 상관없이 변화의 주체가 조직 변화에 다소 유보적인 입장을 갖고 있는 사람과 친밀한 관계를 맺고 있을 때 조직 변화의 성공 가능성이 가장 높아지는 것으로 나타났다.

이러한 개인 중심 네트워크의 이해는 창의성과 효율성을 동시에 높이기 위한 조직 설계에도 중요한 시사점이 있다. 버트(Burt, 1992, 2004)의 연구에 따르면 가교형 네트워크를 갖고 있는 개인이 조직 내에서 더 많은 월급을 받고,

더 빨리 승진하며, 아이디어도 더 좋은 것으로 평가되는 경우가 많다. 그 이유는 다양한 정보를 얻기 때문에 그 정보를 재조합하여 더 창의적으로 평가되는 아이디어를 만들어낼 수 있고, 또 더 좋은 기회를 많이 얻을 수 있기 때문이다. 그 효과는 조직 내 입지에 따라 달라지는데, 조직에서 상대적 위치가 높은 사람들일수록 가교형 네트워크의 이점이 더 커진다고 할 수 있다.

반면 응집형 네트워크를 갖고 있는 개인은 어떤 가치를 다른 사람들에게 전달하는 데 유리하다. 그 이유는 응집형 네트워크에 속한 사람들 사이에 시간이 지나면서 신뢰와 평판이 쌓이기 때문이다. 따라서 가교형 네트워크를 가진 사람과 응집형 네트워크를 가진 사람들이 각각 더 잘할 수 있는 업무가 있다고 할 수 있다. 가치를 창조하는 역할을 하는 사람들은 가교형, 가치를 전달하는 역할을 하는 사람들은 응집형 네트워크를 가진 것이 유리하다는 것이 통상적인 견해이며, 조직 차원에서는 이를 잘 활용하여 조직 설계에 적용하는 것이 필요하다.

조직 구성원 네트워크와 조직 변화

개인 중심 네트워크 분석을 통해 개인의 역할 등에 대한 시사점을 얻을 수 있다면 조직 구성원 네트워크 분석을 통해서는 실제 업무 수행이 어떻게 이루어지는지에 대한 파악을 통해 조직 변화에 대한 시사점을 제공할 수 있고, 조직 구성원의 영향력 차이에 대한 정보를 얻어 조직 변화를 성공적으로 수행하는 데 도움을 줄 수 있다. 간단하게는 조직 구성원 명단을 주고 몇 가지 질문에 답을 하게 함으로써 조직 구성원 간의 사회적 관계를 파악할 수 있으며, 이메일 교환이나 전화통화 데이터 등을 이용할 수도 있다.

조직 구성원 네트워크는 사회적 관계의 내용에 따라 여러 가지로 분류할 수 있다. 예컨대 조직 구성원이 업무를 함께 상의하고 처리하는 관계를 나타내는 조언 네트워크advice network, 조직 구성원 간의 개인적 친분에 따라 형성된 관계를 나타내는 우정 네트워크friendship network 등이 있다. 특히 이러한 네트워크는 같은 조직에서 매우 다르게 나타날 수 있다.

조직 구성원 네트워크 분석을 통해 기업은 조직 구성원의 영향력 차이에 대한 시사점을 얻을 수 있다. 일반적으로 네트워크의 중심에 있는 사람들이 가장 영향력이 있는 사람들이다. 예컨대 나에게 많은 사람들이 업무에 대한 조언을 구하고, 또 다른 사람들이 많이 조언을 구하는 사람이 나에게 조언을 구한다면 나는 조언 네트워크에서 중심에 있는 사람이라고 할 수 있다. 그런데 어떤 조직 변화를 추구하는지에 따라 어떤 종류의 네트워크에서 중심에 있는 사람이 중요한 역할을 하는지가 달라진다. 예컨대 급진적인 변화를 추구할 경우 가장 먼저 설득해야 할 사람은 우정 네트워크에서 중심에 있는 사람이지, 조언 네트워크의 중심에 있는 사람이 아닐 수 있다. 조언 네트워크에서는 중심에 있지만, 우정 네트워크에서는 주변에 있는 사람은 다른 조직 구성원들의 행동에 대한 영향력이 별로 없을 수 있기 때문이다. 반면 업무 프로세스 변화와 같은 것은 조언 네트워크에서 중심에 있는 사람이 주도할 때 더 빠르고 쉽게 변화를 달성할 수 있을 것이다.

따라서 조직 변화를 추구할 때 조직의 비공식적 네트워크를 이해하고, 누구를 변화의 주체로 지정할 것인지, 누구를 먼저 설득할 것인지를 선택하는 것이 조직 변화 성공에 중요한 영향을 미칠 수 있다.

비공식적 네트워크와 성과

한편 조직 구성원들이 전반적으로 잘 소통하지 않으면 정보 확산이 늦어 조직이 효율적으로 운영되지 않는 반면, 조직 구성원들이 너무 잘 연결되어 있으면 어떤 새로운 정보가 확산되는 속도는 매우 빠르지만, 정보의 다양성을 저해하기 때문에 창의적인 결과물을 만들어내는 데는 문제가 있을 수도 있다. 이는 회사 내부뿐 아니라 산업 전반에서도 적용되는 문제이다. 예컨대 브로드웨이 뮤지컬의 태동기부터 살펴본 연구(Uzzi & Spiro 2005)에 따르면, 뮤지컬 제작에 참여하는 인력들이 서로 잘 모르거나, 지속적인 공동 작업을 통해 대부분의 인력들이 너무 잘 연결되어 있을 때보다 인력들이 적당히 클러스터로 분리되어 있으면서 이러한 클러스터들이 몇몇 사람들에 의해 연결되어 있는 이른바 '작은 세상' 네트워크 구조를 보이는 시기에 예술적으로도 또 상업적으로도 가장 좋은 성과를 냈다고 한다.

따라서 조직 구조상 서로 분리되어 있는 인력들이 서로 만날 수 있는 기회를 제공하는 것이 필요하고 동시에 새로운 인력 유입 등을 통해 조직에 지속적으로 다양한 정보와 생각을 공급하는 것이 필요하다.

조직 정체성을 통한 조정과 통제

조직 문화는 조직 구성원의 생각이나 행동에 영향을 주는 조직이 갖고 있는 믿음, 가치, 행동규범 등으로 구성된다. 조직 문화는 통일된 형태일 수도 있지만, 각 사업부마다 서로 다른 문화를 가질 수 있으며, 이에 따라 분열이 초래될 수도 있다. 반면 강한 조직 문화는 조정과 협력을 용이하게 하는 측면이 있으나, 필요한 조직 변화가 일어나지 못하도록 하는 주요 원인이 되기도 한다.

이러한 문화적 요인 중에 최근 중요하게 생각되고 있는 것이 바로 조직 정체성이다. 조직 정체성이란 조직이 갖고 있는 핵심적이고, 다른 조직과 구분되며, 지속적으로 발현되는 성격으로 정의되는데, 이러한 조직 정체성은 내부 조직 구성원뿐 아니라 외부 이해관계자들과의 관계 및 활동을 조정하고 통제하는 데 중요한 역할을 한다.

조직정체성은 기업 간 협력에서도 중요한 역할을 한다. 기업은 가치를 창출하기 위해 필요한 활동 전체를 내부에서 수행하기도 하지만 일부를 조직 외부에 아웃소싱하는 경우가 많다. 이렇듯 협력 관계에 있는 기업의 행동이 해당 기업에 중요한 영향을 주는 경우가 있기 때문에 이를 잘 조정하고 통제해야 할 필요가 있다. 특히 해당 기업이 가치 사슬에서 리더 역할을 하는 경우, 즉 소비자와 소통하는 접점에 있는 경우에 이러한 필요는 더 커진다.

　예컨대 1990년대 초반에 나이키의 인도네시아 협력 업체에서 불거진 노동환경 및 아동 착취에 대한 사회적 이슈화나, 2010년에 있었던 애플의 협력 업체 팍스콘Foxconn 노동자들의 잇단 자살은 나이키와 애플의 평판에 부정적 영향을 끼쳤던 사례가 있다. 나이키와 애플 공히 생산 단가를 낮추어 그 비용을 마케팅 또는 연구개발에 투자함으로써 더 큰 경제적 가치를 창출하는 사업 모델을 갖고 있다. 따라서 이들에게 제품을 공급하는 협력 업체 입장에서는 생산원가를 더 낮출 인센티브가 생기며, 이는 노동문제로 이어질 개연성이 충분하다. 그런데 이러한 문제는 협력 업체의 문제로만 끝나는 것이 아니기 때문에 이러한 문제적 행동을 직접 조정하고 통제할 필요가 있는 것이다. 물론 사후 문제 발생 시 관계를 끊는 등의 조치를 취할 수는 있지만 한번 평판에 큰 타격을 받으면 이를 회복하기는 매우 어렵게 된다.

　예컨대 BP는 녹색 에너지를 표방하는 회사로서 긍정적 이미지를 심는 데 성공했으나 2010년 멕시코만 사태로 인해 사회적 평판에 큰 타격을 입고 아직도 온전히 회복하지 못하고 있다. 따라서 협력 업체에 조직 정체성을 공유하도록 하는 것은 이들의 행동을 조정하고 통제함으로써 원하는 사회적·경제적 이익을 얻는 데 중요하다.

　이러한 조직 정체성은 사회를 구성하는 여러 이해관계자들과 협력을 통해 만들어가는 것이다. 조직이 스스로 인지하고 있는 정체성과 다른 이해관계자들이 인지하고 있는 정체성이 일치하지 않는 경우가 많이 있기 때문이다. 따라서 여러 채널을 통해 이해관계자들과 소통하면서 조직의 궁극적 목표나 전략에 맞는 정체성을 형성해 나가는 과정이 필요하다.

미디어 기업의 조직 정체성

한편 미디어 기업 중 특히 뉴스나 지식을 전달하는 경우 독자 또는 시청자들의 공익성에 대한 기대를 충족하면서도 기업의 경제적 가치를 올리는 것을 동시에 추구하는 데서 갈등이 생길 수 있다. 계속 출현하는 새로운 미디어들은 미디어 기업에게 위기로 작용하기도 하지만 또한 많은 새로운 기회를 제공하고 있는데, 조직 정체성이 이러한 새로운 사업기회를 실현하는 데 방해가 될 수 있다. 따라서 새로운 기회를 잘 살릴 수 있는 정체성을 만들어나가는 것이 필요하다.

≪내셔널 지오그래픽≫이 그 좋은 예이다. ≪내셔널 지오그래픽≫ 소사이어티는 1888년 '지리적 지식의 향상과 확산'을 목적으로 33명의 과학자가 설립한 학회로서 ≪내셔널 지오그래픽≫은 학자들의 저널이었다. 1897년 전화를 발명한 벨이 회장이 되면서 학회지 성격에서 지식을 확산시키는 의도에 초점을 두어 잡지로 성격을 변화시켰으며, 이후 편집장을 지낸 그로스베너 Gilbert Hovey Grosvenor가 오늘의 형태로 잡지를 개편하면서 1969년에는 회원 수가 640만 명에 이를 정도로 성장하게 되었다. 비영리조직으로서 연구 프로젝트 유치, 광고 유치 등을 통해 조직을 유지했으나, 출판 시장을 대체하는 새로운 미디어 부문의 성장 등을 통한 사업 기회를 발견하게 되고 이에 2004년 미션을 '지구에 대한 관심 고취'로 바꾸게 된다. 이러한 미션은 이전에 비해 더 큰 영향력을 갖고 다양한 청중에 어필할 수 있게 한 측면도 있지만, 환경을 생각하는 이미지는 활동을 제약하는 측면도 있었다. 그러나 이를 통해 ≪내셔널 지오그래픽≫은 여행, 라이선싱, 전자상거래 등 많이 분야의 사업에 진출

할 수 있게 되었다. 또한 다양한 사업 기회를 탐색하고 실현하기 위해 영리를 추구하는 자회사를 설치하고, 좀 더 소비자 중심, 성과 중심의 조직으로 변화를 추구하게 되었다. 이를 통해 ≪내셔널 지오그래픽≫은 이전보다 더 자유롭게 다양한 시도를 할 수 있게 되었다. 이러한 ≪내셔널 지오그래픽≫ 사례는 조직이 변화를 추구하는 과정에서 내부뿐 아니라 외부 이해관계자에게까지 설득하는 과정이 필요함을 시사하고 있다.

SUMMARY

조직의 디자인과 운영에 관한 의사 결정은 기업이 설립 목적을 달성하고 전략을 잘 실행하기 위해 중요하다. 기업의 전략과 환경에 따라 적합한 조직 구조를 선택하는 것도 중요하지만, 더욱 복잡하고 불확실하며 빠르게 변화하는 환경에 좀 더 유연하게 대처할 수 있는 조직을 만들어가는 것이 중요하다. 특히 미디어 기업은 창의적인 콘텐츠를 계속 만들어낼 수 있어야 한다는 도전도 있다. 이를 위해서는 공식적 조직 구조뿐 아니라 조직의 비공식적 구조인 조직 구성원의 인간관계 네트워크를 이해해야 하며, 조직 문화 및 정체성을 정립하는 데 더 많은 노력이 필요하다.

생각해볼 문제

1. 현재 우리 조직의 전략은 무엇이며, 조직 구조는 전략을 잘 반영하고 있는가? 왜 그렇게 생각하는가?
2. 현재 우리 조직이 당면한 문제는 무엇인가? 그 문제를 해결하기 위해 어떤 변화가 필요한가?
3. 우리 조직은 과거 변화를 시도했으나 실패한 경험이 있는가? 어떻게 했다면 달라질 수 있었을까?
4. 내가 조직 변화를 시도하는 주체가 된다면 주변의 어떤 사람들이 나를 도울 수 있으며 어떤 사람들이 나의 생각에 반대 입장을 가지게 될 것인가? 그들을 어떻게 설득할 것인가?
5. 우리 조직은 어떤 정체성을 갖고 있는가? 우리의 고객들도 같은 생각을 갖고 있는가? 소통하기 위해 어떤 노력을 하고 있는가?

참 고 문 헌

김고은. 2014. "디지털퍼스트 못 따라잡는 뉴스룸 ⋯ 그래도, 시작이 반이다." ≪한국기자협회
보≫. http://www.journalist.or.kr/news/article.html?no=34489

Bain Insights, 2012. "The Matrix Doesn't Have to Be Your Enemy." *Forbes.* http://www.
forbes.com/sites/baininsights/2012/09/12/the-matrix-doesnt-have-to-be-your-enemy/

Battilana, J & T. Casciaro, 2013. "The Network Secrets of Great Change Agents." *Harvard
Business Review.* 91(7), pp.62~68.

Burt, R. S. 1992. *Structural Holes: The Social Structure of Competition.* Harvard University
Press.

Burt, R. S. 2004. "Structural Holes and Good Ideas." *American Journal of Sociology.*
110(2), pp.349~399.

Collins, J. C. 2001. *Good to Great: Why Some Companies Make the Leap… But Ohters
Don't.* Harper Press.

Daft, R. L. 2015. *Organization Theory and Design*(12e). Southwestern College Publisher.

de Geus, A. 1997. *The Living Company: Growth, Learning, and Longevity in Business.*
London, England: NicholasBreasley.

Eisenhardt, K. D. & D. Sull, 2001. "Strategy as Simple Rules." *Harvard Business Review.*
79(1), pp.106~116.

Kanter, R. M. 2011. *The Change Wheel: Elements of Systemic Change and How to Get
Change Rolling.* Boston, MA: Harvard Business School Publishing.

Kotter, J. P. 1990. *A Force for Change: How Leadership Differs from Management.* New
York, NY: Free Press.

_____. 2014. *Accelerate: Building Strategic Agility for a Fast-Moving World.* Harvard Busi-
ness Review Press.

Nohria, N. 1995. "Note on Organization Structure." *Harvard Business School*, Reprint no. 9
-491-083. Boston, MA: Harvard Business School Publishing.

Stanford, N. 2015. *The Economist Guide to Organisation Design: Creating High-Performing
and Adaptable Enterprses.* NewYork, NY: Public Affairs.

Uzzi, B. & J. Spiro, 2005. "Collaboration and Creativity: The Small World Problem."
American Journal of Sociology. 111(2), pp.447~504.

09 미디어 기업의 인적자원 관리

곽규태

미디어 기업의 경쟁력은 무엇보다 해당 기업이 보유한 인적자원의 역량과 창의성, 이들의 전문성에 기인한다. 따라서 인적자원의 특성과 효과적인 관리 방안에 대해 이해하고 고민하는 것은 미디어 기업의 경영 활동에 가장 본질적인 작업이며 동시에 기업 경쟁력과도 직결되는 문제이다. 이 장에서는 인적자원 관리가 무엇인지 그 개념과 주요 이론을 설명한 이후, 현재 미디어 기업의 경영 환경에서 다양하게 파생되고 있는 인적자원 관리 주요 이슈들을 살펴본다.

미디어 기업의 경쟁 원천

기업 경영에 있어 '인사人事가 만사萬事'라는 말은 예나 지금이나 바이블로 통한다. 조직에 필요한 인재를 확보하고 관리하는 인적자원 관리는 기업 경영 활동에 가장 중요한 본질임과 동시에 가장 어려운 숙제다. 미디어 기업의 경우는 더 말할 것도 없다. 주지하는 바와 같이 미디어 산업은 지식 집약 산업으로 알려져 있다. 따라서 일반적인 제조업이나 서비스업에 비해 수준 높은 상품이나 서비스(콘텐츠 등) 제작 및 기획 역량을 필요로 한다. 예컨대 방송사의 PD, 신문사의 기자, 게임회사의 개발자와 같이 미디어 기업 내 핵심 직무는 여타 산업의 기업체보다 인적자원의 창의력과 전문성에 더욱 의존하고 있다. 결국 창조적 마인드를 가지고 다양한 스토리텔링 이슈들을 재해석해낼 수 있는 인적자원의 보유가 미디어 기업의 핵심 무기인 셈이며 기업 경쟁력의 원천인 것이다.

그렇다면 미디어 기업의 인적자원은 어떤 속성이 있으며 이들 인재들의 관리 특성은 무엇일까? 사실 이에 대한 보편타당한 정답은 존재하지 않는다. 다만 확실한 것은 미디어 기업의 경영 환경이 일반 제조업이나 서비스업과 달리 개별 구성원들의 조직 참여 동기 그리고 재량권을 어느 정도 보장하는 여건이라는 것이다. 이와 더불어 미디어 기업은 다른 분야와 달리 조직 구성원의 무한한 사명감과 자아 정체감을 요구한다. 비교적 적은 연봉과 낮은 복지수준에도 불구하고 높은 수준의 조직 몰입과 충성도를 기반으로 조직 체계를 유지한다(Albarran, Chan-Olmsted, & Wirth, 2006). 따라서 미디어 기업에 입사하려는 이들이 오랜 시간동안 높은 고용 진입 장벽을 넘는 것까지 감수하려는 이유는 특유의 사명감과 자아 정체감 때문이라는 사실을 이해할 필요가 있다. 상대적으로 높은 업무 강도, 과업과 성과의 불분명한 관계 등에도 불구하고 자신들이 기획하고 생산한 콘텐츠나 서비스가 사람들의 생각을 바꾸고 또 다른 사회 문화 트렌드를 형성한다는 사명감과 자부심은 이들 인적자원의 근원적 직업 동기인 셈이다.

조직의 발전이 비교적 개인의 발전과 연동되는 수준이 높다는 점도 미디어 기업의 중요한 인적자원 관리 특성이다. 일반적인 기업 가치 사슬 내에서 개인의 역할은 단순 작업을 통해 업무에 도움이 되는 결과를 냄으로써 부서와 부문, 그리고 조직에 기여하는 '부품'에 가까웠다. 그러나 미디어 기업의 경우 자신의 노력과 창의성을 인정recognition 을 통해 보상받는 경우가 많다. 따라서 다른 산업보다 '조직원의 헌신과 노력 - 꾸준한 관심과 성과 - 조직 차원의 반영과 보상'이라는 선순환이 비교적 유기적으로 이루어지고 있는 기업 환경에 놓여있다.

한편 1990년대 중반 이후 지금까지 미디어 기술 및 이용 환경의 급격한 변화와 글로벌화는 미디어 기업의 인적자원 관리 환경을 더욱 복잡하게 만들고 있다. 환경의 불확실성이 매우 높아졌으며, 과거 비교적 정형화되어 있던 조직의 핵심 역량 또한 유동성이 증가했다. 더불어 내·외부 지식의 유입과 공유도 중요한 문제로 대두되었다. 이 때문에 최근 미디어 기업들은 변화에 대응해 혁신과 창의성에 기반을 둔 문제 해결 능력problem-solving capabilities 을 배양하고, 지속적인 조직 학습organizational learning 체계의 구축을 통해 글로벌 경쟁력을 배가하기 위해 노력하고 있다. 그리고 이를 실행할 인력의 충원과 관리, 교육에 몰두하고 있다.

과연 미디어 기업의 구성원들을 어떻게 이해하고 관리하는 것이 효과적일까? 더 나아가 그들에게 업무 특성을 정의해줄 때, 특정 과업을 처리하기 위한 계획을 세우고 다른 사람들과 협업하도록 유도할 때, 성과에 따른 보상과 함께 지속적 참여를 위한 동기화를 촉진할 때 필요한 전략들은 무엇일까? 이러한 고민에 대한 체계적 접근을 위해서는 인적자원 관리의 관점에서 미디어 기업과 해당 기업 구성원에 대한 관찰과 고민이 수반될 필요가 있다. 이를 위해 이 장에서는 인적자원 관리와 관련한 주요 개념을 학습한 후에, 현재 미디어 기업이 고민하는 주요 인적자원 관리 이슈들에 대한 탐색을 통해 미디어 기업의 인적자원 관리 현안에 대한 이해와 해결책을 모색해본다.

인적자원 관리의 개념적 이해

인적자원 관리human resource management: HRM의 개념을 이해하기 위해서는 '인간관계human relation'라는 경영학의 패러다임을 이해할 필요가 있다. 본래 경영학은 사람들을 하나의 투입 자원resource으로 보고 이를 효율적으로 관리해 높은 성과를 산출해내기 위한 '관리 과학administrative science'에 가까웠다. 예컨대 근대 경영학의 출발선상에 있는 프레더릭 테일러Frederick Taylor의 경우 근로자의 동작과 시간, 물리적 환경에 대한 '과학적 관리scientific management'를 통해 노동의 투입과 산출이 1:1로 정확히 관리되는 체계가 가장 이상적인 기업의 운영 방안이라 주장한 바 있다. 그러나 이러한 기계적 믿음에 문제의식을 가진 어느 사회인류학자가 1929년 미국 일리노이 주의 호손Hawthorne 지역에서 웨스턴 일렉트릭Western Electric Company 공장 직원들을 대상으로 실험을 진행한다. 연구 책임자는 엘튼 메이요Elton Mayo였으며 그는 정말로 과학적 관리법에서 주장하는 바와 같이 물리적 환경이 작업 생산성에 미치는 효과가 사실인지의 여부를 확인하는 작업을 진행한다. 메이요 교수 연구팀은 공장 작업장에 설치된 전등의 조도, 휴식 시간이나 간식과 같은 작업 조건 같은 것들이 작업 능률에 영향을 미치는지를 분석했다. 그런데 그 결과 과학적 관리법의 주장과는 달리 오히려 사람들 간의 대인관계, 감정, 근로 동기, 소통과 같은 것들이 조직의 생산성에 더 강한 영향을 미치는 것으로 나타났다. 이러한 결과는 물리적으로 어떤 근무 조건을 만들어주고 어떠한 금전적인 보상을 가하느냐 하는 문제에 앞서 근로자의 마음과 정서 관리가 무엇보다 중요하다는 것을 일깨워준 계기가 되었다. 이에 따라 메이요 교수의 연구 결과는 후대에 '인간관계론human relation theory'이라는 분야로 진화해왔고, 오늘날 경영학의 인적자원 관리라는 분야로 발전해 조직 내 인간과 그들의 관계를 고찰하는 학문 체계로 정립되었다(Robbins, DeCenzo, & Coulter, 2013).

기본적으로 '인적자원 관리HRM'란 '조직 성과의 극대화를 위해 인적자원을 확보·개발·활용하거나 성과 관리, 임금 설계, 노사 관계 관리 등 인적자원과 관련한 제반 업무 활동'으로(이학종·신동엽·강혜련 외, 2001), 그 목표는 자아 만족과 개인 발전을 원하는 근로자 개인 목표와 조직의 성과 향상을 기대하는 조직 목표를 일치시키고, 목표 달성을 위한 핵심 역량의 개발 및 관련 지식의 습득, 바람직한 인재상의 정립 등에 있는 것으로 알려져 있다(Robins, DeCenzo, & Coulter, 2013). 즉, 인간이 조직에 속해 있으면서 어떤 행동을 하는지, 그리고 업무를 비롯해 다양한 사람들과 소통하고 의견을 교환하는 과정에서 어떤 결과가 만들어지는지, 그들의 활발한 참여를 위해 보상하고 관리하는 방법은 무엇인지 등 조직 내 사람관리와 관련한 모든 업무가 인적자원 관리의 영역인 것이다. 이를테면 직장 안에서 상사와 부하 간의 관계, 업무의 규범을 마련하는 방법, 서로 다른 부서 간에 협의를 통해 일을 해결해야 할 때 소통하는 방법 모두가 인적자원 관리의 핵심 의제이다.

〈그림 9-1〉은 인적자원 관리 활동을 총괄적으로 보여준다. 인적자원 관리는 기본적으로 3가지의 주요한 업무 프로세스로 그 활동을 설명할 수 있는데, 첫 번째 단계는 '우수 인력 식별identification 및 선발selection'로 인력 확보 계획 employment planning에 따라 모집recruitment 절차를 진행해 우수 인재를 선발하거나 기존 인력을 감축downsizing하는 것을 의미한다. 두 번째 단계는 조직 경쟁력 강화를 위해 '핵심 역량을 개발하거나 육성하는 단계'로 직무 기술job skills, 지식knowledge, 직업 능력abilities을 습득하게 하는 과정이다. 일반적으로 직무 교육 및 사내 교육 훈련orientation & training을 통해 이루어진다. 마지막 단계는 '핵심 인재 유지 및 관리 단계'로 성과 관리performance management 및 평가appraisal를 통해 근로자의 임금 수준과 복리후생을 결정하고 관리하는 단계를 의미한다. 참고로 이러한 세 가지 인적자원 관리 핵심 활동은 노동조합, 법률 등 다양한 외부 환경에 의해 수시로 영향을 받게 되어 있다.

〈그림 9-1〉 인적자원 관리 프로세스와 영향 요인들

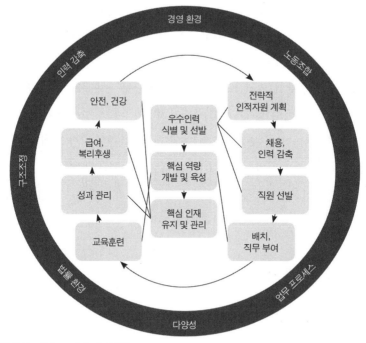

자료: Robins, DeCenzo, & Coulter(2013).

한편 2014년 방영된 tvN의 드라마 〈미생〉은 인적자원 관리 분야를 이해하기에 매우 좋은 교재다. 직장 안에서 비정규직이었던 사원 장그래가 정규직과의 차별로 인해 겪게 되는 갈등, 부서의 분화에 따른 경쟁 발생과 협업의 어려움, 공식 직제와는 관련 없는 '라인'이나 '파벌'이라는 비공식 조직의 규칙을 따라 가는 과정 등은 여전히 인적자원 관리 분야에서 고민하는 주제들이다. 이와 함께 드라마 속에서 무역상사라는 기업의 특성으로 인해 직원 개개인에게 요구되는 다양한 이해관계자들에 대한 지식과 역량 또한 인적자원 관리의 중요 주제이다. 이를테면 영어 외에 다양한 제2외국어 능력, 현지인과의 관계 형성을 통한 소통 등이 인적자원 관리 분야에서 고민하는 개인의 사회적·

문화적 적응 및 문제 해결 능력 등과 관련된 의제들이다.

그렇다면 인적자원 관리 분야를 이론적으로 뒷받침하는 논의들은 어떤 것들이 있을까? 우선 인적자원 관리 이론의 상당수는 경영학의 조직 행동micro organizational behavior 이론에 기초하고 있다. 조직 행동은 인간이 조직 안에서 어떤 생각과 행동을 하며, 이 때문에 동료·상사·부하 등과 어떠한 관계를 맺는지, 이로 인해 과업의 성과가 어떻게 달라지는지 등을 연구하는 분야이다. 그러나 이러한 심리학적 분석 이외에도 인적자원 관리는 다양한 학문 분야와 소통하며 융합적으로 발전해왔다. 이어지는 논의에서는 이러한 인적자원 관리의 이론적 성장과 관련해 주요하게 개입한 경제학적 관점과 경영학적 관점의 주요 의제들을 순차적으로 살펴본다.

경제학적 접근과 핵심 의제

전통적 경제학에서는 인적자본human capital 개념을 경제 성장 및 기업 전략의 성공 요인으로 주요하게 이해해왔다. 기본적으로 조직이 발전하기 위해서는 경쟁 기업보다 우수한 고숙련 노동자를 필요로 한다(Konow, 1996). 이들 노동자는 해당 분야의 직무를 수행하기 위한 명시적 지식explicit knowledge뿐 아니라 기술과 기술 간의 관계, 산업의 특성, 조직 문화와 같은 것들에 대한 암시적 지식implicit knowledge도 배양되어 있는 인재를 말한다. 이들이 바로 해당 기업 경영 활동의 근간이기에 '인적자본'이라 명명한 것이다. 지식 자본knowledge capital 개념을 다룬 폴라니(Polanyi, 2012)는 이러한 지식의 가치와 인간 노동human labor의 가치가 가진 속성을 이야기하며, 우수한 인적자본은 개개인의 교육 수준과 능력 외에도 사회적 역량social competence, 여러 관계들의 중재 능력coordination competence 등을 포괄하는 것이라고 언급한 바 있다. 경제학자들은 기술이나 시장 규모의 극대화와 같이 국가나 기업의 생산 함수 중에서 설명하기 어려운 요소들의 상당수를 인적자본human capital의 개념으로 조명했다. 또 다양한 경제 주체가 한데 모여 새로운 자원과 가치를 만들어내는 과정 속에도 인적자본이 중요한 역할을 할 것이라고 보았다.

경제학적 관점의 인적자본 연구에서 가장 많은 관심을 보이는 관리적 요소는 단연 '보상compensation'과 관련된 이슈다. 기본적으로 경제학자들은 기업의 고용 문제를 경제적 합리성에 기반을 둔 계약contract 관계로 정의한다. 따라서 조직은 특정 직무에 대해 유난히 뛰어난 지식이나 기술적 능력을 보이는 사람을 고용하고 그에게 대가를 지급한다. 그러나 이들 인력들은 자신이 갖고 있는 특수한 지식, 정보 등을 바탕으로 완전히 조직에 충성하지 않고 오히려 그 우위를 이용하려 한다. 따라서 사람마다 갖고 있는 정보의 차이에 따른 '정보 비대칭information asymmetry' 현상이 고용 문제에서도 핵심 의제가 된다. 회사는 이런 문제를 해소하기 위해 피고용인의 충성도를 자극할 수 있도록 더 많은 보상을 지급하거나 금전적 조건을 내건다. 특히 성과형 연봉 계약제 등 서구적인 경영 관행이 정착되어 있는 기업에서는 개인의 성과와 전문성, 직무 특수성에 따라 각기 차등적인 보수를 지급하고 있다. 보상은 개인뿐만 아니라 기업을 이끌고 가는 CEO나 전문 인력들의 적정 연봉 수준과 행동을 살펴볼 때에도 유용하다(배종석, 1999). 기본적으로 기업을 소유하지 않은 전문 경영인과 근로자들은 단기적인 성과에 집중하는 경향이 강하다. 따라서 자신의 지속적인 지위 보존을 위해 위험천만한 과제는 수행하지 않으려 한다. 그러나 적절한 보상이 주어지는 경우 이들은 자신의 가치를 끌어올려 근로할 것이고, 이를 통해 기업의 성과가 향상될 수 있다는 것이 주요 논거다.

한편 애커로프와 쉴러(Akerlof & Schiller, 2009)는 기업 안에서 개인이 살아가며 가장 민감하게 반응하는 요소 중 하나가 '공정성fairness'에 대한 지각이라고 밝힌 바 있다. 특히 '효율성efficiency'을 근거로 개인의 참여 동기를 자극하기 위해 보상을 차등적으로 지급할 경우 발생할 수 있는 또 다른 문제가 공정성에 대한 논란이다. 이는 경제학 분야뿐 아니라 경영학의 미시 조직 행동 분야에서도 매우 심도 있게 다루는 주제이다. 공정성에는 개개인의 성과와 노력과 같은 결과에 따른 '배분allocation의 공정성', 그리고 중요한 자원을 나누는 절차를 얼마나 합당하게 설계하느냐의 여부와 직결되는 '절차적procedural 공정성'과 같은 요소들이 존재한다. 예컨대 기업이 성과형 연봉제를 시행할 때 인재의 능력에 따라 차등적 보상을 시행하고 있으나 전체적으로 모든 직원의 급여 수준 또한 올라가는 것과 같은 이치이다. 효율성에 근거해 조직 안에 만들어진 불평등(차등) 구조에 대한 구성원들의 불만을 잠재우기 위한 공정성 확보를 위해 평균 연봉을 올리는 것이다. 따라서 '임금의 하방 경직성downward rigidity'으로 인해 물가와 인건비는 계속 올라가는 경향이 있다.

창조성creativity 또한 인적자본 이론에서 중요한 주제로 다루어지는 개념이다. 1980년대가 되면서 정보기술, 문화 콘텐츠와 같은 창조적 요소들이 경제 시스템 상에서 주목받게 되었다. 이에 따라 인적자본 개념은 각자가 새로운 방식으로 문제에 접근하고 이를 해결하는 속성을 가리키는 창조성creativity과 연계된 개념으로 확대되었다. 도시 경제 정책 분야 권위자인 리처드 플로리다R. Florida는 인적자본에 대한 연구를 진행하며 경제성장 과정에서 남다른 기여를 하는 '창조적 계급creative class'이 존재함을 주장한 바 있다(Florida, 2002). 예를 들어 〈아바타〉, 〈타이타닉〉 등으로 새로운 돌풍을 일으킨 제임스 카메론James Cameron 감독, 애플의 창업자 스티브 잡스Steve Jobs와 같은 이들이 자신의 혁신적 아이디어를 바탕으로 조직과 국가의 경제적 성과에 기여한다는 식의 논리다. 창조적 계급과 인적자본을 결부시킨 연구들은 조직 안에서 개개인의 기업가적 동기entrepreneurial motivation를 자극하기 위한 방법을 고민하며 현재까지도 지속적인 관심을 이끌고 있다(Amabile, 1996).

경제학적 관점의 인적자본 논거의 가장 큰 장점은 어떤 현상에든 적용하기 쉽다는 것이다. 특히 개개인의 교육 수준, 숙련도(직무경력), 조직의 물적 투자 등의 행위들을 포괄적으로 설명하는 데 매우 유용하다(Boxall, 1996). 그리고 사람에 대한 투자가 조직의 성과로 이어진다는 도식을 논리적으로 연결하는 데 매우 적절한 논거를 제공한다(Akerlof & Schiller, 2009). 예를 들어 우수한 인적자본을 지닌 기업이나 국가는 장기적으로 높은 수준의 성장을 누린다는 설명 등이 가능한 것이다. 그러나 경제학적 접근은 이러한 높은 설명력과 범용성 때문에 나름의 한계점을 지니고 있기도 하다. 우선 자본의 가치를 측정하기 위한 방법이 화폐 효용 등으로 매우 획일적이라는 측면이 존재하며, 분석의 단위가 개인인지 아니면 기업이나 사회인지 구분하기가 매우 모호하다는 점도 비판을 받고 있다. 또 '양quantity' 중심의 인적자본 접근이 개별 조직원의 질적qualitative 경쟁력과 얼마나 깊은 상관관계를 갖고 있는지 포착하기 어렵다는 점에서도 어려움을 지닌다(이학종·신동엽·강혜련 외, 2001). 그럼에도 경제학적 관점의 의제들은 현재까지도 여전히 성과와 보상에 기반을 둔 인적자원 관리를 고민하는 사람들에게 유효한 논거를 제공해준다.

경영학적 접근과 핵심 의제

앞서 경제학적 시각에서는 인간에 대한 합리적 기대에 따라 효율성이나 생산성 등을 중시했다. 따라서 인적자본의 개념 또한 화폐 효용의 관점에서 측정될 수 있어야 하고, 정보가 완전한 형태를 띠고 있다는 사실을 전제해야만 제대로 된 분석을 할 수 있었다. 그러나 경영학에서는 그러한 초합리적인 인간관을 부인하고 다소 비합리적이면서 관습적인 의사 결정 경향을 가진 인간의 현실적 모습을 조명하기 위해 노력해왔다. 그렇다 보니 경영학적 관점의 인적자원 관리는 다분히 심리학, 정치학, 사회학, 커뮤니케이션학 등이 만나 직장 안에서 다양한 상황과 문제 해결 방법에 대해 설명하는 분야로 발전해왔다. 그리고 조직 행동 이론과 함께 상호 보완적으로 영향을 주고받으며 논의를 확장시켜왔다.

경영학적 관점의 인적자원 관리 논의에서 가장 중요하게 다루는 개념은 바로 '역량competence'이다. 기본적으로 개개인의 역량은 크게 세 가지 요소로 나뉜다. 경영학자 맥클리랜드(McClelland, 1967)에 따르면 '태도', '기술', '지식'이 그것으로, 기술과 지식의 경우 마치 수면 위에 드러난 '빙산의 일각' 역할을 하는 표면적 역량인 반면, 태도의 경우는 빙산의 깊고 중요한 부분을 차지하는 심층적 역량에 해당한다. 많은 기업에서 이러한 개인 역량을 측정하고, 그에 합당한 면접·채용, 교육·훈련, 그리고 직무 배가 등을 시도하고 있다. 그러나 사실상 역량이 회사 안에서 다양한 문제를 해결하기 위한 '순발력'을 가리키는 것인지, 아니면 어떤 산업이나 조직 특성을 막론하고 개인이 갖고 있는 '기초 능력'인지에 대해서는 지속적인 논쟁과 고민이 필요한 상황이다 (Martell & Carroll , 1995).

경영학적 인적자원 관리에서 역량 다음으로 중시되는 개념은 동기motivation와 헌신commitment이다. 조직은 개인적 목표를 추구하는 공간이 아니라 회사의 비전과 가치를 달성하는 곳이다. 따라서 개별 구성원이 특수한 업무나 과제 등을 통해 조직의 발전에 기여하고, 더 나아가 자신의 가치도 제고할 수 있을 정도의 책임성이 제고되어야 한다. 일찍이 사회심리학자들은 인간 행동의 원인을 '동기'로 규명하고, 자신이 정말 재미있고 좋아해서 어떤 과제를 수행하는 내재적 동기intrinsic motivation와 보상 및 이후의 성과에 대해 기대하는 외재적 동기extrinsic motivation가 존재한다고 밝혔다(Amabile, 1996). 한편 헌신은 조직 몰입organizational commitment이라 불리기도 하며 자신의 목표를 회사의 목표와 일치시키는 일체화의 과정이라고 볼 수 있다. 가장 대표적인 요인으로는 애착, 정서적 몰입과 같은 '우리 회사 인식'이 있다. 이 외에도 변호사, 의사와 같은 특정 직업이 주는 사명감과 기술적 전문성을 바탕으로 한 규범적 몰입normative commitment이나 직무 몰입job commitment, 자신의 커리어를 끊임없이 관리하는 차원에서 주어진 과제를 성공적으로 수행하려는 경력 몰입career commitment 등이 존재할 수 있다(이학종·신동엽·강혜련 외, 2001). 그리고 금융 산업처럼 '팀'이 옮겨 다니는 상황에서는 팀 몰입team commitment이나 조직 몰입과 같은 현상도 있을 수 있다.

다음의 의제는 팀team과 리더십leadership에 관련한 논의들이다. 이는 조직이라는 것이 다수의 구성원이 모여 각기 역할과 자원을 배분하며 특정한 논리에 의해 통제되는 권력 집단의 속성을 갖고 있기 때문에 자연스럽게 도출된 의제라 볼 수 있다. 이들 논의는 조직 성과를 견인하는 팀과 리더십의 효과를 어떻게 배가시킬 수 있는지에 대해 심층적으로 논의를 이어왔다. 참고로 와플스(Whaples, 1995)는 사회적 힘social power 개념을 강조하며 팀워크와 조직 운영을 위한 원동력에는 강제적, 합법적, 준거적 영향력 등이 동원될 수 있다고 강조한 바 있다. 따라서 팀을 이끌고 가는 매니저나 리더들도 고유의 리더십 스타일을 구사하며 특정한 자원을 두고 가치를 교환하는 거래적transactional 리더십을 발휘할 수도 있고, 목적 달성을 위해 강한 지도력으로 구성원을 감화시키는 변혁적transformational 리더십 등으로 영향을 미칠 수 있게 된다.

마지막으로 경영학적 관점에서 최근의 화두인 전략적 인적자원 관리에 대해 설명하려 한다. 사실상 기업을 타 조직과 차별화된 자산을 보유한 곳으로 변화시키기 위한 고민은 비교적 최근 들어 시작되었는데, 그 일환이 '전략적 인적자원 관리strategic HRM'라고 볼 수 있다. 경영 전략의 대표적인 이론 중 하나인 자원 기반 이론RBV, Resource Based View에 영향을 받은 이 분야는 드넓은 노동시장 가운데 희소성을 띠는 전략적 인적자원strategic human resource을 조직 안에 흡수해 새로운 가치를 창출하기 위한 목적에서 시작되었다(이학종·신동엽·강혜련 외, 2001). 전략적 인적자원 관리는 기업의 특정 행동이 '왜' 그리고 '어떻게' 조직의 성과에 영향을 미치는지를 밝히는 분야로 각광을 받고 있는데,

전략적 인적자원 관리가 성공하려면 인사가 조직의 전략에 기여할 뿐 아니라 경영성과의 개선에도 영향을 준다는 사실이 입증되어야 한다. 특히 인적자원 관리 시스템 간의 내적 적합성을 통해 상호 보완적인 제도 운영을 기해야 할 뿐만 아니라 그를 위해 조직 구성원들이 배양해야 할 역할과 행동도 제시해야 한다.

한편 최근의 인적자원 관리 논의들은 앞서 언급한 경제학과 경영학의 모든 이론적 관점들을 종합적으로 고려해 이루어지는 경향이 두드러진다. 변증법적으로 서로 영향을 주고받으며 다양한 관점의 시각으로 해법을 모색하고 있는 셈이다. 이후의 논의에서는 앞서 고찰한 인적자원 관리의 개념들과 이론적 의제들을 중심으로 미디어 기업이 처한 인적자원 관리 이슈들을 하나씩 살펴본다.

전문 인력 수급과 다양성

미디어 기업의 인적자원 관리에서 반드시 고민해야 할 부분은 각각의 인력에게 요구되는 전문화 수준이 높아져가고 있다는 점이다. 가장 큰 원인으로는 소비자들의 수요가 다양해지고 눈높이가 높아졌기 때문이다. 과거에는 새로운 소식을 접하는 것만으로 만족했지만 이제는 동시다발적인 콘텐츠들 사이에서 연관성을 얻기를 원하고 정보와 자료를 해석하는 문해력literacy이 제공되기를 원하는 세상이다. 따라서 콘텐츠 기획자 또는 개발자는 자기 분야에서 전문가여야 할 뿐만 아니라 타 분야와 자기 분야의 연관성까지도 명쾌하게 설명할 수 있어야 한다. 그리고 여러 독자들을 상대로 지식을 자유롭게 편집해 제공하며 '큐레이터curator'로서 역할을 수행해야 될 때도 있다. 소셜 미디어 환경이 강화되면서 미디어 큐레이션media curation이 확산되고 있는 것도 비슷한 현상이다.

특히 방송이나 신문 등 전통적 미디어들은 다양한 대체재의 위협을 받고 있다. 예컨대 일반 수용자들은 이들 미디어 말고도 대안적 미디어를 통해 충분히 지식과 정보를 습득할 수 있을 뿐만 아니라 자신이 원하는 깊이 있는 자료들도 취득할 수 있게 되었다. 따라서 이들에게 방송이나 신문은 자신들이 원하는 정보를 취급하는 수준에 비해 너무 '일반적'이라는 시각을 줄 수 있게 된 것이다. 이런 환경 속에서 전통적 미디어 기업들이 살아남기 위해서는 꾸준한 전문화와 차별화가 중요하다. 그 때문에 미디어 기업에서도 일반적 역량을 지닌 범용형 인재들보다는 특정 분야에 대한 이해와 네트워크를 갖춘 특화형 인재에 대한 요구가 증가하기 시작했다. 그렇다 보니 미디어 기업들의 공채 기반 순혈주의도 점점 더 약화되어 가고 있으며, 인재 선발 과정에서의 기준 역시 과거와는 많은 차이가 존재한다. 최근에는 신입직 공채 외에도 상시 경력 채용이 많은 비중으로 증가하고 있다. 일례로 신문사의 경우 전문기자 제도, 경력기자 제도, 객원기자 제도 등을 통해 특정 산업이나 직무에 특화된 인재를 선발하려는 관련 기업의 수요가 과거보다 많이 늘었다.

게임 기업이나 여타 미디어 기업들도 예외는 아니다. 게임 기업에서는 팀 이직turnover of team 현상까지 발생하고 있다. 디자인, 개발, 기획 등 서로 특화된 업무를 맡으며 오랫동안 협업해온 경험을 살리기 위해 마음이 맞는 동료끼리 동시에 특정 회사에 조건을 걸어 이직하는 식이다. 이 경우 개인의 직무 특수성뿐만 아니라 팀워크를 위한 직무 루틴work routine까지 이전 혹은 유출되는 효과를 낳는다. 따라서 피인수 기업의 입장에서는 기업의 경쟁력과 직결되는 핵심 역량과 지식의 유출이 있을 수 있는 반면, 인수 기업의 입장에서는 해당 인력들의 네트워크 역량까지 함께 받아들일 수 있기 때문에 경력 채용의 효과를 두 배로 누리는 결과를 맛볼 수 있게 된다.

한편 경력 채용 시장에서 가장 중요한 요소는 개개인의 평판 조회reputation check다. 회사가 한 사람의 능력뿐만 아니라 인품까지 구매한다는 판단을 내리기 때문에 이전 기업에서 어떤 일을 수행했으며 그것이 실제로 기여한 수준은 어떤지 세밀한 판단이 이루어진다. 이 과정에서 적극적으로 역할 하는 것이 헤드헌터headhunter들이다. 특히 게임, 통신사, 인터넷 기업 등과 같은 미디어 기업들 중 상당수가 전문 헤드헌터를 활용해 경력직 채용을 진행하고 있다.

끝으로 미디어 기업의 전문화 과정에서 고려되는 요소는 조직 다양성organizational diversity 문제와도 관련이 깊다. 다양성은 인력 구조의 복잡성variation을 받아들임으로써 조직 유연성과 창의성을 증진시켜 조직이 환경 변화와 혁신에 적응해 나가기 위한 전략적 방법이다(Boxall, 1996). 전통적인 인적자원 관리 이론들에서 주장하는 대로 성별 다양성gender diversity, 정치적 다양성political diversity, 인종적 다양성race diversity의 문제는 여전히 유효하다. 이와 함께 동양 사회처럼 사회적 다양성이 풍부하지 않은 곳에서는 기업 내 중요 화두로 '유리 천장glass ceiling' 이슈도 고려할 필요가 있다. 특히 전통적 미디어 기업의 경우는 의사 결정자 지위로 올라갈수록 여성보다는 남성의 영향력이 더 큰 비중을 차지하는 경우가 많은데, 최근 이러한 상황에 대한 혁신 노력이 점차 확산되는 추세다.

동기 부여와 균형적 보상

미디어 기업에서의 구성원들은 어떤 사업에 참여했거나 콘텐츠 제작, 개발 과정의 구성원으로 일하는 경우 '자기 일'이라는 인식을 갖게 된다. 다시 말해 공적인 업무와 개인적인 가치가 있는 일의 동일시를 통해 꾸준한 몰입과 심리적 보상psychological compensation을 받는 것이다. 이와 동시에 높은 수준의 도덕적 표준과 가치 지향 그리고 실적 등을 통해 미디어 기업 구성원으로서 인정받으려는 '미디어 장인 정신media craftsmanship'의 가능성과도 연관되어 있다.

이 때문에 미디어 기업의 인적자원 관리에서 가장 적극적으로 고려해야 하는 이슈는 개개인의 동기motivation이다. 앞서 내재적 동기와 외재적 동기에 대한 설명을 했는데, 미디어 기업의 경우 외재적 동기보다도 내재적 동기의 부여가 더욱 중요한 역할을 수행한다. 이러한 측면에서 미디어 장인 정신의 경우 일종의 내재적 동기에 해당한다고 볼 수 있다. 회사가 어떤 일을 하도록 권면하거나 그 일을 통해 엄청난 대가가 있을 것임을 약속해서가 아니라, 자신의 관심사와 정체성 관리를 위해 일에 매진하고 투자하는 것이기 때문이다. 방송을 비롯해 대중적인 콘텐츠를 창작하고 보급하는 미디어 산업에서는 PD, 기자, 디자이너 등이 모두 관련된 업무의 정의를 개인화personalization함으로써 끊임없이 조직 내에서 스스로의 캐릭터를 키우고 그 의미를 부각시키려는 경향을 보이게 된다. 예를 들어 신문의 경우는 자신의 이름이 기사 하단의 바이라인by-line이나 글의 첫 부분에 표기되는 식으로 개인화된 성과의 표시가 가능하다. 이러한 일련의 동기를 자극하는 방법을 통해 정량적 보상 외에도 질적 보상qualitative compensation을 바탕으로 조직원들의 활발한 참여를 유도하는 것이 미디어 기업 인적자원 관리의 특징이라 할 수 있다.

한편 미디어 기업의 승진 연령이 타 산업에 속한 기업보다 다소 관대해 경영진이 젊다는 점도 주목할 대목이다. 최근 (주)다음카카오의 35세 대표이사 소식은 미디어 기업의 문화가 연공서열 중심의 보수적 운영체계에서 성과와 혁신적 아이디어 중심의 개방적 운영체계로 바뀌고 있음을 시사한다. 미디어 기업 내에서 승진 연령이 점점 젊어지고 성과형 연봉제 체계가 확산되는 주된 이유는 경쟁에 입각한 양적 보상 체계quantitative compensation의 혁신적 변화로 요약할 수 있다. 무엇보다 심각한 시장 내 경쟁으로 인해 대부분의 미디어 기업들이 새로운 매출원 발굴을 하지 못하는 상황에서는 조직 구조조정과 개인 업적 기반의 엄밀한 평가를 통한 양적 보상 체계의 정립과 함께 개인의 동기부여를 위한 질적 동기부여의 두 가지 차원이 모두 조화될 필요가 있는 실정이다.

고용 유연성과 비정형 근로, 노사 갈등

최근 들어 많은 미디어 기업들이 구조조정 국면을 고려한 인사 체계 구성을 단행하고 있다. 가장 주된 이유는 과거처럼 미디어 산업이 공공성 차원에서 보호만 받는 산업이 아니라 점차적으로 시장 내 경쟁과 수익성 중심의 생존 가능성 확보도 중요하다는 사회적 인식의 변화 때문이다. 미디어 기업에서 일련의 사업 환경 변화는 곧 조직 내의 구조적 변화와 인적자원 계획의 혁신으로 이어진다.

특히 한때 벤처 정신으로 무장했던 인터넷 기업의 경우 개발자와 디자이너, 기획자들이 노동시장 안에서 '고숙련·고령 노동자'가 되었다는 문제에 직면해 있다. 다시 말해 상당수 미디어 기업이 벤처기업에서 대기업 혹은 중견기업화를 이루면서 그 구성원들의 지식과 태도 역시 대기업 수준으로 바뀌게된 것이다. 이에 따라 이들을 계속적으로 활용해 더욱 수준 높은 전문화 인력으로 양성하고 활용할 것인지, 아니면 장기적으로 고숙련·고령 인력을 고용유연성을 위해 과감하게 임금 피크제나 퇴직 제도 등을 통해 조절할 것인지의 문제가 상존한다.

한편 고숙련 노동자 비중의 증가는 비정형 근로, 즉 비정규직 증가 문제도낳는다. 최근 많은 미디어 기업에서 청년 인턴 기반의 채용 및 기간제 근로자를 확대해 활용하는 추세가 증가하고 있다. 사실상 조직의 본질적인 사업 역량과 관계없는 경영 지원 업무는 과감하게 외주를 통해 축소하거나 계열화된분리 회사를 통해 운영함으로써 재정 지출 비중을 줄이는 경향을 보이기도한다. 향후 미디어 기업의 인적자원 효율화 정책으로 인한 비정형 근로 문제는 인적자원 관리 분야에서 상당히 중요한 이슈로 대두될 전망이다. 특히 전문화된 근로 형태의 경우 고용이 보장된 정년직이 아니라 연봉 계약직으로 선발하는 경우가 많아 사실상 고숙련 노동자의 비정형 근로를 촉진하고 있다는 평가는 이미 오래전부터 지적되고 있다. 그 이유는 회사가 빠른 지식 습득을 통해 해당 시스템과 프로세스를 정착시키고 나서 다양한 방법으로 그 지식을 일반화시키려는 시도를 하기 때문이다. 일례로 최근 빅데이터 전문 인력, 디자인 전문 인력 등을 연봉 계약직 등의 비정형 근로자로 채용함으로써 빠른 지식 이전과 함께 이들의 고용 형태를 유연화하려는 움직임은 매우 보편적으로 발생하고 있다.

이와 더불어 기업의 수익원 축소 문제가 대두되면서 많은 기업들이 일반적인 직무를 새로운 형태로 통합하거나 줄이는 등의 구조조정도 단행하고 있다. 가장 대표적인 사례가 신문사의 조직 변화다. 일례로 일본의 ≪요미우리 신문≫은 편집 기자 제도를 완전히 제거했다. 그 이유는 수많은 조직들이 정보시스템 기반의 업무 프로세스를 채택하면서 기존 오프라인 종이 신문 비중을 축소함에 따라 편집 기자의 전문성 활용 비중이 적어졌기 때문이다. 여기에 상당수 제작 역량을 지닌 취재 기자들이 편집 기능 등을 습득하게 되고, 편집 전문 부서 대신 개별 부서의 데스크들에 의한 윤문 및 주제 편성 관행이 정착되면서 편집 기자의 설 자리가 없어졌기 때문이다.

한편 미디어 기업의 고용 유연성 문제는 노사문제의 첨예함과도 연계된다. 우선 노사문제는 정형화된 답이 없다. 노동조합이 실질적으로 기능하지 못하는 상태에서 복지, 연봉 등의 편익을 효과적으로 추구하는 기업이 있는가 하면, 강성 노동조합과 경영진 간의 대결로 인해 종업원의 업무와 복지에 대한 논란이 자주 일어나는 경우도 있다. 특히 직업 위신job reputation이 중요한 미디어 기업, 예컨대 방송이나 신문의 기자직 같은 경우에는 자신들의 집단 정체성collective identity 보호를 위해 노동조합 활동에 활발하게 참여하는 경우가 많다. 반면 인터넷 분야와 같은 미디어 기업에서는 노조를 통한 고용 환경의 정치적 권리 보장보다는 복리후생에 더 많은 관심을 보이기도 한다. 특히 기업의 소유 구조가 집중화되어 있는 조직일수록 노조 활동의 사회적·정치적 의미보다는 임금 체계나 복지 등에 대한 관심이 높은 편이다.

임금과 복리후생 제도

미디어 기업의 임금체계는 각 분야에 따라 서로 상이한 경향을 보이고 있다. 예를 들어 창업 초기 벤처 또는 고성장 기업의 형태로 시작했던 인터넷 기업의 경우는 구성원 간의 보상 격차도 크고 직무job보다 기술skill에 입각해 능력 중심의 보상을 진행하는 성장 전략을 추구하는 경향이 강한 편이다(Lado & Wilson, 1994). 이는 조직의 성숙 주기가 어느 정도 원숙기로 접어들더라도 기본적으로 설립 초기의 문화가 계속해서 조직 환경에 정착되는 생리로 설명 가능하다. 반면 방송과 신문 등 전통적 미디어 기업들은 구성원 간 보상 격차가 적고 장기적인 보상 수준 역시 경쟁 임금 이하의 수준을 보이는 경향이 강하다. 그리고 노동조합 등이 임금 교섭을 경영진과 진행하기는 하지만, 사실상 봉급의 수준에 대해 명시화된 기준이 뚜렷이 드러나지 않은 모습을 보이기도 한다. 보상 요소 역시 취재와 편집의 구분처럼 직무 중심으로 설계되는 집중화concentration 전략을 사용하는 경향이 짙다. 이러한 임금체계의 구성 원인 중 가장 큰 요소는 경쟁사들의 수, 조직의 규모 등이 작용하는 것으로 보인다. 인터넷 기업들은 비교적 많은 기업들이 시장 안에서 변화무쌍하게 경쟁하는 모습을 보이지만, 방송과 언론 기업들의 경우 소수의 시장 참여자들이 적은 기업 규모를 갖고 사업을 영위하는 경우가 많다. 따라서 임금체계가 상대적으로 보수적인 편이라 할 수 있다.

한편 미디어 기업들의 임금 정책은 단지 금전적 보상의 근간인 급여와 연봉에만 국한되지 않는다. 많은 수의 근로자들은 임금과 복지를 통합적으로 고려해 임금체계를 생각하는 경향이 강하기 때문에, 특색 있는 복리후생제도의 도입과 실행은 오히려 단순한 급여의 양적 증가보다 효과성이 뛰어난 경우도 많다. 예컨대 복리후생제도의 적절한 시행은 애사심과 충성심, 동기부여 등 종업원의 감성적 측면을 자극해 종업원 만족감과 직무 성과 향상을 높이는 것으로 보고되고 있다. 아래 신문기사에서처럼 구글과 코스트코의 사례는 이에 대한 좋은 사례이다.

구글, 미국에서 제일 연봉, 복지 좋은 직장 1위

인터넷 공룡 구글이 미국에서 연봉과 복지가 가장 좋은 직장으로 꼽혔다.
미국 구직정보업체 글래스도어는 전직 및 현직 직원들의 설문조사를 토대로 미국에서 임금과 사원 복지가 좋은 기업 순위를 24일(현지시간) 발표했다. 글래스도어는 미국내 30만 개 기업들을 대상으로 17개 항목에 걸쳐 5점 만점으로 평점을 매기는 방식으로 순위를 정했다. 그 결과 1위는 구글로 선정됐다. 구글의 평점은 4.4로 높은 연봉과 남다른 복지제도에 따라 직원들의 만족도가 높은 것으로 나타났다. 구글 내 소프트웨어 기술자들의 평균 연봉은 12만 8000달러(약 1억 3100만 원) 였다. 이는 애플의 13만 2000달러보다는 낮지만 페이스북(12만 달러), 마이크로소프트(11만 1000달러), 아마존(10만 5000달러)보다는 높은 것이다.
구글이 애플보다 낮은 연봉으로도 1위에 오른 것은 직원들에 대한 스톡옵션과 자녀 장학금 등의 혜택 덕분이다. 구글은 사망한 직원의 배우자에게 사망 직원이 받던 월급의 50%를 10년간 지급한다. 사망 직원의 자녀들은 19살이 될 때까지 매월 1000달러씩 장학금을 받는다. 이와 함께 사내 병원, 물리치료, 금연 프로그램, 요리 강좌 등 다른 복지 혜택도 빼놓을 수 없다. 구글에 이어 2위는 예상을 깨고 대형 유통업체 코스트코가 차지했다. 이 회사는 월등히 높은 시간당 임금이 높게 평가됐다. 계산대 초임 직원의 시간당 임금은 약 12달러에서 출발한다. 선임 계산대 직원의 경우 시간당 16달러를, 일부 관리자급 직원들은 시간당 22달러를 받는다. 구글과 코스트코에 이어 3위는 페이스북이, 4위는 소프트웨어 업체 어도비가 차지했다. 페이스북 직원들의 경우 높은 연봉과 함께 자녀 1명당 4000달러의 양육비 지급, 4개월간 유급 출산휴가 등의 혜택을 받고 있다. 이와 함께 하루 세끼 무료 식사, 100% 의료보험 혜

기업 문화와 조직 창의성

미디어 기업이 여타 제조업, 서비스업 기업들과 구분되는 점은 단지 콘텐츠로 대변되는 상품에만 국한되지 않는다. 대표적으로 기업 문화에서도 큰 차이를 보이며, 이로 인해 일하는 방식에서도 차이를 보인다. 미디어 기업은 극단의 소비자 지향형 콘텐츠를 생산한다. 따라서 기업 구성원에게는 산업의 후방뿐만 아니라 전방을 고려한 소비자 트렌드 해석 능력, 스토리텔링 발굴 능력, 마케팅 능력 등 기존의 다양한 지식들을 모아 새로운 패턴으로 조합하고 변형시키는 능력이 필요하다. 이 장에서는 이러한 기업 또는 내부 구성원이 가져야 할 능력을 종합하여 '창의성creativity' 또는 '혁신성innovativeness'이라 정의한다.

'창의성'의 개념에 대해서는 경영학과 사회심리학, 교육학 등의 분야에서 다양한 학자들이 그 의미를 설명해왔다. 그중 기업 연구에서 주로 활용되는 문제 해결 능력 기반 조직 창의성organizational creativity과 관련해 가장 넓게 인용되는 접근은 애머빌의 논의다(Amabile, 1996). 애머빌은 조직 환경organizational environment의 관점에서 창의성을 촉진하는 요소를 집중적으로 연구했으며, 다양한 연구를 통해 개방성openness, 실험experimentation, 조직 차원의 격려organizational encouragement, 사회적인 지지social support 같은 요소들이 조직의 창의성을 극대화시킨다고 주장했다.

그렇다면 미디어 기업에서 조직 창의성이란 무엇이고, 이를 촉진시키는 요소는 무엇일까? 여러 의견이 있겠으나 무엇보다 대중들의 이목을 끌 수 있는 콘텐츠의 스토리텔링과 협업을 통해 상품화하는 능력이 미디어 기업의 근원적 수익원이자 조직 창의성의 단면이라는 데에는 이견이 없을 것이며, 이를 촉진시키기 위해 조직 내부에 다양한 아이디어를 교환하고 숙성시키는 작업 과정의 정착 및 체계화가 필요하다는 데도 공감할 것이다. 물론 이러한 작업을 위해서는 개인의 지속적인 조직 참여와 발전 동기, 그리고 자아 정체감self identity 의 보장 등이 이루어져야 한다. 여타 산업에 속한 기업과 달리 미디어 기업은 특정 사업이나 콘텐츠 제작에 참여했던 경험을 일종의 개인적 실적 또는 경험으로 보는 경향이 두드러지기 때문이다(Albarran, Chan-Olmsted, & Wirth, 2006). 앞서 필자는 이를 '미디어 장인 정신'이라 언급했다. 따라서 미디어 기업은 개개인의 창의적 동기뿐 아니라 사명감, 헌신성 등이 지속될 수 있도록 업무 프로세스를 설계하고 혁신적인 기업 문화를 형성하는 데 주저하지 않는다.

전 세계에서 가장 혁신적인 회사로 언급되는 구글의 사례를 예로 들어보자. 구글은 조직 구성원 각자가 모두 중요한 인적자본이라고 생각해 이들이 회사에서 업무를 진행하는 동안 가급적 많은 아이디어를 낼 수 있도록 물리적 촉진제physical artifact를 다양하게 설계했다. 놀이방과 같은 회의실, 게임과 같은 서비스 기획 등의 프로세스가 대표적이다. 가능한 오래 회사에서 머무르면서 숫자에 매몰된 고정적 사고functional fixation가 아니라 유연한 사고flexible thinking를 가질 수 있도록 이를 공간 설계에 배려한 것이다. 다양한 아이디어를 자유롭게 펼치는 발산적 사고와 하나의 핵심 주제로 압축하는 수렴적 사고를 돕는 시각화 도구들도 사무 공간에 즐비하다.

이와는 달리 조직 내 창의적인 분위기 형성 또는 개방적인 문화 등을 장려하기 위해 서로에게 사용하는 언어 습관이나 소통 방법 등을 변화시킨 사례도 있다. 실제로 CJ헬로비전이나 네이버는 수평적 커뮤니케이션을 촉진할 목적으로 서로의 호칭을 직급이 아닌 실제 이름으로 통일하고 '님'이라고 불러

주는 문화 등을 정착시켰으며, 유사한 사례로 SK텔레콤이나 제일기획과 같은 통신사, 광고사들은 모든 직급체계를 매니저 또는 프로Pro로 통일하고 직장 내 서열이나 업무 분장에 구애받지 않는 창의 혁신의 분위기를 확산시키기도 했다. 또, 신문이나 방송사와 같은 미디어 기업들이 기자, PD 등의 개인화된 캐릭터를 보장함으로써 창조적인 조직 문화를 유지하고자 노력하는 것도 이와 같은 맥락으로 이해될 수 있다. 이들 기업의 관리자들은 여타의 기업과 마찬가지로 개개인의 인사 고과, 평가 등에 관여하지만 콘텐츠 제작 과정 및 유통 과정에서는 최소한의 개입 원칙을 준수함으로써 다양성·개방성을 보장하기 위해 노력한다.

경험 기반 학습과 협업

미디어 기업에서 역량 있는 인재를 육성할 때 가장 기본이 되는 원칙은 경험 기반 학습learning by doing이다. 다시 말해 별도로 인재를 교육하는 절차를 거쳐 사회화하기보다는 업무 체제에 바로 투입해 현장에서 배우게 하는 모델을 선호한다는 것이다. 이러한 현업 교육 훈련 과정을 가리켜 인적자원 개발human resource development: HRD 이라고 한다.

특히 직무 특수적인 지식을 즉시 발휘해야 하는 조직에서는 인재 교육 프로그램을 통해 인력을 변화시킬 수 있는 여지가 많지 않다. 따라서 이러한 경우 신입 사원이라 하더라도 상당 부분 예비 역량prerequisite competence 보유를 요구받는 경우가 있다. 예를 들어 규모가 있는 인터넷 기업의 개발팀 사원의 경우 석사급 이상의 코딩 지식, 소프트웨어 개발과 관련된 다른 조직 구성원과 소통할 수 있는 스킬skill, 완제품의 부품으로서 소프트웨어가 정착됐을 때의 시나리오 전개 능력 등이 요구된다. 비슷한 예로 전통적 미디어 기업에서도 신문기자, 방송 PD 등은 각각의 프로젝트project를 경험하면서 선배 사원으로

〈그림 9-2〉 '제니퍼소프트에서 하지 말아야 할 33가지'

자료: 제니퍼소프트 홈페이지, http://blog.naver.com/javaservice7

부터 도제식으로 배우거나 특정 사안에 대해 전권 위임을 받아 업무를 기반으로 역량을 키워 나간다. 따라서 인력 배치와 자원 할당에 매우 신중한 의사결정이 필요하다.

미디어 기업의 인적자원 개발 과정에서 또 한 가지 중요한 덕목은 협업 collaboration에 있다. 미디어 기업의 경우 상당 부분 개인의 역량에 의해 성과가 좌우되는 유연한 조직 구조를 띄고 있기 때문에 서로 지식을 교환하고 노하우를 습득하는 과정에 많은 무게중심을 둘 수밖에 없다. 프로젝트를 위해 역할을 부여받은 팀 관리자는 단순한 감독자 이상으로 교수자teacher이자 후배 사원을 감응시킬 수 있는 변혁적 지도자 역할을 수행해야 한다. 그리고 자신이 직접 팀 구성원 지도 지침manual을 구체화하거나, 팀원들의 노력과 기여 수준에 대한 성과와 보상의 명시를 통해 신뢰trust를 구축해 나가는 작업을 감당해야만 한다. 〈그림 9-2〉는 인터넷 분야에서 효과적인 인적자원 개발 사례로 주목받고 있는 제니퍼소프트의 인사관리 방식을 우회적으로 드러낸 모형이다. 제니퍼소프트는 자유로운 토론 문화와 아이디어 중심의 프로젝트 멤버 선발에 기반한 창의적 협업을 통해 혁신적 인적자원 개발 모델을 지향하고 있다.

글로벌 인적자원 관리

'국경 없는 기업 간 경쟁'의 구도는 미디어 기업의 경영 자체를 '국제 경영 international business'으로 만들었다. 가장 대표적인 사례가 뉴스코퍼레이션News Corporation이다. 루퍼트 머독 회장은 호주계 영국인으로 세계 각국의 미디어 기업을 인수하며 사실상 거대 미디어 제국을 설립했다. 이와 더불어 2015년 8월 닛케이 비즈니스가 《파이낸셜타임스》를 인수한 소식도 미디어 기업의 인수·합병을 사실상 '국제 인수·합병cross border M&A'으로 만들면서 전체 산업의 글로벌화를 유도한 바 있다.

기업 경영의 국제화는 사실상 인적자원과 물적자원의 국제화를 동반한다 (Whaples, 1995; Wright & Nishii, 2007). 따라서 서로 다른 문화적 배경을 지닌 사람들끼리 소통하고 협업하기 위한 체계 수립이 무엇보다 중요하다. 이 과정에서 가장 필요한 것이 사내 교육 훈련 제도다. 입직 훈련orientation, 기능공훈련, 계층별·전문 분야별 훈련, 경영자 교육 등에 이르기까지 다양한 현직교육 훈련 체계에서 '글로벌화globalization'를 염두에 둔 내용 설계가 중요하다.

특히 미디어 기업 역시 '갈라파고스 현상Galapagos syndrome'에 빠지지 않기 위해 끊임없이 국제화와 수출을 요구받고 있는 상황이다. 이런 상황에서 외국인 인재 영입을 통한 인적 다양성 추구는 필수다. 그러나 아직까지 한국 미디어 기업에서는 외국인 취업 수준이 상당히 빈약한 편이며, 대부분의 글로벌지사 역시 외국어에 능한 한국인이 독점하고 있는 상황이다. 따라서 국적 구성의 동질성 탈피가 매우 시급한 해결 과제이다.

글로벌 인적자원 관리의 핵심은 '인적자원 관리 기조'를 국제 사회의 표준으로 전환하는 데 있다. 예를 들어 일본 IBM은 1990년대 중반에 글로벌 IBM의 운용 체계 속으로 편입될 수밖에 없었다. 특히 미국 IBM 본사는 네트워크와 컨설팅 사업을 강화하고 있었고 대부분의 자회사와 법인들을 매트릭스 구조 안에 편입했기 때문에, 이로 인해 일본식 종신 고용제나 연공서열제 등과 같은 지역적 제도들은 상당 부분 폐지되거나 수정되었다. 그리고 팀워크와 조직 헌신보다도 유연성, 창의성 등을 중시하는 서구식 표준으로 전환하고 경영진의 실적 관리하에 발 빠른 구조조정과 인력 감축 등을 감수해야만 했다(이학종·신동엽·강혜련 외, 2001).

한국 미디어 기업들 또한 비교적 안정적인 고용 환경, 직원 간의 적은 격차수준 등 동양적인 고용 환경에서 전환할 것을 요구받고 있는 상황이다. 다음기사는 창업 초기에는 한국보다 열세였으나 빠르게 글로벌 인적자원 관리를정착시켰다고 평가받는 중국 인터넷 기업의 사례이다.

한국을 대표하는 IT 벤처기업 네이버와 다음카카오는 각각 창립 16년, 20년(다음커뮤니케이션 기준)이 됐지만 본사에 외국인 임원 한 명 없다. 하지만 중국 스타트업들은 인재를 국내에서만 찾지 않고 전 세계에서 조달하고 있다. 이런 다국적 인재들이 중국 스타트업의 글로벌 비즈니스 선봉에 서고, 미국 실리콘밸리와의 네트워크 구축에도 큰 역할을 한다.

구글에서 중국 스마트폰 업체 샤오미로 옮긴 휴고 바라 글로벌 부문 수석 부사장이 대표적이다. 바라 부사장은 구글의 새로운 서비스가 출시될 때마다 발표를 도맡아 한 구글의 '얼굴 마담'이었는데, 2013년 구글의 수석 부사장직을 버리고 당시만 해도 무명에 가까운 샤오미로 옮겼다. 현재 그는 샤오미 신제품 발표와 글로벌 사업을 총괄한다. 세계 최대 반도체 업체인 퀄컴 중국 법인 대표 왕상도 샤오미로 옮겼다. 세계 인터넷, 반도체 시장 인재를 줄줄이 영입한 것.

세계 최대 전자상거래 업체로 성장한 알리바바는 지난 4일 골드만삭스의 마이클 에반스 전 부회장을 글로벌 비즈니스 담당 사장으로 임명했다. 에반스는 알리바바의 사외이사로 일하다 아예 사장으로 합류해, 간편 결제 서비스인 알리페이의 글로벌 시장 확대 등의 업무를 맡는다.

《조선비즈》, 2015. 8. 19.

기타 인적자원 관리 현안

미디어 기업의 인적자원 관리에서 발생하는 주요 이슈는 앞서 설명했다. 이와 더불어 현재와 가까운 미래에 좀 더 관심을 가져야 할 주제들을 필자의 주관으로 몇 가지 소개하며 글을 마치려 한다. 첫째, 앞서 언급한 바와 같이 미디어 기업의 인력이 전반적으로 노령화되고aging 있다는 사실을 주목할 필요가 있다. 특히 인터넷이나 게임 기업의 경우 벤처 설립 당시 혁신적으로 참여했던 팀team이나 고용되었던 인력들 대부분이 40~50대 이상의 의사 결정자 또는 준의사 결정자 수준이 됨에 따라 전체적인 기업 인적자원의 노령화 현상이 큰 문제로 떠오를 수 있다. 노령화 현상은 직무 루틴의 고착화로 인한 혁신 저항을 낳을 수 있다. 따라서 이들의 인적자원 개발을 통해 변화 관리를 유도할 것인지, 아니면 전략적 인사관리를 통해 구조조정 또는 임금피크제 등을 거쳐 단계적으로 비중을 감축시켜 나갈 것인지에 대한 의사 결정자의 결단이 필요한 상황이 발생할 수 있다.

둘째, 계속해서 해외 기업으로 유출되는 핵심 인적자원을 어떻게 방어할지 또는 어떻게 이들을 회유 혹은 회귀시킬 것인지에 대한 적극적인 고민이 필요하다. 삼성과 LG, 대형 게임회사 등에서 화웨이, 샤오미, 텐센트 등으로 이직한 개발자, 디자이너의 사례처럼, 고숙련 노동자의 수준 높은 지식자원이 상당 부분 경쟁 국가의 기업 등으로 이전되는 상황은 매우 우려스러우며, 이들을 윤리적 차원에서 구속하려는 당위적인 논쟁을 하기보단 현실적인 보상 체계와 처우에 대한 고민이 요구된다.

셋째, 미디어 기업에 특화된 인적자원 개발 계획 및 담당 상시 조직의 상을 정립하는 작업이 필요하다. 미디어 기업들 중 상당수에 인재원 또는 인재 교육팀 등이 없는 것으로 알려져 있다. 가장 큰 이유는 직무가 대부분 도제식 또는 현장 중심 교육을 통해 대물림되는 전통과 암묵지暗默知에 의존해 업무를 수행하는 경향에 기인한다(Polanyi, 2012). 따라서 개별 인력들에게 필요한 요구 역량 및 달성 목표 등을 관리하기 위한 체제 수립 방안에 대한 연구는 지속될 필요가 있으며, 또 미디어 기업의 인재에게 필요한 기능적 지식 영역의 정의 및 역량 계발 가이드라인 수립 등을 통해 고용 주기hiring cycle에 따른 관리 체제 수립도 필요해 보인다.

끝으로 전사적 전략과 인사 전략 간의 연계가 중요하다. 인적자원 관리 전략도 기업의 중장기 경영 전략, 재무 전략, 마케팅 전략 등 다양한 전사적 전략에 영향을 받는다. 전통적인 제조, 서비스 기업에서는 인사팀 또는 인사 임원을 통해 컨트롤타워를 수립함으로써 각종 업무 현안 간 연계성을 고민했다. 그러나 실무 조직과의 괴리 또는 경영 지원 업무에의 함몰 등으로 인해 시너지가 발생하지 못할 소지가 있다. 따라서 사람 간 관계를 통한 암묵지 이전, 현장 지식 중심의 역량 형성 등의 성격을 지닌 미디어 기업에서는 차별화된 전략적 인적자원 관리 프로그램에 대한 추가적인 고민이 필요하며, 전사 전략과의 정합성 검증도 시행될 필요가 있다.

SUMMARY

조직 내 인재들을 받아들이고 이들을 평가, 관리, 운영하는 방법 전반을 가리켜 인적자원 관리라 한다. 미디어 기업은 조직성과 극대화를 위해 특유의 창의성, 혁신성, 개방성을 증진하기 위한 인적자원 관리 방안을 부단히 고민할 필요가 있다. 전문 인력의 선발, 개인의 동기 유발, 성과 관리, 교육·훈련과 같은 전통적 인사 문제와 함께 인력 다양성, 노령화, 핵심 인력 유출 방지 등의 이슈들에 대한 체계적인 대응이 필요하며 이를 위해 전사 전략과 연계된 인적자원 관리 전략을 수립하고 관련 업무를 체계적으로 정립해야 한다.

생각해볼 문제

1. 미디어 기업의 인재에게 요구되는 개인적 역량은 무엇일까?
2. 미디어 산업의 급격한 변화는 기업의 인적자원 관리 방식에 어떠한 영향을 미칠까?
3. 글로벌 경영 환경에 대응하기 위한 미디어 기업의 인적자원 관리 방법은 무엇이 있을까?
4. 미디어 기업의 인적자원 관리 이슈 중 한국적인 상황에서만 특수하게 발생하는 사안은 무엇이 있을까?
5. 제조·서비스 기업의 인적자원 관리 방식과 미디어 기업의 인적자원 관리 방식 간 존재하는 공통점과 차이점은 무엇일까?

참 고 문 헌

배종석. 1999. 「경쟁우위와 인적자원관리: 전략적 인적자원관리 연구의 비판적 고찰과 연구
  방향 모색」. ≪인사조직연구≫, 7(2), 1~45쪽.

양혁승. 2002. 「전략적 인적자원관리: 기존 연구결과 및 향후 연구과제 개관」. ≪인사관리연
  구≫, 26(2), 113~143쪽.

이학종·신동엽·강혜련 외. 2001. 『21세기 매니지먼트 이론의 뉴패러다임』. 위즈덤하우스.

Akerlof, G. A. & R. J. Shiller. 2009. *Animal spirits*. Brilliance Audio.

Albarran, A. B., S. M. Chan-Olmsted, & M. O. Wirth(eds.). 2006. *Handbook of Media
  Management and Economics*. Routledge.

Amabile, T. 1996. *Creativity in context*. Westview Press.

Boxall, P. 1996. "The strategic HRM debate and the resource-based view of the firm."
  Human Resource Management Journal, 6(3), p.59.

Florida, R. L. 2002. *The Rise of the Creative Class: and How it's Transforming Work,
  Leisure, Community and Everyday Life*. Basic Books.

Konow, J. 1996. "A positive theory of economic fairness." *Journal of Economic Behavior &
  Organization*, 31(1), pp.13~35.

Lado, A. A. & M. C. Wilson. 1994. "Human resource systems and sustained competitive
  advantage: A competency-based perspective." *Academy of Management Review*,
  19(4), pp.699~727.

Martell, K. & S. J. Carroll. 1995. "How strategic is HRM?" *Human Resource Management*,
  34(2), pp.253~267.

McClelland, D. C. 1967. *Achieving society*. Simon and Schuster.

Polanyi, M. 2012. *Personal Knowledge: Towards a Post-critical Philosophy*. University of
  Chicago Press.

Robbins, S. P., DeCenzo, D. A., & Coulter, M. 2013. *Fundamentals of Management*(8th
  edition). Pearson Prentice Hall.

Whaples, R. 1995. "Changes in attitudes among college economics students about the
  fairness of the market." *The Journal of Economic Education*, 26(4), pp.308~313.

Wright, P. M. & L. H. Nishii. 2007. "Strategic HRM and organizational behavior: Inte-
  grating multiple levels of analysis." CAHRS Working Paper Series, 468.

10 미디어 기업의 재무관리

김성철

미디어 기업이 생존하고 성장하기 위해서는 인력, 기술, 자금 등의 다양한 경영 자원이 필요하지만 그 중에서도 자금money이 가장 중요하다. 미디어 기업이 자금을 관리하는 활동을 재무관리라고 하는데 미디어 기업의 재무관리는 크게 보면 미디어 기업이 필요로 하는 자금을 어떻게 조달하며 조달한 자금을 어디에 투자할 것인가에 관한 것이다. 이 장에서는 미디어 기업의 재무관리와 재무제표의 개념을 설명하고 자금 조달과 투자의 원리와 방법을 소개한 후 미디어 기업의 재무분석 기법을 요약한다.

재무관리의 개념

기업이 경영 활동을 제대로 수행하기 위해서는 여러 자원을 필요로 한다. 기업은 노동시장으로부터 노동력을, 자본시장으로부터는 자본을, 원자재나 생산 설비 시장으로부터는 원자재나 생산 설비를 조달하여 이를 기업 내부의 생산 활동에 투입하며 그 결과로 산출된 재화나 서비스를 소비자에게 공급한다. 그 결과로 기업은 이익을 창출하여 자본을 제공한 투자자나 채권자에게 배당이나 이자의 형태로 이익을 배분하거나 기업 내부에 유보하게 된다. 미디어 기업이 생존하고 성장하기 위해서도 인력, 기술, 자금 등의 다양한 경영 자원이 필요하지만 어찌 보면 그 중에서도 자금money 이 제일 중요하다. 자금이 없으면 다른 자원을 획득할 수 없을 뿐만 아니라 사업을 제대로 영위할 수 없고 결국에는 도산할 수밖에 없기 때문이다.

기업이 자금을 관리하는 활동을 재무관리라고 한다. 결국 재무관리는 자금과 관련된 기업의 활동을 계획하고 실행하며 통제하는 일련의 의사 결정을 의미한다. 재무관리에서는 자금을 어떻게 조달할 것인가, 조달한 자금을 어디에 투자할 것인가, 운영자금은 어떻게 관리할 것인가 그리고 이익을 어떻게 분배할 것인가 등의 문제에 대한 의사 결정을 하게 되는 것이다. 따라서 미디어 기업의 재무관리는 크게 보면 미디어 기업이 필요로 하는 자금을 어떻게 조달하며how to fund, 조달한 자금을 어디에 투자할 것인가where to invest, 그리고 단기적인 운영자금을 어떻게 관리할 것인가how to manage working capital 에 관한 체계적인 의사 결정이라고 할 수 있다. 예를 들면, 영화사가 새로운 영화를 제작한다는 결정을 내렸다면 이는 투자에 관한 의사 결정이며 만약 이를 위한 자금을 크라우드 펀딩crowd funding 방식으로 조달하기로 했다면 이는 자금 조달에 관한 의사 결정이다. 또한 제작 기간 동안 일상적인 자금 유입 및 지출에 대해 결정을 내렸다면 이는 운영자금과 관련된 의사 결정이라고 할 수 있다. 이러한 의사 결정들을 모두 재무관리 행위로 볼 수 있는 것이다.

한편 기업의 형태는 소유와 경영의 분리 여부와 부채에 대한 책임의 범위에 따라 달라지는데 개인회사, 합명회사, 합자회사, 유한회사 및 주식회사 등으로 다양하다. 그런데 시장경제에서 활동하는 기업의 형태 중에서 가장 큰 비중을 차지하는 것은 주식회사이다. 주식회사는 필요한 자본을 불특정 다수의 투자자들에게 주식의 형태로 매각하여 조달하며, 투자자는 납입한 자본에 대해서 투자한 금액 범위 내에서만 유한책임을 진다. 주식회사는 유한책임에 따라 위험을 분산시키는 효과가 있고 소유와 경영이 분리됨으로써 경영의 전문화를 도모하면서 투자 규모를 확대할 수 있다는 장점이 있다.

다만 주식회사는 기업의 주체(주주, 채권자)와 대리인(경영자)과의 상충된 이해관계로 인하여 대리인 비용-agency cost 이 발생하는 단점이 있다. 대리인 비용은 대리인의 행위가 주체의 이익으로부터 이탈하는 것을 제한하기 위하여 주체가 부담하는 감시 비용-monitoring cost, 대리인이 주체에게 해가 되는 행위를 하지 않고 있음을 확증하기 위해 대리인이 부담하는 확증 비용-bonding cost 그리고 확증 비용과 감시 비용이 지출되었음에도 불구하고 대리인 때문에 발생한 주체의 잔여 손실residual cost로 나뉜다(『두산백과』, 2015). 이 장에서 다루는 미디어 기업의 재무관리는 어떤 형태의 기업에도 적용할 수 있으나 가장 보편적인 주식회사 형태를 전제로 한다.

기업의 재무관리에 적용되는 다음 몇 가지 원칙들을 이해하면 미디어 기업의 재무관리를 쉽게 이해할 수 있다. 첫째, 자금은 시간 가치time value가 있다. 다시 말하면 오늘의 1원의 가치가 내일의 1원의 가치보다 높다는 것이다. 만약 현재의 1원을 금융 상품에 투자하면 내일에는 하루 이자를 합한 금액을 얻게 된다. 내일의 1원을 현재 가치로 환산한다면 하루 동안의 이자를 감안해서 할인discount한 금액이 되어야 하므로 내일의 1원은 오늘의 1원보다는 낮은 가치를 가질 수밖에 없는 것이다. 따라서 자금을 조달, 투자, 집행할 때는 항상 자금의 시간 가치를 염두에 두어야 할 필요가 있다. 예를 들어 보자. 게임 기업 A가 1억 원을 투자해서 새로운 게임 B를 개발하려고 한다. 만약 새로운 게임 B가 미래에 창출할 모든 수익들을 수익이 발생하는 시점을 고려해서 현재 가치로 환산한 다음에 모두 더한 가치의 합이 1억 원(사실은 1억 원과 1억 원을 금융상품에 투자할 경우에 얻을 이자의 합계)이 넘는다면 A 기업은 현재의 1억 원을 새로운 게임 B를 개발하는 데 사용하는 것이 타당하다. 그러나 새로운 게임 B가 창출할 수익의 현재 가치가 1억 원에 미달한다면 게임 기업 A는 새로운 게임 B를 개발하지 않는 것으로 결정을 내려야 한다.

둘째, 위험과 수익 간에는 상충 관계tradeoff가 있다. 일반적으로 투자자들은 미래 현금 흐름의 위험이 크면 클수록 그에 대한 대가로 더 많은 수익을 요구하게 된다고 가정할 수 있는데, 이를 '위험과 수익의 상충 관계'라고 말한다. 예를 들어 위험과 수익의 상충 관계가 존재하기 때문에 높은 위험을 부담하는 영화 산업은 높은 수익률을 기대하게 되며high risk, high return, 만약 일반 제조업처럼 낮은 위험을 부담하면 낮은 수익률을 보상받게 되는 것이다. 같은 이치로 통상 유명 연예인의 보수가 고위 공무원 보수보다 높은 것은 연예인 직업이 상대적으로 공무원보다는 높은 위험을 감수하기 때문이다. 만약 1억 원을 들여 한국에서 드라마를 제작해서 1년 뒤에 1억 5000만 원을 얻을 수 있는 A안과, 중국에서 드라마를 제작해서 1년 뒤 1억 5000만 원을 얻을 수 있는 B안이 있다면 투자자들이 어느 것을 선택할까? 당연히 A안이 상대적으로 안전하고 확실하게 1억 5000만 원을 벌 수 있기에 A안을 선택하는 것이 맞다. 투자자들이 B안을 선택하게 만들려면 B안의 위험이 더 큰 만큼 1년 뒤에 1억 5000만 원보다 더 많은 수익이 발생하게 해야만 한다. 투자자의 추가 위험부담에 대한 이러한 보상을 위험 프리미엄risk premium이라고 한다. 정리를 하면, 기업의 투자 행위에는 반드시 기대수익과 위험을 동시에 반영하는 것이 필수적이라고 할 수 있다.

셋째, 지속적인 현금 흐름에 주목해야 한다. 이익은 회계적인 개념이며 매출총이익, 영업이익, 당기순이익 등 여러 종류가 있다. 수익에서 비용을 제외하고 남은 것이 이익인데 설사 회계적인 이익이 발생해도 만약 장부상의 이익에 그치고 실제적인 현금 흐름이 수반되지 않는다면 큰 문제가 된다. 매출채권을 회수하지 못하는 경우도 있을 수 있고 자금이 모두 고정자산에 투자되어 단기적으로 현금화가 되지 않을 수도 있다. 그런데 만약 이런 경우에 급하게 갚아야 할 채무가 있거나 지출해야 할 비용이 있다면 기업은 낭패를 보게 되며 흑자 도산할 가능성도 있다. 이익과는 달리 기업이 창출하는 현금 흐름은 실제적으로 기업이 사용하는 자금을 의미하기 때문에 상당한 가치를 지닌다. 특히 미디어 기업에게는 투자 후에 지속적으로 발생되는 현금의 흐름이 매우 중요하다. 예를 들어 디즈니가 제작한 〈겨울왕국〉이라는 영화를 사례로 들어 보자. 디즈니는 영화 자체에서 수익을 올리기도 하지만 이 영화는 많은 사람들이 디즈니 월드를 방문하게 유도하고 디즈니 스토어에서 〈겨울왕국〉과 관련된 여러 가지 캐릭터 상품들을 구매하게 한다. 그뿐만 아니라 사람들은 〈겨울왕국〉 게임, 책, DVD 그리고 음악을 구매하기도 한다. 이른바 원 소스 멀티 유스One Source Multi Use: OSMU가 통용되는 미디어 산업에서는 한 번의 투자로 지속적인 현금 흐름을 창출하는 것이 가능하기 때문에 재무관리에서 현금 흐름을 중시할 필요가 있다. 음악의 경우에는 음악이 출시된 이후의 음원이나 음반의 판매가 이익에 영향을 준다. 그러나 음악에 대한 저작권을 가진 미디어 기업이나 창작자 입장에서는 미래에 지속적으로 발생하는 긴꼬리Long tail 매출이나 저작권 수입에서 오는 현금 흐름이 더 가치가 있을 수도 있다.

재무관리의 목표는 위험을 감수한 투자에 대한 적정한 이익을 실현하고 지속적인 현금 흐름을 창출하여 기업 가치, 즉 주주의 부를 극대화하는 것이다. 주식회사에서 재무관리 활동은 통상 최고재무책임자Chief Financial Officer: CFO가 책임을 진다. 최고재무책임자는 최고경영자CEO와 이사회의 통제 아래 재무와 회계 활동을 총괄한다. 최근 미국 대기업에서는 CFO의 역할이 기업의 미래 전략을 수립하고 기업의 가치를 결정하는 방향으로 변화하고 있는데 이를 위해 외부에서 능력 있는 CFO를 영입하는 사례가 늘고 있다. 투자은행 모건 스탠리Morgan Stanley에서 CFO로 일하다 구글에 영입된 루스 포랏Ruth Porat은 기본 연봉은 65만 달러이지만 구글에 합류한 데 따른 일시 보너스 500만 달러와 2500만 달러 상당의 주식을 받는 것으로 알려졌다. 미국 미디어 기업들은 CFO들에게 좋은 대우를 해주는 경우가 많은데 구글의 전 CFO였던 패트릭 피체트Patrick Pichette는 2014년에 4380만 달러를 받았고 CBS의 CFO 조셉 이아닐로Joseph Ianniello는 2700만 달러를, 컴캐스트의 CFO 마이클 앙겔라키스Michael Angelakis는 1890만 달러의 연봉을 받았다(≪아시아경제≫, 2015.8.18).

미디어 기업의 재무관리에서 고려해야 할 또 다른 목표는 소유와 경영의 분리에서 발생하는 대리인 비용을 최소화하는 것이다. 즉, CEO나 CFO가 주주들의 대리인 역할에 충실하지 않고 상충되는 이해관계를 가짐으로써 발생하는 비용을 최소화할 필요가 있다. 또한 자금을 관리하면서 윤리적인 문제가 없도록 하는 것도 필요하다. 엔론 사태에서 입증되었듯이 회계 분식 등의 비윤리적인 행위는 윤리적으로 문제가 될 뿐만 아니라 기업의 장기적인 성공 여부에도 결정적으로 부정적인 영향을 주기 때문이다.

재무제표의 이해

피터 드러커(Peter F. Drucker, 1909~2005)는 "측정되지 않는 것은 관리할 수 없다"는 유명한 말을 남겼다(김성철·이치형·주형철, 2014). 재무관리는 측정이 가능한 자금을 다루기 때문에 재무관리의 목표는 쉽게 숫자로 제시되고 효율적이고 효과적인 통제가 가능하다. 또한 특정 기업의 현재와 과거의 재무 상태에 대한 분석도 상대적으로 용이하다.

결국 제대로 된 기업의 재무관리를 위해서는 기업의 재무 상태를 측정·기록하여 제시하는 보고서가 반드시 필요하다고 볼 수 있다. 재무제표financial statements란 기업의 활동을 측정·기록하여 작성되는 회계보고서로서 기업의 경영 성과나 재무 상태 등을 나타내는 표를 말한다(박정식, 1992). 재무제표에 포함되는 보고서에는 여러 가지가 있으나 한국 '기업회계기준'은 손익계산

〈표 10-1〉 손익계산서 예: 네이버의 지난 5년간 손익계산서

(단위: 100만 원)

항목	2014	2013	2012	2011	2010
영업수익	2,758,479	2,259,139	1,798,657	2,121,318	1,790,600
영업비용	2,000,280	1,752,600	1,277,470	1,460,965	1,200,228
영업이익	758,199	506,539	521,187	660,352	590,373
영업외수익	17,287	8,450	80,566	85,421	34,411
영업외비용	52,531	136,939	53,208	113,646	21,288
법인세 차감 전 순이익	658,844	439,748	548,545	632,128	603,496
법인세 비용	237,182	124,550	147,877	179,999	155,072
계속영업순이익	421,662	315,197	400,668	452,128	448,424
중단사업손익	30,101	1,580,092	143,760	0	20,452
당기순이익	451,763	1,895,289	544,429	452,128	468,877

서, 대차대조표, 재무상태변동표, 이익잉여금처분계산서(또는 결손금처리계산서) 등을 필수적인 재무제표로 규정하고 있다.

우선 손익계산서는 일정 기간 동안 기업이 달성한 종합적인 성과를 표시하는 재무제표이다. 손익계산서는 일정 기간(예: 1년) 중에 발생한 수익과 이에 대응하는 비용을 기재하고 그 기간의 순이익을 표시함으로써 경영 성과를 명확하게 제시한다. 손익계산서에는 회사의 실적을 평가하는 대표적인 잣대인 매출액(또는 영업수익)과 이에 대응하는 영업비용, 영업외수익과 영업외비용 등이 모두 포함된다. 즉, 손익계산서는 매출에서 비용을 차감한 손익을 표시하는 구조로 되어 있다. 〈표 10-1〉은 국내의 대표적인 인터넷 포털 사업자인 네이버의 지난 5년간의 손익계산서이다.

이 표는 실제 네이버에서 작성한 손익계산서를 단순하게 요약한 것이지만 중요한 항목은 모두 포함하고 있다. 네이버의 영업수익은 국내외 매출을 다 포함하며 주로 광고나 콘텐츠 사업에서 발생하는데 2012년에 잠시 주춤해서 2010년 수준으로 줄었지만 2013년도에는 전년대비 25.6%, 2014년도에는 전년대비 22.1% 증가했다. 영업비용은 꾸준히 증가했으나 영업수익의 증가에

따라 영업이익은 전반적으로 상승하고 있는 추세이다. 영업외수익과 영업외 비용은 둘 다 연도별로 가변적인데 이에 따라 법인세 차감 전 순이익이나 법인세 비용도 증감을 반복하고 있다. 중단 사업 손익은 일종의 특별 손익인데 2013년에는 큰 규모의 특별 이익이 발생하여 네이버의 당기순이익이 급증했지만 나머지 해에는 비교적 일정한 규모의 당기순이익을 달성했음을 알 수 있다. 〈표 10-1〉의 손익계산서를 자세히 보면 네이버가 인터넷 서비스 사업에서 성공하고 있음을 자연스럽게 유추할 수 있다. 예를 들어, 2014년의 경우 영업수익 대비 영업이익의 비중은 27.5%, 당기순이익의 비중은 16.4%에 달한다. 이는 전통 산업에서는 달성하기 어려운 수치로서 빠르게 성장해온 인터넷 산업의 특성과 네이버의 우수한 성과를 잘 보여주는 것으로 판단된다. 결국 〈표 10-1〉에서 볼 수 있는 네이버의 손익계산서는 지난 5년 동안 네이버가 우수한 성과를 달성했고 그 결과 기업의 성장과 기업 가치의 증가를 도모했음을 알려주고 있다. 다시 말하면 네이버의 손익계산서는 네이버의 재무관리가 목표를 충실히 달성했음을 공개적으로 보고하고 있는 것이다.

손익계산서가 일정 기간의 성과를 표시하는 재무제표라면 대차대조표는 일정 시점의 기업의 재무 상태를 나타내는 보고서라고 할 수 있다. 따라서 대차대조표를 재무상태표로 부르기도 한다. 〈표 10-2〉는 네이버의 지난 5년간 대차대조표를 비교하여 요약한 것이다.

연도별 대차대조표의 작성시점은 각 연도의 연말이다. 대차대조표는 원래 차변(왼쪽)에 자산을, 대변(오른쪽)에 부채 및 자본을 기재하는데 자산은 자본과 부채의 합이 된다. 〈표 10-2〉에서는 각 연도의 대차대조표를 비교하기 위해 차변 항목 밑에 대변 항목을 표기했다.

일반적으로 차변의 자산은 기업의 자금을 어디에 사용했는지where to invest 를 나타낸다. 네이버의 총자산 규모는 3조 4000억 원 정도인데 쉽게 현금으로 전환할 수 있는 유동자산이 57% 이상을 차지하고 있다. 반면에 네이버가

<표 10-2> 대차대조표 예: 네이버의 지난 5년간 연말 시점의 대차대조표

(단위: 100만 원)

	2014	2013	2012	2011	2010
부채와 자본 총계	3,394,458	2,697,747	2,927,317	2,372,705	1,966,958
유동자산	1,945,784	1,336,089	1,738,943	1,431,170	1,126,086
비유동자산	1,448,674	1,361,658	1,188,373	941,535	840,872
자산총계	3,394,458	2,697,747	2,927,317	2,372,705	1,966,958
유동부채	1,080,709	832,373	645,391	532,803	398,865
비유동부채	516,331	390,065	378,357	262,040	246,106
부채총계	1,597,040	1,222,438	1,023,748	794,843	644,971
자본금	16,481	16,481	24,064	24,064	24,064
자본잉여금	133,102	132,921	195,843	195,248	194,073
자본조정	-921,065	-3,114,846	-953,133	-841,004	-671,065
기타포괄손익누계액	-16,108	-119,418	-38,174	28,185	11,445
이익잉여금	2,583,592	4,556,178	2,667,794	2,171,048	1,765,292
비지배지분	1,416	3,993	7,174	322	-1,822
자본총계	1,797,418	1,475,309	1,903,568	1,577,862	1,321,987

보유한 부동산 등의 비유동자산은 43%에 불과해 네이버가 고정자산의 비중이 낮은 인터넷 산업에 속해 있음을 분명하게 보여주고 있다. 즉, 건물이나 설비 등의 비유동자산에 주로 투자하는 제조업과는 달리 유동자산에 주로 투자하는 인터넷 산업의 특성이 네이버의 재무 상태에 반영되어 있는 것이다.

한편 대차대조표의 대변에 나타나는 부채 및 자본은 자산에 투자하기 위한 자금을 어떻게 조달했는지how to fund를 나타낸다. 자산의 원천을 보여주고 있는 것이다. 〈표 10-2〉에 따르면 네이버의 부채 대 자본의 비율은 47: 53이다. 이는 네이버가 자산을 획득하기 위한 자금의 53%를 자기자본으로 충당하고 채무를 통해서는 47%만 조달하고 있어 매우 낮은 부채비율을 갖고 있음을 시사한다. 네이버의 유동자산(당장 현금화할 수 있는 자산)은 2014년 말 현재 1조 9500억 원 수준으로서 유동 부채(단기간에 갚아야 할 빚) 1조 800억 원 수준을 한참 상회한다. 지급불능(부도) 상황에 빠질 가능성이 없는 것이다. 네이버는

〈표 10-1〉에서 보여주듯이 해마다 상당한 규모의 당기순이익을 실현하여(돈을 벌어서) 사내에 유보함으로써 자본의 규모를 늘려왔다. 그 결과 2014년 말현재 이익잉여금이 2조 8000억 원에 달하고 있다. 요약하면, 〈표 10-2〉에서볼 수 있는 네이버의 대차대조표는 네이버의 재무 상태가 대단히 양호하고건전하며 네이버의 재무관리가 성공적임을 공개적으로 보고하고 있는 것이다. 손익계산서나 대차대조표 이외에도 필요한 재무제표들이 있다. 현금 흐름표는 일정 기간 동안 해당 기업의 현금이 어떻게 조달되고 사용되는지를나타내는 표로서 향후 발생할 기업 자금의 과부족 현상을 미리 파악할 수 있게 한다. 또한 이익잉여금 처분계산서는 기업의 이익잉여금을 어떻게 처분했고 주주들에게 배당을 얼마나 했느냐를 보고한다. 이러한 재무제표들은 기업의 이해관계자들에게 유용한 재무정보를 보고하는 수단이며 이해관계자들이 기업의 가치와 재무관리 성과를 분석·평가할 수 있는 기본적인 자료이기도 하다. 따라서 주식회사의 경우 재무제표 작성 및 보고가 의무화되어 있고그 작성 및 보고 방법에 관하여도 규제가 존재한다.

투자 의사 결정

기업이 지속적으로 사업을 영위하면서 생존하는 동시에 성장하기 위해서는 자본을 새로 투입해 자산을 취득하는 투자가 필수적이다. 자산을 취득하는 투자는 기업의 수익성을 결정하는 한편 기업의 위험에도 영향을 미쳐 기업의 가치를 결정한다. 즉, 기업의 투자 결정은 기업의 생존과 성장에 직접적인 영향을 주는 것이다. 특히 투자의 효과가 장기적으로 지속되는 경우에는더욱 큰 중요성이 있는데 장기적인 투자 계획을 재무관리에서는 자본예산capital budgeting이라고 한다. 자본예산의 범위에는 토지·건물·설비 등의 고정자산에 대한 투자나 투자의 영향이 장기에 걸쳐 나타나는 광고나 연구개발 등을 위한 투자도 포함된다.

미디어 산업에서 자본예산의 중요성을 보여주는 대표적인 사례를 예로 들어 보자. 1980년대에 이동통신 강자이던 모토로라는 1987년에 총 66개의 저궤도 위성을 발사해서 범세계적인 이동통신망을 구축하는 이른 바 이리듐 프로젝트를 추진하기 시작했다. 1992년에 WARC-92에서 주파수를 할당받고 1995년에는 미 연방통신위원회(FCC)로부터 면허를 획득했으며 글로벌 콘소시움을 구성하여 50억 달러의 자금을 투자했다. 결국 통신망 구축에는 성공했으나 단말기가 너무 크고 가격이 높은데다가 기존 셀룰러 이동통신망이 글로벌 로밍을 제공하면서 이리듐 서비스는 1만 명 정도의 가입자를 확보하는 데 그쳐, 시장에서 처참하게 실패하게 되었다. 이리듐은 15억 달러 규모의 부도에 처하게 됐고 이 프로젝트는 미국 역사상 가장 큰 부도 20개 안에 포함됐다. 또한 ≪타임time≫에 따르면 1990년대 10대 기술 실패 사례에도 이름을 올렸다(Time, 2009.5.14). 역사에 가정은 의미가 없다고 하지만 만약 모토로라가 이리듐에 투자하는 대신에 2G 디지털 이동통신에 투자했다면 이동통신 기기 시장에서 노키아에게 왕좌를 그렇게 쉽게 내주지는 않았을지도 모른다. 모토로라는 기업의 미래를 바꾸는 야심 찬 프로젝트로서 이리듐에 과감하게 투자했으나 이 투자가 실패하면서 사실상 몰락의 길을 걷게 되었다.

한국 미디어 산업에도 실패의 규모는 다르지만 유사한 사례가 있다. 우리 나라 이동통신 시장의 리더 SK텔레콤은 방송 시장에 진출하려는 오랜 숙원을 이루고자 자회사 TU미디어를 설립하여 2005년 5월 세계 최초로 위성과 갭필러Gap-filler를 이용한 위성 DMB 서비스를 시작했다. 위성 DMB 서비스 비즈니스는 큰 기대에도 불구하고 2009년 말 기준으로 누적 가입자가 200만 명에 불과해 손익분기점에 도달하지 못했고 누적 손실은 3147억 원 규모로 확대되어 2010년 11월 1일부로 SK 그룹 내 기간 통신 사업자인 SK텔링크에 합병되었고 2012년에는 서비스가 종료되었다(이홍규·김성철, 2011).

〈표 10-3〉 위성 DMB 서비스의 재무적인 성과

(단위: 억 원)

구분	2004	2005	2006	2007	2008	2009
매출	-	216	888	1,197	1,193	1,334
영업이익	△177	△904	△711	△631	△250	81.8
당기순이익	△148	△965	△842	△748	△382	△61.9
누적순이익	△148	△1,113	△1,955	△2,703	△3,085	△3,147

자료: 이홍규 · 김성철(2011).

방송 콘텐츠에 이동성과 새로운 접근 수단을 제공하는 뉴미디어로 기대를 모았던 DMB 서비스는 세계적으로 앞선 기술을 기반으로 몇 천억 원 단위의 의욕적인 투자가 이루어졌음에도 불구하고 사업적으로는 실패했고 결과적으로 SK텔레콤의 방송통신 융합 전략은 차질을 빚게 됐다. 국내 미디어 산업의 융합도 결과적으로 지연됐고 국산 DMB 기술을 개발해서 세계시장에 진출하려고 했던 한국 정부의 바람도 좌초되었다.

그렇다면 신규 사업에 투자해 성공한 대표적인 사례로는 무엇이 있을까? 최근 미디어 생태계의 리더로서 확고한 지위를 구축한 기업들의 이면에는 성공적인 투자 의사 결정이 있다. 애플의 경우 원래 컴퓨터 제조업체였지만 스티브 잡스가 아이폰을 개발하는 데 투자하기로 결정함으로써 스마트폰 시장의 최강자로 부상했고 모바일 생태계의 주춧돌 기업으로 자리를 잡았다. 구글이 안드로이드나 모토로라 이동통신 단말기 사업을 인수하는 데 과감하게 투자하여 모바일 생태계의 또 다른 주춧돌 기업이 된 것도 자본예산이 성공한 경우로 볼 수 있다. 결과적으로 2009년에 미국 대기업들의 시가총액 순위에서 33위에 그쳤던 애플과 22위였던 구글은 2015년에는 각각 1위와 2위를 차지하게 됐다. 삼성전자 역시 고가 스마트폰 갤럭시 S 시리즈 개발에 과감하게 투자하여 스마트폰 시장의 열세를 우세로 뒤집었던 경험이 있다. 다만 노키아처럼 스마트폰과 운영체제 심비안Symbian OS 그리고 앱스토어인 오바이

Ovi 스토어에 일찌감치 투자했으나 시장에서 실패하고 기존의 시장 지위를 상실한 경우도 있다. 이는 결국 투자 자체가 성공을 보장하는 것이 아니라 성공적인 투자만이 좋은 성과를 보장한다는 점과 기업에서 재무관리의 역할이 중요하다는 점을 시사한다.

투자가 신규 사업이나 제품을 개발하는 것과 관련이 있는 경우가 많지만 단기적인 성과보다는 장기적인 성과를 기대하며 전략적으로 다른 기업의 지분에 투자하는 사례도 많다. 일본의 기업가 손정의 회장이 이끄는 소프트뱅크SoftBank는 2013년에 220억 달러(약 25조 8000억 원)에 미국의 3위 이동통신 사업자인 스프린트Sprint를 인수했다. 소프트뱅크 모바일은 일본 3위 이동통신 사업자에 불과했지만 스프린트를 인수함으로써 단숨에 세계 3대 통신 사업자로 도약하게 되었다. 그뿐만 아니라 소프트뱅크는 인도 전자상거래 업체인 스냅딜Snapdeal에는 6억 2700만 달러(약 7350억 원), 한국 최대 전자상거래 기업인 쿠팡에는 10억 달러(약 1조 1000억 원)를 투자했다(≪월스트리트저널≫, 2015.8.7). 손정의 회장의 투자 중에서 가장 대박으로 평가를 받는 것은 아마 중국의 전자상거래 업체 알리바바에 투자해서 14년 만에 몇 천 배의 투자 수익을 거둔 일이다.

통큰 베팅 손정의 1543억에 부사장 영입…"그는 값싼 '매물'"

일본 이동통신업체 소프트뱅크를 이끌고 있는 한국계 손정의(일본명 손 마사요시) 회장이 6일 기자회견에서 니케시 아로라 부사장에 약 165억 엔(약 1543억 원)이라는 막대한 보수를 지급한 데 대해 처음으로 생각을 밝혔다. ≪니혼게이자이신문≫에 따르면 손 회장은 4~6월기 결산 발표를 겸한 기자회견에서 "그럴 가치가 있다. 오히려 싼 '매물'이었다"며 투자를 주저하지 않는 통 큰 경영자로서의 풍모를 여실히 드러냈다.
손 회장의 과감한 베팅과 성공 스토리는 여러 일화가 전해진다. 가장 유명한 것이 중국 최대 전자상거래 업체 알리바바의 창업자인 마윈(馬雲·잭 마) 회장을 처음 만났을 때의 일이다. 손 회장은 2000년 중국 베이징을 방문해 중국 청년 벤처인들이 사업 계획을 밝히는 설명회에서 마 회장을 처음 대면했다. 마 회장이 회사 사업 계획을 설명한 지 4~5분쯤 지났을 때에 손 회장은 그의 얘기를 가로막았다.

"당신 회사에 투자하겠다." 40번 가까이 투자 요청을 거절당했던 이 청년은 어리둥절했다. 마 회장은 액수를 말했다. "1억이나 2억 엔 정도가 좋습니다." 기업가는 속전속결이었다. "그러지 말고, 20억 엔은 주고 싶네. 돈이 방해가 되지 않아야 한다." 기업가는 사업계획서를 본 것이 아니었다. 손 회장은 "동물적으로 냄새를 맡았고, 눈빛으로 결정했다."고 훗날 밝혔다.

손 회장은 지난해 9월 알리바바의 뉴욕증시 기업공개(IPO)로 당시에 일본 1위 부호에 등극했다. 또 당시 기준으로 소프트뱅크의 34% 지분가치는 749억 달러로 급등했다. 창업 1년밖에 되지 않은 알리바바에 손 회장이 투자한 자금은 20억 엔이었고 14년 만에 투자금이 4000배 커져 돌아온 셈이다.

≪뉴스 1≫, 2015.8.6.

세계 최대 소프트웨어 기업이면서도 최근에는 이렇다 할 성과를 내지 못했던 MS는 페이스북이 성장 단계의 비상장 회사이던 시절에 페이스북에 투자해서 페이스북이 상장(IPO)하면서 막대한 투자수익을 실현했다. MS는 2007년에 페이스북 지분 1.6%를 2억 4000만 달러에 인수했는데 그 당시에는 과도한 인수가격으로 비판을 받았다. 그러나 MS는 페이스북 IPO 당시 가치로 2억 5000만 달러에 가까운 지분을 매각했으며 현재 남아 있는 지분의 가치도 25억 달러에 이를 것으로 추정된다(≪월스트리트저널≫, 2015.8.3). 결국 페이스북에 투자한 MS의 의사 결정은 그 당시의 상식에는 반하는 것이었으나 소셜 미디어의 성장과 페이스북의 미래 가치를 정확하게 예측한 훌륭한 조치였음이 입증되었다고 볼 수 있다. 한편 MS는 2014년에 노키아의 휴대폰 사업을 인수했으나 실적 부진으로 2015 회계년도 4분기(4~6월)에 32억 달러(약 3조 7000억 원)의 순손실을 기록했고 노키아 인수 비용 84억 달러는 손실로 처리되었다(뉴시스, 2015). 스마트폰 시장의 실지를 회복하려 했던 전략적인 투자가 오히려 참담한 실패로 끝나게 된 것이다.

지금은 대부분의 국민이 사용하는 메신저이자 다양한 모바일 콘텐츠를 유통하는 새로운 플랫폼으로 자리를 잡은 카카오톡은 2012년까지는 이렇다 할 만한 수익 모델을 찾지 못해 고전을 하고 있었다. 수익 모델이 없다며 모두가 카카오에 대한 투자를 꺼려할 때 중국 인터넷 기업 텐센트는 세계 3대 모바일 메신저인 위챗WeChat, 微信을 운영하고 있음에도 불구하고 2012년에 경쟁사인 카카오에 720억 원을 투자하여 13.3%의 지분을 확보했고 카카오가 다음과 합병하면서 현재는 다음카카오의 지분의 9.35%를 보유한 3대 주주로 올라섰다. 텐센트는 2014년 3월에는 '넷마블게임즈'에 5300억 원을 투자해 지분 25%를 확보했다. 텐센트는 이 외에도 '네시삼십삼분'에 1300억 원, '카본아이드'에 100억 원, '파티게임즈'에 200억 원을 투자함으로써 국내 게임 기업에 대한 영향력을 확대했다(≪이투데이≫, 2015.8.12). 텐센트는 이른바 머니 게임으로 불리는 공격적인 투자를 통해 자사의 생태계를 확장하는 동시에 글로벌 사업자로 성장하기 위한 기반을 착실하게 확보하고 있는 것으로 판단된다. 결국 미디어 산업에서는 적극적인 투자가 없으면 자국 시장을 벗어나 성장하는 글로벌 기업으로 발전하기 어려울 것으로 보인다.

미디어 기업에 대한 투자로 대박을 실현한 개인투자자도 있다. 에이티넘인베스트먼트 이민주 회장은 1988년 한미창업투자(현 에이티넘인베스트먼트)를 창업하고 국제통화기금(IMF) 외환 위기 때 헐값에 케이블TV 기업들을 인수해 종합유선방송 사업자(MSO) 씨앤앰(C&M)을 설립했다. 이 회장은 2008년에 씨앤앰 지분 65%를 맥쿼리가 주도한 국민유선방송투자(KCI)에 1조 4600억 원에 매각하고 '1조 원 클럽'에 합류했다(≪글로벌이코노믹≫, 2015.3.20). 이민주 회장의 사례는 미디어 산업에서는 비록 위험이 따르기는 하지만 산업의 미래를 예견하는 안목과 과감한 투자 의사 결정이 있다면 스마트

한 투자자로서 엄청난 성과를 낼 수 있음을 알려준다.

기업에서 투자를 결정하는 과정은 매우 복잡하며 대개의 경우 많은 시간과 노력을 필요로 한다. 투자를 수행하는 과정을 간단하게 정리하면 다음과 같다. 첫째, 투자 기회를 발견하고 투자의 목적을 분명하게 설정해야 한다. 투자 기회는 시설이나 건물을 교체하거나 기존 제품이나 서비스를 확장하는 것 그리고 새로운 제품이나 서비스를 개발하는 것에서 찾을 수 있다. 또한 연구 개발이나 기업의 인수·합병 등도 중요한 투자 기회가 될 수 있다. 둘째, 투자 목적이 정해지면 이 목적을 달성하기 위한 여러 가지 대체적인 투자안을 제시하고 이 중에서 최적의 투자안을 선정해야 한다. 셋째, 재무관리 관점에서는 최적의 투자안을 선정하기 위해 각 투자안이 기업 가치에 어느 정도 공헌할 수 있는가를 분석해야 하는데 이를 투자안의 경제성 분석이라고 한다.

투자안의 경제성을 분석하는 방법에는 여러 가지가 있다. 우선 가장 단순한 방법으로서 투자에 소요된 자금을 모두 회수하는 데 걸리는 시간을 고려하는 회수 기간payback period법이 있다. 회수 기간법은 단순해서 실전에서 많이 사용된다. 실제로 회수 기간이 짧으면 미래의 현금 흐름에 대한 불확실성이 줄어들어 위험을 낮추는 효과가 있다. 다만 회수 기간법은 투자의 수익성을 분석하지는 못한다는 한계가 있다.

한편 내부 수익률internal rate of return법은 내부 수익률이 가장 큰 투자안을 선택하는 방식을 말한다. 내부 수익률은 미래 현금 흐름의 현재 가치를 0으로 만드는, 즉 현금 유입의 현재 가치와 현금 유출의 현재 가치를 동일하게 만드는 할인율(이자율)이라고 할 수 있다.

가장 보편적으로 활용되는 방법은 순현가Net Present Value: NPV법이다. 이 방법은 투자로 인해 발생할 미래의 모든 현금 흐름을 자금의 시간 가치를 고려해서 적절한 할인율로 할인하여 현재 가치로 나타내서 투자 결정에 이용하는 기법이다(박정식, 1992). 만약 어떤 투자안의 순현가NPV가 0보다 크다면 이 투자안은 투자가치가 있다고 판단한다. 여러 개의 투자안이 경합을 할 경우에는 순현가(NPV)가 가장 큰 투자안을 선택하면 된다. 순현가NPV를 구하는 공식은 다음과 같다.

$$NPV = \sum_{t=1}^{N} \frac{C_t}{(1+r)^t} - C_0 \text{ 또는 단순하게 } NPV = \sum_{t=0}^{N} \frac{C_t}{(1+r)^t}$$

t : 현금 흐름의 기간

N : 사업의 전체 기간

r : 할인율

C_t : 시간 t에서의 순현금 흐름 (초기 투자를 강조하기 위해 왼쪽 공식과 같이 C_0 를 명시하기도 한다)

C_0 : 투하자본(투자액)

그런데 경제성을 위주로 투자안을 평가하는 것은 유용하지만 미디어 산업에서는 뚜렷한 한계가 있다. 미디어 산업은 우선 기존 제조업과는 달리 고위험-고수익high-risk-high-return의 특성을 갖고 있고 무형자산을 위주로 자산을 구성하고 있다. 더군다나 일부 대기업을 제외하면 대부분의 미디어 기업들이 상대적으로 영세하다. 따라서 미디어 산업의 특성을 반영한 투자안 평가나 기업 가치 평가 모형의 필요성이 제기되어 왔다.

예를 들어, 문화체육관광부는 콘텐츠의 특성과 장르별 속성을 고려하여 콘텐츠 산업에 특화된 콘텐츠 가치 평가 모형을 개발한 바 있다. 방송, 영화, 게임, 애니메이션, 캐릭터 등 5개의 장르에 대해 융자형 등급 모형과 투자형 가치 평가 모형(캐릭터 제외)의 두 가지 형태로 개발되었는데 투자 모형은 장르 특성에 맞는 변수를 선정하여 사례 분석을 통해 예상 수입을 산출하는 모형으로서 경제적 가치평가의 객관성을 높이기 위해 업계 전문가 의견과 광범

<표 10-4> 방송통신위원회, 2014년도 등록 PP의 콘텐츠 제작 역량 평가 항목

구성 요인	세부 요인	세부 평가 항목(14개)	세부 평가 지표(19개)	배점
자원 경쟁력 (350)	인적자원 (100)	인력 전문성	콘텐츠 전문인력 비중	50
		인력 개발	콘텐츠 직무관련 교육비	25
		인력 보상	콘텐츠 인력 인건비	25
	물적 자원 (250)	자기자본	자기자본 비중	50
		제작비	제작비 규모	75
			제작비 비중	75
		콘텐츠 지적재산권	콘텐츠 저작재산권 보유	50
프로세스 경쟁력 (400)	제작 (350)	신규 콘텐츠 제작	자체, 공동/외주 제작, 구매 후 제작 콘텐츠	300
		신기술 콘텐츠 제작	신기술 콘텐츠	50
	유통 (50)	국내시장 유통 역량	국내시장 판매량	30
		해외시장 유통 역량	해외 견본시 진출	10
			해외시장 판매량	10
성과 경쟁력 (250)	경제적 성과 (150)	국내시장 방송 사업 수익	방송 사업 수익 규모	50
			콘텐츠 인력 1인당 방송 사업 수익 규모	50
		해외시장 방송 사업 수익	방송 사업 수익 규모	25
			콘텐츠인력 1인당 방송 사업 수익 규모	25
	사회적 성과 (100)	콘텐츠 내용 심의규정 준수 여부	방송심의 관련 제규정 준수 여부	50
		콘텐츠 수상 실적	콘텐츠 수상 실적	50
총계				1,000

위한 데이터를 활용했다. 게임의 경우 예상 동시 접속자 수 예측을 통해 경제적 가치를 추정하게 되며 방송드라마는 매출의 핵심인 광고수입 예측을 통해 경제적 기치를 추정히게 된다. 애니메이션의 경우 매출의 핵심인 국내 머천다이징 매출을 추정하기 위해 우선 노출 정도를 측정하는 지표로서 누적 시청률을 활용한다.

미디어 산업의 특성을 살려서 미디어 콘텐츠나 기술 그리고 기업의 가치를 종합적으로 평가할 수 있는 체계적인 투자안 평가 모형의 필요성은 점점 더 증가할 것으로 예상되는 가운데 방송통신위원회가 진흥 목적으로 방송콘텐츠 사업자들의 경쟁력을 평가하기 위해 활용하고 있는 콘텐츠 제작 역량 평가 항목은 참고할 만하다. 방송통신위원회를 전문가들의 자문을 거쳐 방송사업자의 경쟁력을 콘텐츠의 기획, 제작, 유통에 투입하는 자원, 프로세스 각 단계에서의 역량, 그리고 콘텐츠를 통한 경제적 및 사회적 성과 측면에서 다른 사업자에 비해 상대적으로 우월한 능력으로 정의하고 〈표 10-4〉와 같은 구체적인 평가 항목을 개발해서 적용하고 있다. 비록 이 평가 항목은 정부에 의해 개발되었지만 방송 콘텐츠 기업의 지분에 투자하거나 기업을 인수·합병하는 투자 의사 결정이 필요한 경우에 투자자가 활용할 수 있는 좋은 모델이 될 것으로 판단된다.

자금 조달 의사 결정

기업이 투자 기회를 발견하고 투자의 목적을 분명하게 설정한 후 대체적인 투자안을 비교·분석하여 최적의 투자안을 선정했을지라도 만약 투자할 자금이 없다면 투자 기회는 무산될 수밖에 없다. 인체가 정상적인 기능을 하기 위해서는 혈액의 원활한 순환이 필수적이듯이 경제나 기업이 성장하고 발전하기 위해서는 필요한 시기에 필요한 만큼 자금의 공급이 이루어져야 한다(최승빈 외, 1999). 따라서 필요한 자금을 적절하게 기업 내·외부에서 조달하는 것은 재무관리의 중요한 과제가 된다.

내부자금은 기업 내부에서 조달되는 자금으로서 내부에 유보된 이익이나 고정자산에 대한 감가상각 충당금 등으로 구성된다. 내부 자금은 외부 자금에 비해서 자본비용이 낮고 쉽게 이용 가능하며 상환 의무가 없기 때문에 가장 바람직한 형태의 자금 조달 방식이라고 할 수 있다. 그런데 필요한 자금을 내부 자금으로 충족할 수 있다면 별 문제가 없겠지만 현실에서 이런 경우는 거의 없다.

기업 외부에서 자금을 조달하는 방법은 우선 금융기관으로부터 자금을 빌리는 간접 금융 방식이 있다. 차입이 가능할 정도의 신용이나 담보가 있다면 간접 금융도 좋은 대안이기는 하나 한국의 경우 대출 문턱이 상당히 높은 편이다. 만약 차입금을 제때 상환하지 못하거나 이자 비용을 지급하지 않을 경우에는 부도의 위험도 있다. 미디어 기업의 경우에는 고정자산의 비중이 낮아 담보 설정이 어렵고 규모가 영세한 경우가 많아 간접 금융에 의존하는 자금 조달에는 한계가 있다.

기업이 금융시장에서 직접 증권을 발행하여 자금을 조달하는 방식을 직접 금융이라고 한다. 대개 직접 금융은 장기 금융시장인 자본시장capital market에서 이루어진다. 자본시장은 장기성 유가증권인 주식이나 채권 또는 선물이나 옵션 등의 발행을 통해 자금 조달이 이루어지는 시장이기 때문에 증권시장과 거의 같은 개념이라고 할 수 있다.

채권 즉 회사채를 발행해서 자금을 조달하는 직접 금융 방식은 일정 규모 이상인 기업들이 많이 사용한다. 채권의 발행 방법에 따라 사모private place-ments와 공모public issues로 나뉘는데 공모의 경우가 통상적으로 자금 조달 규모도 크고 유동성이 높아 사모보다 선호되는 경향이 있다.

간접 금융이든 아니면 직접 금융이든 부채 형태로 자금을 조달하게 되면 사업이나 투자가 성공적인 경우에도 기업의 몫을 나눌 필요가 없고 원금과 이자만 지급하면 된다. 그러나 부채는 이자를 발생시키기 때문에 이자는 비용으로 작용해 수익을 줄인다. 그리고 회사의 성과가 나쁠 경우에도 이자와 원금을 갚아야 하는 부담이 있다(김성철·이치형·주형철, 2014). 타인이나 금융기관에서 차입한 자본을 가지고 투자해 이익을 발생시키는 것을 빌린 돈을 지렛대 삼아 이익을 창출한다는 의미에서 지렛대leverage 효과라고 부른다. 만약 차입금 등의 이자 비용보다 높은 수익률이 기대될 때에는 타인 자본(부채)

을 적극적으로 활용해서 투자를 하는 것이 유리하다. 그러나 과도하게 차입금을 사용하면 불황 시에 금리 부담이 발생 수익률보다 비용이 높아지게 되는 이른바 '부負의 레버리지negative leverage' 효과가 발생하여 도산 위험이 높아지게 된다(『한경 경제용어사전』, 2004).

한편 주식회사의 경우 자사주를 거래하거나 새로운 주식을 발행하여 필요한 자금을 조달할 수 있다. 기업이 주식을 추가로 발행하고(이를 '제3자 배정 유상증자'라고 한다) 이 주식을 팔아야 회사로 자금이 조달되는데 이 경우 조달되는 자금은 채권의 경우와는 달리 대차대조표에서 부채가 아닌 자본에 편입된다. 수익 모델의 부재로 충분한 수익을 달성하지 못해 자금이 부족하던 카카오가 2012년 4월에 중국 텐센트에게 13.3%의 주식지분을 720억 원에 매각함으로써 필요한 자금을 확보한 것이 주식을 통한 자금 조달의 대표적인 사례라고 할 수 있다. 이렇게 외부의 투자를 받아 자금을 조달하면 이자를 내지 않아도 되며 최악의 경우 회사가 망해도 투자 원금을 돌려주지 않아도 되는 장점이 있다. 그러나 회사가 성공하면 투자자는 주식 가치의 상승으로 인해 크게 보상을 받게 되는데 그만큼 기존 주주들 몫의 보상이 줄어들게 된다.

그런데 차입과 지분 매각을 혼합한 방식으로 자금을 조달하는 경우도 있다. 회사채를 인수한 주체에게 원금과 이자를 지급받는 대신에 회사 주식을 받을 수 있는 권리를 부여하는 것이다. 이 경우 투자자는 사전에 합의한 시점이 지나고 사업의 성과가 양호해 주식가격이 오르면 원금과 이자 대신에 주식을 선택할 수 있다. 전환사채Convertible Bond: CB나 신주인수권부채Bond with Warranty: BW가 대표적인 예인데 이 둘은 투자의 매력도를 높여 기업이 좀 더 쉽게 자금을 빌릴 수 있게 개발된 장치라고 볼 수 있다(김성철·이치형·주형철, 2014).

만약 어떤 기업이 창업 초기 단계에 있다면 이 기업의 지분에 투자할 투자자를 구하기 쉽지 않다. 엔젤Angel 투자자는 사업이 본궤도에 오르기 전에 가능성만을 보고 필요한 자금을 투자하는 이들을 의미한다. 엔젤 투자자는 미래가 불확실한 사업 초기 상황에 위험을 감수하고 투자하기 때문에 만약 투자를 받은 기업이 성공할 경우 큰 투자 수익을 얻게 된다. 반면 벤처 캐피털은 상대적으로 사업이 확장 단계에 접어들었을 때에 투자를 한다. 최근에 크라우드 펀딩crowd funding 방식이 등장했다. 인터넷을 통해 다수의 소액 투자자들을 모으는 방식이다.

주식을 증권시장에 상장listing하는 것도 자금 조달 방식 중의 하나이다. 상장은 기업의 주식을 공개적인 거래 시장에 등록하여 거래할 수 있게 하는 것인데 상장 기업은 자금이 필요할 때 주식을 발행하여 불특정 다수의 일반인들로부터 추가로 자금을 조달할 수 있다. 한편 기업이 일반 대중을 상대로 처음으로 주식(보통주)을 매각하는 것을 최초 공모Initial Public Offering: IPO라고 한다. 통상 기업공개는 최초 공모를 통해 이루어지는 경우가 많다. 상장이나 최초 공모는 엄격한 기업 평가를 기반으로 하는 증권거래소의 심사를 통과해야 이루어지므로 기업의 성공을 나타내는 하나의 상징이라고 볼 수 있다.

기업이 성장하고 자연스럽게 기업공개를 하게 되면 창업주나 대주주의 지분을 초창기만큼 유지하는 것이 어려워진다. 이 경우 기업지배구조가 안정적이지 않다면 외부 투자자들에 의해 경영권을 위협받는 일이 발생할 위험이 있다. 예를 들면, 네이버의 경우 지배 대주주오너의 지분율이 상대적으로 낮다. 네이버 창업자인 이해진 의장은 네이버 지분의 4.64%를 소유하고 있고 특수 관계인의 지분을 합쳐도 지분율은 9.16%에 불과하다. 이해진 의장의 지분율은 재무적 투자자인 국민연금공단기금(8.04%)과 피델리티 펀드(5.20%)가 보유한 지분 비율보다도 낮다. 창업자이자 오너의 지분율이 낮은 지배 구조는 장단점을 동시에 가진다. 오너의 지분율이 낮으면 경영권의 전횡이 어렵고 외부 주주의 의사를 반영할 여지가 높아져서 경영의 투명성이 제고된다. 그런데 이 경우의 문제는 경영권이 쉽게 위협받을 수 있다는 것이다. 사실 네이버는 지분의 55%를 외국인이 보유하고 있고 지주회사 체제를 갖추지도 못해서 공격적인 인수·합병M&A 시도가 있을 경우에 경영권을 방어하기가 쉽지 않을 수 있다(김대원 외, 2015).

재무분석의 필요성

재무관리의 궁극적인 목표는 기업 가치의 극대화에 있으며 이를 위해서는 기업의 수익성을 높이고 위험을 감소시켜야 한다. 이러한 목표를 달성하기 위해 재무관리 담당자들은 적절하게 자본을 조달하여 조달된 자금으로 최적의 투자 결정을 해야 할 의무를 지고 있다. 기업의 재무관리가 제대로 수행되기 위해서는 먼저 기업의 재무 상태가 어떠하며 문제점이 무엇인가를 분석해야 하는데 이러한 분석을 재무분석이라고 한다(박정식, 1992).

재무분석의 대표적인 방법은 재무제표를 이용하여 재무비율을 분석하는 것이다. 재무비율은 재무제표에 표기된 한 항목의 수치를 다른 항목의 수치로 나눈 것으로서 통상 기준이 되는 수치와 비교하는 방식으로 분석한다. 예를 들어 유동비율은 대차대조표에 있는 유동자산을 유동부채로 나눈 것인데 기업의 유동성을 측정하는 데 많이 사용된다. 부채비율은 총자본을 구성하고 있는 자기자본과 타인자본의 비율을 말하는데 부채의 원금과 이자 상환능력을 나타낸다. 매출액 순이익률은 순이익을 매출액으로 나눈 것으로서 매출액 1원에 대응하여 순이익이 얼마인가를 나타내는 것으로서 영업 활동의 성과를 총괄적으로 파악하는 데 사용한다. 주당 이익Earnings Per Share: EPS은 주식을 평가할 때 가장 기본이 되는 자료인데 발행주식 한 주당 순이익이 얼마인가를 보여준다. 재무비율 분석은 쉽고 간단하다는 장점이 있으나 과거의 회계 정보에 의존하기 때문에 미래를 예측하는 데 한계가 있다는 것은 단점이다.

비율 분석 이외에 미디어 산업에도 많이 활용되는 재무분석 방법으로는 손익분기점 분석이 있다. 손익분기점break-even point은 총수익과 총영업비용이 일치하는 점으로서 이 때 영업이익은 0이 된다. 손익분기점은 매출량 또는 매출액으로 나타낼 수 있다. 손익분기점을 알 수 있다면 기업에서 바라는 영업이익을 실현할 수 있는 매출 수준도 분석할 수 있으므로 이 분석은 미래를 위한 계획 수립에 매우 유용하게 활용될 수 있다.

비교적 고위험, 고수익 특성을 갖는 미디어 산업에서는 손익분기점이 매우 중요하다. 예를 들어, 콘텐츠를 제작하는 데 많은 자금이 소요되지만 사업 초기에는 벌어들이는 수익이 얼마 되지 않는다. 그러나 시간에 경과함에 따라 점점 매출이 늘어나고 어느 시점이 되면 본격적으로 수익이 나기 시작하는 손익분기점에 이르게 된다. 손익분기점까지 자금이 꾸준히 투입되어야 하므로 손익분기점을 알아야 미리 자금 조달 계획을 세울 수 있다. 또한 손익분기점 예측은 수익의 실현 가능성을 추정하는 데도 도움이 된다. 큰 수익이 예상되더라도 손익분기점이 늦게 온다면 좋은 것이 아니다. 미래의 수익일수록 불확실성이 높아지기 때문이다. 따라서 미디어 산업에서는 가급적이면 짧은 기간에 손익분기점에 도달하는 것이 좋다고 할 수 있다. TU미디어가 제공했던 위성 DMB 서비스의 예를 다시 들면, 2005년 5월에 시작된 위성 DMB서비스가 2009년까지도 손익분기점에 도달하지 못했기 때문에 결국 2012년에 서비스가 종료되는 수순을 밟게 되었다.

SUMMARY

기업이 자금을 관리하는 활동을 재무관리라고 한다. 재무제표는 기업의 재무관리를 위해서 기업의 재무 상태를 측정·기록하여 제시하는 역할을 한다. 미디어 산업은 고위험-고수익의 특성을 갖고 있고 무형자산 의존도가 높아서 이러한 특성을 반영한 투자안 평가나 기업 가치 평가 모형이 필요하다. 또한 필요한 자금을 적절하게 기업 내·외부에서 조달하는 것도 매우 중요하다. 기업의 재무관리가 제대로 수행되기 위해서는 기업의 재무

상태가 어떠하며 문제점이 무엇인가를 분석하는 재무분석을 수행해야 한다.

생각해볼 문제

1. 재무관리의 기본 원칙은 무엇인가? 이 원칙 중에 미디어 기업의 재무관리에서 특히 중
   요한 원칙은 무엇인가?
2. 재무제표는 왜 필요하며 미디어 기업의 재무제표는 무엇을 알려주는가?
3. 미디어 산업에 특화된 투자안 평가 방법이나 모형이 필요한 이유는 무엇인가?
4. 자금 조달에서 타인 자본(부채)에 의존할 경우의 장점과 단점은 각각 무엇인가?
5. 상장과 기업공개의 장점과 단점은 각각 무엇인가?
6. 재무분석이 필요한 이유는 무엇인가?

참 고 문 헌

≪글로벌이코노믹≫. 2015.3.20. "이민주, 손만 대면 성공 '미다스의 손'으로 1조 거부 대열에".
김대원·김도경·이홍규·김성철. 2015. 「네이버 지배구조에 대한 사례연구」. ≪한국방송학보≫.
    v.29, n.1, 7~37쪽.
김성철·이치형·주형철. 2014. 『창업기획: 창업 어떻게 실행할 것인가?』. 나남.
≪뉴스 1≫. 2015.8.6. "통큰 베팅 손정의 1543억에 부사장 영입 … 「그는 값싼 '매물'」".
뉴시스. 2015.7.22. "MS, 노키아 투자실패로 32억달러 손실 '최악 성적표'".
『두산백과』. 2015.
방송통신위원회. 2015.4.8. 「2014년도 등록 PP 콘텐츠 제작역량 평가결과」.
박정식. 1992. 『현대재무관리』. 다산출판사.
≪아시아경제≫. 2015.8.18. "CFO가 기업대박 지렛대 … '귀하신 몸'으로".
≪월스트리트저널≫. 2015.8.3. "우버, 기업가치 58조 원 돌파 … 페이스북보다 2년 빨라".
≪월스트리트저널≫. 2015.8.7. "손정의 소프트뱅크 회장 '스프린트, 절대 안 판다'".
≪이투데이≫. 2015.8.12. "한국 게임산업 어디로③ 中 게임의 국내시장 잠식 … '게임 한류'의
    심장, 중국산 게임에 내줄 판".
이홍규·김성철. 2011. 『뉴미디어 시대의 비즈니스 모델: 창조와 변형의 바이블』. 한울.
최승빈·임윤수·박철용·정강원. 1999. 『현대 재무관리론』. 도서출판 대경.
『한경 경제용어사전』. 2004.

Time. 2009.5.14. "The 10 Biggest Tech Failures of the Last Decade."

11 미디어 기업의 마케팅 관리

정윤혁

이 장은 마케팅의 기본 개념에 대한 소개와 미디어 기업의 마케팅 사례들의 소개를 포함한다. 마케팅에 대한 개념과 STP와 4P를 중심으로 하는 마케팅 전략에 대해 설명한 후, 브랜드 전략에 대해 서술한다.

마케팅의 개념

마케팅은 말 그대로 '시장market 의 형성ing'을 의미한다. 여기서 시장이라는 것은 제품을 소비하는 소비자를 의미하는데, 정확하게 표현하자면 소비자의 욕구needs 와 그에 따른 수요demand 를 지칭한다. 따라서 마케팅이란 조직이 소비자의 욕구와 수요를 파악하고, 그에 따라 제품이나 서비스를 제공하는 것을 의미한다. 좀 더 정제된 표현으로서 아메리칸마케팅협회American Marketing

Association: AMA의 마케팅 정의에 따르면 마케팅이란 조직의 기능 중 하나로서 고객 가치를 창출하고, 고객과의 상호작용을 통해 조직과 이해 당사자들에게 이익이 되도록 고객 관계를 관리하는 일련의 과정을 의미한다. 마케팅 개념은 1950년대 중반에 등장했는데, 이것은 이전 생산·판매 중심의 사고에서 고객 중심의 시장 지향적 사고로의 변화를 의미한다.

미디어 상품은 직접 사용해봐야 품질을 평가할 수 있는 경험재experienced goods에 해당하기 때문에 고객과의 커뮤니케이션이 더욱 중요하다. 특히 방송, 통신, 인터넷의 융합 현상으로 경쟁이 더욱 치열해짐에 따라, 미디어 분야에서 고객의 확보와 유지를 위한 마케팅 활동이 과거 어느 때보다도 중요해지고 있다. 구체적으로 미디어 마케팅•은 미디어 콘텐츠의 제공을 통해 소비자의 욕구를 충족시키는 일련의 행위들을 지칭한다(윤홍근, 2009). 최근에는 방송, 영화, 게임, 음악, 애니메이션은 물론 소비자가 직접 생산한 콘텐츠 등의 결합이 두드러지고 있고, 그러한 콘텐츠를 제공하는 채널 또한 다양해짐으로써 미디어 기업의 체계적인 마케팅 전략이 더욱 절실해지고 있다. 이전 진입 규제에 따른 독과점 형태의 미디어 영역이 디지털화와 융합convergence의 흐름 속에서 경쟁의 격화를 경험하고 있다.

특히 미디어의 글로벌화에 따른 경쟁 심화는 마케팅 전략의 필요성에 대한 또 다른 원인이 된다. 국내의 미디어 상품을 다른 나라의 소비자에게 제공할 경우, 해당 국가 소비자에 대한 문화적 배경이나 소비 패턴에 기초한 마케팅 전략 수립이 필요하다. 그런 의미에서 현재 한류 열풍을 유지시키기 위해서는 초기의 신선함에 의존한 인기를 넘어, 이제는 지역 소비자에 대한 면밀한 연구와 마케팅 전략이 필요한 시점이다.

• 미디어를 활용한 일반 기업이나 조직의 마케팅 전략을 미디어 마케팅이라고도 할 수 있으나, 이 장에서는 미디어 기업의 마케팅 활동(the marketing of media)를 '미디어 마케팅'으로 정의한다.

마케팅 관리

마케팅 관리marketing management는 마케팅 개념을 실현하는 활동으로서, 표적 시장을 정하고, 고객과의 상호작용을 통해 고객을 확보·유지하기 위한 구체적 전략을 의미한다. 마케팅 관리는 3C라고 하는 고객Customer, 경쟁사Competitor, 자사Company에 대한 조사에서 시작된다. 이것은 시장 환경에 대한 기본적 조사로서 소비자 욕구와 수요에 기초한 시장 규모, 경쟁 상황, 소비자의 특성 등에 대한 조사, 경쟁사에 대한 분석, 자사의 경쟁력 등을 포함하며,

〈그림 11-1〉 마케팅 전략 수립

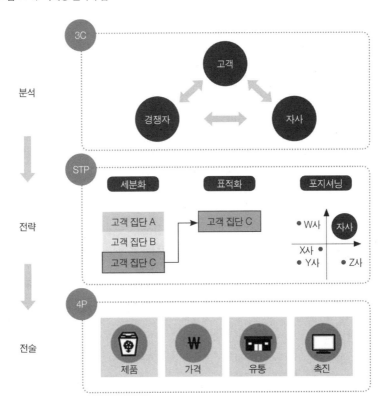

궁극적으로는 시장 기회의 발견을 목표로 한다. 조사 후에는 STP, 즉 세분화Segmentation, 표적화Targeting, 포지셔닝Positioning 전략을 수립하고, 4P, 즉 상품Product, 가격Price, 위치Place, 촉진Promotion 전략을 통해 다른 제품과의 차별성을 부과하는 과정을 거친다.

고객 관련 자료를 분석하여 소비자 집단을 특성에 따라 분류한 후segmentation, 어떤 집단을 목표로 공략할 것인지 결정하는 목표 시장 선정targeting 작업을 거친다. 그 다음은 자사가 목표로 하는 집단에 경쟁사와 비교하여 어떤 지위를 확보할 것인지를 결정한다positioning. 경쟁사와 차별되는 지위를 위해 제품, 가격, 유통, 촉진 등 4P의 조합을 활용한다(〈그림 11-1〉 참조).

STP: 세분화, 표적화, 포지셔닝

시장 세분화는 욕구와 선호가 서로 다른 구매자 집단을 체계적인 방법으로 분할하는 것을 말한다. 세분 시장은 유사한 욕구를 가진 고객 집단으로 구성되어 있는데, 가령 음식 관련 콘텐츠에 관심이 높은 소비자, 스포츠 관련 콘텐츠에 관심이 있는 소비자, 나아가 스포츠에 관심이 있는 소비자라도 관련 콘텐츠를 스마트폰을 통해 소비하는 집단과 TV를 통해 콘텐츠를 소비하는 집단으로 세분화할 수 있다. 마케팅 관리의 차원에서는 세분 시장을 창출하지는 않는다. 다만 세분 시장을 확인하고 결정하는 행위가 시장 세분화이다. 즉, 철저하게 소비자의 데이터에 기초해 소비자를 분류하는 데에 중점을 두는 행위이다. 제품의 소비로 욕구가 만족되었을 때, 비즈니스의 성공을 가져올 수 있다는 점에서 세분화 전략은 특정 제품을 가장 필요로 하는 소비자 집단을 선별하는 과정으로서 효과적인 마케팅의 기본이 되는 활동이다. 시장 세분화의 기준은 〈표 11-1〉에서 보여주듯이 가장 광범위하게 쓰이는 인구통계와 지리적 변수가 있고, 그 외에 심리 묘사적, 구매 관련 행위 기준이 있다

<표 11-1> 시장 세분화의 기준

인구통계학적 기준	연령, 생활 주기, 성별, 세대, 교육 배경, 소득 수준, 가족 크기, 종교
지리적 기준	지역, 지역 규모, 기후, 산업 분포, 교통
심리 묘사적 기준	혁신성 정도(innovativeness), 관심, 의견, 정치적 성향
구매 관련 행위 기준	구매 의사 결정권, 이전 구매 경험, 구매 횟수, 충성도

(Kotler & Keller, 2006).

　미디어 분야에서는 콘텐츠와 채널의 다양성이 증대함으로써 소비자의 선호도 더욱 다양해지고, 나아가 시장이 더욱 세밀하게 세분화될 수 있다. 따라서 미디어 분야에서는 체계적인 시장 세분화 분석이 필요하다. 최근에는 이용자 참여형 디지털 미디어의 확산으로 소비자에 대한 다양한 정보를 수집할 수 있게 되었을 뿐 아니라, 데이터 분석 도구의 발전으로 여느 때보다 소비자에 대한 밀도 있는 분석이 가능하게 되었다. 이전에도 소비자 데이터에 대한 분석이 이루어져왔지만, 이른바 빅데이터 시대가 도래함에 따라, 데이터 분석에 기초한 좀 더 엄밀한 시장 세분화가 시도되고 있다. 미디어 분야에서는 많은 콘텐츠가 디지털화된 형태로 소비된다는 점에서 디지털 데이터의 생성이 기하급수적으로 증대하고 있고, 따라서 미디어 기업들은 시장 세분화뿐만 아니라 비즈니스에 대한 전체적인 분석 및 관리에 빅데이터 기법을 도입해야 할 시기이다.

　다음 단계는 표적 시장targeting을 정하는 일이다. 표적 시장을 정하기 전에 세분 시장 특징, 경쟁 현황, 자사의 역량에 기초하여 세분 시장을 비교 평가한다. 우선 각 세분 시장의 시장 규모와 성장 가능성, 기대 수익 등을 자료를 분석한다. 일반적으로 적정 수준 이상의 시장 규모와 성장 가능성이 있는 세분 시장이 대상이 되곤 한다. 하지만 경쟁사 역시 미래에 그 세부 시장에 집중할 경우, 기대 수익률은 낮아질 수밖에 없다. 또, 규모가 큰 세부 시장에 진출할 경우, 자사의 투입 가능한 자원의 현황 파악이 선행되어야 한다. 그래서 기업들은 더 작고 현재로서는 성장률이 더딘 세부 시장에 주목하기도 한다. 시장 세분화에서 기업들은 틈새시장niche 전략을 구사하기도 한다. 틈새시장이란 독특한 선호를 가진 규모가 작은 소비자 집단을 의미한다. 틈새시장의 소비 자들은 독특하고 복잡한 욕구를 가지고 있지만, 그들의 욕구를 충족시킬 수 있을 경우 더 많은 돈을 지불할 의사가 있다. 미디어 산업의 경우, 다양한 콘 텐츠와 채널의 결합이 가능해짐에 따라, 소비자의 선호를 파악해 틈새시장에 진출할 수 있는 여지가 높아지고 있다.

기업은 경쟁의 관점에서 세분 시장을 분석할 필요가 있다. 이미 세분 시장 에 강력한 경쟁자가 존재한다면, 그 시장에 대한 진입 장벽이 높을 뿐만 아니 라 진입한다 하더라도 경쟁으로 인해 장기적으로 시장 수익률이 감소할 수 있다. 또한, 교섭력이 강한 소비자들로 구성된 세분 시장에서는 가격 인하와 서비스의 향상에 대한 요구가 있을 수 있다는 점도 감안해야 한다. 미디어 소 비자의 경우, 같은 디지털 콘텐츠가 다양한 채널을 통해 제공되기 때문에, 이 탈률이 다른 상품이나 서비스에 비해 상대적으로 높고, 그러한 이탈률을 고 려한 세분 시장 분석이 필요하다. 아무리 세분 시장의 성장 가능성이 높고 경 쟁이 덜 할지라도, 자사의 목표와 자원을 고려해서 목표 세분 시장을 결정해 야 한다. 가령, 네이버나 다음과 같은 대중적인 포털사이트가 자극적인 성인 용 콘텐츠를 제공할 경우, 회사의 이미지에 부정적인 영향을 끼쳐 그들의 핵 심 자원이라고 할 수 있는 이용자 기반이 흔들릴 수도 있을 것이다. 또, 지상 파방송사의 지상파 DMB 시장의 진출은 기존 콘텐츠의 활용이 가능하면서 공급 채널을 증대시키는 효과를 얻을 수 있다는 점에서 세분 시장 진입의 성 공 사례로 제시할 수 있다(윤홍근, 2009).

목표 시장을 선정할 때 기업들은 세분 시장의 규모도 결정하게 되는데, 세 분 시장의 규모는 비차별적 마케팅의 대상이 되는 큰 규모의 세분 시장과 차 별적 마케팅의 대상이 되는 작은 규모의 세분 시장으로 나눌 수 있다. 기업은 세밀한 세분 시장의 차이를 무시하고, 하나의 상품을 통해 묶음 세분 시장을 겨냥하여 비차별적 혹은 대량 마케팅 전략을 사용하기도 한다. 이러한 전략은 소비자의 욕구 차이보다는 공통점에 초점을 맞추는데, 전략을 구사하기 쉽고 자원의 소모가 적다는 장점이 있다. 가령, 미디어 산업에서 지상파방송사는 거의 모든 연령대를 대상으로 콘텐츠를 제공하고 있고, 인터넷 포털 사업자 역시, 다양한 콘텐츠를 제공하고 있다. 특히 소비자가 유사한 선호 체계를 가지고 있고, 비슷한 양을 구입하는 등 시장의 가변성이 낮은 경우 비차별적인 마케팅 전략이 유효할 것이다. 하지만 경쟁사가 차별적 마케팅에 주력할 경우, 소비자의 선호 차이를 무시하는 전략은 비효과적이다.

여러 세분 시장을 공략하는 차별적 마케팅 전략은 각 소비자 집단에 맞는 제품과 홍보 전략을 구사함으로써 매출 증대와 강력한 포지셔닝을 기대할 수 있다. 다만 작은 세분 시장들을 위한 차별적 마케팅은 비용을 증대시킬 수 있다. 따라서 차별적 마케팅 전략을 선택할 때, 매출과 비용의 증가를 비교할 필요가 있다. 국내의 케이블TV의 콘텐츠 차별화 전략에 기초하여 각 채널을 스포츠, 뉴스, 레포츠와 같이 전문화시킨 것이 시장 차별화 전략의 예라고 할 수 있다. 인터넷 동영상의 경우, 현재 대부분의 웹사이트는 다양한 분야의 동영상을 백화점식으로 제공하고 있다. 또, 진입 장벽이 낮아 신규 사업자가 들어오고 있고, 글로벌화에 따른 경쟁도 심화되고 있는 상황이다. 따라서 목표 시장을 설정하고 차별화된 동영상 콘텐츠를 제공하는 것이 중요한 경쟁 무기가 될 수 있다. 기업은 몇 개의 매력적인 세분 시장을 위해 독립된 사업팀을 구성함으로써 그 시장에 집중할 뿐만 아니라, 사업이 부진할 경우 철수가 용이하도록 하는 전략도 구사할 수 있다. 최근 구글은 주 무기라고 할 수 있는 검색이나 웹서비스와 같은 것은 직접 관리하고, 무인 자동차나 바이오 부문은 분리하여 운영하는 조직 개편을 단행했다. 국내의 방송 미디어 역시 비슷한 전략을 구사했다. MBC는 케이블TV에 진출하여 드라마, 스포츠, 게임 등의 전문화된 채널을 운영하고 있고, KBS도 유사한 전략을 쓰고 있다.

기업은 목표 시장을 선정한 후, 그 시장에서 어떤 차별화된 가치를 제공하면서 포지셔닝positioning을 할 것인지를 결정한다. 포지셔닝이란 제품이 특정한 형태, 특징, 가치로서 소비자의 마음에 형성되는 것을 의미한다. 제품은 공장에서 생산되지만, 포지셔닝을 통한 브랜드는 소비자의 마음속에 생성되고 구매 결정과 만족도에 지대한 영향을 미친다(Trout, 2005.3). 그러므로 기업은 자사가 추구하는 포지션을 형성하기 위해 제품 기능을 개발하고, 소비자와의 커뮤니케이션을 시도한다. 결국 포지셔닝은 경쟁사와의 차별점을 소비자에게 지각시키는 행위로서, 궁극적으로 경쟁사와의 차별화를 목표로 한다. 이러한 차별화는 기본적으로 제품 차별화product differentiation, 제품에 수반되는 서비스의 차별화service differentiation, 유통 경로의 차별화channel differentiation, 그리고, 우수한 인력의 고용에 따른 인적 차별화people differentiation 등을 포함한다(Kotler & Keller, 2006). 특히 미디어 산업의 경우, 융합, 교차 진입과 글로벌화에 따라 경쟁이 심화된 상황에서 미디어 소비자에게 경쟁사와 차별되는 점을 각인시키는 것이 생존과 직결된다. 콘텐츠의 디지털화에 따라 스마트폰이나 스마트패드와 같은 개인용 단말기를 플랫폼으로 하는 등 다양한 콘텐츠 전달 채널이 사용된다는 점에서 다른 산업과는 달리 유통을 통한 경쟁사와의 차별화 전략을 적극적으로 도입할 필요가 있다.

케이블TV 채널은 이용자층을 기준으로 포지셔닝을 한 대표적인 예이다. 아동을 위한 애니메이션 채널, 10대와 20대를 위한 뮤직 비디오 채널, 주부층을 위한 드라마나 요리 전문 채널은 특정 이용자층에 소구함으로써 포지셔닝을 하고 있다. 또, 소비자 효용의 속성에 따른 포지셔닝도 가능하다. 케이블 TV에 다수의 영화 채널이 있으나, 최신 영화에 대한 이용자 선호를 바탕으로 유료 영화 채널들도 서비스된다. 또한, 스마트폰과 같은 작은 화면으로도 스포츠 중계를 즐길 수 있도록 스크린 구성과 기능을 제공하는 것은 이용자 편

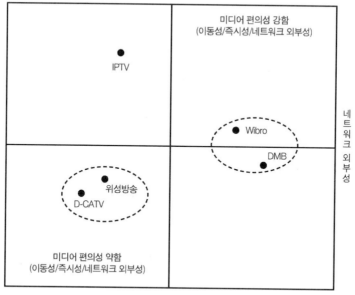

〈그림 11-2〉 디지털 미디어의 포지셔닝 맵

이동성

미디어 편의성 강함
(이동성/즉시성/네트워크 외부성)

● IPTV

● Wibro

DMB ●

네트워크 외부성

● 위성방송
● D-CATV

미디어 편의성 약함
(이동성/즉시성/네트워크 외부성)

의성으로 소비자에 어필하는 차별화된 서비스가 될 수 있다.

　포지셔닝을 기획할 때 기업은 지각적 포지셔닝 맵perceptual positioning map을 작성하기도 한다. 포지셔닝 맵은 자사의 브랜드나 제품이 경쟁사와 비교하여 소비자에게 어떻게 지각되는지 시각적으로 표현해준다. 통계적으로 다양한 방법이 있으나 다차원 척도법multidimensional analysis이나 대응 분석correspondence analysis이 대표적이다. 맵에서 각 차원은 소비자가 제품을 평가할 때 사용하는 속성으로 해석된다. 맵 상에서 서로 인접한 제품은 소비자가 유사한 것으로 간주하는 것으로 자사의 제품과 경쟁이 높은 제품이라고 할 수 있다. 〈그림 11-2〉는 디지털 미디어의 포지셔닝 맵을 표현하고 있다(김광재, 2009: 66).

　〈그림 11-2〉를 보면 이동성 측면에서 케이블TV와 IPTV, 위성방송이 이동성이 낮은 반면, DMB와 Wibro 무선 인터넷망을 사용하는 서비스는 휴대용

개인 디바이스에서 사용 가능하다는 점에서 이동성이 매우 높은 것으로 나타났다. 이동성이 높은 매체는 이동성이 낮은 지상파TV나 IPTV의 보완재의 역할을 한다고 할 수 있다(윤홍근, 2009). 즉, 고정 매체로 시청이 불가능할 경우에 이동 매체를 통해 콘텐츠를 소비한다고 할 수 있다. 하지만 지상파TV나 IPTV에 대해 이동 매체가 보완의 역할이 아니라 아예 대체할 수 있다는 주장도 제기되고 있다. 집안에서 이용자가 고정 매체를 사용할 수 있는데도, 랩톱이나 스마트폰을 통해서 콘텐츠를 소비하는 일이 점점 늘어나고 있다는 점에서 이동 매체에 의한 대체는 충분히 가능한 일이다. 포지셔닝 맵의 또 다른 축은 네트워크 외부성이라고 정의할 수 있는데, Wibro와 IPTV 등은 인터넷 기반의 디지털 매체라는 점에서 네트워크의 상호작용 속성을 소비자가 인식한 것이다.

사례: 콘텐츠 및 유통 차별화 전략의 실패

2011년 2월 ≪월스트리트저널≫, ≪뉴욕포스트≫와 폭스뉴스를 소유하고 있는 뉴스코퍼레이션(News Corporation)이 더 데일리(The Daily)라는 태블릿 전용 뉴스 앱을 시장에 내놓았다. 뉴스코퍼레이션이 처음부터 야심 차게 기획한 더 데일리는 아이패드용 앱으로 애플의 앱스토어에서 다운로드 받을 수 있었다. 구독료는 일주일에 99센트였고, 1년 구독료는 39.99달러였다. 더 데일리의 시도는 전통적인 미디어 기업 소유의 인쇄 미디어로는 처음으로, 구독료와 광고를 결합한 비즈니스 모델과 웹의 멀티미디어 및 상호작용성(Interactivity)을 융합시키고자 한 야심 찬 기획이었다. 이러한 야심 찬 시도와 달리 더 데일리는 2011년 2월 사업을 시작한 이후 계속된 고비용 운영구조 때문에 고전을 면치 못했고 결국 2012년 12월 15일에 폐간되었다.

더 데일리는 뉴욕과 로스앤젤레스에만 사무소가 있었기 때문에 의미 있는 로컬 뉴스 보도가 이루어지지 못했다. 데일리의 어플리케이션을 통해 구독자의 위치 정보가 수집되었지만, 이 정보로는 단지 지역 날씨 예보나 자신의 스포츠 지역 팀의 경기 결과 업데이트 외에는 사용되지 않아 사실상 지역에 맞춘 정보를 제공하지 못했다. 시장에 나온 후 1년여 동안, 애플 아이패드로만 서비스가 되었고, 2012년이 되어서야 안드로이드용 앱이 출시되었다.

더 데일리는 다양한 수용자 집단의 기대 수준을 충족시키는 데 어려움을 겪었다. 장년층 소비자들은 더 데일리가 일반 신문이나 잡지를 디지털 포맷으로 변환시킨 형태이기를 바랐고, 1960년대 초반에서 1980년대 초반 사이에 출생한 X-세대들은 웹페이지 같은 온라인 콘텐츠와의 연결성을 중요시했으며, 이보다 젊은 세대들은 더 데일리에서 순수 모바일앱의 기능을 기대했다. 포레스트 리서치의 조사 결과에 따르면 소비자들은 온라인 콘텐츠가 그들의 직업에 도움이 되거나 사진, 요리, 음악처럼 사람들이 열정적으로 몰입하는 취미와 직접적으로 연결될 때만 유료 콘텐츠에 대한 지불 의사가 생긴다고 하는데, 더 데일리의 내용은 너무 일반적이었고, 따라서 소비자가 지불 의사를 보이는 두 가지 모두에 해당하지 않았다.

류동협(2014) 중 일부 수정

4P: 제품, 가격, 유통, 촉진

세분화-표적화-포지셔닝STP 후에는 4P의 조합을 통해 실제 마케팅 전략을 구사하게 된다. 4P는 제품Product, 가격Price, 유통Place, 촉진Promotion 을 의미하며, 이것들의 조합, 이른바 마케팅 믹스marketing mix 전략을 통해 마케팅 전략이 실행된다. 미디어 산업에 4P를 적용하면, 제품 개발은 콘텐츠의 계획 및 개발에 해당하고, 가격은 수신료나 월정료, 혹은 회원료를 가리키며, 유통은 배급 채널을, 촉진은 말 그대로 광고 홍보를 의미한다. 4P는 판매자의 입장에서 본 마케팅 도구이며 이것을 소비자의 입장에서 해석하면 4C가 된다(Lauterborn, 1990). 즉, 4C가 의미하는 것은, 제품은 소비자의 욕구를 충족시키거나 문제를 해결Customer Solution 해주어야 하며, 그것에 대해 소비자가 지불Customer cost 할 용의만큼이 가격에 해당한다. 또, 소비자는 제품을 필요로 할 때 편리한 방식Convenience을 통해 구매할 수 있어야 하는 것이 유통이고, 기업은 일방적인 광고를 넘어서 소비자와의 계속적인 커뮤니케이션Communication을 통해 소통해야 한다.

기업은 제품을 물리적 혹은 서비스 차별화를 통해 소비자에게 어필하고자 한다. 물리적 차별화는 형태, 기능, 디자인, 포장 등의 물리적 특성에 변화를 주는 것이다. 이용자 편의성뿐만 아니라 감각적 디자인으로 경쟁사의 제품과 차별화를 두는 애플의 제품들은 물리적 차별화의 대표적인 사례이다. 서비스 차별화는 주문 용이성, 애프터서비스, 상담 및 수리 등을 통해 차별화를 두는 것이다. 가령, 인터넷 쇼핑몰 사업자는 더욱 빠르게 배송하거나 편리한 반품이나 환불 절차를 갖춰 타사와 차별화될 수 있다. 미디어 산업 맥락에서 제품은 콘텐츠의 계획과 제작, 편성에 해당한다. 콘텐츠 혹은 프로그램을 하나의 제품으로 간주할 수 있지만, 미디어는 하나의 콘텐츠를 제공하기보다는 여러 개별 콘텐츠를 편성해 하나의 채널을 구성하기 때문에, 편성 작업은 제품과 관련된 중요한 행위이다. 어떻게 동질의 혹은 다른 종류의 콘텐츠를 편성할 것인가는 개별 콘텐츠의 품질만큼이나 미디어 소비자의 수용에 큰 영향을 끼칠 수 있다. 따라서 미디어 기업은 콘텐츠의 계획과 제작과 더불어 편성에 대한 계획에도 집중해야 할 것이다.

가격은 제품의 교환가치이다. 기업은 자사의 제품에 대해 가치를 평가하여 그것을 가격으로 표시한다. 이것은 앞서 서술했듯이, 소비자 입장에서 지불하고자 하는 비용을 고려해 결정해야 하므로, 주로 기업의 제품에 대한 가

〈표 11-2〉 4P와 4C

4P	4C
제품(Product)	고객의 문제 해결(Customer Solution)
가격(Price)	고객에 대한 비용(Customer Cost)
유통(Place)	편의성(Convenience)
촉진(Promotion)	커뮤니케이션(Communication)

치평가와 소비자의 지불의사 사이에서 결정된다. 나아가 기업의 목표가 이익 극대화인지 혹은 판매량 확대인지 경쟁자의 진입 저지인지에 따라 제품의 가격이 결정되기도 한다. 미디어 영역에서 콘텐츠나 미디어 서비스 제공에 대한 대가는 소비자에게 직접 받는 수신료도 있으나, 대부분은 광고주로부터 받는 광고료가 제품의 가격에 해당한다. 소비자 이탈률이 높은 케이블TV나 위성방송, IPTV 등의 유료 방송 사업자의 경우, 가격을 높게 책정하면 소비자의 이탈을 부추길 수 있기 때문에 적정한 가격을 유지하기 위해 광고 수입을 고려하여 적절한 소비자 가격을 결정할 필요가 있다.

유통은 소비자가 원하는 시기에 원하는 장소에 제품을 제공하는 것을 말한다. 자사의 대리점을 통하거나, 할인점 등의 전문 유통조직을 통한 방식이 있을 수 있다. 특정 장소에서만 제품을 판매하게 함으로써 희소화 전략을 쓸 수 있지만, 이것은 고급화된 제품에 해당되는 것이다. 명품 브랜드의 경우 백화점이나 자사의 대리점에서만 제품을 판매하게 하는 것이 그 예이다. 하지만 일반적으로 다양한 유통 경로를 운영할 경우 매출이 증대하고 제품의 성공 가능성이 높아진다. 미디어 산업에서 유통은 콘텐츠를 소비자에게 전달하는 과정을 의미하는 것으로, 유통 경로, 전송 방법, 수입과 수출, 시청 디바이스 (IPTV, 스마트폰 등) 등을 고려해야 한다. 특히 콘텐츠의 디지털화는 유통경로의 다양화를 가져와, 전송 방식과 시청 디바이스의 다양한 조합이 가능하므로, 디지털 콘텐츠의 다양한 유통경로를 이해하고 이에 맞게 유통 전략을 세우는 것이 필요하다. 다른 제품이나 서비스와는 다르게 미디어 부문에서의 유통은 하나의 콘텐츠가 몇 개의 다른 미디어에서 부가가치를 창출할 수 있는 창구효과window effect가 있다. 따라서 콘텐츠가 어떤 방식으로 유통되고 있는지 혹은 유통될 수 있는지를 고려할 필요가 있다. 예를 들어 웹툰의 경우, 1차 저작물은 포털사이트에 게재되어, 부분적인 유료화 혹은 광고 수입의 원천으로 활용되고, 추가로 드라마나 영화의 시나리오 역할을 하기도 한다. 이러한 창구 효과를 반영해, 웹툰의 가치를 포털사이트에 기여하는 것만으로 평가하던 방식에서 부가적인 후속 저작물에 기여하는 것을 포함해 평가하는 방식으로 바뀔 필요가 있다.

촉진은 제품 정보를 소비자에게 우호적이고 설득적인 기법을 통해 전달하는 것으로 광고, PR, 이벤트와 캠페인, 마케팅 커뮤니케이션을 포함한다. 기업은 제품, 가격, 유통에 차별성을 부여하여 암묵적인 촉진 전략을 쓰기도 하고, 광고나 PR을 통해 명시적으로 촉진 전략을 구사하기도 한다. 광고는 대표적인 촉진 전략으로 미디어를 통해 소비자가 자사의 브랜드나 제품 관심을 갖거나 우호적인 태도를 갖도록 설득하는 행위이다. 미디어 분야에서 촉진은 소비자에게 콘텐츠 사용을 유도하기 위해 콘텐츠에 대한 정보를 잠재적 소비자에게 전달하는 단계이다. 기존의 전통적인 미디어 매체들은 자신들이 촉진의 매체로서만 기능한다고 생각했지만, 다양한 미디어 매체가 등장하고, 이용자가 분화되는 현실에서, 미디어 기업 역시 적극적인 촉진 전략을 구사해야 한다. 가령, 케이블TV 채널은 자사의 프로그램에 대한 광고를 지상파TV나 인터넷 포털 사이트에 싣고 있다.

과거에는 개별적인 촉진 전략을 따로따로 구사해왔으나, 개별 촉진 전략을 효과적으로 관리하고 시너지 효과를 얻기 위해 근래에는 마케팅 커뮤니케이션 전략이 도입되고 있다. 다양한 경로를 통해 제품의 정보를 습득하는 소비자에게 메시지를 효과적으로 전달하기 위해 쌍방향 소통을 하는 것은 매우 중요하다. 미디어 콘텐츠는 경험재이기 때문에 불확실성이 높아 특히 잠재적 소비자와의 의사소통이 필요하다. 소셜 미디어는 소비자와의 소통을 효과적으로 할 수 있는 수단으로써 미디어 기업들 역시 입소문 마케팅과 이용자 관계 관리를 위해 이를 적극적으로 사용하고 있다. 미디어 기업의 가장 중요한 자산은 이용자 기반이라고 할 때, 일반 비즈니스 분야에서 마케팅 전략 수립 시 광범위하게 활용해온 마케팅 믹스 전략을 통해 이용자를 확보하는 것이

〈그림 11-3〉 미디어 기업의 마케팅 믹스

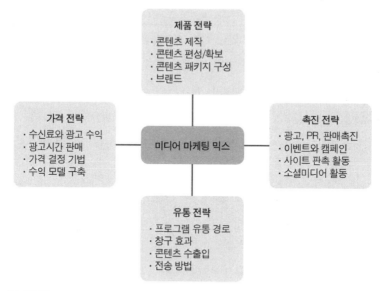

자료: 윤홍근(2009: 128).

필요한 시점이다. 〈그림 11-3〉은 미디어 기업의 마케팅 믹스를 설명하고 있다(윤홍근, 2009: 128).

미디어 콘텐츠 마케팅 전략

미디어 기업은 잠재적 수요자, 정치경제적 환경, 관련 규제 환경에 대한 분석과 더불어 콘텐츠의 제작 및 유통과 관련 있는 정보통신기술의 현황과 발전 방향을 고려해 마케팅 전략을 수립해야 한다. 미디어 기업의 마케팅 전략은 일반 제품의 마케팅과는 다른 측면이 있는데, 그러한 특징을 활용한 원 소스 멀티 유스One source multi use: OSMU 전략, 크리에이트 원스 퍼블리시 에브리웨어Create Once, Publish Everywhere: COPE 전략, 라이선스 전략, 홀리스틱 마케팅 커뮤니케이션Holistic Marketing Communication: HMC 전략 구사가 가능하다(안종배, 2012).

미디어 분야에서 원천 소스인 콘텐츠는 다양한 형태의 다른 콘텐츠의 소스로 활용될 수 있는데, 이것을 OSMU로 표현한다. 성공한 드라마는 게임이나 뮤지컬과 같은 다른 형태의 미디어 콘텐츠의 소스가 되기도 한다. 〈이끼〉, 〈미생〉, 〈이웃사람〉 등 웹툰을 활용한 연계 콘텐츠가 개발되어, 영화와 드라마, 연극, 캐릭터 상품으로 재생산된 것은 대표적인 OSMU의 사례라고 할 수 있다.

COPE는 일단 제작한 콘텐츠를 다양한 플랫폼 혹은 채널을 통해 유통시키는 마케팅 전략을 의미한다(〈그림 11-5〉). 가령, 소비자는 한 드라마를 집에서

〈그림 11-4〉 웹툰의 OSMU 전략

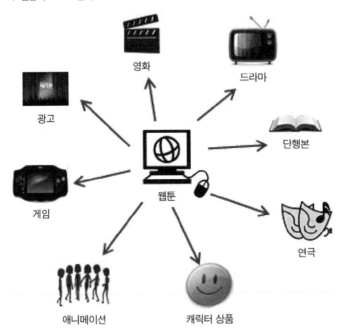

〈그림 11-5〉 콘텐츠의 COPE 전략

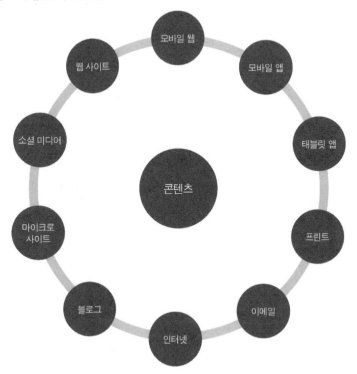

지상파TV를 통해 볼 수도 있고, 같은 드라마를 지하철에서 스마트폰을 통해 실시간으로 시청할 수도 있다. 같은 콘텐츠를 여러 플랫폼에서 소비할 수 있도록 함으로써 콘텐츠로부터 이용자의 이탈을 막고 수익을 높일 수 있는 마케팅 전략이다. NHK가 가능한 모든 외부 플랫폼을 활용해 시청자들에게 자시 프로그램을 이용할 수 있도록 하는 정책도 COPE 전략의 일환이라고 할 수 있다. 시청자들은 TV 수상기 앞에서만 방송 콘텐츠를 소비하는 것이 아니라, 다양한 단말기를 통해 소비하고 있으며, 다양한 미디어들을 적절히 조합해 방송 콘텐츠를 이용하는 N스크린 사용 행태가 늘어남에 따라 방송 미디어 사업자는 적극적으로 COPE 전략을 구사해야 한다(*The PR News*, 2010).

〈표 11-3〉 국내 콘텐츠 라이선싱 현황

원천	라이선싱 대상	라이선싱 비즈니스 주요 사례
만화/ 서적	만화책 『마법천자문』	□ 애니메이션: 〈마법천자문〉 □ 캐릭터: 마법천자문 캐릭터 상품, 〈TCG(Trading Card Game)〉 □ 게임: 〈마법천자문 한자 배틀〉(아케이드 게임)
	그림책 『구름빵』	□ TV애니메이션: 〈구름빵〉 □ 놀이시설: '구름빵 놀이공간' □ 뮤지컬, 연극: 〈구름빵-주크박스 플라잉 어드벤처〉, 〈동요콘서트 구름 빵〉, 〈클라우드 브레드 인 플레이그라운드〉, 〈픽처플레이 구름빵〉 □ 식품, 생활용품, 목욕용품, 잡화, 문구, 완구 등: 뚜레쥬르, LG생활건강, 보령메디앙스, 크리오, 햇님토이, 천호식품 등과 라이선싱 계약 □ 스마트 기기용 애플리케이션: 한글과컴퓨터와 라이선싱 계약 □ 3D 입체영상: 삼성전자와 라이선싱 계약 〈구름빵 3D〉
애니 메이션	〈로보카 폴리〉	□ 완구류: 홍콩 기업 실버릿, 국내 기업 아카데미과학과 라이선싱 계약 □ 안전교육 행사: 이마트, 홈플러스, 토이저러스와 계약 □ 식품, 생활용품 등: 뚜레쥬르, 돌(Dole) 코리아, 애경, CJ몰 등과 라이선 싱 계약 □ 뮤지컬: PMC KIDS와 뮤지컬 공연 기획 중
	〈뽀롱뽀롱 뽀로로〉	□ 금융: 국민은행 'KB 주니어스타 패키지' □ 전자제품: 삼성전자 '뽀로로 넷북' □ 공연: 러시아 상트페테르부르크 국립 아이스발레단 〈피나키오 & 뽀롱 뽀롱 뽀로로 더블 아이스쇼〉 □ 유아교육용 애플리케이션: LG유플러스 〈뽀로로 동요놀이〉 □ 식품, 생활용품 등: 팔도 '뽀로로 보리차', 한국도자기 '뽀로로 식기' 등 □ 놀이시설: '뽀로로 파크' □ 공익목적: 우정사업본부 '뽀로로 우표', 크리스마스 씰 '뽀로로와 친구 들', 통일부 홍보대사로 뽀로로 임명, 뽀로로 케이크 판매 로열티 일부 를 유니세프에 기부
	〈코코몽〉	□ 식품, 생활용품: 청정원 '코코몽 치킨 브로콜리 군만두', 브레댄코 '코코 몽과 아로미는 내 친구 케이크', 레퓨레 '코코몽 아이 조아 야채 자반', 애경 '2080 치과 놀이 치약' 등 □ 놀이시설, 의류: '코코몽 키즈랜드'
게임	온라인 게임 〈메이플스토리〉	□ 애니메이션: 〈메이플스토리〉 국내 기업 넥슨 기획, 일본 기업 매드하 우스 공동 제작 □ 만화: 『코믹 메이플스토리』 수학 도둑 · 한자 도둑 · 논술 시리즈, 『빅 토리 메이플』, 『빅토리 메이플 스타』
	모바일 게임 〈앵그리버드〉	□ 모바일 게임: LG전자 〈앵그리버드 리오〉, 삼성전자 〈앵그리버드 스페이스〉 □ 식품, 생활용품: 팔도, 동아제약, 해태제과 등과 라이선싱 계약 - 탄산 음료, 어린이용 가그린, 아이스크림, 과자 등
웹툰	〈패션왕〉	□ 의류, 이벤트: 11번가 의류 모델, 컨버스 '모노백', 의류 '펠틱스 패션 왕', 태평양 제약 '패션왕 알보칠 웹툰 왕 이벤트' 등 □ 드라마: SBS 드라마 〈패션왕〉
	〈와라! 편의점〉	□ CU 편의점 브랜드 홍보 □ 식품: 세븐일레븐에서 우유, 아이스크림 판매 □ 애니메이션: 〈와라! 편의점〉

자료: 유은영(2014).

전체 콘텐츠는 물론 콘텐츠의 내용, OST 음악, 등장 캐릭터 등과 같은 콘텐츠의 일부분 역시 저작권의 대상이 될 수 있다. 따라서 그에 대한 라이선스를 제공함으로써 다양한 형태로 유통을 가능하게 할 뿐만 아니라 수수료를 받을 수 있어 수익을 증대시킬 수 있는데, 이와 같은 전략을 콘텐츠 라이선스 전략이라고 한다. 〈표 11-3〉과 같이 콘텐츠가 활용될 수 있는 영역이 다양하여, 콘텐츠 라이선스 전략을 구사할 수 있다면 많은 영역에서 사용되어 인지도가 높아지고 수익도 올릴 수 있을 것이다. 그러나 무분별한 사용 허가로 콘텐츠의 이미지와 부합되지 않는 맥락에서 사용될 경우 콘텐츠의 가치 저하를 가져올 수도 있다.

홀리스틱 마케팅 커뮤니케이션HMC 전략은 콘텐츠와 관련하여 통일된 이미지나 정보를 유지하면서 다양한 매체와 방법을 통해 광고·홍보하는 것을 지칭한다. 디지털 미디어를 포함하여 다양한 매체의 증가로 소비자가 특정 매체에 노출될 가능성이 점점 낮아짐에 따라 다양한 매체에 촉진 전략을 구사할 필요가 있다. 전통적인 TV나 신문, 옥외 광고, 이벤트뿐만 아니라 포털 사이트나 소셜 미디어, 인터넷 동영상 서비스 사이트 등의 새로운 디지털 미디어를 활용해 일관된 이미지와 정보를 제공한다면 좀 더 효과적인 프로모션이 가능할 것이다.

앞서 미디어 기업은 최신 정보통신기술 동향을 잘 이해하고 있어야 한다고 했으나, 나아가 정보통신기술 분야의 사업자들이 경쟁자가 될 수 있음 역시 인지하고, 이에 기초하여 마케팅 전략을 세워야 한다. 정보통신기술 사업자들이 미디어 사업에 진입하는 사례가 늘어나고 있다. 애플은 컴퓨터를 생산하는 회사였으나, 지금은 사업 영역을 엔터테인먼트를 중심으로 미디어 산업으로 확대하고 있다. 더욱이 디지털 콘텐츠와 소비자의 접점이라고 할 수 있는 개인용 디바이스를 장악함으로써 미디어 산업에 영향력을 행사하고 있다.

그러나 미디어와 정보통신기술의 융합에 따른 새로운 경쟁자의 진입이 항

〈그림 11-6〉 HMC 전략

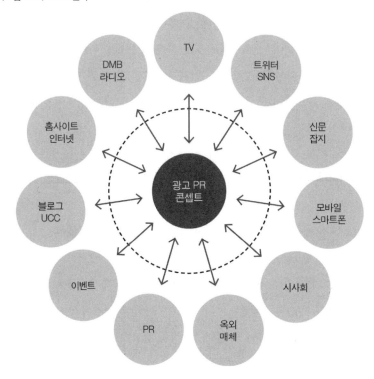

자료: 안종배(2012: 63).

상 위기를 가지고 오는 것은 아니다. 영화 산업의 경우, 지상파TV나 케이블
TV의 발전이 초기에는 영화 산업의 위기로 인식되었지만, 새로운 매체가 오
히려 영화 콘텐츠의 2차 유통 채널 역할을 하면서 발전할 수 있는 계기가 되
었다. 따라서 미디어 산업의 외부에서 진입하는 새로운 경쟁자들을 배척할
것이 아니라 혁신의 기회로 삼거나 협력을 통해 시장의 규모를 키우는 방향
으로 가야 할 것이다.

브랜드 자산 창출

브랜드는 기업이 자사의 제품들을 경쟁사들의 제품과 차별화할 목적으로 사용하는 명칭이나 상징, 디자인, 혹은 이것들의 결합을 의미한다. 브랜드는 단순히 기업을 대표하는 기능뿐만 아니라 기업의 중요한 무형자산의 하나로 여겨진다. 소비자는 제품이나 기업 전체에 대한 인식과 느낌을 브랜드로 요약하여 기억하기 때문에, 브랜드는 심벌 그 이상으로, 소비자와 관계를 구축하는 데에 촉매가 되며 소비자의 선호와 충성도를 획득하고 유지시키는 데에 큰 역할을 한다. 강력한 브랜드는 높은 브랜드 자산 가치가 있다. 브랜드 자산brand equity은 브랜드에 대한 인식이 제품이나 서비스에 대한 고객 반응에 긍정적인 영향을 미치는 정도를 의미한다. 브랜드 자산 가치의 측정은 소비자가 브랜드 구매를 위해 추가로 지불하고자 하는 금액을 기준으로 측정할 수 있다. 예를 들어, 유사한 품질의 의류임에도 자신이 선호하는 브랜드에 대해 좀 더 많은 돈을 주고 구매할 의사가 있을 수 있는데, 이 경우 전체 고객의 추가적 금액의 합이 브랜드 자산의 가치라고 할 수 있다. 세계에서 가장 강력한 브랜드를 가진 애플의 경우 2015년 브랜드 자산의 가치가 1283억 300만 달러에 달했다.

브랜드 전략은 〈그림 11-7〉같이 4단계를 거쳐 수립된다. 브랜드 포지셔닝은 목표 시장에서 자사 브랜드를 어떻게 위치시킬지를 결정하는 것이다. 제품 속성, 편익, 소비자의 신념 및 가치를 고려하여 브랜드 포지셔닝을 한다. 가장 기초적인 것은 제품의 속성에 기초하여 브랜드 포지션을 정하는 것이다. 하지만 소비자가 관심을 보이는 것은 제품 속성 자체가 아니라 속성이 주는 그 무엇이기 때문에, 단순히 속성에 기초하기보다는 그 속성과 이용자 편익을 연계하여 포지셔닝을 하는 것이 바람직하다. 나아가 소비자의 신념이나 가치를 고려하여 포지셔닝을 한다면 더욱 강력한 브랜드가 될 수 있다. 예를

<그림 11-7> 브랜드 전략수립

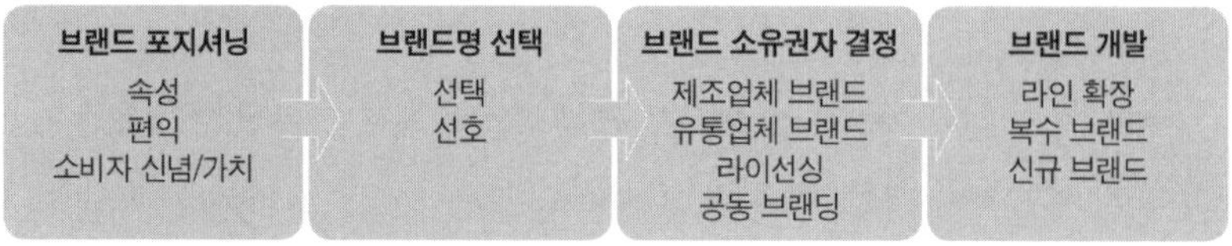

브랜드 포지셔닝	브랜드명 선택	브랜드 소유권자 결정	브랜드 개발
속성 편익 소비자 신념/가치	선택 선호	제조업체 브랜드 유통업체 브랜드 라이선싱 공동 브랜딩	라인 확장 복수 브랜드 신규 브랜드

들어 대부분의 목표 고객들이 친환경에 대한 가치를 높게 평가하고 있다면, 그것을 반영한 브랜드의 자산 가치는 더욱 높아질 것이다.

다음으로 브랜드명을 선택하는 단계이다. 좋은 브랜드명의 특징은 다음과 같다: ① 제품의 편익과 품질을 전달, ② 발음하기 쉽고 기억이 용이, ③ 독특함, ④ 다른 제품 영역으로 확장 가능, ⑤ 외국어로 쉽게 변환, ⑥ 등록과 법적 보호 가능(Kotler & Armstrong, 2008).

브랜드명을 정한 후에는 브랜드 소유권자를 결정해야 한다. 기업은 자사가 브랜드를 소유하기도 하고, 혹은 유통업체나 라이선싱을 통해 다른 협력 기업의 브랜드를 사용하기도 한다. 브랜드 전략의 마지막 단계는 브랜드 개발이다. 라인 확장을 통한 브랜드 개발은 새로운 제품이 형태나 특징 면에서 기존 브랜드와 유사할 때, 기존의 브랜드명을 함께 사용하는 것을 말한다. 다양한 맛과 알코올 도수가 다른 소주가 출시되고 있지만, 모두 참이슬이라는 기존 브랜드명을 쓰는 것이 그 예가 될 수 있다. 브랜드 확장은 현재의 브랜드명을 새로운 제품 범주로 확장하는 것을 의미한다. 브링크Brink 는 상업시설 보안에서 얻은 명성과 노하우를 기반으로 기존 브랜드명을 사용하여 일반 주택 보안 시장Brink's Home Security 에 진출했다. 또, 동일 범주 내의 제품들에 여러 개의 브랜드명을 사용하는 복수 브랜드 전략, 약화된 기존 브랜드명을 버리고 새로운 브랜드명을 도입하는 신규 브랜드 전략도 구사될 수 있다.

미디어 기업의 브랜드 관리

미디어 산업에서 브랜드는 주로 미디어 기업의 이름에 해당한다. 미디어, 특히 방송 콘텐츠를 제공하는 사업자들의 브랜드는 일반 상품과 다른 특징을 가지고 있다. 첫째로 콘텐츠 사용과 별개로 항시적으로 브랜드에 대한 노출이 가능하다. 또한, 콘텐츠의 소비가 브랜드 프로모션이 일어나는 공간과 일치한다. 따라서 미디어 기업은 다른 제품에 비해 좀 더 우호적인 브랜드 프로모션 환경을 가지고 있다고 할 수 있다. 또 다른 특징은 미디어 부문에서 소비자의 충성도는 일반 제품 브랜드 충성도에 비해 낮다는 것이다. 소비자들은 특정 미디어 브랜드만 이용하기보다는 다양한 미디어 브랜드를 이용하는 것에 익숙하다. 콘텐츠의 디지털화로 다양한 채널을 통해 콘텐츠가 제공될 수 있는 현실에서 하나의 미디어 브랜드에 대한 충성도는 더욱 낮아질 수밖에 없다. 미디어 브랜드는 지속적인 브랜드 프로모션이 가능한 반면 충성도가 낮은 특징을 갖고 있다. 하지만 다채널 시대에서 하나의 브랜드에 머무는 시간이 많지 않다고 한다면, 브랜드 프로모션의 지속성에서 오는 긍정적 효과는 미미할 것이다. 따라서 미디어 기업에는 좀 더 공격적인 브랜드 프로모션 전략이 요구된다.

SUMMARY

융합 현상에 따른 방송, 통신, 인터넷 사업자 간의 경쟁 심화는 미디어 분야에서 고객의 확보와 유지를 위한 마케팅 활동이 과거 어느 때보다도 중요지고 있음을 의미한다. 마케팅 관리는 자사와 환경을 분석하는 3C(Customer, Competitor, Company) 조사로부터 시작되어, STP, 즉 세분화, 표적화, 포지셔닝 전략을 수립하고, 4P(Product, Price, Place, Promotion) 전략을 통해 다른 제품과의 차별성을 부과하는 과정을 거친다. 4P의 조합을 마케팅 믹스 전략이라고 하는데, 미디어 산업에 적용하면, 제품 개발은 콘텐츠의 계획 및 개발에 해당하고, 가격은 수신료나 월정료, 혹은 회원료를 가리키며, 유통은 배급 채널을, 촉진은 말 그대로 광고 홍보를 의미한다. 그 외 미디어 기업의 주요한 마케팅 전략의 예는 OSMU 전략, COPE 전략, 라이선스 전략, HMC 전략 등이 있다.

생각해볼 문제

1. 새로 등장한 인터넷 동영상 서비스, 이른바 OTT(Over-The-Top) 서비스의 마케팅 전략을 마케팅 믹스 관점에서 서술하라.
2. 스마트폰 확산에 따른 미디어 소비 행태의 변화에 대해 토론해보자.
3. 미디어 사업자들의 소셜 미디어를 활용한 마케팅 전략에 대해 토의해보자.

4. 미디어 기업이 글로벌 브랜드로 자리 잡기 위한 과제는 무엇인지 토의해보자.

참 고 문 헌

김광재. 2009. 「디지털 미디어의 포지셔닝에 관한 연구」. ≪사이버커뮤니케이션 학보≫, 26(2), 39~84쪽.

류동협. 2014. 「2013 해외 미디어 동향-05: 실패에서 배우는 미디어 기업의 생존전략」. 한국 언론진흥재단.

안종배. 2012. 『콘텐츠 마케팅론』. 박영사.

유은영. 2014. 「국내 콘텐츠산업 라이선싱 시장 현황」. 한국콘텐츠진흥원.

윤홍근. 2009. 『미디어 마케팅』. 도서출판 한울.

The PR News. 2010. "지역 언론의 소셜미디어 활용 방안과 미래 전략①". http://www. the-pr.co.kr/news/articleView.html?idxno=6813

Kotler, P. and G. Armstrong. 2008. *Principle of Marketing*, 12th Edition. Pearson; Prentice Hall.

Kotler, P. and K. L. Keller. 2006. *Marketing Management*, 12th Edition, Pearson; Prentice Hall.

Lauterborn, B. 1990. "New Marketing Litany: Four Ps Passé: C-Words Take Over." *Advertising Age*, 61(41), p.26.

Trout, J. 2005.3. "Branding can't exist without positioning." *Advertising Age*, p.28.

12 미디어 기업의 사회적 책임

안정민

기업은 과거 이윤 추구를 중심으로 기업 활동을 함으로써 기업 외의 사회 구성원과 대립 구도를 이루어 사회적으로 균등한 발전과 상생을 기대하기 어려웠다. 최근 기업은 사회적 책임(Corporate Social Responsibility: CSR)이라는 개념을 경영에 도입하여 적극적으로 사회 구성원과의 상생을 위한 전략을 모색하고 있다. 미디어 기업이 사회에 미치는 영향력을 고려하여 미디어 기업으로서 가지는 사회적 책임은 무엇이고, 이를 이행하기 위한 방안이 무엇인지를 살펴본다.

기업의 사회적 책임의 개념

기업은 기업 활동을 통해 이윤을 창출하는 것을 주된 목표로 한다. 전통적으로 기업은 스스로 최대한 이윤을 창출함으로써 피고용자에 대한 임금 지급, 고용 증진 및 세금 부담 등을 통해서 사회에 충분히 공헌한다고 생각해왔다. 기업은 제품을 생산하고 판매하는 과정에서 근로자뿐만 아니라 소비자 및 지역사회와 직간접적으로 이해관계를 가진다. 소비자의 영향력이 점차 커짐에 따라 기업 이미지가 이윤 창출에 미치는 영향력이 증가하게 되자 기업은 기업 이미지의 홍보 수단으로 사회봉사 활동을 시작하게 되었다. 그러나 기업 경영인의 관점에서는 사회봉사 활동은 부차적인 것이었기 때문에 시민들에게는 진정성 있게 다가가지 못했고, 이에 따라 사회봉사는 일시적인 활동으로 끝나는 경우가 많았다.

최근 기업이 이윤 추구에만 집중하여 기업과 사회 구성원 간에 대립이 잦아지는 사례가 증가하고 사회적으로 균등한 발전과 상생을 기대하기 어려워짐에 따라 기업의 사회적 책임Corporate Social Responsibility: CSR이 상생의 해결책으로 부각되고 있다. 더구나 오늘날 기업이 각 사회의 경제 질서 내에서 차지하는 막강한 위치를 고려해보았을 때 준법 경영을 넘어서는 윤리적인 경영을 통해 기업 시민으로서 사회적 책임을 이행해야 한다는 시각이 나타나게 된 것이다. 기업의 윤리 경영을 통한 사회적 책임이 요청되는 또 다른 이유는 사회가 성숙해지면서 기업의 공적 성격이 강조되고, 기업의 윤리 경영 자체가 기업의 브랜드 가치를 높이는 데 기여할 수 있다는 인식을 시민들과 기업인들이 공유하게 되었기 때문이다. 이에 기업의 브랜드 가치 제고가 중요한 경영 전략으로 떠오르게 되었고 기업의 윤리 경영 범위도 확대되고 있다.

여기서 말하는 기업의 사회적 책임이란 기업이 기업과 주주의 이익을 위해 단기적인 이윤만을 추구하는 것이 아니라, 기업의 활동이 사회에 미치는 영향에 대한 책임을 자각하고 근로자, 협력업체, 소비자, 지역 사회, 더 나아가서는 사회 전체의 이익이 되도록 사회적 기여를 다하는 것을 의미한다. 기업의 사회적 책임을 이행하는 방법은 바라보는 관점에 따라 다양하게 접근 가능하다.

먼저 기업 조직 내에서는 근로자의 근무 환경 개선, 남녀 차별 금지, 아동노동 금지, 직장 보건 및 안전, 교육 및 훈련, 다양성 및 평등한 기회 보장, 투명한 지배 구조와 같은 다양한 방안이 모색될 수 있으며, 또한 환경과 관련해서는 안전한 원료, 청정 에너지, 생물 다양성 보존, 환경 공해 방지 및 작업장 환경 개선 등의 방법이 있다. 그 외에 지역사회에 대해 부정적인 영향을 미치지 않는 기업 활동과 인권 존중, 표현의 자유 보호 등 법이 정하는 바를 넘어 기업과 사회가 지속 가능한 발전을 할 수 있도록 윤리적 책임을 지는 모든 것을 사회적 책임이라고 할 수 있을 것이다.

기업의 사회적 책임과 기업의 지속 가능성과의 관계

기업의 사회적 책임 개념은 경제·환경·사회·재정 등의 사회 모든 영역이 지속적으로 균형 있게 발전해야 한다는 것을 전제로 한다. 지속 가능성은 현재 세대뿐만 아니라 미래 세대의 이해까지 고려하여 모든 영역의 조화를 통한 상생을 의미한다. 특히 사회의 여러 부문 중에서 가장 많은 자원을 사용하는 기업은 사회 안에서 노동력을 동원하고 그들을 통해서 제품이나 서비스를 생산하기 때문에 기업 외적인 요인들과의 연관 관계를 통한 상생이 중요할 수밖에 없다.

1972년 세계적으로 저명한 학자, 기업가와 정치인들이 참여한 로마클럽은 인류와 지구의 미래에 대한 연구보고서인 「성장의 한계The Limits to Growth」를 통해 경제성장이 가져오는 부정적인 영향을 제시했다. 여기에는 인구 증가에 따른 식량 생산의 한계, 자원 고갈과 생태계의 파괴가 인간에게 미칠 영향이 포함되어 있었고, 이를 해결하기 위한 대안으로 '지속 가능한 발전sustainable development'이 제시되었다. 현 세대뿐만 아니라 다음 세대까지 고려하는 지속 가능성의 개념이 기업 경영에 접목되면서 기업이 지속적으로 존속·발전하기 위해서는 사회 구성원과의 상생이 필수적이라는 공감대가 형성되었다.

21세기 기업 경영의 궁극적인 목표는 단기적인 이윤 추구가 아니라 장기

〈그림 12-1〉 지속 가능성

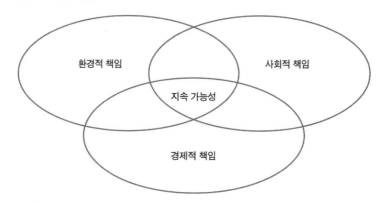

적인 지속 성장이다. 기업의 사회적 책임에 대한 세계적인 학자인 존 엘킹턴 John Elkington은 경제성, 사회성, 환경성을 지속 가능성 sustainability의 3요소 조화 모형 triple-bottom line model을 통해 제시했다. 경제적 지속 가능성이란 지속적인 생산 활동을 통한 이윤의 창출 가능성을 말한다. 여기서 기업의 역할은 주주들의 수익을 지속적으로 창출함과 동시에 기업 운영에 필요한 자원을 충분히 확보하는 것이다. 사회적 지속성은 이러한 경제적 책임을 넘어 사회 공동체의 사회적·인적자본을 확충함으로써 사회 전체의 가치를 증진시키는 것을 말한다. 환경적 지속 가능성은 기업을 둘러싼 생태적 환경에 대한 책임과 공헌을 의미하는데 여기에는 환경의 보호를 넘어 환경의 영구적 사용 및 환경에서 얻는 이익을 공정하게 공유하는 것까지 포함한다. 지속 가능성의 논의는 환경 분야에서 처음 시작되었지만 이와 같이 현재에는 다양한 분야로 그 논의가 확산되고 있으며 각 분야의 대립과 갈등을 조질하고 균형 있는 발전을 도모하는 데 기여하고 있다.

기업의 사회적 책임에 대한 다양한 접근 방법

   냉전 체제의 붕괴 이후 자본주의의 팽배로 기업은 눈부신 발전과 성과를 창출했다. 기업은 이윤 추구라는 목적만 달성하면 되었고 이에 수반되는 각종 산업재해, 실업, 빈곤 등 사회적 문제나 공해나 오염 등 환경문제는 국가가 기업이 내는 세금으로 해결할 문제일 뿐 기업이 스스로 해결해야 할 책임이 없다고 생각했다. 1950년대에 이르자 대기업 중심으로 부가 집중되기 시작했고 기업의 주주보다 최고경영자의 영향력이 더 커지게 되었다. 이때부터 소수의 최고경영자에게 사회적인 관심이 집중되고 최고경영자 개인의 명예나 기업의 이미지를 위해서 기업도 사회문제에 책임을 져야 한다는 인식이 생겨났다.

   기업은 지역사회의 신뢰를 얻기 위한 전략으로 채택했던 미술관이나 지역사회 행사 기부에서 시작하여 학교나 병원 설립 등으로 사회 공헌 영역을 확대하면서 이전까지는 국가의 책임하에 있던 사회문제에 적극적으로 관여하게 된다. 기업의 사회문제 해결을 위한 다양한 접근 방식은 기업의 사회적 책임의 개념과 내용을 구체화시키는 계기가 되었다. 애초에 기업의 사회적 책임이 뚜렷한 개념이나 내용을 바탕으로 형성된 것이 아니었기 때문에 경영학, 경제학, 사회복지학, 법학 등 학문적 영역에서 기업의 사회적 책임을 접근하는 방법도 다양하게 펼쳐지고 있다.

   1970년대 자유로운 경제 활동을 신봉한 밀턴 프리드먼Milton Friedman이 순수한 경제학자의 관점에서 기업의 사회적 책임을 비판한 것은 이것을 잘 보여준다. 그는 기업에게 사회적 책임을 부담시키는 것은 그 만큼 비용을 증가시키기 때문에 비효율적이며, 모든 기업은 시장 경쟁 체제 안에서 활동하면서 경제적 성과만 내면 충분하다고 주장한 바 있다. 이처럼 경제학 부문에서는 기업이 사회적 책임을 떠맡게 되면 이윤을 창출할 수 없다는 시각이 오랫

동안 지배적이었으나, 최근에 이르러 사회적 책임과 경제적 목적을 결합시키려는 노력을 시도하고 있다. 경영학에서는 사회적 책임을 브랜드 개선, 비즈니스 모델, 소비자의 신뢰와의 관계 등과 접목시킴으로써 기업 경영을 개선하는 데 초점을 두고 있다. 한편 사회복지학에서는 기업의 사회적 책임을 사회공헌 활동 측면에서 강조할 뿐 기업의 효율적인 운영이나 이를 통한 경영 개선에는 상대적으로 관심을 보이지 않는다. 한편, 법학에서는 법적인 관점에서 기업의 다양한 사회적 책임을 유형화하여 법적 책임과 도덕적 책임으로 구분하려는 경향을 보인다. 한국에서는 기업의 사회적 책임을 아직까지 도덕적 영역으로 보고 있으나, 인도와 중국은 법적 의무로 규정하고 있다는 것도 기업의 사회적 책임에 대한 다양한 시각과 접근 방법을 보여준다.

국가별 기업의 사회적 책임

기업의 사회적 책임은 각국의 경제 상황과 문화에 따라 다양하게 발전해왔기 때문에 사회적 책임의 개념과 범위는 나라마다 다르게 나타난다. 미국이나 유럽 국가에서는 일찍부터 기업 시민corporate citizen으로서의 책임이 강조되어왔기 때문에 기업 주도적이면서 자발적인 사회적 책임이 중요시되었다. 이에 비해 경제적으로 급부상한 중국의 경우 비교적 최근에 와서야 기업의 사회적 책임에 대한 논의가 시작되었고 단기간에 기업 문화를 정착시키기 위해 법으로 기업의 사회적 책임을 의무화하는 등 국가가 주도하는 모습을 보여주고 있다.

미국 기업의 사회적 책임

미국에서의 사회적 책임은 1920년대부터 논의가 있었고 역사적으로 정착된 기부 문화와 사회 공헌 활동을 기반으로 하여 이제는 상당한 수준으로 발전되었다. 사실 기업 시민 의식과 기업 문화가 발달되어 있는 미국도 1980년대까지는 사회적 책임을 시혜적 차원에서 기업이 사회문제 해결에 도움을 주는 행위 정도로만 여겼을 뿐, 지금과 같이 사회적 책임에 입각한 기업 활동이 기업의 존폐나 이윤과 직접적으로 연결될 것이라고는 생각하지 못했다. 그러나 1989년 발생한 엑손Exxon의 대규모 기름 유출 사건을 비롯하여 유명 스포츠 브랜드 나이키Nike의 아동 노동력 착취 사건, 엔론Enron 및 월드컴WorldCom과 같은 다국적기업들의 비윤리적인 기업 경영에 대한 비난으로 기업이 존폐 위기까지 몰리는 사례가 속출하기 시작하면서 미국 내 기업은 위기관리 경영 방법의 하나로 사회적 책임의 필요성을 절감하게 되었다.

나이키 불매운동

1991년 나이키 신발을 생산하는 인도네시아 공장 노동자들이 최저 임금보다도 낮은 시간당 14센트의 임금을 받으며 열악한 근로조건하에서 일하고 있다는 비난이 일면서 나이키에 대한 미디어의 관심이 높아지자 나이키는 형식적인 대응을 위해 공장 근로자의 생활을 개선하는 전담 부서를 만들었다. 그럼에도 불구하고 노동착취 행태는 크게 개선되지 않던 차에 1996년 《라이프 Life》 잡지가 "한 시간에 60센트"라는 제목으로 파키스탄의 아동 노동에 대한 기사를 실으면서 전 세계적으로 나이키 불매운동이 일었다.

12살 남자아이가 축구공을 꿰매고 있는 사진은 소비자로 하여금 모든 나이키 제품은 노동 착취, 강제 잔업과 같은 부정적인 이미지로 연관시키게 되었고 회사의 가치는 급락했다. 이 사건을 기점으로 나이키는 전 세계 600여 개의 공장에 대한 감사를 실시하고 업계 최초로 투명한 생산 체계를 공개하게 되어 윤리 경영의 기초를 마련하게 된다.

그 후 기업은 사업 영역과 관련되는 부분을 중심으로 사회적 책임을 적극적으로 이행하게 되었다. 예를 들어 스타벅스Starbucks의 경우에는 생산자에게 혜택이 돌아가는 공정 무역으로 구매한 커피 원두를 생산·유통시키는 정책을 펼치고 있다. 디즈니사의 경우 광고 상품 영양 가이드라인을 제시하여 어린이들이 균형 잡힌 영양 식품을 선택할 있도록 유도하고 있다. 이러한 정책은 디즈니사가 어린이 건강 증진에 관심을 가지고 있다는 이미지를 심어주면서 디즈니 콘텐츠에 대한 신뢰를 높여 곧바로 기업 이미지와 연결되는 효과를 가져왔다.

미키 체크

미키 체크는 디즈니 영양 가이드라인을 준수하는 상품에 붙는 인증 스티커로 어린이가 좋아하는 미키마우스 캐릭터가 있으면 균형 잡힌 영양소를 제공하는 음식이라는 것을 알려준다.

자료: http://citizenship.disney.com/try-it/mickey-check

미국은 자유로운 기업 활동을 보장하는 경제정책의 기조하에서 사회적 책임 역시 기업과 시민단체의 주도하에 확산되어왔기 때문에 기업 규제에 관한 법률에도 기업의 사회적 책임에 대해서는 구체적으로 규정하고 있지는 않다. 다만 많은 주에서는 환경, 사회, 기업지배구조를 공시하도록 함으로써 기업의 사회적 책임이 확산될 수 있도록 노력하고 있다.

유럽연합의 기업의 사회적 책임

유럽에서 기업 윤리라는 개념은 생소한 것이 아니었으나 초기 유럽 국가에서 기업의 사회적 책임에 관한 논의는 미국처럼 활발하지 않았다. 그 이유는 유럽 사회의 문화적인 배경에서 비롯된다. 귀족 체계에서 발달한 노블리스 오블리제Noblesse oblige가 문화 속에 자리 잡혀 있었고 대대로 지역사회에서 사업을 물려받은 경영자들은 지역민들의 지지와 신뢰를 구축하기 위해 많은 사회공헌 활동을 해왔다. 이런 이유로 기업의 사회적 공헌은 당연한 기업 문화로 여겨졌고 이 때문에 기업의 사회적 책임에 대한 논의가 필요하지 않았던 것이다.

그러나 기업의 사회적 책임이 세계적인 추세로 급부상하면서 유럽연합은 2001년 「기업의 사회적 책임에 대한 녹서Green Paper: Promoting a European framework for Corporate Social Responsibility」를 발표하면서 제도적 차원에서 논의가 시작되었다. 처음 이 녹서에서는 기업의 사회적 책임은 기업의 자발적인 결정을 통한 실행이라는 '자율성'을 강조했다. 이 녹서에는 구체적인 사회적 책임 실행 방안도 담겨 있는데, 기업 내부적으로는 효율적인 인력자원의 관리, 사내 및 계약업자의 사업장의 안전·건강 기준 마련, 구조조정과 관련한 결정에 기업뿐만 아닌 관련 이해자의 이익을 고려해야 하고, 외부적으로 지역사회와의 관계, 글로벌 공급망에서의 인권 문제, 글로벌 환경문제에 대한 기업의 역할을 강조하고 있다.

그로부터 10년 후 「2011-14 새로운 EU 기업의 사회적 책임 전략EU Strategy 2011-14 for Corporate Social Responsibility」에서는 기업의 사회적 책임을 적극적인 정부의 개입을 통해 규제하는 쪽으로 선회했다. 유럽연합이 선택한 새로운 전략은 기업 활동의 영향을 받은 모든 행위에 대해서 기업이 그 책임을 져야 한다는 원칙을 제시하고 그 이행 방법도 사회 전체의 공유 가치 창출을 극대화하는 방향으로 수행할 것을 규정했다. 또한 사회 또는 환경 영역으로 제한되었던 기업의 사회적 책임 분야를 윤리적 인권과 소비자에 관한 비재무적 분야까지 확대시켜 기업 경영에 반영시킬 것을 요구하고 있다.

독일 기업의 사회적 책임

독일은 자유주의 국가이면서도 사회주의적인 전통이 강한 나라이다. 이 때문에 대부분의 사회문제의 해결에 국가가 많은 역할을 담당하고 있지만, 기업도 실업, 지역 발전, 교육 문제 해결에 적극적으로 참여해야 한다는 인식이 동시에 자리 잡혀 있다. 기업의 사회적 책임 이행과 관련하여 대부분의 국가에서 공정 임금, 근로조건 등 근로자의 권리를 보호하기 위한 가이드라인이나 ISO26000 같은 국제표준을 통해 기업의 자발적인 이행을 권고하는 것이 사회적 책임의 중요한 부분을 이루고 있으나, 독일에서는 이미 상당한 수준의 관련법이 마련되어 있기 때문에 이러한 내용을 기업의 사회적 책임으로 다루지 않는다. 더 나아가 기업 윤리의 준수, 계약상 의무 이행 등도 기업의 당연한 의무로 여겨지고 있기 때문에 법적 강제나 정책이 없어도 적극적인 기업의 사회적 책임이 이루어지고 있다고 할 수 있다. 독일 중소기업연구소의 보고서에 따르면 독일에서는 98.6%의 대기업이 기업의 사회적 책임을 자발적으로 추진하고 있으며, 중소기업의 경우에도 약 94.3%가 기업의 사회적 책임 활동을 하고 있다고 한다.

독일 RTL 그룹

독일 최대의 상업 방송사인 RTL 그룹은 여론 형성 기능을 가짐과 동시에 정보를 제공하는 미디어 기업의 특수성을 정확히 인식하고, 시청자에게 고품질의 정보와 오락 등 사회의 각 계층을 반영하는 넓은 범위의 콘텐츠를 제공하기 위해 노력하고 있다. 또한 RTL 기업은 단순한 법규 준수 차원을 넘어 기업의 성공이 이윤 창출에 국한되지 않는다는 점을 대내외적으로 인식하고, 미디어 콘텐츠 제작과 환경보호, 사회 환원 등 여러 가지 사회적 책임을 이행하

고 있다. 대표적인 예로 RTL은 독일어 이외에도 유럽 각국의 언어로 지역 콘텐츠 프로그램을 제작하고, 환경 의식 고취를 위한 각종 캠페인을 시민단체와 함께 전개하고 있다.

최근 유럽연합 내에서 사회적 책임에 대한 관심이 높아지면서 독일 정부도 2010년 기업의 사회적 책임 활동 계획CSR Action Plan을 도입해 사회적 책임 문화를 정착시키기 위한 제도적 환경을 조성했다. 기업의 사회적 책임 활동 계획의 세부적 추진목표에는 '기업과 공공 행정기관의 사회적 책임 의식 안착', '중소기업의 기업의 사회적 책임 참여를 확대' 및 '기업의 사회적 책임 활동의 가시화 및 신뢰성 고취'가 들어 있다. 독일의 사회적 책임은 기업이 사회적 책임을 시혜적인 차원이 아니라 사회적 투자social investment로 인식하여 기업 경영에 전략적으로 접목시키고 기업의 핵심 역량에 적합한 사회적 책임 활동에 집중하고 있다는 것이 특징이다.

중국 기업의 사회적 책임

지난 30년간 급속도로 부상한 중국은 새로운 경제 대국으로 자리매김하고 있다. 수치적인 성장에 치중해온 중국은 비교적 최근까지 다른 나라에 비해 상대적으로 공중 보건이나 환경오염, 인권 문제 등에 대해 안일하게 대처해왔다. 이러한 빈약한 사회 기반은 엄격한 사회적 책임을 요구받던 많은 다국적기업이 값싼 노동력, 낮은 환경 기준, 각종 세제 혜택 등을 받고 중국에 적극적으로 진출한 이유이기도 했다. 그러나 1990년대부터 경제성장에 따라 급격하게 높아진 국민 의식은 서방 세계에 비해 극도로 열악한 자국의 근로 환경 개선을 요구하기 시작했다. 이러한 국민의 요구에 따라 기업의 사회적 책임에 대해 뒤늦게 눈을 뜬 중국 정부는 다른 어떤 나라보다도 신속하고도 강력한 입법 정책을 추진했다.

중국은 2005년 회사법 개정을 통해 기업의 사회적 책임을 법적 의무로 규정했다. 중국 회사법 제5조는 "회사는 경영 활동에 종사함에 있어서 반드시 법률, 행정법규를 준수하고 사회 공공도덕과 상도덕을 준수하여야 하며, 사회적 책임을 부담하여야 한다"라고 규정하고 있다. 이와 같이 기업의 사회적 책임을 법적으로 규정한다는 것은 기업이 사회적 책임을 다하지 않았을 때 국가가 처벌을 할 수도 있다는 것을 의미한다.

기업의 사회적 책임에 대한 역사가 짧은 중국이 다른 나라보다도 빨리 법적 의무로 규정할 수 있었던 것은 노동자를 중심으로 하는 중국식 공산주의 체제에서 기인한 것으로 보인다. 그러나 특이하게도 '중국식' 기업의 사회적 책임에서는 다른 나라에서는 기본적으로 언급하는 인권人權에 대한 사항을 찾아볼 수 없다. 이렇게 중국이 환경이나 근로자의 복지와 같은 노동문제, 주주 이외의 공공의 이익의 보호 등에 대해서는 지속적으로 관심을 보이고 있는 반면, 인권 문제를 누락시킨 것은 중국식의 기업의 사회적 책임을 형성해 나가려는 것으로 해석할 수도 있을 것이다.

한국 기업의 사회적 책임

한국에서 기업의 사회적 책임에 대한 인식이 생겨난 것은 비교적 최근의 일이다. 1980년대에는 기업들이 간간히 문화재단이나 장학재단 등을 설립하여 영업의 일부를 사회에 환원하기도 했다. 그러나 적지 않은 재단은 그때그때 발생하는 기업 비리에 대한 사회적인 비난을 잠재우거나 외부적 압력에 의해 세워졌기 때문에 기업의 사회적 책임에 대한 인식에 따라 설립된 것으로 평가하기는 어렵다. 한국에서 기업의 사회적 책임에 대한 발현이 늦은 또하나의 이유를 재벌이라는 독특한 기업지배구조에서 찾기도 한다. 한국형 기업 지배 구조는 사주와 그 가족들이 소수의 지분을 가지고 상호 순환출자를 통해 그룹 전체에 영향력을 행사하는 구조이다. 이렇게 한 사람의 경영자가 그룹 전체를 총괄하는 황제식 경영 체제하에서는 최고경영자가 사회적 책임에 대한 인식이 없는 한 그룹 내 기업들이 독자적으로 사회적 책임을 이행하기는 어렵다.

1990년대에 들어오면서 국내 기업의 비자금 조성과 관련한 대형 사건이 연달아 발생하면서 기업의 경영 방식에 대한 비판이 제기되기 시작했고, 국외적으로도 나이키의 아동 노동력 착취 사건, 엔론 및 월드컴과 같은 다국적 기업들의 일련의 사태 이후 강화된 기업의 사회적 책임의 요구에 부응할 필요가 있었다. 2000년대 이후에는 기업에 사회적 책임 전담 부서가 설치되었고 재단 설립, 임직원의 봉사 활동 등이 활발하게 진행되어 오늘에 이르렀다.

정부 차원에서 기업의 사회적 책임에 대한 관심을 가지기 시작한 것은 2007년 '지속가능발전기본법'의 제정에 따라 당시의 지식경제부가 정책 지원 업무를 시작하면서부터이다. 지속가능발전기본법 제1조에 따르면 "지속 가능 발전을 이룩하고, 지속 가능 발전을 위한 국제사회의 노력에 동참하여 현재 세대와 미래 세대가 보다 나은 삶의 질을 누릴 수 있도록 함을 목적"으로 하고 있다. 그 동안 정부는 사회적 책임을 대기업 중심으로 강조함으로써 한국 기업의 사회적 책임 참여 수준은 초보적인 단계에 머물러왔던 것이 사실이다. 그 후 녹색 경영, 윤리 경영, 중소기업과 대기업의 상생이라는 이름으로 기업의 사회적 책임을 하나의 기업 문화로 자리 잡게 하기 위한 정부와 시민 사회의 노력이 꾸준히 이루어져왔다. 그 결과 사회 구성원으로서의 기업의 역할에 대한 관심이 증대되어 이제는 점점 다양한 이해관계자들의 이익을 충족시키기 위한 기업의 당연한 의무로 인식하는 경향이 확대되고 있다.

미디어 기업의 사회적 책임

미디어의 대중 전파력이나 그 파급효과의 긍정적 또는 부정적 영향에 대해서는 이미 많은 연구가 이루어져왔다. 신문과 같은 인쇄 매체에서 트위터 같은 SNS에 이르기까지 미디어는 개인과 사회에 대해 막강한 영향력을 가진다. 특히 지난 30년간 글로벌 미디어 기업의 약진, 인터넷의 보급, 콘텐츠의 디지털화 등을 통해 미디어의 새로운 지평이 열리면서 향후 더 많은 미디어 콘텐츠가 다양한 플랫폼을 통해 전달되고 이에 따른 미디어 영향력도 더욱 커질 것으로 예상된다.

미디어 기업에는 신문, 방송, 영화 혹은 잡지를 제작하는 전통적인 미디어뿐만 아니라 블로그나 팟캐스트, 유튜브와 같은 인터넷 동영상 서비스, SNS, 검색엔진, 포탈, 온라인 게임과 같은 각종 인터넷 서비스사와 통신사가 포함되며, 그 영역은 점점 확장되고 있다. 이러한 다양한 미디어 산업을 이끄는 미디어 기업들은 다른 기업보다 시청자가 직면한 사회문제를 정확히 인지하며, 시청자의 목소리를 대변하고 그들을 도와주는 역할을 수행해야 한다. 특히 콘텐츠 관련 기업들은 주요 시청자들이 관심을 가져야 할 문제를 깊이 있게 다뤄줌으로써 양질의 콘텐츠 제작뿐 아니라 지속적으로 사회적 이슈에 관해 소통할 기회를 제공한다.

과거 미디어 기업의 공익성은 주파수의 희소성, 독점성, 공공재적인 성격 등 규제의 정당성을 부여하기 위해 논의되었으나, 디지털을 기반으로 각각 다른 방송과 통신이 하나로 통합되고 있는 오늘날에는 규제보다는 다양한 서비스 접근을 통한 정보격차 해소, 보편적 서비스의 제공, 경쟁을 통한 소비자의 선택권 보장과 같이 시청자 복지나 경쟁과 조화되는 공익성 개념이 강조되고 있다. 이러한 공익성을 담보하기 위한 미디어 기업의 대표적인 사회적 책임의 내용으로 미디어 리터러시 제고, 문화 공유를 통한 격차 해소 및 디지털 정보격차 해소, 시청자의 의견 반영, 책임 있는 편집 정책, 공정하고 균형 있는 콘텐츠의 생산, 표현의 자유, 다양성 보장, 유해 광고 차단 등이 있다. 특히 양방향 속성과 시청자 참여가 가능한 뉴미디어는 개인정보의 보호나 아동이나 청소년을 유해 사이트로부터 보호하는 등 전통적 미디어에서는 발생하지 않던 새로운 책임이 요구되기도 하며, 대량으로 생산되고 빠르게 전달되는 뉴미디어의 특성으로 인해 뉴미디어 기업에는 투철한 기업 시민 의식과 투명성이 요구되기도 한다.

기업 시민 의식

기업 시민corporate citizenship 개념은 기업의 사회적 책임보다 더 광의의 개념이다. 공적 영역에서 기업의 선량한 시민적 역할을 강조하는 것으로 개인과 마찬가지로 기업 역시 지역사회의 한 구성원으로서 일정한 권리와 책임이 있다는 것을 의미한다. 기업 시민 의식은 기업이 자기 고유의 경제적 이윤 활동을 뛰어넘어 지역에서의 여러 사회문제 해결에 적극적으로 관여 혹은 참여하고 기업의 자원을 사회의 긍정적인 발전을 위해 활용하는 것을 말한다. 미디어 기업의 기업 시민 의식은 사회적 이슈를 제기하고 정확한 정보를 제공함으로써 사회적 갈등을 해소하는 토대를 마련한다.

기업 시민 의식에 기반을 둔 미디어 기업의 사회적 책임 이행 예로는 인종 차별, 동성애, 성희롱, 왕따, 입양 등 각종 사회적 문제, 혹은 사회적 편견이나 불의에 저항하는 다큐멘터리를 제작하여 방송이나 온라인을 통해 전파함으로써 사회적 이슈화 및 사회적 통합을 이끌어내는 것이 있을 수 있다. 그 외에 미디어 기업이 시민단체 등 지역 커뮤니티와의 우호적 관계를 구축하여 교육, 문화, 환경 운동 등에 대한 캠페인을 전개하거나 후원해주는 것이 기업 시민으로서의 미디어 기업의 역할이 될 수 있다.

디지털 정보격차 해소

　디지털 정보격차란 컴퓨터가 발전하고 인터넷의 경제적 효용이 증가할수록 정보 소유 계층information have과 비소유 계층information have not 간의 격차, 인터넷에 연결된 사람과 그렇지 못한 사람이 접할 수 있는 정보의 양과 질에서 차이가 있어 결국에는 심각한 격차가 벌어지게 되는 것을 말한다. 모든 국민은 정보통신 서비스에 원활하게 접근하고 정보를 유익하게 활용할 기본적 권리를 누릴 수 있어야 하지만 새로운 기술들은 가격이 비싸고 다루기가 복잡하기 때문에 지식과 재산을 가진 특정한 계층만 접근하기 쉽다. 반면에 정보통신이 우리 사회에 미치는 중요성은 점점 커지고 있고 디지털 격차가 단순히 정보격차에만 한정되지 않고 인식과 생각의 격차, 감정의 격차, 문화의 격차로 확대되면서 새로운 사회적 갈등으로 작동할 위험성도 높아지고 있다.

　이러한 디지털 정보격차 해소를 위한 노력은 정부가 주도하여 진행하고 있으나 네트워크와 플랫폼을 소유하고 있는 미디어 기업도 정보의 접근 및 활용에 차별이 없도록 사회적 책임을 다해야 한다. 정부는 이러한 노력의 일환으로 장애인·고령층 등의 정보 이용 능력 향상을 위한 수강료를 지원하는 정보화교육, 정보통신 기기를 개발·보급 및 인터넷이나 모바일의 접근성을 제고하기 위한 정보격차 해소 정책을 실시하고 있다. 미국 뉴욕시가 저소득층 밀집 거주지역에 격주로 와이파이 기지국 트럭을 보내서 무선 인터넷의 활용을 돕는 'NYCHA Digital Van' 사업도 정부 주도 사업의 예이다.

　한편, 미디어 기업은 특히 정보통신기술을 통해 사회문제를 해결할 수 있는 능력을 보유하고 있기 때문에 다양한 방법으로 디지털 정보격차를 해소할 수 있는 제도를 모색할 수 있다. SK텔레콤의 경우 노년층의 정보격차 해소를 위해 휴대폰 활용 교육을 실시하는데, 단순한 활용 교육이 아니라 대학생과 1:1 멘토링을 통해 기술로 세대 간의 소통을 확대하는 계기로 삼고 있다. 그

SK 텔레콤 장애청소년 IT 챌린지 대회　　　행복을 들려주는 도서관

외에도 시각장애인을 개발 과정부터 참여시킨 시각장애인 전용 음성 콘텐츠 앱 '행복을 들려주는 도서관'을 통해 뉴스 및 도서콘텐츠를 제공하고, 'SK텔레콤 장애 청소년 IT 챌린지 대회'를 개최하여 IT를 통한 자활 및 동기 부여에 실질적인 기여를 하는 등 디지털 정보격차 해소를 위한 다양한 사회적 책임을 실행하고 있다.

문화 정보격차 해소

한국은 특히 도시를 중심으로 모든 문화시설이 집중되어 있어 농어촌은 문화 취약 지역으로 일컬어진다. 그 동안 정부는 지역의 열악한 문화적 현실을 해소하기 위해 '지역문화진흥법'을 제정하고 이에 따라 지역 문화 진흥 기본 계획을 수립하는 등 적극적인 노력을 기울여왔다. 그러나 여전히 지역의 문화적 현실은 열악한 환경에 놓여 있어 정부의 지원만으로는 만족할 만한 성과를 내지 못하고 있다. 이러한 문화 격차는 비단 농어촌만의 문제가 아니다. 비록 도시에 있으나 문화를 향유할 여유가 없는 소외 계층도 문화 사각지대에 놓여 있어 계층 간의 갈등이 야기되고 있다.

계층 간의 문화 격차 해소를 위해서는 정부뿐만 아니라 문화 콘텐츠를 제작하는 미디어 기업도 일정한 역할을 담당할 수 있다. 문화 취약지역에 문화

시네마투유 울릉도 상영 장면   문화가 있는 날 독거노인 초청

혜택과 편의를 제공해 사회적 책임을 실천하는 예로 종합 콘텐츠 기업 CJ E&M이 시행하고 있는 '시네마투유' 문화 나눔 사업을 들 수 있다. CJ E&M은 문화 사각지대에 있는 사람들에게 문화를 향유할 수 있는 기회를 주기 위해 문화 소외 지역에 찾아가 최신 영화를 상영하고 있다. 이러한 문화 나눔 사업을 통해 도시와 농어촌 간 문화 격차를 줄이고, 문화 향유의 기회를 넓혀주고 있다. 한편 문화 지원이 취약한 소외 계층에게도 지속적인 여가 문화를 제공하기 위하여 CJ E&M은 독거노인을 극장으로 모셔와 직원들과 함께 영화를 관람하는 문화지원 사업을 실시하고 있다.

교육

미디어 기업의 중요한 사회적 책임이면서 미디어 기업이 사회적 정의를 실현할 수 있는 중요한 활동으로 교육을 들 수 있다. 특히 방송의 경우에는 교육용 프로그램의 제작을 통해 어린이는 물론이고 성인들에게도 정보와 교양 지식을 효과적으로 제공할 사회적 책임이 있다. 또 프로그램 외에도 사회적인 이슈를 공익 캠페인 등을 통해서 사회문제 해결을 위한 여론을 형성하거나, 다양한 교육 프로그램을 마련해 대중들에게 교육 기회를 개방할 수 있다.

SBS의 시사프로그램 물은 생명이다   EBS 유아교육프로그램 딩동댕 유치원

2001년부터 SBS가 물의 중요성을 알리고, 물 자원과 인간의 생태 환경을 위해 방영하기 시작한 〈물은 생명이다〉와 한국의 비전을 제시하는 〈미래한국리포트〉 프로그램, 디지털 시대의 흐름과 혁신을 이뤄낼 수 있는 영감을 공유하는 '서울디지털포럼' 등은 일반 대중에게 양질의 콘텐츠를 제공하고 지식을 전파하는 미디어 기업의 특성을 잘 살리는 기업의 사회적 책임 활동이라고 하겠다.

기업의 사회적 책임에서 공유 가치 창출로

최근에 와서는 기업의 사회적 책임은 더욱 발전되어 기업의 영리 활동을 아우르는 '공유 가치 창출Creating Shared Value'이라는 개념으로 확대되고 있다. 마이클 포터 교수가 처음으로 제시한 공유 가치 창출이라는 개념은 기업이 수행하는 경영 활동 방향을 사회적 문제 해결 방안과 접목시킴으로 기업과 사회의 전체적인 가치를 창출한다는 의미를 담고 있다. 기업의 사회적 책임과 공유 가치 창출은 둘 다 기업이 사회적 문제의 해결에 노력한다는 점에서 같다. 다만 공유 가치 창출은 기업의 이윤과 사회문제 해결을 동시에 추구한다는 점에서 기업의 책임만을 강조하는 사회적 책임과 구별된다. 즉, 기업의 사회적 책임이 사회문제의 해결을 위해 기업 활동의 결과인 이윤을 재분배하

〈CJ E&M의 DIA TV〉

는 개념 혹은 기업의 이윤 추구와는 무관한 행위라고 본다면, 공유 가치 창출이란 기업이 사회문제를 해결함과 동시에 이윤을 추구할 수 있는 전략을 통해 기업과 사회 양쪽에 모두 이익이 되는 활동을 의미한다.

CJ E&M의 DIA TV다이아 티비는 미디어 콘텐츠 공유 가치 창출의 대표적인 사례라고 할 수 있다. 전통적 콘텐츠 산업은 진입 장벽이 높아 재능이 있는 청년 창작자의 진입이 제한될 수밖에 없다. 또한 CJ E&M은 대표적인 콘텐츠 사업자로서 콘텐츠의 제작 인프라 및 유통 플랫폼을 보유하고 있지만 갈수록 세분화되는 시청자의 수요를 충족할 수 있는 모든 콘텐츠를 제작하지는 못한다. 그 때문에 DIA TV 프로그램을 통해 재능 있는 창작자를 발굴하여 교육과 노하우 전수를 통해 양질의 콘텐츠를 생산할 수 있도록 지원함으로써 사회적인 청년 실업 문제를 해결하고, 동시에 역량 있는 창작자를 발굴해서 자사의 콘텐츠 제작에 활용하고 있다. 창작자들은 DIA TV 창작자 지원 프로그램이

<그림 12-2> SK Telecom의 브라보 리스타트

SKT가 보유한 전문인력, ICT 기술, 마케팅 역량을 창업 전 주기에 걸쳐
원스톱 맞춤형으로 지원함으로써, 역량 있는 (예비) 창업자의 고부가가치
ICT 융합 창업 지원

제공하는 다양한 혜택을 발판으로 콘텐츠 창작만으로도 일정한 수익을 보장
받는 경우가 생겨나고 있다. 이 프로그램은 스타트업 투자 시스템과 결합하
여 콘텐츠를 미디어 플랫폼에 유통시켜 발생하는 광고 수입을 창작자와 기업
이 공유하는 방식으로 기업과 사회에 새로운 가치를 창출시키고 있다.

통신회사 SK텔레콤이 추진하는 창업지원 프로그램 '브라보! 리스타트
BRAVO! Restart'도 대기업의 대표적인 공유 가치 창출 사례이다. 정보통신기술을
보유한 SK텔레콤은 매년 다수의 스타트업 기업을 선발하여 기업이 보유한
기술력을 바탕으로 맞춤형 교육을 제공해 잠재력 있는 신규 기술개발을 지원
한다. SK텔레콤은 스타트업 기업과 협업을 통해 시너지를 창출하고 보유한
네트워크를 활용해 글로벌 진출 기회까지 제공하고 있다. 이러한 프로그램은
신생 창업 기업과 대기업 간에 기술 공유를 통해 얻은 이윤을 나누는 새로운

상생 협력 모델을 제시한다.

SUMMARY

기업의 사회적 책임이란 기업의 활동이 사회에 미치는 영향에 대한 기업 시민으로서의 책임을 말하며 넓게 근로자, 협력업체, 소비자를 포괄하는 사회 전체의 이익이 되도록 기업을 경영해야 할 사회적인 책임을 의미한다. 미디어 기업은 미디어가 가지는 특수성으로 인하여 다른 기업에게는 요구되지 않는 공익성을 가질 뿐만 아니라, 다른 기업은 이행할 수 없는 다양한 사회적 책임 이행 방법을 가진 만큼 적극적으로 사회적 책임을 다해야 한다.

생각해볼 문제

1. 기업의 사회적 책임과 법적 책임은 어떻게 구분되는가?
2. 각 나라마다 사회적 책임에 대한 인식과 내용이 다른 이유는 어떻게 설명할 수 있는가?
3. 기업의 사회적 책임을 법으로 강제하지 않는 이유는 무엇인가?
4. 미디어 기업만이 이행할 수 있는 사회적 책임은 무엇인가?
5. 사회적 책임을 이행하는 기업에게 인센티브를 부여하는 정책의 타당성과 실효성에 관해 생각해보자.

참 고 문 헌

김성철·이치형·주형철. 2014. 『창업기획: 창업, 어떻게 실행할 것인가?』. 나남
이상민. 2008. 「이중적 CSR 체제의 기원- 미국·독일·일본·한국의 국제비교 연구」. ≪한국사회학회≫, 제42집 7호, 215~253쪽.
성승제. 2013. 『사회적 책임에 대응한 기업법제 개선방안 연구』. 한국법제연구원
성승제. 2013. 「지속가능한 발전과 기업의 사회적 책임의 통합과 법적 쟁점」. ≪증권법연구≫, 제14권 제2호, 1~46쪽.
손영화. 2010. 「CSR에 관한 합리적인 법정책의 방향 - EU의 CSR을 중심으로-」, ≪법과 정책 연구≫, 제10권 제2호, 809~836쪽.
송병준·임종헌. 2013. 「유럽연합에서 기업의 사회적 책임 : 운영시스템과 정책」, ≪경영컨설팅 리뷰≫, 제4권 제1호, 43~62쪽.

Lin, Li-Wen. 2010. "Corporate Social Responsibility in China: Window Dressing of Structural Change?", Berkeley Journal of International Law. Vol.28, pp.62~100

Conrad, Jessica Marie. 2013. "The Business of Business: Comparing Corporate Social Responsibility Initiatives in China and the United States", The Georgia Journal of International and Comparative Law , Vol. 41, pp.747~774

한 국 미 디 어 경 영 학 회
KMMA
Korea Media Management Association

한국미디어경영학회는 미디어 경영에 관련된 제반 학술연구와 교육 활동, 워크숍 등을 수행하고, 국내 및 해외 산학연 관련 기관과 협력, 교류하여 한국의 미디어 산업 발전과 진흥 그리고 미디어 산업 전문가들의 이익과 친목 도모에 기여함을 목적으로 2002년 9월에 설립되었습니다. 현재의 10대 집행부에 이르기까지 한국미디어경영학회는 정기 학술대회, 매월 조찬 세미나, 미디어 경영 아카데미, 토크콘서트 등의 행사를 주관하고 미디어경영총서를 발간하는 등 우리나라 미디어 산업의 발전을 도모하면서 양적·질적인 성장을 해왔습니다. 2015년 하반기부터는 한국정보사회학회와 함께 연구재단 등재 학술지 ≪정보사회와 미디어≫를 발간하게 되었고 미디어 경영 교과서도 출간하게 되어 미디어 산업을 선도하는 학술단체로서의 모습을 더욱 공고히 할 것으로 기대됩니다.

지 은 이

김성철

현재 고려대학교 미디어학부 교수로서 미디어경영과 뉴미디어를 가르치고 있으며 한국미디어경영학회 9·10대 회장이기도 하다. 서울대학교 경영학과를 졸업하고 서울대학교 대학원에서 경영학 석사학위를 받았고 미국 미시간주립대학교에서 텔레커뮤니케이션 전공으로 석사 및 박사학위를 받았다. SK에서 13년간 정보통신분야 신규사업을 담당하였고 개방형 직위인 서울특별시 정보시스템 담당관을 거쳐 카이스트(구 한국정보통신대학교) IT 경영학부 부학부장, 한국전자통신연구원(ETRI) 초빙연구원, 고려대학교 부설 정보문화연구소장 등을 역임했다. 저서로는 『창업기획: 창업 어떻게 실행할 것인가』(2014, 공저) 등 16권의 공저가 있고 국내외 저명 학술지에 70여 편의 논문을 게재했다.

곽규태

호남대학교 문화산업경영학과 교수다. 문화 콘텐츠 연계전공 주임교수를 맡고 있으며 경영학 이론과 문화 콘텐츠 산업, 미디어 경영 경제 등을 가르치고 있다. 연세대학교에서 경영학 박사학위를 받았다. 한국방송영상산업진흥원(KBI)과 한국콘텐츠진흥원(KOCCA)에서 근무했고, 한국인터넷정보학회, 한국미디어경영학회의 연구이사로 활동하고 있다. 콘텐츠 비즈니스, 혁신과 창의성, 기술경영과 관련한 다양한 연구 활동을 진행하고 있으며 국내외 저명 학술지에 다수의 논문을 발표했다.

김영규

현재 고려대학교 경영대학 경영관리전공 교수로 재직 중이며, 경영 전략, 조직이론, 소셜 네트워크 이론 등을 강의하고 있다. 서울대학교 경영대학 및 대학원 경영학과를 졸업했으며, 미국 카네기멜론대학교에서 정보시스템경영 석사, 미국 시카고대학교에서 경영학석사 및 박사학위를 취득했다. 하버드 로스쿨 법직역센터에서 박사후연구원으로 일했으며, 현재는 연구협력교수로 있다. 한국경영학회 경영학연구 운영위원장, 한국인사조직학회 및 한국전략경영학회 상임이사로 활동하고 있으며, 주요 연구 분야는 소셜네트워크, 조직정체성 및 조직지위, 개인 또는 조직의 사회적 이동 등이다.

류민호

네이버 인터넷산업연구팀 팀장이다. 미디어 경영학회 기획이사로 활동 중이다. 성균관대학교 산업공학 학사, KAIST IT 경영학 석사/박사 학위를 받았다. 이후 미시건주립대학교 Quello Center for Telecommunication Management & Law에서 박사후과정을 보냈다. 관심 분야는 인터넷(미디어) 산업 및 정책, 인터넷 비즈니스 모델, 인터넷과 전통 미디어 간 경쟁 등이다. 국내외 저명 학술지에 다수의 논문을 게재했다.

박주연

한국외국어대학교 미디어커뮤니케이션학부 교수다. 독일 베를린자유대학교에서 커뮤니케이션학으로 석사 및 박사학위를 받았다. 한국언론진흥재단의 선임연구위원을 지냈고, 현재 방송통신위원회의 방송시장경쟁상황평가위원회 위원이다. 관심 분야는 미디어 콘텐츠, 미디어 산업 및 미디어 정책이다. 주요 저서로『모바일과 여성』(2015, 공저),『뉴미디어 뉴커뮤니케이션』(2014, 공저),『스마트 생태계와 미디어 경영2.0』(2014, 공저),『소셜미디어연구』(2012, 공저),『모바일2.0: 모바일 콘텐츠의 공급과 소비』(2008, 공저),『미디어 다양성』(2007, 공저) 등이 있다.

안정민

한림대학교 국제학부에서 정보법과학전공 교수로 재직 중이다. 연세대학교에서 행정법 박사학위를 받았고 미국 뉴욕 주 변호사이다. 방송통신위원회 및 미래창조과학부의 미디어 정책 수립에 참여하고 있으며 방송통신법 및 인터넷미디어 규제에 관하여 연구하고 있다.

이문행

수원대학교 언론정보학과 교수다. 성균관대학교에서 불문학으로 학사학위를 취득했다. 프랑스 파리2대학교에서 방송산업을 전공하여 석사와 박사학위를 취득했다. 한국방송통신위원회와 한국방송통신전파진흥원의 자문 교수이며, 서울방송과 제일기획, CJ 미디어에서 근무했고, MGM Korea 대표이사로 재직했다. 주 연구 분야는 방송 경영과 콘텐츠 유통이다. 방송 플랫폼, 콘텐츠 유통, 한류 등에 관한 다수의 논문을 국내외 저널에 게재했다.

이상우

연세대학교 정보대학원 교수다. 미디어·콘텐츠·엔터테인먼트 비즈니스의 이해, ICT·미디어·콘텐츠 산업론, 뉴미디어 세미나 등을 강의하고 있다. 연세대학교 화학과에서 학사와 석사학위를, 미국 미시건주립대학교 텔레커뮤니케이션학과에서 텔레커뮤니케이션 석사학위를, 인디애나주립대학교에서 매스커뮤니케이션 박사학위를 받았다. 정보통신정책연구원에서 방송산업과 방송통신융합 산업과 관련된 다양한 정책 수립에 기여했다. 한국방송학회 연구이사, 정보통신정책학회 책임편집위원 및 정보통신정책학회 총무이사 등을 역임했고, 현재 ≪사이버커뮤니케이션학보≫ 편집이사, 한국미디어 경영학회 총무이사로 활동하고 있다. 주요 저서로는『미디어 다양성』(2011, 공저),『미디어 생태계』(2011, 공저),『소셜미디어』(2012, 공저),『ICT 생태계』(2014, 공저),『스마트 생태계와 미디어 경영 2.0』(2014, 공저),『인간, 초연결 사회를 살다』(2015, 공저) 등이 있고, 최근 논문으로는 "Motivations for the complementary use of text-based media during linear TV viewing: An exploratory study"(2014), "Online video services and other media: Substitutes or comple-ment"(2015), 「지상파 실시간 시청과 VOD 시청성과 간의 관계: 올레TV 사례를 중심으로」(2015), 「카카오스토리 이용패턴과 이용동기 연구: 이용량 결정요인을 중심으로」(2015) 등을 국내외 저널에 발표했다.

장병희

성균관대학교 사회과학대학 신문방송학과 교수다. 연세대학교 신문방송학과를 졸업하고, 플로리다대학교에서 박사학위를 취득했다. 주로 미디어/콘텐츠 경제학, 경영학, 마케팅 분야에서 연구를 수행하고 있다. 국내외 저명 학술지에 관련 논문을 게재했다. 미디어 경영학회와 방송학회에서 이사로 활동했다.

정윤혁

울산과학기술원 경영학부 교수로 재직 중이다. 루이지애나주립대학교(Louisiana State University)에서 경영정보학 박사학위를 취득했고, 디지털미디어, 모바일 서비스, 의료정보 시스템 영역에서 정보기술 사용자에 대한 연구를 하고 있다. 주요한 저술 및 논문으로 "Response to Potential Information Technology Risk: Users' Valuation of Electro-magnetic Field from Mobile Phones"(2015, 공저), "What a Smartphone is to Me: Understanding User Values in Using Smartphones"(2014), "Virtual Goods, Real Goals: Exploring Means-End Goal Structures of Consumers in Social Virtual Worlds"(2014, 공저) 등을 국외 저널에 발표했다.

최세정

고려대학교 미디어학부 교수다. 이화여자대학교 신문방송학과를 졸업하고 미국 미시건주립대학교에서 광고 전공으로 석사학위와 박사학위를 취득했다. 2002년부터 2012년까지 미국 텍사스-오스틴대학교 광고학과에서 조교수와 부교수로 재직했다. *Journal of Advertising*, *International Journal of Advertising*, *Journal of Interactive Advertising*의 초청 편집위원장과 편집위원, 미국광고학회(American Academy of Advertising), 한국미디어 경영학회, 한국광고학회의 이사를 역임했거나 역임하고 있다. 광고, 소비자 행동, 뉴미디어 분야의 다수의 논문을 국제학술지에 게재했다.

홍성철

경기대학교 언론미디어학과 교수다. 영국 카디프대학교와 미국 인디애나대학교에서 석사학 위를 받았으며 인디애나대학교에서 박사학위를 받았다. 1997년부터 ≪문화일보≫에서 사회 부, 산업부, 국제부, 경제부 기자로 일했다. 저서로는 『유곽의 역사』(2007)가 있으며 논문으로 는 "Do Cultural Values Matter? A Cross-Cultural Study of the Third-Person Effect and Support for the Regulation of Violent Video Games"(2015), "The copyright protection of pornography in a global context"(2013) 등이 있다.

한울아카데미 1844

미디어 경영론

ⓒ 김성철 외, 2015

지은이 | 김성철 · 곽규태 · 김영규 · 류민호 · 박주연 · 안정민 · 이문행 · 이상우 · 장병희 ·
　　　　정윤혁 · 최세정 · 홍성철
펴낸이 | 김종수
펴낸곳 | 도서출판 한울
책임편집 | 조수임

초판 1쇄 인쇄 | 2015년 11월 5일
초판 1쇄 발행 | 2015년 11월 20일

주소 | 10881 경기도 파주시 광인사길 153 한울시소빌딩 3층
전화 | 031-955-0655
팩스 | 031-955-0656
홈페이지 | www.hanulbooks.co.kr
등록번호 | 제406-2003-000051호

Printed in Korea.
ISBN 978-89-460-5844-6 93320 (양장)
ISBN 978-89-460-6083-8 93320 (학생판)

* 책값은 겉표지에 표시되어 있습니다.
* 이 책은 강의를 위한 학생판 교재를 따로 준비했습니다.
　강의 교재로 사용하실 때에는 본사로 연락해주십시오.